한국해양전략연구소 총서 110

중국에 따르는 세계

저자 Elizabeth C. Economy
번역/각주 김진호 · 강익현

박영사

Foreword to the Korean Edition of *According to China* by Elizabeth Economy

I am truly delighted that my book has been published in a Korean edition. This work provides an in-depth analysis of the various changes and phenomena China has exhibited in the international community in recent years. It has been meticulously compiled through extensive research and interviews.

From the perspective of an American scholar, this book examines China's assertive approach and highlights the role of the United States in safeguarding the universal order of democracy and market economy. The world is constantly evolving, and China's current trajectory presents a significant challenge to the existing international order. Democracy must be upheld through freedom, equality, and adherence to the rule of law. Yet, China often disregards international norms, violating principles of equality, law, and regulations in its pursuit of global power. While national growth is important, global peace and stability are equally essential.

While China can play an important role in spurring development globally, it also undertakes destabilizing actions through its use of economic coercion, military assertiveness, and political influence operations. Such activities challenge the interests of the United States, as well as its closest allies in Asia, including South Korea, Japan, and Australia.

I believe the security of East Asia is of utmost importance, and cooperation between the United States and South Korea is essential. This is especially critical as South Korea faces geopolitical challenges posed by North Korea, China, and Russia. The stable advancement of the global order requires international security and mutual collaboration. From this perspective, it is imperative for South Korean experts and general readers to fully grasp how China's global strategy impacts regional security and world peace. I am confident that this book will provide valuable insights into these concerns.

Furthermore, this book has been translated by Dr. Kang Ik-hyun, a Korean government official who studied in the U.S., and Professor Kim Jin-ho, an expert in international politics and China studies. Their work makes this book a highly useful resource for understanding international politics, U.S. foreign policy, and the emergence of China as a rising power.

Lastly, I extend my sincere gratitude to everyone who contributed to the publication of the Korean edition. My hope is that citizens of the U.S., South Korea, and the wider global community will gain a deeper understanding of the changing era, China's challenges, and the role of the United States. Even in difficult circumstances, strong leadership has the potential to shape a better international society. I hope this book helps many readers develop a deeper awareness of the realities and challenges facing the international community.

Wishing you peace and happiness, and hoping that this research serves as a meaningful resource for understanding the United States, the global order, and China.

Elizabeth Economy
Hoover Institution, Stanford University

Elizabeth Economy 저자의 'According to China' Book 한국어판 서문

제 책이 한국어판으로 출판되어 진심으로 기쁩니다. 이번 저서는 최근까지 중국이 국제사회에서 보이고 있는 여러 변화와 현상에 대한 깊이 있는 분석을 담고 있으며, 방대한 자료 조사와 인터뷰를 통해 완성되었습니다.

이 책에서 저는 미국 학자의 관점에서 중국의 공격적인 행보를 조망하며, 세계 민주주의와 시장경제의 보편적 질서를 수호해 온 미국의 역할을 강조합니다. 세계는 끊임없이 진화하고 있으며, 중국의 현재 행적은 기존 국제 질서에 중대한 도전을 제기하고 있습니다. 민주주의는 자유, 평등, 그리고 법치 준수를 통해 수호해야만 합니다. 그러나 중국은 세계 패권을 추구하면서 국제 규범을 무시하고 평등, 법 규범의 원칙을 위반하는 경우가 많습니다. 국가의 성장도 중요하나, 세계 평화와 안정 또한 그에 못지않게 필수적인 것입니다.

저는 동아시아의 안보가 매우 중요하며, 미국과 한국의 협력이 필수적이라고 생각합니다. 한국은 냉전 체제 속에서 북한, 중국, 러시아와 맞서고 있기 때문에 더욱 그렇습니다. 세계 질서의 안정적 발전을 위해서는 국제 안보와 상호 협력이 필수적이며, 이러한 측면에서 한국의 전문가와 일반 독자들은 중국의 세계 전략이 지역 안보와 세계 평화에 어떤 영향을 미치는지 자세히 이해하는 것이 중요합니다. 저는 이 책이 이러한 궁금증을 해소하는 데 도움이 될 것이라고 확신합니다.

또한, 미국에서 공부한 한국 공무원 출신 강익현 박사와 국제정치 및 중국 전문가 김진호 교수가 번역한 이 책은 국제정치와 미국 정치, 그리고 새롭게 부상하는 중국을 이해하는 데 유익한 자료가 될 것입니다.

끝으로, 한국어판 출판을 위해 도움을 주신 모든 분들께 감사드립니다. 저는 미국과 한국, 그리고 세계 시민들이 새로운 시대의 변화와 중국의 도전, 그리고 미국의 역할을 보다 깊이 이해할 수 있기를 바랍니다. 저는 새로운 리더십은 어려운 환경 속에서도 더 나은 국제사회를 만들 수 있다고 믿습니다. 많은 독자들이 새로운 국제사회의 도전과 현실을 이해하는 데 이 책이 많은 도움이 되기를 바랍니다.

여러분의 평화와 행복을 기원하며, 제 연구 결과물이 미국과 국제사회 그리고 중국을 이해하는 데 유익한 자료가 되길 희망합니다.

Elizabeth Economy
스탠퍼드 대학교 후버연구소

약어

ADB(Asian Development Bank) 아시아 개발은행

AI(Artificial Intelligence) 인공지능

AIIB(Asian Infrastructure Investment Bank) 아시아 인프라 투자은행

ASEAN(Association of Southeast Asian Nations) 동남아 국가연합

BARF(Belt and Road Forum) 일대일로 포럼

BIS(Security Information Service, Czech Republic) 체코 정보부

BRI(Belt and Road Initiative) 일대일로 이니셔티브

CBA(Chinese Basketball Association) 중국 농구협회

CCP(Chinese Communist Party) 중국 공산당

CCTV(China Central Television) 중국 중앙텔레비전

CDB(China Development Bank) 중국 개발은행

CGTN(China Global Television Network) 중국 글로벌 텔레비전 네트워크

CIs(Confucius Institutes) 공자학원

CICIR(China Institutes of Contemporary International Relations) 중국 현대국제관계연구소

CMC(Central Military Commission) 중앙군사위원회

COSCO(China Ocean Shipping Company) 중국 해양운송회사

CPEC(China-Pakistan Economic Corridor) 중국·파키스탄 경제 회랑

CPTPP(Comprehensive and Progressive Agreement for Trans-Pacific Partnership) 환태평양경제동반자협정

DPP(Democratic Progressive Party) 대만 민주진보당

DRAM(dynamic random-access memory) 동적 랜덤 액세스 메모리

DSR(Digital Silk Road) 디지털 실크로드

EDA(electronic design automation) 전자 설계자동화

FAO(Food and Agriculture Organization) 식량농업기구

FDI(foreign direct investment) 외국인 직접투자

FOIP(Free and Open Indo-Pacific) 자유롭고 개방적인 인도·태평양

GSM(Global System for Mobile Telecommunications) 글로벌 모바일통신시스템

HKHRDA(Hong Kong Human Rights and Democracy Act) 홍콩 인권·민주주의법
HKSAR(Hong Kong Special Administration Region) 홍콩특별행정구
HSMC(Wuhan Hongxin Semiconductor Manufacturing) 중국 우한홍신반도체
HSR(Health Silk Road) 보건(健康) 실크로드
ICAO(International Civil Aviation Organization) 국제 민간 항공 기구
ICCPR(International Covenant on Civil and Political Rights) 시민적·정치적 권리에 관한 국제규약
ICT(information and communications technology) 정보통신기술
IDA(Institute for Defense Analysis) 국방 분석 연구소
IEC(International Electrotechnical Commission) 국제전기기술위원회
IFC(International Finance Corporation) 국제금융공사
IMF(International Monetary Fund) 국제통화기금
IP(Intellectual property) 지적 재산권
IPO(initial public offering) 신규공모
ISO(International Standards Organization) 국제표준기구
ITU(International Telecommunication Union) 국제전기통신연합
KMT(Kuomintang) 국민당
MIC(Made in China) 중국산
NBA(National Basketball Association) 미국농구협회
NDRC(National Development and Reform Commission) 국가발전개혁위원회
NED(National Endowment for Democracy) 국가민주주의기금
NUKIB(National Cyber and Information Security Agency) 국가사이버정보보안국
PKU(Peking University) 베이징대학교
PLA(People's Liberation Army) 인민해방군
PPE(personal protective equipment) 개인보호장비
PRC(People's Republic of China) 중화인민공화국
R&D(research and development) 연구개발
RCEP(Regional Comprehensive Economic Partnership) 지역포괄적경제동반자협정
SCO(Shanghai Cooperation Organization) 상하이 협력기구
SDGs(Sustainable Development Goals) 지속가능한 개발목표

SIA(Semiconductor Industry Association) 반도체산업협회

SSF(Strategic Support Force) 전략 지원군

SOE(State-owned enterprises) 국유기업

TCM(Traditional Chinese medicine) 한방(漢方)

THAAD(Terminal High Altitude and Area Defense) 고고도 미사일방어체계

TRA(Taiwan Relations Act) 대만 관계법

UFWD(United Front Work Department) 통일전선공작부

UMC(United Microelectronics Corporation) 대만 연화(聯華)반도체

UN DESA(UN Department of Social and Economic Affairs) 유엔경제사회국

UNCLOS(United Nations Convention on the Law cf the Sea) 유엔 해양법협약

UNHRC(United Nations Human Rights Council) 유엔 인권 이사회

UNIDO(United Nations Industrial Development Organization) 유엔 산업 개발기구

WHA(World Health Assembly) 세계보건총회

WHO(World Health Organization) 세계보건기구

감사의 말

이 책은 필자의 제2의 고향인 후버 연구소와 외교협회(CFR)로부터 큰 도움을 받아 출간되었다. 이 두 기관이 엄격하고 제대로 된 정보에 기반한 정책 토론의 장을 마련하여 여러모로 헌신한 덕분에 활기찬 연구 환경이 조성되었고 필자는 이 책을 저술하게 되었다. 더욱 중요한 점은 후버 연구소와 CFR은 훌륭한 학자와 동료들로 가득 차 있어 출근을 특권이자 기쁨으로 만들어주었다는 것이다. 게다가 이 기관의 장인 콘돌리자 라이스(Condoleezza Rice)와 리처드 하스(Richard Haass)가 정책 분야에서 학식과 리더십으로 필자에게 집필 방향을 제공하고 영감을 주었다는 점도 행운이었다.

또한, 원고 검토 과정에서 받은 통찰력 있는 조언과 도움에 감사드린다. 리처드 하스(Richard Haas)와 CFR의 연구 실장 제임스 린제이(James Lindsay)는 원고 전체를 읽고 귀중한 자문을 해주었으며, 익명의 두 검토자들도 마찬가지였다. 좋은 친구이자 동료인 애덤 시걸(Adam Segal)과 칼 아이켄베리(Karl Eikenberry)는 각자 책의 여러 파트를 읽고 더 나은 방향으로 이끌어주었다. 그리스 외교 정책 커뮤니티의 문을 개방해주었고, 중국이 나라 밖에서 외교·경제 권력을 행사하는 방식에 대해 다양한 관점을 제공해 준 엔디 제메니데스(Endy Zemenides)에게도 특별히 감사드린다. 중국, 중부 유럽, 라틴 아메리카 그리고 미국 내 친구, 동료와 공무원들도 기꺼이 그들의 지식과 통찰력을 공유해 주었다.

연구 동료인 루시 베스트(Lucy Best)와 마이클 콜린스(Michael Collins)에게 특별히 감사드린다. 이들이 집필 과정 전반에 걸쳐 뛰어난 연구 지원을 제공해 주었고, 원고가 완성에 가까워질 무렵 훌륭한 편집 기술을 발휘했으며, 연일 긍정적인 태도와 유머 감각으로 업무 진행을 순조롭게 해준데 대해 매우 감사한다.

또한, 집필 과정 전반에 걸쳐 도움과 인내심을 보여준 편집자 루이제 나이트(Louise Knight)와 폴리티 프레스사의 편집 보조 이네스 복스맨(Inès Boxman)에게도 감사하고 싶다. 이들과 함께 일하는 것은 즐거움이었다. 그리고 저스틴

다이어(Justin Dyer)도 소중한 편집 지원을 해 주었다.

수년에 걸쳐 포드 재단(Ford Foundation), 루스 재단(Luce Foundation), 스타 재단(Starr Foundation)은 필자의 작업에 지속적으로 격려와 도움을 주었다. 이 프로젝트에 대해 다시 한번 재단의 지원에 깊이 감사드린다.

그리고 모든 견해와 실수는 오롯이 필자의 책임으로, 위에 감사를 표한 이들에게 어떤 식이든 책임이 귀속되어서는 안 될 것이다.

필자는 코로나 팬데믹 기간 동안 책의 상당 부분을 집필했는데, 이는 세상에 삶의 연약함속에서 우리가 가장 소중히 여기는 사람들과 시간을 보내는 것이 얼마나 중요한지를 일깨워 주었다. 끊임없이 에너지와 낙관주의의 원천인 남편 데이비드(David)와 함께 보낼 수 있었던 예상하지 못했던 시간과 거의 다 자란 세 자녀 알렉산더(Alexander), 니콜라스(Nicholas), 엘레니(Eleni)와 함께 보낸 시간은 매우 어두운 한 해에 예상치 못한 밝은 빛의 시간이었다. 부모님 제임스(James)와 아나스타샤(Anastasia), 형제 자매 피터(Peter), 캐서린(Katherine), 멜리사(Melissa)와 함께 매주 줌(Zoom)을 통해 함께 보낸 시간은 세상에서 중요한 것이 무엇인지를 끊임없이 상기시켜 주었다.

차례

01

정치와 역병

01

정치와 역병

시진핑* 중국 공산당(CCP)** 총서기 겸 국가주석은 이 순간을 최대한 활용했다. 2020년 5월 18일 유엔 세계보건총회(WHA) 개막식에서 화상 회의를 통해 연설한 자리에서 시진핑은(그림 1.1) 코비드-19(이하 코로나) 팬데믹에 대한 전 세계적 대응을 돕기 위해 2년에 걸쳐 20억 달러를 지원할 것을 제안했다. 이 바이러스는 중국에서 처음으로 국제적인 관심을 끌다가 급기야 전 세계를

---

* 시진핑은 1953년 6월 15일 중국 베이징에서 태어났고, 그의 아버지 시중쉰은 중국 공산당의 초기 혁명가이자 정치 지도자로 시진핑의 성장에 큰 영향을 미쳤다. 그러나 아버지가 정치 탄압을 받으면서 시진핑은 어린 시절 어려움을 겪어 산시성(섬서성)의 농촌 지역에서 '지식청년'으로 노동을 하며 성장했다. 1974년 시진핑은 어렵게 중국 공산당에 입당하며 정치 경력을 쌓았고, 1978년 4월 시중쉰이 복권되어 시진핑도 1978년 칭화 대학에서 화학공학과에 입학하여 나중에 법학 박사 학위도 취득한다. 그의 정치 경력은 허베이성(하북성), 푸젠성(복건성), 저장성(절강성) 등 여러 지방에서 당서기와 같은 주요 직책을 맡았으며, 2007년 중국 공산당 중앙정치국 상무위원으로 선출되며 중앙 정치 무대에 본격적으로 등장했다. 2008년부터 2013년까지 국가 부주석으로 활동하며 외교와 당내 업무를 담당했고, 2012년에는 중국 공산당 총서기와 중앙군사위원회 주석에 선출되었으며 2013년에는 국가주석으로 공식 취임하며 중국의 최고 지도자가 되었다. 시진핑은 중국의 경제 개혁과 부패 척결을 강조하며 권력을 공고히 했는데, 그는 '중국몽'과 '일대일로'와 같은 정책을 통해 중국의 국제적 영향력을 확대하려고 노력했다. 현재 그는 중국의 최고 지도자로서 3연임을 기록하며 장기 집권 체제를 유지하고 있다.

** 1921년 중국 공산당은 상하이에서 창립되었고, 1924년부터 1927년까지 국민당과 제1차 국공합작을 통해 군벌 타도를 목표로 협력했으나 1927년 장제스의 '4 · 12 사건(공산당에 대한 공격)'로 결렬되었으며, 1937년부터 1945년까지 '중일전쟁'으로 인해 제2차 국공합작이 이뤄졌으나, 제2차 세계대전 후 '국공내전'에서 1949년 공산당이 승리하며 마오쩌둥이 같은 해 10월 1일 베이징에서 중화인민공화국 설립을 선포함으로써 현대 중국의 기반을 마련했다. 장제스가 이끄는 국민당은 대만으로 이전하여 '중화민국 타이완' 시대를 열었다.

휩쓸고 있었다. 중국은 자신부터 바이러스 확산을 크게 억제했다. 일상 생활은 빠르게 정상으로 돌아왔고, 시진핑 주석은 도움이 필요한 다른 나라들을 도울 준비가 되어 있었다. 시 주석은 중국이 백신을 준비하게 되면 이를 '글로벌 공공재'로 만들 것임을 약속했다. 그리고 120여 개국으로부터 바이러스 기원에 대한 국제적 조사와 관련한 점증하는 요구를 받아들이면서 그는 "코로나 바이러스 글로벌 대응에 대한 포괄적 검토를 할 것"에 대한 지지 선언을 했다.[1] 이는 국제 조사에서 중국이 지목되지 않도록 하는 동시에 모든 보고서에서 중국의 바이러스 확산 억제 성공 사례가 포함되도록 고안된 발빠른(약삭빠른) 조치였다. 또한, 이는 궁지에 몰린 시진핑에게 있어 개인 차원의 외교 쿠데타이기도 했다. 이 연설은 2017년 1월 다보스에서 시진핑이 세계화와 자유 무역에 대한 중국의 리더십을 앞세웠던 것과 제네바에서 기후변화에 관한 파리 협약 준수를 약속함으로써 거뒀던 승리를 기억에서 되살아나게 했다. 시진핑의 수사에서 드러난 관대함은 중국을 미국과 극명한 대조를 이루게 만들었다. 당시 미국 대통령이었던 도널드 트럼프는 세계무역기구(WTO)의 존속 필요성에 의문을 제기하고 파리 기후 협정에서 탈퇴했으며, 미국은 시진핑의 세계보건총회(WHA) 회의 한 달 전에 세계보건기구(WHO)에 대한 모든 자금 지원을 중단하겠다고 선언했다.

그림 1.1 **시진핑 주석의 제73차 세계보건총회(WHA) 연설(2020년 5월 18일)**

출처: 신화/알라미(Alamy)

WHA 총회에서 시진핑의 공약이 팬데믹의 진로와 관련된 중국 외교 정책의 총체적 모습을 대변한 것이었다면, 전세계는 21세기에 요구되는 글로벌 리더를 찾았다며 확신하게 되었을 것이다. 그러나 중국의 팬데믹 외교는 인도주의적 위기에 대응하는 책임을 어깨에 짊어진 글로벌 신규 강대국에 대한 이야기일 뿐만 아니라 '탄광 속의 카나리아'이기도 한데, 즉 중국의 야심과 점증하는 글로벌 영향력으로 국제 시스템과 세계가 75년 이상 뒷받침해 온 각종 제도, 가치와 규범에 잠재적 도전을 알리는 경고였다.

지난 10년간 시진핑의 말과 행동에서 알 수 있듯이, 시진핑의 야망은 세계 질서의 재편이다. 시진핑의 '중화민족의 위대한 부흥' 촉구는 중국이 세계 무대에서 중심성(중심 국가 위치)을 되찾는 것을 비전으로, 영유권을 되찾고, 아·태 지역에서 독보적 지위를 차지함과 동시에 다른 국가들이 정치·경제적, 안보적 이익을 중국의 이익과 조율해 가고, 중국이 21세기 세계 기술 인프라를 제공하면서, 국제법과 국제기구에 중국의 규범과 가치 그리고 표준을 만들어 넣겠다는 포부다. 이러한 비전을 달성하는 경로는 험난한 일이다. 이를 위해서는 세계 패권국으로서 미국의 지위와 이와 관련된 제2차 세계대전 이후 확립된 국제적 이해 관계 및 각종 제도에 대한 도전이 필요하기 때문이다.

중국의 야망을 달성하기 위해 시진핑은 중국이 국제무대에서 비즈니스를 수행하는 방식을 바꿨다. 그는 자신의 중국 내 거버넌스 모델, 즉 국내에서 자신의 권력을 보존하고 해외에서 주권적 야망을 실현하는 것을 최우선 과제로 삼는 고도로 중앙집권화 된 '당·국가(당정국가) 체제(party-state system)'*를 반영

---

* 중국은 공산당이 중심이 되어 모든 국가 기구를 지도하고 통제하는 독특한 당-정 국가 체제를 유지하고 있는데, 공산당 체제에서 중국 공산당(CCP)은 헌법상 국가 운영의 핵심으로 자리하며 정부와 군대 그리고 모든 주요 정책 결정에 관여한다. 공산당 중앙위원회는 당의 최고 의사결정 기관으로 이를 통해 국가의 전반적인 방향과 전략이 정해지고 공산당 중앙정치국과 상무위원회는 구체적인 정책 수립과 당내 주요 업무를 처리한다. 중앙서기처는 일상적인 행정과 조직을 운영하며, 당-정 국가 관계를 유지하는데, 정부의 역할은 공산당의 정책과 방침을 실행하는 기능을 하며, 공산당의 지도 아래 각종 행정 업무를 담당한다. 주요 정부 기관에는 당 위원회가 설치되어 공산당의 입장을 반영하고 정책 집행의 일관성을 유지한다. 헌법과 법률은 공산당의 지도 원칙에 의해 해석되는데, 이는 공산당의 권위와 통제를 공고히 하기 위한 것이다. 사법부는 체제 내에서 독립적 역할보다는 공산당의 정책과 이념을 따르는 실행 기관의 기능을 한다. 또한, 인민해방군은 '국가의 군대'가 아니라 '당의 군대'로 간주되며, 공산당 중앙군사위원회의 지휘 아래 운영되어 당의 권위를 군사적으로도 유지한다. 결론적으로 중국의 당-정 체제는 공산당이 모든 국가 기구를 지도 통제하며, 정책의 수립부터 실행까지 당의 지침을 중심으로 이루어지는 구조를 특징으로 한다.

하는 전략을 만들어냈다. 이는 시 주석에게 여러 영역에 걸쳐 공공 및 민간을 아울러 정치·경제 및 군사적 자원을 동원하고 배치할 수 있는 고유한 능력을 부여하는 시스템으로, 중국이 이를 통해 중국 국내는 물론 기타 국가 그리고 글로벌 거버넌스 기구에서 시진핑의 전략적 우선 순위가 높은 정책들을 강화해 나간다는 것이다. 또한, 시진핑은 중국 내부와 국제 행위자들 간에 정보의 내용과 흐름을 통제하여 베이징 당국의 가치와 우선 순위 정책에 동조하게끔 하려고 한다. 더불어 중국 공산당(CCP)*은 국내 행위자(영향력 행사자)가 하는 것과 같은 방식으로 해외 여러 사회와 경제에 침투하여 국제 행위자들의 정치·경제적 선택지에 이를 반영하려는 것이다. 더욱이 시진핑은 중국의 광대한 시장이 제공하는 경제적 기회를 활용하여 기타 국가와 지역 사람들이 중국이 정책적으로 선호하는 바를 채택하도록 유도하고 또 강요하려는 것이다. 끝으로, 시진핑의 모델(전략)은 점점 더 강력해지는 중국군의 하드파워 능력으로 뒷받침된다.

중국은 성공할 것인가? 시 주석과 기타 여러 중국 고위 관리들은 "그렇다."라고 대답하면서 자신감을 표명한다. 이들은 미국의 쇠퇴와 더불어 세계화와 기술 변화라는 거침없는 추세에 힘입어 자신들의 노력이 이미 결실을 맺고 있다고 주장한다. 전직 중국 고위 관료인 허야페이(何亞非, He Yafei)는 "팍스 아메리카나는 더 이상 존재하지 않는다."라고 언급했다.[2] 중국의 생각은 세력 균형의 변화가 이미 활발하게 진행되고 있기에 이러한 결과는 불가피하다는 것이 지배적 담론이었다.

그러나 그러한 확신이 잘못되었을 수 있다는 여러 신호가 나타났다. 시진핑의 전략은 단기적 성과를 거두었지만, 동시에 장기적 성공에 제약적 조건(한계)도 드러나게 했다. 시진핑이 행하는 중국 공산당의 통제나 경제적 규모가 커지면 커질수록 시진핑의 이니셔티브 중 많은 것이 다른 국가들에게는 그 신뢰도와 매력이 줄어들었고 중국의 추가적 이득은 더욱 보장받기 어려워졌다. 국제사회의 행위자들은 중국 국민이 이용할 수 없는 다른 기관을 보유하고 있다.

---

* 중국은 공산당의 절대적 지도 아래 운영되는 체제로 정부와 인민해방군 모두 당의 통제를 받으며, 공산당이 국가 정책을 수립하고 이를 실행하는 역할을 한다. 인민해방군은 '당의 군대'로 중앙군사위원회의 지휘 아래 국가 안보와 공산당의 정치적 안정성을 유지하기 위한 핵심적인 역할을 하며, 정부 역시 주요 기관 내에 설치된 당 위원회를 통해 공산당의 정책과 지침을 실행하는 '당-국가(정부)' 체제가 확립되어 있다. 중국에서 공산당은 절대적이며 헌법 위에 위치에 있기에 공산당 총서기라는 직책은 중앙군사위원회 주석과 국가 주석의 위치보다 상위 개념이라 볼 수 있다.

예를 들어, 이 장 뒷부분에서 거론될 중국과 전염병에 대한 논의에서 드러나겠지만, 중국 내에서 성공을 거둔 국가 동원, 침투 그리고 강압이라는 동일한 요소들이 글로벌 무대에서는 상당히 다르게 나타난다는 것이다. 시진핑은 세계 각국에 코로나 바이러스 개인보호장비(PPE: personal protective equipment)를 제공하기로 결정하였는데, 이는 중국이 팬데믹에 대한 각종 논의를 통제하며 중국에 감사할 것을 강요하는 한편 중국 공산당의 정통성을 강화하기 위한 것이었으나, 오히려 이로 인해 중국의 국제적 입지가 땅에 떨어지고 세계 각국은 중국으로부터 '공급망'을 독립시킬 방법에 대해 고민하기 시작하게 되었다. '외교적 승리'로 시작되었다고 믿었던 것이 '외교적 대실패'로 바뀌었다.

팬데믹 창궐

시진핑은 2021년 3월 베이징에서 개최된 전국인민대표대회와 중국인민정치협상회의에 약 5,000명의 대표가 모인 연례 양회에서 중국이 가장 먼저 코로나 바이러스를 잡았고 가장 먼저 일상 업무를 재개하고 플러스 경제성장을 달성한 국가라고 언급했다. "이는 우리(중국)가 가고 있는 경로에 대한 자신감, 중국 이론에 대한 자신감, 중국 시스템에 대한 자신감, 중국 문화에 대한 자신감의 결과라면서 우리 국가 시스템은 대업을 성취하기 위해 힘을 집중시킬 수 있다."라고 그는 주장했다. 그러면서 "이제 우리 젊은이들이 해외로 나가면 우리가 어렸을 때와는 달리 당당하게 우뚝 서서 자랑할 수 있을 것"이라며 자부심을 드러냈다.[3] 신장위구르자치구 당서기를 지낸 장춘셴(張春賢)은 시 주석의 자신감을 공유하며, "중국이 전진하고 미국이 후퇴하는 현상도 뚜렷하다."라고 주장하면서, "동쪽은 부상하고 서쪽은 쇠퇴하고 있다."라는 시진핑의 이전 주장을 되풀이했다.[4]

팬데믹에 대한 중국의 강력한 대응은 세계 무대에서 중국의 중심성을 되찾기 위한 시진핑의 10년에 걸친 노력이 결정적인 순간을 맞고 있음을 보여줬다. 2012년 11월 중국 공산당 총서기로 취임 후 첫 기자회견에서 시진핑은 '중화민족의 위대한 부흥', 즉 "중국은 전 세계 모든 국가 가운데 더욱 굳건히 또 힘차게 우뚝 서서 인류에 더 큰 공헌을 해 나갈 것임"을 촉구했다. 이것은 새로운 개념이 아니었다. 1911년 중화민국의 초대 임시 대총통인 순얏센(孫逸仙)* 이후 중국 지도자들은 모두 중국 국민들에게 과거 영광과 미래 운명을 상기시키기 위해 부흥이라는 테마를 언급해 왔다. 칭화대학 교수인 옌쉐퉁(閻學通)이 2001년에 발표했듯이, 중국의 부상은 자연의 산물로… 1820년까지만 해도… 아편전쟁이 일어나기 20년 전만 해도 중국은 세계 GDP의 30%를 차지했다는 것이다. 이러한 초강대국 지위의 역사는 중국인들로 하여금 한편으로는 아주 자랑스러워하면서도 다른 한편으로는 현재 중국의 국제적 지위를 보면 매우 슬픔을 느끼게 한다. 대다수 중국인은 중국의 쇠퇴가 역사적 실수이기에 이를 바로잡아야 한다고 믿고 있다.[5]

중국은 2008년 글로벌 금융위기 당시 이와 유사한 민족적 자부심의 폭발을 경험했다. 중국 경제는 상대적으로 피해를 입지 않은 반면 미국은 대공황 이후 최악의 경제난을 경험했다. 당시 왕치산(王岐山)** 부총리는 행크 폴슨(Hank Paulson) 미국 재무장관에게 "당신은 과거 나의 스승이었다. 하지만 지금은 내 스스로 선생님의 영역에 있다. 행크, 미국 시스템을 돌아보기를 바란다. 이제 더 이상 배울 것이 있는지 모르겠다."라고 언급한 바 있다. 중국 관영 신화통신은 시대정신을 표현하기를 "이렇게 바뀐 입장은 새로운 현실과 관련이 있다고 했다. 미 달러화 평가절하, 서브프라임 위기, 금융시장 불안은 미국의 대중 관계에 있어 미국의 입지를 약화시켰다. 그러는 동안 중국의 고속 성장은 중국

---

* 순얏센(손문)은 1866년 청나라 광둥성에서 태어난 가난한 농촌 출신이지만 하와이와 홍콩에서 교육을 받고 의사 과정을 공부했으며, 흥중회를 설립해 '삼민주의'를 제창해 청나라(만주족)를 무너뜨리는 '신해혁명(1911년)'으로 중화민국을 수립한 뒤 중국국민당 창립과 국공합작을 이끌었다. 그는 혁명 기간에 간암으로 1925년에 사망하였으나, 오늘날 중국 근대화의 아버지로 양안과 모든 중국인으로부터 '국부'로 추앙되는 존경을 받고 있다.

** 왕치산은 1948년 산둥성 칭다오에서 태어났고 시베이(서북) 대학에서 역사학을 전공한 후 중국사회과학원에서 연구원으로 활동하며 경력을 쌓았다. 이후 중국 농촌신탁공사 총경리, 중국인민은행 부총재, 중국건설은행 총재 등 금융 분야에서 중요한 역할을 맡았다. 정치적으로는 하이난성 당서기, 베이징 시장, 국무원 부총리, 중앙기율검사위원회 서기 등을 역임하며 중국 공산당 내에서 영향력을 키웠다. 왕치산(장인이 중국 부총리를 지낸 야오이린姚依林)과 시진핑의 인연은 태자당(공산당 원로 자제들로 구성된 정치 세력)이라는 공통 배경에서 비롯되었다. 두 사람은 태자당 출신으로 시진핑이 집권 초기 반부패 캠페인을 주도할 때 왕치산이 중앙기율검사위원회 서기로서 핵심적인 역할을 했고, 이로 인해 왕치산은 시진핑의 오른팔로 불리며 그의 권력 기반을 다지는 데 기여했다.

의 자신감을 크게 높였다."라고 보도했다.[6]

그러나 중국은 시진핑이 집권할 때까지 경제적 성공을 정확하게 활용하지는 못했다. 시 주석은 오랫동안 품어왔던 중국 부흥의 꿈을 실현하기 위해 국가 역량과 비전을 전략과 연계시킨 최초의 중국 지도자이다. 그와 중국 지도부는 국제 시스템 내에서 자국의 포지션(자리매김), 그러한 국제 시스템이 구현하는 가치와 정책적 선호, 권력이 분배되는 방식, 정책적 결정이 이루어지는 방식에 만족하지 않았다. 그들은 세계 질서 재편을 원했다.

우선, 중국 지도자들은 세계 무대에서 중국의 중심성을 되찾기를 원했다. 오늘날 중국 관료들 사이에서는 중국이 세계 경제를 지배하지 못했던 지난 2세기가 역사적 일탈이었다는 말을 많이 자제해 왔다. 그러나 중국 경제가 곧 미국 경제를 능가하게 되는 지금 이 시기 이들은 글로벌 무대에서 중국이 제자리로 복귀하고 또 미·중 양국의 상대적 영향력 변화를 확실하게 할 것이라고 말한다.

이들은 지정학적으로 새로운 지평(대륙)이 부상하면서 중국이 중심이 될 것이고, 영유권 문제가 있는 지역에 대한 중국의 관할을 포함하여 지형상 변화를 수반할 것이라는 것이다. 중국 지도자들은 통일 없이는 중화민족의 부흥도 없기에 특히 신장 위구르 자치구, 티벳 장족 자치구, 홍콩특별행정구를 포함하여 대만, 남중국해 지역 등 핵심 이익으로 간주되는 지역에 대한 통제권을 주장하고 있다. 또한, 중국은 인도, 일본, 네팔, 부탄, 한국을 포함한 기타 국가들과 미해결 영토 분쟁과 관련해 중국은 이 문제들이 자국에 유리하게 해결되기를 원한다. 2018년 전국인민대표대회에서 시 주석은 "중국의 주권과 영토 보전을 수호하고 중국의 완전한 통일을 실현하는 것은 모든 중국 국민 공통의 염원이자 중화민족의 기본 이익에 부합한다… 중국을 분열시키려는 모든 책동은 실패하기 마련이다."라고 언급했다.[7] 시 주석은 특히 지금까지 자신의 수중에서 벗어나 있던 대만이 이미 중국의 일부라면서 "양안 인민은 피를 나눈 한 가족이다. 우리를 잇고 있는 그 핏줄을 어느 누구도 끊을 수 없다."라고 주장했다.[8] 중국 지도자들은 중국의 부흥을 국제관계의 평화롭고 불가피한 트렌드(흐름)의 일부라고 종종 논의했는데, 시 주석도 분명하게 중국의 주권을 희생하는 대가로 평화와 안정이 결코 오지 않을 것이라면서 "우리는 평화로운 발전을 추구하는 동시에 우리의 정당한 권리와 이익 또는 중국의 핵심 이익을 결코 희생(포기)하지 않을 것이며, 어떤 국가도 중국이 핵심 이익을 상쇄하려 하거나 중국의 주권, 안보 또는 개발 이익을 훼손하려는 경우 쓴 열매를 집어 삼킬 것이다."라고 했다.[9]

이러한 발상에 근거하여 중국 지도자들은 중국의 영향력과 파워는 아·태 지역 전역으로 확장되며 이로써 아·태 지역은 중국이 선도하는 무역, 기술, 인프라, 공유된 문화 및 문명적 유대를 통해 완전하게 통합된 지역이 될 것이라 표현한다. 시진핑은 아·태 지역 국가들을 "중국 없이 번영할 수 없고", "중국도 이 지역을 떠나 발전할 수 없다."라며 '대가족'에 비유한다.[10] 시진핑은 무역을 통한 통합 가치에 상당한 강조점을 두면서도 안보 역시 중심 역할을 한다고 강조한다. 2014년 시 주석은 "최종적으로 아시아인들이 아시아 관련 사안들을 다루고, 아시아 문제를 해결하며, 아시아 안보를 수호해야 한다."라고 주장하면서 아시아를 위한 새로운 지역 안보 협력 체제 구축을 제안했다.[11] 시진핑의 협력에는 지역 안보를 위한 행동 강령, 아시아 안보 파트너십 프로그램, 법 집행 관련 조율이 포함될 수 있다. 그는 2015년 '미래를 공유하는 아시아 공동체'라는 것을 특별히 제안하면서 자신의 아이디어를 반복했다.[12] 시진핑의 '아시아인을 위한 아시아' 구도에는 현재 지배 세력이자 역내 안보를 책임지는 미국의 역할 축소라는 함의가 담겨있다. 신세계 질서에서 미국은 태평양을 건너 대거 후퇴함으로써 중국이 대서양 강국이라는 과거 역사적 역할로 복귀하는 것을 의미한다. 베이징 대학(PKU)의 왕지쓰(王緝思)는 중국 지도자의 제반 견해는 자연스럽게 "지역 내 강국으로서 중국의 역할을 공고히 하기 위해 설계된 것"이라고 설명한다.[13]

중국의 영향력은 항구, 철도, 고속도로부터 광 케이블, 전자 상거래, 위성 시스템에 이르는 인프라를 통해 전 세계로 더욱 퍼져 나가고 있다. 미국, 유럽, 일본 기업들이 20세기 세계 인프라 개발의 대부분을 주도한 것처럼 중국 기업도 21세기를 주도하기 위해 경쟁하고 있는 것이다. 경쟁의 성과는 오래갈 것이며 승자의 기술과 표준 그리고 노하우는 앞으로도 수십 년 동안 전 세계적으로 자리를 잡게 될 것이라고 주장한다.

중국의 영향력을 세계적으로 확산시키려는 시진핑의 야망은 물리적 구조물 건설을 뛰어넘어 더욱 확장된다. 그의 가장 극적인 외교 정책 혁신 중 하나는 중국의 정치 모델을 판촉하고, 인터넷에 대한 국가 통제 등 일부 권위주의 요소를 수출하는 것이다. 글로벌 금융 위기 이후 많은 학자와 관료들이 초기 중국 모델에 대해 참여했는데, 해당 주제에 대한 웹 홈페이지지는 2008년 약 750개에서 2009년 3,000개로 급증[14]했고, 당시 중국 지도부는 수출 가능한 중국식 모델이라는 개념 자체를 거부했었다. 당시 원자바오(温家寶)* 총리는 "중국은 결코 중국의 발전을 하나의 '모델'로 보지 않는다. 모든 국가에는 각기 상황에 맞는 고유한 발전 경로를 보유하고 있다."[15]라고 언급한 바 있다. 그러나 시진핑 주석은 좀 더 자신감 있고 경쟁력 있는 상이한 접근 방식을 제시했다. 2013년 1월 시진핑이 중국 공산당 총서기가 된 지 불과 두 달 만에 200여 명의 당 간부들 앞에서 행한 연설에서 시진핑은 중국 모델과 서구 모델 간 실존적 경쟁이 있음을 밝혔다. 그는 냉전 이후 많은 개발도상국들이 서구 모델을 채택할 수밖에 없었고, 이 시기는 이로 인해 "당파 싸움, 사회 불안으로 사람들이 집을 잃고 방황하게 된" 때라고 설명했다. 그는 계속해서 주장을 이어 가기를 "중국은 중국 특색 사회주의가 발전을 거듭함에 따라 우리 시스템이 필연적으로 성숙할 것이라고 굳게 믿고 있으며, 마찬가지로 우리(중국) 사회주의 시스템의 우월성이 점차적으로 더 분명해지는 것 또한 불가피할 것이다."[16]라고 했다. 시진핑은 4년 후인 2017년 19차 당 대회에서 마오쩌둥 이후 중국 지도자로서는 처음으로 중국이 따라 배울 만한 정치 모델을 보유하고 있음을 시사했는데, "더 나은 사회 거버넌스 시스템으로서 중국식 모델은 다른 국가들이 독립성을 유지하면서 경제 발전 속도를 높이고자 할 때 새로운 옵션을 제공하며, 이는 인류가 직면한 제반 문제를 해결하기 위한 중국의 지혜와 중국식 접근 방식을 제공한다."라고 했다.[17] 중국 학자들은 여러 모델 간 경쟁이 존재한다는 점을 인정하면서도 일부 학자들은 중국 모델을 프로모션하는 것에 여전히 조심하고 있다. 예를 들어, 옌쉐퉁은 조심스럽게 "중국식 모델을 모범으로 삼고 다른 나라들도 중국을 본받기를 바라게 된다면 이는 이념적 대립으로 쉽게

* 원자바오(溫家寶)는 1942년 9월 15일 중국 톈진(천진)에서 태어나 베이징 지질학원에서 구조 지질학을 전공했다. 졸업 후 간쑤성 지질국에서 기술자로 일하며 경력을 시작했고, 1965년 중국 공산당에 입당한 이후 정치적 재능을 인정받아 중앙 정치무대로 진출했다. 1985년 원자바오는 중국 공산당 중앙판공청 부주임으로 임명되었고, 1998년에는 국무원 부총리로 승진하며 농업, 빈곤 퇴치, 금융 개혁 등 다양한 분야에서 실무 능력을 발휘했다. 2003년부터 2013년까지는 중국의 총리로 재임하며 경제 개혁과 사회 복지 정책을 추진했는데, 특히 농촌 발전과 빈곤 문제 해결에 중점을 두고 글로벌 금융 위기 속에서도 중국 경제를 이끌었다.

이어질 수 있다… 중국을 서구 국가와 비교할 필요도 없고, 중국식 모델의 우월성을 홍보할 필요도 없다. 이는 세계적으로 중국의 이미지를 개선하는 데 도움이 되지 않는다."라고 언급했다.[18]

마지막으로 시진핑은 "글로벌 거버넌스 시스템의 개혁을 주도"[19]하여 국제 행위자 간의 관계를 통괄하는 제도, 규범과 가치만 아니라 해당 시스템 내에서 중국의 입지를 변화시키겠다는 열망을 밝혔다. 시진핑에게 있어 이는 장기간에 걸친 이념 전쟁이다. 2014년 시진핑은 "국제 질서를 둘러싼 경쟁이 장기화되는 속성을 절실하게 인식해야 할 것"이라고 주장했다.[20]

중국 지도자들은 오랫동안 국제 체제를 지지하고 이를 훼손하고 싶지 않다고 주장해 왔지만, 중국이 제2차 대전 이후 '브레튼 우즈 체제' 개발에 불참했기에 현재 불리한 입장에 처해 있다고 믿고 있다. 법치 기반 질서는 신생 중화인민공화국(PRC)의 가치, 규범 또는 정책 선호를 반영하지 않았다는 것이다. 베이징 어언문화대학(北京語言文化大學) 황정(黄靖) 학장은 덩샤오핑부터 시진핑에 이르기까지 모든 중국 지도자가 국제 체제 유지를 약속했지만, 중국의 정치 체제는 "기존 국제 질서 주류와 양립불가"함을 인정했다. 결과적으로 중국이 국제체제 수용을 위해 자신이 변화하거나, 중국이 국제 시스템에 자신의 것을 수용하도록 변화시키는 양자택일에 직면했을 때 중국은 후자를 선택[21]했음을 드러냈다. 그리고 중국이 세계 무대에서 위상이 높아짐에 따라 이제 시진핑은 국제체제 개혁이라는 새로운 권한을 부여받았다고 주장했다. 그는 2016년 9월 글로벌 거버넌스의 변화는 세력균형의 변화에서 비롯됨도 지적했다.[22]

중국 관리들은 종종 '신형대국관계', '인류운명공동체'와 같은 모호하고 선량한 개념으로 글로벌 거버넌스 야망을 숨기고 있다. 그럼에도 불구하고 이러한 개념들에는 인권, 인터넷 거버넌스, 무역과 투자 같은 문제에 대해 현재 국제기구에서 표현되는 가치를 급격하게 변화시키려는 비전이 내포되어 있다. 예를 들어, 중국이 쏟는 제반 노력의 주요 초점은 국제 시스템에 대한 지지를 개인적 권리로부터 국가의 결정 권리로 재조정하는 것이다. 또한 이러한 개념은 미국 주도 동맹 체제 해체를 촉구하는 것이다. 중국 외교 정책 관리들은 종종 미국 동맹을 배타적이며 다른 국가에 불안을 일으키는 프레임으로 간주한다.[23] 전 중국 고위 외교관이었던 푸잉(傅瑩)*은 2016년 연설에서 "중국은 오랫동안 서구 세계로부터 정치적으로 소외되어 왔다. 미국이 주도하는 군사 동맹은 자국의 이익을 다른 국가보다 우선시하고 중국의 안보 우려에는 거의 관심을 기울이지 않았다."[24]라고 했다. 시진핑은 '비 대결, 비 동맹'에 기반을 둔 신형 안보 파트너십(신형대국관계)을 빈번하게 촉구해 왔다.[25]

중국 관리들은 자국이 미국을 대신해 세계 패권을 장악할 것으로 기대하는지에 대해 유보적인 태도를 보이고 있으나, 여러 중국 학자들은 중국이 곧 미국을 능가할 것으로 믿고 있다. 베이징 대학 왕지쓰(王緝思)는 중국 내에는 미국의 국력이 쇠퇴하고 있으며 조만간 중국이 미국의 뒤를 이어 세계 '넘버 원'이 될 것이라는 대중적 인식이 있다는 점을 인정한다.[26] 푸단 대학 션딩리(沈丁立) 교수는 중국이 이미 국제 사회에서 '높은 도덕적 지위'를 차지하고 있고, 이제 "새 시대 선도 국가로 행동할 준비가 되어 있다."라고 믿고 있다.[27] 그러나 이들 학자들은 중국이 국제 시스템을 관장할 규칙에 대해 정의를 내리는 일을 할뿐, 글로벌 차원의 제반 도전적 요소들에 대처하고 세계 경찰 역할을 하면서 국제 사회를 결집시키는 데 있어서는 지배적 역할을 수행할 준비가 되어 있는지에 대해서는 답변을 삼가고 있다.

세계 질서를 재편하려는 중국의 열망은 크다. 국제무대에서의 미국의 리더십, 미국의 민주 동맹 체제, 제2차 대전 이후 자유주의 국제질서는 이미 전 세계적으로 깊이 자리잡고 있다. 더욱이, 중국이 자국 내에서 팬데믹을 초기에 성공적으로 관리함으로써 중국 시스템에 대한 자국 국민들의 신뢰가 강화되었지만, 2021년과 2022년 지속된 록 다운(봉쇄) 조치와 글로벌 무대에서의 중국 전략은 궁극적으로 중국 공산당의 국내적 정통성과 해외 평판에 많은 피해를 가져왔다. 중국의 행동으로 인해 많은 외국 관측통들은 미래 중국의 글로벌 리더십이 어떠한 일들을 수반할지에 대한 복잡한 우려를 자아내는 그림을 그리게 되었다.

---

* 푸잉(傅瑩)은 1953년 1월 중국 내몽골 자치구 후허하오터시에서 태어난 몽골족 출신으로, 아버지 아민은 철학자 아이쓰치의 제자로 중국 인민해방군 내몽골 군구 선전부에서 활동했다. 푸잉은 16세에 내몽골 자치구의 농장에서 노동자로 일하며 성장했고, 1973년 베이징 외국어 대학에 입학하여 영어, 프랑스어, 루마니아어를 전공했다. 이후 1985년 영국 켄트 대학교에서 국제관계학 석사 학위를 취득했고, 외교관으로서 루마니아, 필리핀, 호주, 영국 등 여러 국가에서 대사를 역임했다. 그녀는 중국의 소수 민족 출신 여성 외교관으로서 최초 대사직을 맡아 주목받았고, 중국 외교부 부부장과 전국인민대표대회 외사위원회 주임위원을 역임하며 외교 정책과 국제 관계에 중요한 역할을 했다. 현재 푸잉은 칭화 대학 전략안보연구센터장으로 활동하며 학문적 기여를 이어가고 있다.

COVID-19 테스트

2019년 12월 말 중국 중서부의 성(省)중에서 상대적으로 부유한 지역인 후베이성(湖北省) 우한(武汉) 소재 병원에서는 '병의 원인을 알 수 없는 폐렴' 사례가 잇달아 보고되었다. 우한 중앙병원 응급실장인 아이펀(艾芬) 박사는 병원에 들어오는 환자 사례와 화난해산물도매시장(華南海鮮批發市場) 사람들이 고열과 함께 발병했다는 보고를 처음으로 연관지었다. 그녀는 병원에 경고한 뒤 여러 동료들에게 경고하는 글을 띄웠다. 메시지는 같은 병원에서 근무하는 안과의사 리원량(李文亮·34) 박사를 포함하여 다른 의사들의 관심을 끌었다. 리원량은 의과대학 동창들 채팅방에 "신종 (코로나) 바이러스 감염이 확인됐고, 그 타입을 확인중에 있다. 모든 가족과 친지들에게 조심하라고 알려라."라는 메시지를 보냈다.[28] 우한 지역 공안 관리들은 재빨리 리원량을 침묵하게 만들기 위해 2020년 1월 1일 신문(조사)할 목적으로 소환했다. 공안(公安; 중국 경찰)*은 리원량에게 '사실이 아닌 코멘트'와 '사회 질서를 심각하게 어지럽히는 행위'에 대해 공식적으로 견책하는 조치를 내렸다. 또한, 공안은 '소문 유포' 혐의로 다른 중국 시민 7명도 함께 구금했다.[29] 그럼에도 불구하고 리원량은 계속해서 사람들에게 경고했다. 몇 주 후 그 자신도 바이러스에 감염되었다. 아이펀 박사도 병원 기율검사위원회**로부터 허위 사실을 퍼뜨렸다고 비난을 받고 남편을 포함

* 중국의 공안은 국가의 치안과 사회 질서를 유지하는 중요한 역할을 하는 조직으로 다양한 분류와 체계를 가지고 있다. 일반 공안(범죄 예방, 단속, 교통 관리, 소방 활동, 위험 물품 관리 등 일상적인 치안 업무), 특수 공안(테러 방지, 국가 주요 건물 보호, 위험 인물 감시, 집회 및 시위 활동 단속 등 특수 상황에 대응), 외국인 및 출입국 관리 공안(외국인의 출입국 관리, 여행 단속, 불법 이민자 체포 및 송환 업무 담당), 인터넷 및 통신망 감독 공안(공공 통신망과 인터넷 활동을 감독하며, 사이버 범죄를 예방하고 단속) 등이 있다. 공안의 중앙 조직은 국무원 산하에 공안부가 위치하고 공안부는 국가 전체의 치안 정책을 수립하고 감독한다. 지방 조직은 각 성, 자치구, 직할시에는 공안청 또는 공안국이 설치되어 지역 치안을 담당한다. 그 이하의 하위 조직은 주요 도시와 소도시에는 공안국 및 공안분국이 있고 각 현과 구에는 공안파출소가 있어 지역 주민과 밀접하게 연결된 치안 업무를 담당한다. 이 외에 공안의 특수 조직인 인민무장경찰대(人民武裝警察部隊, 무장경찰, PAP)는 중국의 치안과 국가 안보를 담당하는 준군사 조직으로 현재 중국 공산당 중앙군사위원회(Central Military Commission, CMC)의 지휘를 받는다.

** 중국 공산당 중앙기율검사위원회(중기위)는 중국 공산당의 내부 감찰 및 반부패 기구로 이 기관은

하여 누구에게도 발설하지 말 것을 경고받는 등 엄중한 질책을 받았다.[30]

중국 지도자들이 바이러스 확산을 통제하기 위해 움직이면서 중국 정치 모델의 강점과 약점이 전체적으로 드러났다. 높은 수준의 정치적 중앙 집중화와 정보 통제로 인해 의료 관계자들은 중국인들과 전 세계에 바이러스에 대해 경고할 수 없었고, 이로써 수백만 명의 중국인들이 춘절(음력 설) 연휴 동안 바이러스의 진원지인 우한을 떠나 중국 각처로 여행하게끔 했는데, 많은 사람들이 바이러스 보균자임을 모르고 돌아다녔다. 그러나 동시에 중앙집권적인 중국 정부는 1월 23일 우한을 봉쇄하여 1,100만 명의 사람들이 도시를 떠나는 것을 철저하게 막았고, 타지 사람들이 우한으로 들어오는 것을 차단했다. 대중교통과 고속도로가 폐쇄됐고, 인근 도시와 마을에도 제한이 가해졌다. 2020년 1월 말까지 허베이성(河北省) 주민 5천만 명이 엄격한 격리 조치하에 놓였다. 베이징 당국이 7,500명의 일꾼들을 동원해 2주 만에 임시 병원 2곳을 건설하고 전국 기업들을 대상으로 마스크, 가운, 장갑 등 절실하게 필요한 개인보호장비(PPE) 제조를 지시했으며, 이러한 모습을 세계는 경이롭게 바라봤다. 2억 개 이상의 카메라로 모든 곳에서 사람들을 추적하는 중국 공산당의 감시 기술과 텐센트, 알리바바 등 중국 최고의 기술 대기업들과 공생 관계를 통해 중국 정부는 상대적으로 높은 수준의 효율로써 바이러스 확산을 추적하고 궁극적으로 봉쇄하게 되었다.*

당 간부들의 부정부패와 위법 행위를 조사하고 감찰하는 역할을 맡는다. 중기위는 초기 당의 규율을 강화하고 당원들의 청렴성과 충성도를 유지하기 위해 설립되었는데, 이는 중국 공산당의 최고 사정 기구로 당내 부패 척결과 규율 강화를 통해 당의 통치력을 유지하는 데 중요한 역할을 한다. 시진핑 주석의 집권 이후 중기위는 반부패 캠페인의 핵심 기구로 자리 잡았으며, 이를 통해 많은 고위 관료들이 조사 및 처벌을 받았다. 이 기관의 활동은 중국 정치 체제에서 중요한 위치를 차지하며 당의 통제력을 강화하는 데 기여하고 있으며 이 조직 구조는 권력 집중화와 효율적인 감찰을 목적으로 설계되어 있다. 위원회는 당의 규율을 유지하고 부정부패를 척결하기 위해 전략을 수립하며, 위원장은 중국 공산당의 최고위층에 속하며 중요한 정치적 역할을 수행한다. 부서로는 감찰국(부패 조사 및 감찰 업무 담당), 규율집행부(당 규율 위반을 처리하고 내부 조사 수행), 연구부(규율 강화 및 정책 개발을 위한 연구), 지방 기율검사위원회(중기위의 하부 조직으로서 각 지역에 배치되어 지방 조직은 지역 단위에서 감찰과 규율 준수를 책임짐) 등으로 되어 있다. 이러한 구조는 당의 통제력 강화를 목표로 중앙과 지방 간 협력으로 효과적으로 운영되는데, 중기위가 중국 정치 체제에서 중요한 이유는 체계적으로 모든 영역을 관할하는 권한에 있다.

* 역자 김진호는 2019년 3월부터 2020년 2월까지 중국 선전(深圳) 대학 방문학자로 있으며 당시 상황을 직접 목도하며 관련 내용도 중국 공영방송과 SNS를 통해 알게 되었다. 역자는 1983년부터 대만(당시 중화민국), 홍콩(당시 영국 식민지), 마카오(당시 포르투갈 식민지), 중국 베이징(사회주의

중국 정부의 성공에도 불구하고, 2012년 시진핑 집권 이후 처음으로 중국 시민들이 당국의 공식 입장 표명에 도전할 목적으로 인터넷에 대거 접속했다. 리원량 박사의 죽음을 계기로 100만 명이 넘는 중국 시민들이 자신의 생각을 온라인에 게시했는데, 영국 BBC는 상위 2개의 해시태그가 "우한 정부는 리원량 박사에게 사과해야 한다."와 "우리는 표현의 자유를 원한다."라고 보도했다. 그러나 이러한 인터넷을 통한 활동은 오래 가지 못했다. 팬데믹을 보도한 많은 시민 언론인들은 이후 '싸움(혼란)을 유발'[31]했다는 혐의로 구금되어 형을 선고받았으며 일부는 실종되었다.[32]

2020년 말까지 중국 정부는 초기 대응 실수나 일반 대중의 반대 의견 등 흔적을 공개 기록에서 모두 삭제했다. 중국인들은 대부분 팬데믹 이전의 삶으로 복귀했고, 중국은 플러스 성장률을 기록한 세계 유일의 거대 경제로 떠올랐다. 중국 내에서 중국과 코로나 팬데믹 과정과 역사는 이제 승리의 이야기가 되었는데, 이는 중국 정부가 기록적으로 짧은 시간 내 바이러스 및 중국 정부에 대한 비판을 억제했다는 내용이다. 중국의 국가 중심 모델은 자원 동원, 중국 공산당의 사회·경제 침투, 정보 통제가 가능함으로써 성공을 거두었을 뿐만 아니라, 이는 세계를 선도하는 민주주의 국가 미국의 재앙 수준의 혼란스러운 대응과는 극명한 대조를 이루었다. 이번 팬데믹은 중국 공산당 권위에 위기를 촉발하기보다는 중국 공산당의 정당성을 강화했다. 그러나 국제적 차원에서 중국의 팬데믹 외교는 전혀 다른 결과를 가져왔다.

시장경제가 추진되던 중국 정치 중심) 등지에서 학업과 직장생활을 했고, 1997년 이후 홍콩(중국의 특별행정구), 1999년 이후 마카오(중국의 특별행정지) 및 대만(중화민국으로 1992년 대한민국과 단교) 그리고 중국의 경제특구 선전에서 강의와 연구를 해왔다. 역사적 변천에 따른 중국의 변화를 정치체제 및 사회 환경의 변화를 통해 중국과 역내 국제정치를 꾸준히 연구해 왔다.

팬데믹의 글로벌 규모 확산

2019년 12월 31일, 의사인 아이펀과 리원량 자신들의 공포를 공유한 다음 날 세계보건기구(WHO) 사무소 두 곳과 대만 관리들은 각각 경종을 울렸다. WHO는 다음 날 중국 당국에 추가 정보를 요청했는데, 중국 당국은 일련의 발병 케이스가 존재한다는 점을 인정했지만 추가적인 조사내용은 거의 제공하지 않았다. 그러나 같은 날 우한 현지 관리들은 발병 진원지로 의심되는 화난해산물도매시장을 폐쇄했다. 한편, 중국 연구원들은 2022년 1월 2일 코로나 바이러스의 완전한 유전자 정보 지도를 성공적으로 그려냈는데, 이는 전 세계 연구원들이 바이러스가 어디서 어떻게 확산되는지 이해하는 데 도움이 될 수 있는 것이었으나, 중국 연구원들은 일주일 정도 지난 1월 11일이 되어서야 공표했다. 그날 중국은 첫 번째 사망자가 61세 남성임을 보고했다.

발병 사례가 증가하고 중국 관리들이 우한을 봉쇄하기 위해 움직이자 베이징 당국은 자국 내에서 행했던 것과 같이 세계 무대에서도 중국의 자원을 동원했다. 해외 화교와 관계 유지를 관장하는 중국 공산당 통일전선공작부(UFWD)* 는 해외 현지 중국인 시민 단체에 연락해 중국이 도움을 필요로 하는 순간에 중국을 돕도록 독려했다. 반응은 즉각적이고 압도적이었다. 블룸버그 뉴스는 일본 나고야 소재 중국인 자원 봉사자들이 3일 만에 마스크 52만 장을 구입했다고 보도했다.[33] 전 세계 교회, 자선 단체, 다국적 기업, 각국 정부도 개인보호장비(PPE)를 중국에 보내기 위해 동원되었다. 그러한 요청에 응한 사람 중

* 중국 공산당 중앙통일전선공작부는 1949년 중국 공산당이 중화인민공화국을 건국한 이후 공식적으로 조직되었다. 이 부서는 마르크스-레닌주의의 통일전선 전략을 기반으로 다양한 국내외 세력과 협력하며 중국의 정치적 목표를 달성하기 위해 설립되었는데, 초기에는 '항일전쟁'과 '국공합작'을 통해 국민당과 협력하는 등 혁명 단계에서 중요한 역할을 했다. 통일전선공작부는 시진핑 주석의 집권 이후 더욱 강화된 역할을 수행하고 있으며, 이 부서는 중국에 우호적인 국제 환경을 조성하고, 해외 화교 및 외국 인사들과의 관계를 통해 중국의 영향력을 확대하는 데 중점을 두고 있다. 특히, 선전 활동과 민감한 국제 문제에 대한 여론 조성 그리고 해외 중국인 커뮤니티를 활용한 공산당의 지지 기반 확대를 담당하고 지원한다. 이 조직은 중국 공산당의 정치 전략에서 중요한 위치를 차지하며 국제 사회에서 중국의 입지를 강화하는 것을 목적으로 한다.

한 명이 리루(李祿)로 1989년 톈안문 사태 민주화 시위 때 학생 지도자로 중국 정부 탄압을 피해 미국으로 건너가 짧은 시간내 컬럼비아대에서 학사, 법학박사(JD) 학위와 MBA 과정을 이수했고 미국 시민이 되어 투자 펀드사인 히말라야 캐피털(Himalaya Capital Management)을 설립한 중국계 미국인이다. 리루와 필자는 1월 말 샌디에고에서 개최된 한 회의에서 만나 휴식 시간에 리루가 통화하는 소리를 우연하게 들었는데, 중국으로 보낼 개인보호장비(PPE)를 필사적으로 확보하려 하고 있는 내용이었다. 나중에 리루가 필자에게 설명했듯이, 그는 1976년 탕산(唐山) 지진을 겪었으며 당시 중국 정부의 혼란스러운 복구 노력을 기억했다. 리루는 팬데믹 초기 수개월 동안 중국 지도자들이 정부 지정 기관, 즉 국제적십자사와 중국전국자선연맹을 통해서만 PPE 공급 관리를 시도함으로써 발생하는 동일한 혼란을 목격했다는 것이다. 두 기구 모두 상황 관리에 필요한 준비가 부족했다는 것이다. 리루는 중국 안팎에서 '여러 계층의 친구들'과 각종 네트워크를 활용하여 필요한 PPE와 재정 지원으로 150만 달러 이상을 확보할 수 있는 자신만의 방법을 찾아냈다. 또한, 의사 리원량이 사망한 다음 날, 리루는 간호사와 의사가 코로나로 사망했거나 영구 장애 피해를 입었을 경우 그 가족을 돌보기 위한 재단을 설립했다. 전체적으로 미국 내 조직들은 18톤의 마스크, 의료용 가운, 인공호흡기, 의료용 거즈 그리고 기타 필요 물품을 제공했다.[34] 2월 말까지 국제사회는 중국에 12억 달러 상당의 물품을 제공했다.[35]

베이징 당국은 또한 중국 내 각국 대사들에게 관련 소문을 통제하기 위해 밖으로 나가도록 지시했다. 샌디에이고 회의가 끝날 무렵, 필자는 반쯤 비어 있는 강당에 앉아 추이텐카이(崔天凱) 주미 중국 대사의 기조 연설을 들었다. 메시지는 간단했는데, 중국은 투명하게 행동하고 있고 국제 사회와 정보를 공유하고 있다는 것이었다. 더욱이 중국의 희생은 중국인들만을 위한 것이 아니라 전 세계를 위한 것이라는 것이다. 추이 대사는 다른 대사들과 마찬가지로 바이러스의 초기 확산에 대한 책임과 관련된 일체의 힌트를 주지 않았다. 그리고 막후에서 중국 관리들은 다른 국가들이 중국에 대한 지원을 알리거나 중국 국민의 여행 금지 또는 국경 폐쇄로 공포를 조장하지 말 것을 요청했다.[36] 이러한 요청은 중국 국내에서 공산당 정통성의 취약함을 드러나게 했는데, 이는 '선거에 의한 귀책'이 아닌 '정부의 정책 수행에 따른 책임'을 짊어지는 시스템

하에서 팬데믹 관리가 실패로 인식될 경우 중국 거버넌스 위기로 귀결될 수 있기 때문이다.

3월 중순까지 중국 정부는 바이러스 확산을 대부분 차단했다. 중국 관리들과 언론은 신속하게 방향을 바꿔 중국은 전염병 대응에서 세계 선두주자라는 새로운 메시지를 전달했다.[37] 중국은 세계 최대 규모의 PPE를 축적해 놨다는 것이다. 중국 자체가 이미 세계 최대의 PPE 제조국으로 방호복의 60%를 생산하고,[38] 코로나 백신과 약물 치료법을 개발하는 데 필요한 전구체(precursor) 물질의 중요 공급원을 준비했다는 것이다. 제공할 PPE를 준비하고 바이러스 퇴치에 성공한 중국 정부는 업무 담당자들을 복귀시켰으나 이들이 맡는 임무는 이전과 달랐다. (중국 정부의 정책에 부응하는 것이었음)

중국 대사들은 이제 각기 대사관 웹사이트를 통해 베이징의 'COVID-19 대응에 대한 중국의 경험 지식 센터'를 홍보했는데, 이것은 QR 코드를 통해 관련 과학 논문, 짧은 정책 브리핑, 시진핑의 지도력과 중국의 인상적인 코로나 대응을 선전하는 중국 의사들의 동영상에 액세스하는 것이었다.[39] 또한, 중국 정부는 알리바바와 화웨이와 같은 기업들이 비공식 베이징 당국 브랜드 홍보대사가 되도록 장려하여 PPE 부족으로 어려움을 겪고 있는 국가에 PPE와 기타 지원을 추진하게 했다. 해외 화교들도 그 뒤를 이었다. 리루는 전염병 퇴치의 최전선에 있었던 우한과 상하이의 중국 의사 3명이 참석하는 웨비나 화상회의를 조직했다. 수백 명의 미국 과학자, 의사 그리고 보건 전문가들이 참여했다. 또한, 리루는 개인 자금을 사용하여 미국 병원에 공급할 수백만 달러 상당의 PPE를 구입했다. 그리고 운 좋게도 중국 최고의 전기차 제조업체 중 하나인 BYD(역시 히말라야 캐피탈의 포트폴리오 회사 중 하나)의 대표가 마침 미국에 체류하고 있었고, 리루는 그를 설득하여 마스크 생산을 시작하게 되었다. 3,000명의 엔지니어가 노력을 기울여 BYD는 세계 최대의 안면 마스크 생산업체가 되었으며, 미국 '국립산업안전보건연구원(NIOSH)' 인증과 '식품의약국(FDA)'으로부터 의료 장비에 대한 긴급 사용 승인을 받은 단 두 개의 중국 회사 중 하나가 되었다. 리루는 2020년 가을 필자와 다시 대화를 나눌 당시 "바이러스는 국경이나 이념을 인식하지 못한다."라고 상기시키면서 "바이러스는 사람들에게 똑같이 영향을 미치기에 중국인을 보호할 수 있는 것이면 미국인에게도 도움이 될 수 있고 약품 역시 양쪽에서 사용된다."라고 언급했다.

전략적 기회의 시기

중국 지도자들에게 팬데믹의 두 번째 단계는 그들이 '전략적 기회의 시기'라고 부르고 싶은 때였다. 시진핑 주석은 전염병을 이용해 여러 건강 관련 우선 순위를 둔 정책에 진전을 이뤘으며, 특히 2013년 대규모 글로벌 인프라 건설 계획인 '일대일로'(OBOR: One Belt One Road, 후에 BRI: Belt and Road Initiative로 영어 표기가 바뀜)의 파생물로 여전히 초기 단계에 있는 보건 실크로드(HSR: Health Silk Road)에 집중 지원한 점은 주목할 만하다.[40] WHO와 UN의 HIV/AIDS 프로그램뿐만 아니라 30개 국가가 HSR 파트너로서 양해각서에 서명했으며,[41] 이제 중국은 이들 국가에 의사, 의료 기기, 접촉 추적 기능 및 이메디신(역자 주: 웹기반의 의료 데이터베이스 서비스)과 같은 기술을 제공하게 되었다.[42] 시진핑은 3월 당시 이탈리아 주세페 콘테(Giuseppe Conte) 총리와의 전화 통화에서 "이탈리아와 중국은 '신 보건 실크로드'의 초석이다."[43]라고 하면서 파트너십 강화를 위해 300명의 의사를 이탈리아로 파견했다. 루이지 디 마이오(Luigi Di Maio) 외무장관은 유럽이 중국보다 적은 지원을 제공하고 있다고 비난했지만,[44] 모든 이탈리아인들이 그러한 평가에 동의한 것은 아니다. 한 이탈리아 관측통이 지적했듯이 중국의 지원은 주로 상업적 거래의 일부로 제공된 반면에 유럽의 지원은 '더욱 실질적'이었으며 기부 형태로 이뤄졌다는 것이다.[45]

또한, 시진핑 주석은 전염병이 가져온 기회를 포착하여 전통 중국 의학(TCM: Traditional Chinese Medicine)을 홍보했다. 시 주석은 오랫동안 TCM을 지지하며 TCM을 '고대 중국 과학의 보고이자 중국 문명 기록 보관소를 여는 열쇠'라고 기술했다.[46] TCM은 글로벌 시장 가치가 4,000억 달러가 넘을 정도로 수익성이 높으며 중국의 문화적 소프트 파워 영향력의 원천이라는 것이다. 재임 초기에 시진핑은 중국 내 TCM 생산 및 사용 목표를 설정하고 아프리카 국가들과 기타 지역 국가에 TCM 센터와 관련 프로그램 및 워크숍을 유치했으며,[47] 전 홍콩 보건 공무원이자 WHO 책임자였던 마가렛 찬(陳馮富珍, Margaret Chan)과 협력 하에 TCM을 세계 의료 시스템에 통합하기 위한 10개년 전략을 개발하여 발표했다. 이 계획에서는 각국이 나서 시민들을 대상으로 TCM의 장

점에 대해 교육하고 보험 회사가 TCM을 보험처리 해줄 것을 요청하는 내용이 포함되어 있다.[48] 2019년 WHO는 국제 과학계의 상당한 반대에도 불구하고 TCM을 국제 질병 분류에 포함시키기로 합의했는데(이 문서는 의사가 환자를 진단할 수 있도록 특정 치료법과 약물을 인증해주는 내용), 문제는 서양 의학 치료법에서 요구되는 것과 동일한 수준의 엄격한 테스트를 TCM에는 적용하지 않았다는 것이다.[49] 이는 TCM에게는 말할 수 없을 정도로 귀중한 승인 도장이었다.

코로나 바이러스 치료와 관련 TCM의 이점에 대한 제한된 의학적 증거에도 불구하고 시진핑은 중국 병원에 코로나 치료 프로토콜의 일부로 TCM을 처방하도록 지시했다.[50] 그는 또한 보건 실크로드(HSR)을 통해 TCM 보급과 관련 의료 전문가들 파견을 추진하면서 중국 대사관 웹사이트에 전염병 치료에 있어 TCM의 유용성을 광고했다. 동시에 중국에 본사를 둔 국제 전문가 협회들은 대유엔(UN) 로비를 통해 코로나 대응에 TCM의 가치를 공식적으로 인정하도록 했다.[51]

문 앞의 늑대

전 세계가 개인보호장비(PPE) 제공에 있어 중국의 리더십을 칭찬했지만, 중국 관리들이 이른바 '전랑외교(戰狼外交)'라고 불리는 한층 강압적이고 전투적인 형태의 외교를 채택하기 시작하면서 중국이 그나마 확보한 선의(善意) 대부분이 증발해 버렸다. '전랑외교'라는 용어는 중국 정예군이 외국 용병 등을 상대로 승리를 거두는 두 편의 중국 블록버스터 영화 '늑대 전사(Wolf Warrior)' 시리즈 중 두 번째 영화 태그 라인(표어 형태로 조직명이나 브랜드 로그와 함께 노출되는 내용)을 반영했는데, 이는 "비록 천 마일 떨어져 있더라도 중국에 대항하는 자는 대가를 치르게 될 것이다."라는 의미와 같은 것이다.[52]

중국의 동일한 외교관들이 이전에는 다른 나라들에 대중 지원 사실을 광고하지 말라고 요청했지만, 이번에는 같은 국가들에 중국의 PPE 제공을 홍보하면서 공개적으로 감사 표시를 하게끔 지시했다. 이탈리아 콘테 총리는 이에 동의했고, 독일 앙겔라 메르켈(Angela Merkel) 총리와 같은 이들은 팬데믹 지원의 양방향적 특성을 강조했다. 그는 “유럽 연합이 당시 중국이 도움을 요청했을 때 중국이 의료 장비를 보냈는데, 우리가 여기서 보고 있는 것은 상호주의다.”라고 했다.[53] 또한, ‘전랑외교’를 구사하는 중국 외교관들은 PPE에 대한 중국의 국가통제와 중국의 광대한 시장에 대한 접근을 무기화 함으로써 여러 국가들이 자국의 이익을 중국의 이익과 일치하도록 강요하려 했다. 중국은 프랑스가 화웨이 5G 장비를 구입하면 충분한 PPE가 곧 제공될 것이라고 프랑스 측에 언급했던 것으로 알려졌다. 그리고 지난 4월 스콧 모리슨(Scott Morrison) 호주 총리가 바이러스 기원에 대한 조사를 촉구했을 때 호주 주재 중국 대사는 “일반 중국인들은 아마도 왜 그네들이 호주산 와인을 마시고 또 호주산 쇠고기를 먹어야 하는지를 다시 생각할 것”[54]이라면서 호주가 엄청난 경제적 대가를 치르게 될 것임을 시사했다. 그 후 중국은 호주산 쇠고기 수입을 금지하고 호주산 보리에 관세를 부과했으며, 2020년 가을에는 호주산 석탄과 와인 수입을 금지하고 중국인 관광객들에게 호주 여행을 가지 말 것을 권고했다.[55]

중국 외교부 관리들과 언론 역시 다른 나라의 팬데믹 관리에 관한 허위 정보를 퍼뜨리며 팬데믹 관련 ‘중국의 역할’에 관심을 돌리려고 했다. 자오리젠(趙立堅) 중국 외교부 대변인은 자신의 트위터를 통해 “미군이 우한에 풍토병을 가져온 것일 수도 있다.”면서 “투명하게 데이터를 공개하라!”라고 언급하며, “미국은 우리에게 설명해야 한다!”라는 메시지를 보냈다.[56] 파리 주재 중국 대사관은 웹사이트에 프랑스 의료 종사자들이 양로원에서 일을 그만둠으로써 노인들이 ‘굶주림과 질병으로 사망’했다고 주장하는 기사를 게재했다. 그리고 어느 순간 다수의 중국 언론 기관과 정부 관료들은 이탈리아인들이 중국 국가를 배경으로 ‘Grazie, China(중국에 감사)’를 외치는 모습을 담은 영상을 트위터에 올렸다. 그러나 나중에 이는 이탈리아인들이 자국의 의료 종사자들을 응원하고 있는 모습으로 드러났다.[57]

왕이(王毅)* 중국 외교부장은 “우리는 결코 싸움을 걸거나 남을 괴롭히지

---

* 왕이(王毅)는 중국 정치인 겸 외교관으로 1953년 베이징에서 태어나 베이징 외국어 대학에서 일본어를 전공한 후 일본 도쿄 대학에서 유학하며 국제 관계를 공부했다. 이후 중국 외교부 경력을 시작으로 일본 주재 대사, 외교부 부부장 등을 역임하며 외교 분야에서 두각을 드러냈다. 2013년부터 2022년까지 중국 외교부장을 맡아 국제 무대에서 중국의 외교 정책을 이끌었으며, 2023년에는 국

않는다. 하지만, 우리도 원칙과 배짱이 있다. 우리는 어떠한 고의적인 모욕이라도 단호히 배격하고 단호히 중국의 명예와 존엄을 수호할 것이며 근거 없는 모든 중상을 팩트를 들어 반박할 것이다."[58]라고 주장했다. 이러한 민족주의적 언어표현은 중국 내부에서는 지지를 받았지만 외부에서는 엄청난 평판상의 손실을 동반했다. 국제 언론 보도는 베이징의 마스크 외교를 외국에 대한 괴롭힘으로 묘사했고, 중국은 외국 정부로부터 PPE의 신뢰할 수 있는 공급원이라는 신뢰를 상실했다. 중국산 PPE에 대한 우려는 표준 이하의 제품이라는 여러 보고로 인해 더욱 가중되었다. 특히, 스페인, 영국, 튀르키예, 필리핀, 네덜란드, 핀란드의 보건 당국자들은 중국산 마스크에 적합한 필터가 빠졌고 테스트 키트는 검사에 부정확하며 소독제가 가짜라고 불평했다.[59] 네덜란드에서만 불량으로 60만 장의 중국산 마스크를 리콜했다. 품질상의 문제와 베이징 당국이 전개한 마스크 외교의 강압적 특성으로 인해 여러 나라는 공급망을 중국에서 멀어지게끔 재조정할 필요성에 대해 논의하기 시작했다.

어려울 때 친구가 진정한 친구

팬데믹이 진행되는 동안 WHO(세계보건기구)는 중국에 아주 중요한 우군으로 부상했다. 중국이 후보로 밀었던 테드로스 아드하놈 게브레예수스(Tedros Adhanom Ghebreyesus) WHO 사무총장은 코로나 바이러스의 잠재적인 위협과 바이러스 확산에 대한 중국의 책임을 일관되게 축소했다. 테드로스 사무총장은 WHO가 코로나19 발병을 국제 공중 보건 비상 사태로 공식 선언한 이후에도 이러한 지정이 "중국에서 일어나고 있는 일(펜데믹) 때문이 아니라 다른 국가에서 발생하고 있는 일 때문에 내려졌다."라고 밝혔다. 더욱이 그는 1월 30일 가

무위원 겸 외교부장(공산당 중앙정치국 위원 겸 외교부장)으로 임명되었다. 그는 현재 중국 공산당 중앙외사공작위원회 판공실 주임을 겸임하며 시진핑 주석의 외교 정책을 실행하는 핵심 인물로 활동하고 있다. 특히, 그는 '강경한 외교 스타일'로 알려졌으며 중국의 국제적 입지를 강화하는 역할을 하고 있다.

진 기자회견에서 중국 내 확진자 1만 7,238명, 사망자 361명, 기타 23개국에서 확진자 151명, 사망 1명이라는 것이 사실임에도 불구하고 대중국 무역 또는 여행 제한에 반대한다는 입장을 거듭 밝혔다.[60] 테드로스 사무총장은 그로부터 일주일 전 중국을 잠시 방문했을 동안에도 중국의 조치를 찬양했다. "우리는 중국이 이번 사태를 심각하게 받아들이고 있는 점, 특히 최고 지도부의 공약과 관련 데이터 및 바이러스의 유전자 서열 관련 정보 공유를 포함하여 중국이 보여준 투명성을 긍정적으로 평가한다."[61]라고 했다.

WHO는 일찍이 질병의 이름을 짓는 것과 관련해서도 중국의 뜻을 따랐다.[62] WHO는 중국이 국제 바이러스 분류 위원회의 공식 연구 그룹이 선택한 SARS-CoV-2라는 이름을 좋아하지 않는다는 점을 비밀리 인정했다. (왜냐하면 그 이름이 2003년 SARS 질병 발생과 관련된 중국의 활동을 세계에 상기시킬 것 같았기 때문)[63] 더욱 중요한 것은 대만이 중국의 선호 명칭인 '차이니즈 타이베이'의 사용을 채택하지 않는 한 WHO는 대만의 WHA(세계보건총회) 브리핑 참가를 거부할 것이라고 중국의 입장을 존중했기 때문이다.

놀랍게도 WHO에 대한 중국의 영향력은 조직에 대한 실질적 재정적 기여의 결과가 아닌 것으로, 중국은 기구 예산의 1% 미만을 부담하고 있다는 것이다. 그러나 중국은 정치적으로 WHO와 깊이 통합되어 있는데, 한 중국 관리가 이사 자리를 차지하고 또 다른 관리가 기구 내 전염·비전염성 질병에 대한 기구의 작업을 감독하는 역할을 맡고 있다. 중국은 또한 세계 개도권(Global South)을 위한 공중 보건 프로그램 개발에 있어 아주 중요한 파트너로 간주된다.[64] 그리고 중요한 것은 테드로스가 중국의 계획을 노골적으로 지지해 왔다는 것이다. 그는 2017년 8월 베이징에서 열린 '보건 협력을 위한 고위급 회의: 보건 실크로드를 향하여'에 참석하여 "보건 실크로드(HSR)를 두고 '보편적 의료 보장에 필요한 필수 의료 서비스의 기반이다."라고 칭송한 바 있다.[65]

팬데믹 기간 중 WHO의 전폭적인 대중 지원을 목도한 여러 나라들은 중국의 과도한 영향력에 대해 경각심을 갖게 되었다. 한 공중 보건 전문가에 따르면 테드로스 사무총장은 중요 정보에 대한 접근권을 상실할까 두려워 중국 비판을 회피한다고 했다. 그러나 다른 WHO 직원들이 침묵을 지키는 것은 아니었다. 호주의 존 매켄지(John Mackenzie) 교수는 중국이 바이러스 발병 첫 주 동안 그 사실을 은폐하려 했던 것을 지적했다.[66] 그는 중국이 때맞춰 정보를 공유하지 않고 있다는 사실에 대해 여러 직원들 사이에 공감대가 형성되어 있음을 보여주는 WHO 내부 직원 회의 녹음을 유출했다. 특히, 베이징은 상하이 연구소가 바이러스학자 웹사이트에 유전자 서열을 게시한 후에야 이를 공개했다는 것이다. (나중에는 중국의 한 연구실이 게놈을 대중에 공개한 지 2주 전인 12월 27일 중국이 대부분의 게놈 서열 분석을 마쳤었다는 사실도 밝혀졌음) 또한, 공개적으로 중국을 칭찬했던 WHO의 비상사태 담당 책임자는 내부 회의에서 중국이 에볼라(주로 아프리카 지역에서 유행하는 질병) 발병 당시 콩고민주공화국(DRC)과 같이 다른 국가들처럼 협력하지 않았다는 사실도 드러났다고 주장한 바 있다.[67]

주권관련 경고사이렌

펜데믹 시기인 2020년에도 중국이 대만과의 주권 갈등을 뒤로하지 않으려는 것은 다른 나라들이 전염병에 사로잡혀 있는 동안 중국이 주권 주장을 강화하기 위해 훨씬 더 큰 틀에서 이를 전략적으로 추진했음을 나타낸다. 가장 주목할 만한 점은 홍콩에서 정치적으로 억압적인 '국가보안법'을 시행했다는 것이다. 또한 중국 서쪽 끝에 있는 신장 자치구의 노동 캠프와 재교육 캠프에 100만 명 이상의 위구르 무슬림을 지속적으로 구금한 것이다. 그리고 남중국해와 동중국해에 해군과 기타 군대를 배치하여 대만, 일본, 인도네시아, 말레이시아, 필리핀을 위협했다. 앞으로 3장에서 살펴보겠지만 중국은 베트남 어선을 침몰시켰고, 남중국해의 80개 이상의 지형에 이름을 부여했는데, 그중 55개는 물밑 지형이었다. 중국과 인도도 40여 년 만에 처음으로 사망자가 발생한 국경 충돌을 겪었다.

이에 유럽, 북미, 아시아 일부 지역에서는 중국의 강압적인 정치적 행동과 공격적 군사 행위에 대한 비판이 거세졌다. 인도는 인기 있는 중국 앱 상당수를 사용 금지 조치했다. 유럽, 영국, 미국, 캐나다는 신장에서의 중국 행동과 관련된 중국 관료와 단체에 대해 제재를 가했다. 많은 국가들이 5G 네트워크에 화웨이 부품이나 소프트웨어를 허용하기로 했던 결정을 뒤바꿨다. 전 세계 여론 조사에 따르면, 시진핑의 동기와 야망에 대한 불신이 급격히 높아지고 있는 것으로 나타났다(그림 1.2 참조).[68] 그러나 중국 관리들은 행위를 그칠 줄 몰랐다. 실제로 신장 제재에 직면하여 중국 관리들은 여러 유럽 기업들에 보복을 가해 7년 동안 진행됐던 유럽과 투자 계약을 위태롭게 만들었다. 이는 중국의 전략적 우선순위 중 무역과 투자에 반하는 주권의 상대적 중요성과 새로운 안정 상태를 말하는 것으로, 즉 정치적으로 통일되고 국제사회에서 고립된 중국을 추구하기 위해 국제 체제의 상당한 불균형을 감내하려는 중국의 의지를 보여주는 중요한 시그널이었다.

회복

2020년 가을 중국은 팬데믹 대응에 선도적 위치를 차지하기 위해 새로운 노력을 기울였다. 중국은 처음에는 참여를 거부했다가 코로나19 백신 배포의 형평성을 확보할 목적으로 국제적 이니셔티브로 백신 공동 분배 프로그램인 COVAX (COVID-19 Vaccine Global Access)에 합류했다. 일부 고위 중국 외교정책 분석가들은 이 프로그램에 합류하는 것이 중국에 최대 이익이 될 것이라고 공개적으로 주장했다. 이들은 중국이 단순히 "자기 집 문 앞 눈만 치우는 것"이 아니라 다른 사람들을 돕는 데도 관심이 있음을 나타내는 중요 신호를 국제 사회에 보내는 것이라고 말했다. 이들은 또한 베이징의 이미지 개선과 세계 경제 회복을 지원하고(중국의 경제적 이익에 도움이 될 것이라면서 제안됨), 중국 백신을 국제적으로 인정받는 브랜드로 확립하는 것을 포함하여 '순수하게 남을 이롭게 하는 정책이 아닌' 일련의 '중국적 동기(목적)'를 들고 나왔다.[69]

그림 1.2 **2019년부터 2020년간 시진핑에 대한 신뢰 관련 국별 비교**

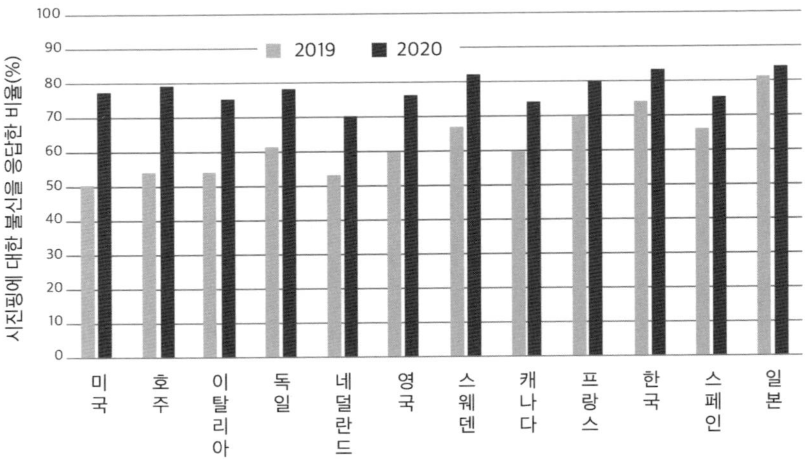

출처: https://www.pewresearch.org/global/2020/10/06/unfavorable-views-of-china-reach-historic-highs-in-many-country/

COVAX에 합류할 당시 중국은 이미 자국과 UAE, 바레인, 페루, 아르헨티나 등지에서 100만 명을 대상으로 백신 접종을 완료했다. 그러나 국제 과학계에서는 베이징의 백신 시험과 관련하여 투명성 부족에 대한 우려가 커지고 있었다. 중국이 백신 시험 결과에 관한 정보를 제공하지 않았기 때문에 국제 사회는 중국 백신의 효능과 안전성에 의문을 제기했다.[70] 2021년 4월이 되어서야 중국 질병통제예방센터 소장 가오푸(Gao Fu)가 중국 백신의 효능은 상대적으로 낮으며 예방률을 높이기 위한 조치를 취해야 한다는 사실을 인정했다. (추후 그는 자신의 코멘트가 잘못 받아들여졌다고 주장했음)[71]

또한, 2021년과 2022년에 걸쳐 중국의 제로 코로나 정책과 빈번하고 엄격한 봉쇄는 심각한 식량 부족, 충분한 의료 서비스 부족과 국지적인 시위 사태를 일으켰다. 결과적으로 중국 공산당의 코로나 극복 이야기는 국내외적으로 신뢰를 잃었다.[72]

중국의 야망, 영향력과 임팩트 지도 그리기

팬데믹이 발생한 첫 해와 그 이후 중국의 외교 정책 형태에서 우리는 시진핑이 자신의 전략적 야망을 추구하기 위해 국내 거버넌스 모델을 어떻게 조성했는지에 대한 몇 가지 기본적인 힌트를 얻을 수 있다. 예를 들어, 그는 중국 전통의학(TCM)의 국제적 채택을 촉진하기 위해 중국 국내는 물론 '일대일로(BRI)', WHO 등 여러 영역에 걸쳐 국내 자원을 동원하고 배치했다. 또한, 그는 중국 공산당이 다른 나라 사회에 침투하는 방법을 활용하여 중국 정부가 이끄는 화교조직을 통해 개인보호장비(PPE)를 수집·배포하고, 중국 관리들은 트위터와 같은 서방 소셜 미디어 플랫폼에 허위 정보를 퍼뜨릴 수 있도록 했다. 더욱이 그는 중국 시장의 매력을 활용하여 여러 나라에 PPE 제공과 관련하여 공개적으로 중국에 감사를 표하게 하면서 코로나 바이러스의 기원에 대한 조사 요청을 중단하도록 강요했다.

아래는 이 책의 각 장에 대한 개요 설명을 통해 시진핑이 이러한 모델을 어떻게 활용했는지 그리고 어떤 의도가 있었는지 혹은 의도하지 않았던지 관계없이 그의 광범위한 전략적 목표를 실현하는 능력에 대한 여러 결과를 자세히 살펴보고자 한다.

2장에서는 중국이 다른 행위자들의 인식과 정책 선호도를 형성하기 위해 소프트 파워, '샤프 파워', 하드 파워를 어떻게 구사하는지 개괄적으로 설명하며 이러한 도구의 상대적 강점과 약점을 평가하려 한다. 이 장은 이 글의 전체 맥락적 중요성을 설명하는 것이다. 예를 들어, 중국에서 지리적으로 떨어져 있는 국가들은 일반적으로 중국 뒷마당(중국과 연결되어 있는 지역 국가)에 비해 중국의 하드 파워 배치에 관심이 덜하다. 또한, 다국적 기업들은 중국의 강압적인 경제적 지렛대에 굴복하는 경우가 많지만 일반적으로 국가들은 꼭 그렇지 않다는 것이다. 아마도 가장 놀라운 것은 중국의 무역 및 투자 수준은 신장 정책이나 남중국해에서의 행동과 같은 일은 중국의 다른 문제인 중국에 대한 지지와 밀접하게 연관되어 있지 않다. 즉, 다른 요인(경제 및 기타 이익)들이 더 중요하다는 것이다.

3장에서는 시진핑의 중국 부흥 야망의 핵심인 통일 중국 건설에 대해 탐구하려고 한다. 3장은 중국이 홍콩에서 주권 주장을 어떻게 실현했는지 그리고 남중국해와 대만 문제에 진전을 이루기 위해 취하고 있는 제반 조치를 알아보려고 한다. 이는 중국의 주권에 대한 노력 증가가 다른 행위자들의 반대가 커짐에 따라 더욱 강압적이거나 심지어 군사 행동을 취하는 대안으로 변화해 소프트 파워를 사용하려는 중국의 의지가 확대되기보다는 오히려 감소하고 있음을 보여준다. 또한, 중국은 유엔 해양법협약(UNCLOS)과 같은 국제법을 무시하고 주권적 목표를 추구하면서 국제 체제의 심각한 불균형을 감내할 정도의 의지가 있다는 것이다. 예를 들어 중국이 경제적 강압과 군사력을 사용한 결과 중 하나는 쿼드(Quad), 즉 4개국 안보 대화(미국, 일본, 인도, 호주)는 강화되고, 독일, 프랑스, 영국 등 외부세력의 군사적 개입도 한층 강화되었다는 것이다. 이렇게 확장된 연합은 시진핑의 남중국해와 대만에 대한 주권적 야망을 더욱 진전시키려는 능력에 대항하는 세력이 된다.

4장의 핵심은 중국이 주력 외교 이니셔티브인 '일대일로'를 통해 중국식 모델을 판촉하고, 중국이 정치적, 경제적, 안보적 선호 사항을 다른 국가에 어떤 방식으로 각인하고 있는지 탐구하는 것이다. '일대일로(BRI)'는 시진핑의 전략적 야망의 핵심을 담고 있다. 일대일로(BRI)는 중국을 글로벌 물리·기술적 기반시설과 정치·안보 영향력으로 구성된 광대한 네트워크의 중심에 서게 하려는 것이다. 이 장에서는 BRI의 광범위하고 기회주의적인 성격을 설명하고, 지속 가능성에 대한 중국 내·외의 논쟁을 조명하며, BRI가 여러 국가에 미치는 다양한 영향에 대해 살펴볼 것이다. BRI는 다른 어떤 계획보다 중국이 재편성된 세계에 대한 야망을 실현하는 데 도움이 되었지만, 베이징의 취약한 거버넌스 관행과 낮은 환경·노동 기준에 대한 호스트(초청) 국가 내 불만으로 인해 지속적 성공은 좌절될 가능성도 있는 것으로 결론났다. 또한, '일대일로(BRI)'를 통해 중국의 정치·경제·군사적 영향력이 확산되면서 다른 선진국과의 글로벌 영향력 경쟁이 심화되었다는 것이다.

5장에서는 21세기 세계 기술 변혁을 주도하려는 중국의 노력을 살펴볼 것이다. 우리는 중국의 전략이 절반의 성공은 거뒀다는 사실을 발견할 수 있다. 중국의 거버넌스 모델은 중국 국내 기술 역량 강화 면에서 상당한 이득을 가져왔고 베이징은 디지털 실크로드를 통해 여러 개발도상국들을 위한 기술 인프라 개발을 주도하고 국제 기술 표준 설정 기구에서 중국의 기술적 우선 순위를 강화할 수 있었다. 그러나 유럽, 북미, 아시아의 선진 시장경제 민주주의 국가들과 중국의 관계는 더욱 어려워지고 있다. 민간 부문에 대한 중국 공산당의 통제가 강화되면서 중국 기술 기업들이 선진국 일부 시장에서 배제되는 현상도 나타났다. 더욱이 중국 기술 기업과 중국 군부 또는 정찰 활동(특히 신장 지역) 간의 연계로 인해 미국은 이들 기업이 필요로 하는 기술을 박탈하는 제재를 가했다. 또한, '천인계획(Thousand Talents Plan)'을 통해 국제 과학 인재에 대한 중국 공산당의 재정 등 지원은 스파이 활동과 지적 재산권(IP) 도용에 대한 우려를 초래하여 미국과 다른 지역에서 심각한 정치적 반발을 샀다.

6장에서는 북극, 인권, 인터넷, 개발 금융이라는 네 가지 정책 분야에서 글로벌 거버넌스 규범, 가치, 제도를 개혁하려는 중국의 노력을 살펴볼 것이다. 이 장에서 우리는 중국이 국제기구에서 리더십 위치를 확보함으로써 어떻게 자신이 선호하는 정책들을 성공적으로 실행했는지 알 수 있다. 즉, 중국이 목표를 설정하는 장기 전략과 성과를 벤치마킹하기 위한 시간표 설정에는, 중국 정부가 기업, 시민사회 행위자들을 동원하고 경제력을 레버리지로 활용하는 방법에서 중국 정부의 정책적 우선 순위가 나와있다. 그러나 BRI와 중국의 글로벌 기술적 압박과 관련된 중국 정책이 기존 규범과 가치에 확실하게 영향을 미치거나 훼손하면 할수록 국제 사회가 이에 저항할 가능성은 더 커진다.

마지막 장에서는 미국과 세계가 중국의 전략적 야망에 어떻게 대응해야 하는지에 대한 여러 아이디어를 제시할 것이다. 이는 '건설적인 관여'라는 미국의 전통적 정책이나 '경쟁, 대응, 봉쇄'라는 최근 트럼프 행정부의 접근 방식 중 어느 것도 이러한 도전에 대처하기에는 적합하지 않음을 나타낸다. 미국의 전략은 동맹국과 파트너 국가와 협력 전략을 추진함과 동시에 시진핑의 독특한 정책 실행방법을 설명해야 할 뿐만 아니라, 세계의 미래와 그 속에서의 동맹국들의 위상에 대한 긍정적이고 적극적인 비전을 주장하는 내용이 있어야 한다. 더욱이 중국의 글로벌 영향력과 그 임팩트를 고려할 때, 미국과 전통적인 동맹국 및 파트너들은 협력 '텐트'를 확장하여 그 비전에 전 세계를 참여시켜야 한다. 기후 변화와 같은 글로벌 과제에 관해 중국과 미국 간 협력할 수 있는 범위는 넓으나, 이것이 두 가지 서로 다른 가치관과 세계 비전 사이에서 진행 중인 경쟁을 바꾸지는 못할 수 있다.

결론

이렇게 여러 장(章)을 통해 파악한 내용은 시진핑이 자신의 전략적 야망을 실현하기 위해 자신의 고유한 외교 정책 각본의 다양한 요소들을 어떻게 사용하고 있는지를 보여준다. 종합해보면, 파악한 내용들은 또한 몇 가지 더 광범위한 결론을 제시한다. 첫째, 시 주석의 가장 중요한 전략적 우선 순위는 단기적으로는 주권과 사회 안정을 유지하고, 장기적으로는 중국 통일을 실현하는 일이다. 더욱이 시진핑은 통일된 중국이라는 새롭고 한층 더 바람직한 최종적 안정 상태를 달성하기 위해 국제 체제의 심각한 불균형도 기꺼이 감내할 의지가 있다는 것이다. 예를 들어, 신장과 홍콩에 대한 시진핑의 탄압 정책은 국제적인 비난을 불러일으켰을 뿐만 아니라, EU, 영국, 캐나다, 미국의 공동 경제 제재를 초래했다. 이에 시진핑의 보복 차원의 제재는 EU와의 주요 무역 거래를 위협이었다. 그리고 중국의 인도와 국경 분쟁으로 인해 모디 총리는 쿼드와 안보 및 유대 관계를 강화했다. 게다가 중국 국내적으로 정당성 위기를 회피할 목적으로 국제정치 서사를 통제하려는 중국의 '전랑외교'는 시진핑 주석과 중국의 세계적 위상을 급락하게 하는 데 일조했다. 그러나 이러한 반발도 중국이 진로를 바꾸도록 하는 설득에는 실패했다. 마지막으로 팬데믹 기간 중 WHA(세계보건총회) 브리핑에서 대만을 제외하려는 중국의 의지는 대만 국민의 복지와 더 큰 글로벌 이익을 제쳐두고 중국의 주권적 이익을 우선하겠다는 중국의 결의를 여실히 보여준 것이다.

둘째, 중국은 공산주의를 수출하지는 않지만, 권위주의적인 정치 모델을 수출하고 있다. 국내 언론을 통제하는 것과 같은 방식으로 중국은 국제 행위자들이 중국에 대해 자유롭게 발언하는 능력을 제한하려 한다. 전통적으로 중국은 자국 시장에 대한 접근(진출) 권한을 레버리지로 활용하여 다른 국가들로 하여금 중국의 주권 주장을 인정하도록 하는 데 집중해 왔다. 그러나 중국의 '레드라인(넘으면 안 되는 금지선)'은 급증하고 있다. 중국은 호주의 코로나 조사 요청에 대응하여 호주 수출 보이콧을 시작했다. 중국을 아시아의 병자라고 표현한 월스트리트 저널 기사를 빌미로 기자 3명을 추방하기도 했다. 이제 거의 모든 문제는 중국 주권이나 사회 안정에 대한 위협으로 분류될 수 있다. 또한, 중국은 BRI를 통해 자국 모델을 직접 수출하고 있다. 중국은 일부 BRI(일대일로) 대상 국가의 관리들에게 인터넷 검열, 시민 사회 통제, 강력한 단일 정당 국가 구축 방법을 교육한다. 또한, 투명성, 노동, 환경, 법적 기준이 취약한 부채 유발 인프라 개발 형태의 BRI를 통해 '중국식 개발 모델'을 이전한다. 마지막으로 중국 관리들은 UN 및 기타 국제기구 내 리더십 지위를 활용하여 중국의 정치적 이해관계에 부합하는 방식으로 해당 기구의 가치와 규범을 만들어가는데, 일례로 위구르 반체제 인사들이 유엔 기구에서 발언하는 것을 방지하는 것과 중국 국가 통제 인터넷망을 글로벌 표준 설정 기구에서 채택하게 하여 중국 기술 규범을 앞세우려는 것 등을 들 수 있다.

셋째, 시진핑은 자신의 전략적 비전 실현에 실질적 진전을 이루었지만 지속적인 성공은 가능하다고 할 수 없다. 단기적으로 외교 정책 목표를 달성할 수 있었던 바로 그 특성이 이제 중국의 미래 발전을 저해하는 리스크가 되기 때문이다. 중국은 뒷마당에서 광범위한 민주주의 추진을 좌절케 하고 홍콩에서 중국 공산당의 통제를 강화했으며 대만이 UN에서 발언권을 얻는 것을 막았고 남중국해에서 영유권 주장을 강화했다. 더욱 더 중국 중심적인 아시아 태평양을 만들기 위한 노력이 진전을 이루었다는 사실이다. 중국 지도부는 2020년 11월 역내 포괄적경제동반자협정(RCEP) 협상을 성공적으로 이끌었는데, RCEP는 세계 최대 무역 블록이자 아시아 태평양 지역에서 중국의 리더십을 확고히 하는 중요한 기구다. 중국 인민해방군도 아태지역에서 전력을 대폭 강화했다. 게다가 중국은 뒷마당을 넘어 세계를 형성하는 데 있어 인상적인 성과를 거두었다. BRI, 특히 디지털 실크로드를 통해 세계가 21세기를 위한 기술 인프라를 구축함에 따라 중국은 점점 더 선택된 공급자가 되었다. 화웨이는 아프리카 전역에 걸쳐 화웨이 5G 기술을 보급하는 계약을 따냈고, 중남미와 중동 지역으로 확대되고 있다. 중국 언론사들은 전 세계 수천만 명의 시민에게 보다 긍정적인 중국 이야기를 제공하고 있다. 그리고 국제기구에서 중국은 인권, 인터넷 거버넌스, 개발 규범을 진전시키는 성과를 거두었다.

그러나 중국의 국가 중심 모델은 많은 중국 이니셔티브의 신뢰성과 매력의 확장을 제한하고 있다. 화웨이와 바이트댄스와 같은 중국의 민간 기술 기업들은 글로벌 시장에 접근하는 데 점점 더 큰 제약에 직면하고 있다. 여러 나라들은 이런 것이 중국의 군사적 확장을 지원하기 위한 중국 공산당 지시 전략의 일부라는 우려로 중국 투자를 점점 더 거부하고 있다. 공자학원(CI)과 같은 중국 문화 이니셔티브도 중국 선전(홍보) 에이전트로 인식되어 그 인기가 감소했다. 게다가 UN 기구에서 근무하는 일부 중국 관리들이 UN의 광범위한 사명이 아닌 중국의 이익을 위해 행동하는 것을 우선시함에 따라 다른 나라들은 중국 이니셔티브에 대항하는 한편 고위 유엔 직책을 두고 대체 후보를 지지하는 노력도 유발했다. 따라서 광범위한 외교 정책 목표를 달성할 수 있는 미래 능력은 중국이 국가와 비국가 행위자를 모두 통제해야 한다는 주장과 더불어 점점 더 많은 제약을 받고 있다.

많은 개발도상국과 중소득국가에서도 '일대일로'를 통한 중국 발전 모델 수출은 상당한 정치·경제적 비용을 야기하고 있다. 투명성 부족, 취약한 환경과 노동 보호 장치, 부채 상환 계획에 대한 우려로 일반 대중의 항의가 자주 발생한다. 코로나19는 BRI 거래에 많은 어려움을 주었으며, 중국 정부는 60%가 부정적인 영향을 받았다고 보고했다. 새로 선출된 지도자들은 종종 BRI 거래 조건을 재설정하려 했고, 이를 극도로 불공평하며 전임자들의 부패 또는 취약한 협상 기술의 산물로 묘사했다. 중·동부 유럽의 여러 국가는 중국 투자 부족에 환멸을 느끼고 17+1 프레임워크(이는 중국의 '일대일로' 전략의 일환으로 중국과 중앙 및 동유럽 17개국 간의 협력 플랫폼을 의미함)에서 탈퇴하는 것을 고려하고 있다. 또한, BRI는 중국에 더 광범위하게 정치적으로 상당한 이익을 낳지 못했다. 예를 들어, BRI 투자를 가장 많이 받는 국가들과 신장, 홍콩, 남중국해와 같은 까다로운 정치 문제에서 중국을 지지하는 국가들 간의 비교가 서로 상관관계가 없다는 것이다.

넷째, 중국이 아·태 지역에서 구사한 '샤프 파워'와 '하드 파워'는 미국이 주도하는 동맹과 파트너십을 해체하기보다는 오히려 이를 더욱 강하게 결속시키는 역할을 했다. 중국의 전랑외교, 남중국해 항행의 자유 규범 무시와 대만, 남중국해, 중국·인도 국경, 댜오위다오(센카쿠 제도) 등 영유권 문제를 둘러싼 공격적 군사 활동 및 홍콩에 대한 탄압은 미국, 일본, 호주, 인도 등 아시아 강대국들 간의 관계를 강화하는 결과를 초래했다. 중국의 주장에 맞서 영국, 프랑스, 독일 등 유럽 주요 국가들도 아시아 지역 안보에 더욱 깊이 관여하고 있다. 아시아 전역의 일반 대중 여론조사에 따르면 캄보디아와 같이 중국에 깊이 의존하는 국가들 사이에서도 시진핑에 대한 상당한 불신과 중국의 역내 리더십에 대한 관심이 거의 없는 것으로 나타났다. 그리고 중국이 러시아의 우크라이나 침공을 비난하지 않기 때문에 중국에 대한 국제적 반발이 더욱 커지고, 대만에 대한 중국의 잠재적인 군사 행동에 대한 우려도 고조되었다. 이러한 반발은 중국이 대만과 남중국해를 놓고 주권을 주장하는 중국에게 앞으로 노력에 동반되는 비용을 늘리고, 미국을 대신하여 아·태 지역 내 어엿한 강대국이 되겠다는 중국의 목표를 달성하는 능력에 제약으로 작용할 것이다.

다섯째, 중국은 미국을 대신해 세계 유일의 초강대국이 될 준비가 되어 있지 않은 것 같다. 그들의 가치와 정책 선호도가 국제기구의 속성을 결정짓는 그런 자리를 차지하기를 열망하지만, 국제기구에서의 중국 기여도 그리고 글로벌 공공재에 대한 공헌은 중국 내부적으로 정치·경제 이익과 밀접하게 조정되고 있다. 그들은 미국과 동등하거나 그보다 더 큰 국제 체제를 형성하는 데 목소리를 내고 싶어하지만, 미국의 유일한 초강대국 지위와 관련된 부담은 지기 싫어한다.

마지막으로, 중국이 글로벌 강국으로 부상하는 것은 일반적으로 현재의 강대국(이 경우에는 미국)을 위협하는 세력의 부상으로 묘사된다. 시진핑 자신도 "동쪽은 흥하고 서쪽은 쇠퇴한다(東升西降)."라는 말을 자주 언급했고, 2021년 3월 "미국이 중국의 발전과 안보에 가장 큰 위협이다."라고 주장함으로써 이러한 행위에 신빙성을 부여했다.[73] 반면, 미국은 이것을 시진핑의 야망과 전략이 제시하는 제반 도전과제를 파악하고 항행의 자유나 법치주의와 같은 규범과 가치를 훼손하는 방식으로 지정학적 지형을 변화시키려는 중국의 노력에 저항하도록 다른 나라들을 동원하는 데 중요한 동기로 사용했다.

그러나 이러한 양자적 제로섬 방식으로 도전하는 것은 오해의 소지가 있으며 반대로 중국의 이익에 부합한다. 그 이유는 신흥 강대국으로서 중국이 얻는 모든 상대적 이득은 즉각 미국의 손실로 이어지며, 중국은 미국의 모든 경쟁적, 심지어 대립적 정책을 단순히 중국을 봉쇄하려는 시도로 규정할 수 있기 때문이다. 이는 미국이 중국과 관련된 독특한 이해관계와 관련된 현안에 우려를 갖고 있음을 시사함으로써 미국을 동맹국 및 파트너로부터 고립시킬 수 있는 것이다.

중국이 제시하는 근본적인 도전은 현행 법치기반 질서를 뒷받침하는 더 넓은 가치, 규범 및 제도에 대한 것이다. 2021년 3월 중국 외교 최고위 관료인 양제츠(Yang Jiechi)*는 "중국과 국제사회가 따르고 지지하는 것은 유엔을 중심으로 한 국제체제와 국제법이 뒷받침하는 국제 질서이지 소수 몇 개국이 주장하는 이른바 법치 기반 국제 질서가 아니다."[74]라고 했다. 이는 다음 장에서 다룰 것과 같이 제2차 세계 대전 이후 확립된 법치 기반 질서가 다양한 UN 법률 및 협약에 명시되어 있음에도 불구하고 중국이 규칙 기반 질서와 UN 시스템 모두에 도전하고 있음을 명백하게 한다. 그리고 중국이 이런 식으로 프레임을 만들 경우 나머지 세계는 그 결과에 훨씬 더 명확한 이해관계를 갖게 될 수 있기 때문이다.

* 양제츠(楊潔篪)는 1950년 중국 상하이에서 태어나 상하이 외국어학교를 졸업하고 영국으로 유학가 바스 대학교와 런던 정치경제 대학교(LSE)에서 국제관계를 공부했다. 외교관으로서 경력을 시작해 1983년부터 주미 대사관에서 근무하며 미국과 외교 관계를 다졌다. 2001년부터 2005년까지는 주미 대사로 활동하며 양국 간 긴장을 완화하는 데 기여했고, 2007년부터 2013년까지는 중국 외교부장을 역임하며 중국의 외교 정책을 이끌었다. 이후 그는 국무위원으로 선출되었고 중국 공산당 중앙정치국 위원으로서 외교 분야에서 중요한 역할을 했다. 특히, 양제츠는 미국과 외교에서 두각을 나타냈으며 그의 경력은 중국 외교의 주요 전환점이 되었다고 한다.

02

파워, 파워, 파워

02
파워, 파워, 파워

2019년 10월 4일, 미 프로농구팀 휴스턴 로키츠의 단장 데릴 모레이(Daryl Morey)는 "자유를 위해 싸우는 홍콩과 함께 하자!"라는 내용의 트윗을 올렸다. 홍콩 시민들은 수개월 동안 보통 선거권과 중국의 극단적 홍콩에 대한 변화를 원하지 않는다는 요구로 시위를 벌였고, 모레이도 이들에 대한 지지에 동참했다. 이 트윗은 모레이의 성격에서 벗어난 내용이 아니었다. 모레이는 트위터를 통해 자주 민주주의와 사회 정의 문제를 다루었으나, 일반적으로 발언 내용은 미국 정치에 초점을 두었다. 중국인들이 모레이의 트위터 내용에 분노한 댓글을 거듭 올리자 로키츠의 구단주 틸만 페르티타(Tilman Fertitta)는 신속하게 일반 대중과의 관계가 악몽으로 되어 가는 상황을 수습하기 위해 적극적으로 나섰다. 페르티타는 그날 저녁 자신의 트윗에서 모레이가 "휴스턴 로키츠 입장을 대변한 것이 아니다."라고 분명히 밝힘과 동시에 로키츠는 '정치 조직이 아님'을 강조했다.[1] 다른 전미 농구 협회(NBA)의 중진들도 이에 동참했다. 브루클린 네츠의 구단주이자 인터넷 거대 기업 알리바바의 공동 창립자인 조 차이(蔡崇信, Joe Tsai)는 같은 날 저녁 페이스북 공개 서한을 통해 "특정 국가와 지역 사회에서는 특정 주제가 상당한 논란을 불러일으킨다."라고 경고했다. 중국 영토 내 분리주의 운동 지원은 중국 정부만 아니라 중국인 모두에 있어 엄청나게 민감한 문제 중 하나다.[2] 그 후 48시간 내 모레이는 자신의 게시물에서 한 발짝 물러서며 상황의 복잡성을 인정함과 동시에 추가적인 관점을 수용하면서 트윗은 자신이 올린 것으로 휴스턴 로키츠의 관점을 반영하지 않는다는 점을 명확히 하는 추가 댓글을 신중하게 작성한 문구로 트윗했다.[3] (그러나 모레이가 자신의 입장을 바꾸거나 본래의 트윗에 대해 사과한다는 내용은 그 어디에도 없었음)

중국 정부와 기업계는 모레이와 NBA가 물의를 진정시키려는 노력을 무시해 버렸다. 같은 해 10월 6일 중국 농구협회(CBA)의 수장이자 오랜 로키츠 선수였던 중국 선수 야오밍(姚明, Yao Ming)은 CBA(중국 농구협회)가 로키츠 팀과의 협력을 중단한다고 발표했다. 국영 중국 중앙 텔레비전(CCTV)과 스페셜 올림픽 (기금 모금 행사 포함)과 기자 회견도 취소되었다.[4] 중국 기업들은 각기 매장에서 로키츠와 관련 상품에 대한 모든 스폰서십을 철회했는데, 이는 로키츠의 중국내 드높은 인기를 감안할 때 극적인 사건이었다. 중국 팬들의 지지는 중요하지 않았다. NBA 경기 라이브 스트리밍 권한을 보유한 텐센트 홀딩스는 로키츠의 경기를 방영하지 않을 방침을 발표했다.[5] 또한, CCTV는 상하이와 선전에서 개최되는 로스앤젤레스 레이커스와 브루클린 네츠 간 시범 경기 방송 계획을 취소했으며, 상하이 경기와 관련하여 마련된 각종 행사(발달 장애인들을 위한 행사 등)도 취소되었다. 휴스턴 로키츠는 샌프란시스코의 골든스테이트 워리어스에 이어 매출이 두 번째인데, 이로 인한 로키츠의 최종 수익에 대한 타격은 중국 스폰서십 계약 취소로 인해 약 2,000만 달러 규모로 추산된다.[6]

모레이의 트윗이 재정 상황에 미치는 영향이 명확해지자, 개별 농구 선수들과 NBA 지도부는 상황 타개를 위해 나섰다. 로키츠 팀의 스타 제임스 하딘(James Harden)은 기자 회견을 통해 중국측에 용서를 구하며 "사과한다. 우리는 중국을 사랑한다."라고 했다.[7] NBA 커미셔너 아담 실버(Adam Silver)는 모레이의 트윗을 두고 '유감스러운' 일이라고 언급했으며, NBA 중국 웹사이트에는 중국인에게 사과하는 내용의 글도 실렸다.[8] 그러나 이것으로 미국 내에서 중국의 언론 자유 통제 권리에 대한 논쟁이 격화되면서 언론의 자유 문제에 정통한 변호사인 실버는 생각을 다시 하게 된다. 그는 NBA 시범 경기 전인 사건 발생 이틀 후 도쿄 발표 성명에서 모레이에 대한 더 강력한 지지 의지를 보이면서 다음과 같이 언급했다.

"평등, 존중, 표현의 자유라는 가치는 오랫동안 NBA를 의미해 왔으며 앞으로도 그럴 것이다. 전 세계적으로 운영되는 미국 농구 리그로서 우리의 가장 큰 기여 중 하나는 이러한 경기와 관련된 제반 가치이다. 사실, NBA의 지속적인 강점 중 하나는 다양성이다. 견해, 배경, 민족, 성별, 종교의 다양성과 함께 우리는 어떤 차이가 있든 간에 서로를 존중하고 소중히 여겨야 한다는 믿음을 갖고 있다."[9]

실버는 나중에 중국 정부가 모리 감독을 해고하라고 요청했다는 사실도 밝혔는데, 베이징은 이를 모두 부인했다.[10]

대만 출신의 억만장자 사업가이자 알리바바 그룹의 공동 창립자 조 차이에게 있어 NBA에게 걸려 있는 것은 5억 명이 넘는 중국 팬층과 40억 달러 이상의 중국 비즈니스였다. 2020년 초까지 실버는 NBA가 중국과 긴장 관계 조성으로 최대 4억 달러의 수익을 잃었음을 시사했다. 이러한 손실에도 불구하고, 그는 모레이 감독을 해고하거나 NBA 정책을 변경하지 않겠다는 결정을 고수하며 "우리는 우리 시스템과 가치가 가져오는 여러 결과에 대해 수용한다. 어떤 기업도 그런 입장에 처하고 싶어하지 않았으나 결과가 그러했다."라고 말했다.[11]

NBA가 중국 파워의 날카로운 칼날 끝에 맞선 최초의 해외 기업이나 외국 정부는 아니다. 베이징은 종종 자국 시장을 레버리지로 삼아 입찰 참여 기회 부여 등을 통해 다른 국가와 외국 기업을 강제하려 한다. 그 차이는 NBA 성명에서 암시했듯이 베이징은 대만, 홍콩, 남중국해와 같은 주권 문제에 특히나 신경질적이라는 것이다. 이 지역은 중국 정부가 자국의 영토라고 주장하고 있으나 어떤 식으로도 다른 행위자들도 영유권을 주장하고 있는 곳이다. 예를 들어, 중국은 2012년부터 명목상 식품 안전상의 이유로 필리핀산 바나나 수입을 금지하는 조치를 연장함으로써 마닐라에게 남중국해 영유권 분쟁 대상인 스카버러 암초에서 해군병력을 철수하도록 압력을 가했다. 필리핀은 이를 거부했고, 결국 중국을 헤이그 상설 중재 재판소에 제소했다. 필리핀은 2016년에 승소했으나, 바나나 수입 금지령은 새로 선출된 필리핀 대통령 로드리고 두테르테가 중재 재판소의 판결을 "네 모서리가 있는 종이 한 장에 불과하다."며 이를 무시하겠다는 의지를 보이고 난 후에 해제되었다.[12] 두테르테의 발언이 나온 그 달에 중국 정부는 필리핀산 바나나 수입 금지령을 해제한다고 발표했고, 필리핀 주재 중국 대사는 그제서야 필리핀에서 다양한 과일과 생선을 수입하는 데 관심이 있음을 시사하고 나섰다.[13]

그러나 중국의 경제적 레버리지 사용 의지는 영유권에 대한 고려 사항을 훨씬 넘어선다. 한국은 2016~2017년에 미국이 지원하는 THAAD 배치에 합의함으로써 한국 기업에 상당한 경제적 비용을 초래했다. THAAD 시스템은 북한 미사일에 대한 방어 수단으로 배치되었지만, 베이징은 THAAD의 정교한 레이더 기능을 사용하여 중국 미사일을 추적할 수 있다고 주장했다.[14] 베이징은 한국이 이 프로젝트를 취소하도록 압력을 가할 목적으로 한국 정부가 토지 교환을 통해 THAAD 시스템에 부지를 제공한 한국의 롯데백화점 체인에 대한 중국 소비자 보이콧을 개시했다.[15] 중국 학생들은 "롯데를 중국에서 쫓아내자! 한국산 제품을 보이콧하자! 나부터 우선 시작한다. THAAD를 보이콧(Boycott) 하자!"[16]라는 비디오 영상이 온라인에 등장했다. 2004년부터 중국에서 사업을 해온 롯데는 1년 만에 중국 슈퍼마켓 체인을 폐쇄한다고 발표했고, 2019년에는 식품 생산시설을 매각하기로 결정했다. 또한, 중국은 한국 방문 중국 관광객 수를 800만 명에서 470만 명으로 줄였다.[17] 그리고 서울의 가장 중요한 대중국 수출품 중 하나인 문화·엔터테인먼트 산업을 표적으로 삼았다. 베이징은 한국 TV 쇼, K팝 뮤직 비디오, 인기 한국 연예인과 가수의 중국 출연을 금지했다. 중국 공안부는 중국 시민들에게 인기 있는 한국 TV 드라마 '태양의 후예'를 시청하지 말라고 경고하며, "한국 드라마 시청은 위험할 수 있으며 심지어 법적 문제로 비화될 수도 있다."라고 했다.[18] 2017년에만 한국이 손해본 비용은 약 75억 달러로 추산되었다. 2017년 12월 서울과 베이징은 한국이 현재의 THAAD 시스템을 유지하지만 신규 시스템을 설치하거나 기존 시스템도 아시아에서 더 광범위한 미국 방어망에 통합하지 않을 것이라는 점에 합의했다.[19] 그러나 중국은 12월 합의 이후에도 일부 한국산 제품 보이콧 상태를 유지했다. 한국은 일본과 미국에 이어 중국 내 세 번째로 큰 외국 비디오 게임 공급자였으나, 3년 후인 2020년 12월에야 베이징 당국이 한국 회사에 새로운 비디오 게임 중국 판매 라이선스를 부여했다.[20] 중국 자체도 무사한 것은 아니었다. 2002년 여론 조사에 따르면 한국인 중 2/3가 중국에 긍정적인 견해를 가지고 있었으나 2020년에는 그 비율이 1/4로 떨어졌다.[21] 시진핑 본인도 더 나쁜 상황을 맞았다. 설문 조사 참여 한국인 중 83%가 중국 지도자를 전혀 신뢰하지 않는 것으로 나타났다.[22] 사실 필리핀, 한국, 호주(중국의 팬데믹 관련 보이콧에 저항)와 같은 국가는 중국의 강압적인 노력에 저항할 수 있는 정치·경제적 수단이 있음을 보여주고 있으나, 다국적 기업과 기타 비국가 행위자들은 그러한 자원이 적다. 2018년 4월 중국 민항국은 40개가 넘는 국제 항공사에 서한을 보내 대만을 'China Taiwan' 또는 'Chinese Taipei' 지역으로 표기하고 항공사 지도에 대만을 중국 영토의 일부로 표시할 것을 요구했다.[23] 중국 정부는 이를 준수하지 않을 경우 중국 노선을 상실하게 될 것이라고 밝혔다. 항공사들은 결국 이를 준수했지만, 많은 항공사가 원칙과 중국의 요구 사이에서 타협점을 찾았다. 예를 들어, 일본 항공사들은 일본어 웹사이트에는 대만을 그대로 두고 중국어 웹사이트에 China Taiwan을 사용했다. 유나이티드 항공은 모든 중국 도시(본토와 비본토)를 국가를 밝히지 않은 채 도시 이름만으로 표시하기로 했고, 대만과 홍콩을 본토와 구별하기 위해 별개의 화폐인 신대만 달러와 홍콩 달러로 표시하기도 했다.[24]

또한 NBA도 최종 판단에서 '윈-윈'하는 솔루션을 찾은 듯했다. 2020년 10월 10일 모레이의 트윗이 올라온 날로부터 거의 정확히 1년 후 중국 CCTV는 NBA 결승전 경기들을 중계하기 위해 블랙아웃(제재)을 해제했다. CCTV의 결정은 NBA가 팬데믹 동안 중국에 보여준 관대함에 대한 보상으로 표현하며, "우리는 또한 NBA가 특히 연초부터 중국인들의 신종 코로나 바이러스 전염병 퇴치를 돕기 위해 적극적으로 나서는 등 상당 기간 동안 호의를 표명한 것에 주목한다."[25]라고 언급했다. 그러나 5일 후 모레이는 휴스턴 로키츠를 사임했다. 모레이의 사임 결정이 홍콩 관련 발언과 관련성이 있는지를 물었을 때 모레이는 처음에는 답변을 거부했다. 나중에 모레이는 자신의 사임과 1년 전 사건과 아무런 관련이 없음을 밝혔다. 그로부터 불과 2주 후 필라델피아 76ers는 모레이가 새로운 농구 운영본부장이 될 것임을 발표했다. 그럼에도 CCTV는 모레이의 처지를 보라는 듯, "우리는 중국 국민의 감정을 상하게 하려는 모든 말과 행동은 대가를 치러야 한다는 점을 거듭 강조한다."라고 했다.[26] 그리고 2021 시즌이 시작되면서 CCTV는 NBA 경기 방영 금지 조치를 다시 시행했고, 텐센트는 로키츠를 라이브 스트리밍했지만 76ers는 제외했다.

조 차이(Joe Tsai)를 비롯한 사람들은 국제 사회가 대만과 홍콩과 같은 몇 가지 문제에 대한 중국의 민감성을 그대로 받아들여야 한다고 주장할 것이다. 그러나 중국이 민감한 문제라고 생각하는 것은 언제든지 바뀔 수 있다. 모레이의 트윗이 올라온 지 며칠 후 CCTV는 "우리는 국가 주권과 사회적 안정에 도전하는 모든 발언은 언론의 자유 범위에 속하지 않는다고 믿는다."라면서 이를 따르게 되면 대가가 훨씬 커질 수 있음을 시사했다.[27] 그리고 4개월 후 베이징은 중국을 '아시아의 병자'라고 묘사한 오피니언 칼럼 때문에 월스트리트 저널 기자 3명을 추방했다. 그리고 2020년 6월 베이징시 당국은 중국 전통의학(TCM)에 대한 비판을 금지하는 새로운 법률을 제안했다. 어떤 문제든 새로운 '레드라인'이 될 수 있다는 것이다.

또한 CCTV 논평은 다른 국가의 정치적 가치와 제도를 바꾸려는 중국의 제반 노력과 연관된 한층 더 광범위한 문제를 제기한다. 위에서 말한 사례와 같이 베이징의 요구 사항은 명확한 형태로 공개적으로 표현되며 중국 정부는 자국 시장에 대한 접근을 다른 행위자의 행동상 뚜렷한 변화에 따라 허용한다며 조건부화 한다는 것이다. 이러한 중국의 조치는 자국의 목표 추구와 관련된 강제할 수 있는 경제적 파워의 한 형태로 나타난다. 그러나 또 다른 경우, 베이징이 다른 사람들의 생각과 정책적 선택을 형성하려는 노력은 이분법적 성격이 덜하고 한층 미묘하며 점차 점진적 방식일 수가 있다. 민주주의를 위한 국립기금(NED) 학자 크리스토퍼 워커(Christopher Walker)와 제시카 루드윅(Jessica Ludwig)은 이러한 접근 방식을 '샤프 파워(Sharp Power)'[28]로 분류했다. '샤프 파워'는 중국과 기타 권위주의 정부가 민주적 가치와 제도의 무결성을 조작하고 심지어 훼손하기 위해 사용하는 다양한 전술을 말한다. 호주의 전 총리 말콤 턴불(Malcolm Turnbull)은 자국이 중국의 공격적인 '샤프 파워' 노력의 표적이 되었는데, 이러한 행동은 "은밀하고 강압적이거나 부패한 성격을 갖는다."라고 묘사했다. 이러한 특성은 중국이 선을 넘었는지 또는 누군가가 중국의 '레드라인' 중 하나를 넘었는지 알아차리기 어렵게 만드는 조합이다.

흑백에서 총천연색까지

크리스 펜튼(Chris Fendton)은 자신이 잘못한 것이 없다고 믿었다. 중국 소재 DMG 엔터테인먼트 영화 그룹의 전 사장인 펜튼은 중국에 관심을 돌리기 전까지 로스앤젤레스에서 성공적인 탤런트 에이전트였다. 2000년대 중반에 펜튼은 에너지와 열정에 가득 찬 나머지 중국에서 시기가 무르익었다고 보고 영화 산업 개발 기회를 지원하기로 결정했다. 돈을 벌 수 있을 뿐만 아니라 이 일이 전반적인 미·중 양자 관계에 중요하다고 생각하고, 그는 두 나라의 정치·경제 관계가 어려울 때에도 문화가 그러한 긴장을 견뎌내는 데 도움이 될 수 있다고 보았다. 그는 이 당시에 대한 내용을 회고록인 "용에게 먹이주기(Feeding the Dragon)"에서 이렇게 썼다. 그는 "흥행 수입을 훨씬 뛰어넘는 사명감을 느꼈다. 미·중 관계는 위태로웠다. 우리는 시장을 개척하거나 중국과 우호 관계를 맺는 그 이상의 일을 하고 있었다. 우리는 문화적 격차를 극복함으로써 세상을 더 좁고 더 안정적으로 다툼이 적고 훨씬 더 안전하게 만들고 있었다."[29]라고 했다. 펜튼의 결의는 결실을 맺었다. 펜튼의 회사는 히트작 루퍼(Looper)와 아이언맨 3(Iron Man 3)을 공동 제작하여 새로운 영역을 개척했다. 2020년 10월 필자가 펜튼과 이야기를 나누었을 때 그는 루퍼를 중국과 공동 제작하고 미국과 중국에서 동시 개봉할 수 있었으며 영화 흥행 수익에서 훨씬 더 높은 비율을 차지할 수 있었다고 설명했다. 그가 해야 했던 타협은 당시에는 그다지 중요하지 않은 것처럼 보였다. 이는 영화 제작자들을 설득하여 각본에서 프랑스를 중국으로 바꾸고 중국의 이미지를 보호해야 하는 것이었다고 했다. 여전히 중국 관리들에게 상하이를 궁극적인 미래 도시로 홍보하는 것도 극복할 수 없을 정도의 과제는 아니었으나, 좋은 영화를 만들고 중국 관리들을 만족시키는 방법을 찾는 것은 쉬운 문제가 아니었다는 것이다. 중국을 쇼케이스(전시홍보장)로 보이겠다는 중국의 목표는 고품질의 재미있는 영화를 제작하고자 하는 영화 제작자들의 열망과 충돌했다. 궁극적으로 이 영화는 두 개의 별도 버전으로 나뉘었다. 하나는 중국 관객을 위한 것으로 중국을 더 길게 찬미하는 내용이 포함되어 있었고, 다른 하나는 전 세계를 위한 내용의 작품이었다. 이것이 베이징을 만족시키는 해결책은 아니었지만, 펜튼에게는 자신이 원했던 중국 내 자금 조달, 개발, 마케팅, 유통에 접근할 수 있는 방법이었다. 또한 펜튼 회사는 아이언맨 3 중국 버전에서 중국 스타 판빙빙(范冰冰)을 잠깐 출연시키기로 했고, 악당이 중국인이 아니라는 점을 확인시켜주었다. 펜튼은 모든 면에서 중국 측 요구를 충족시키기 위해 열심히 노력했다. 그의 생각에 중국의 요구는 비합리적이지 않았다고 보았다. 시장을 충족시키고, 수익을 창출하고, 미·중 간 문화적 유대를 증진시키는 윈-윈 상황이었다.

필자가 펜튼에게 중국을 수용하는 데 넘을 수 없는 선이 있었는지 물었을 때, 그는 주저하지 않았지만 중국의 영화 산업에 대해서는 언급하지 않았다. 대신 그는 데릴 모레이(Daryl Morey)의 트윗과 그 여파를 언급했다. 그는 트윗에 대한 중국 정부의 대응이 자신에게 경각심을 불러일으켰음을 설명했다. 그는 그 상황을 20년 동안 하루 한 갑 담배를 피우는 것에 비유했다. 왜냐하면 그는 담배가 자신에게 좋다고 생각해서 피웠는데, 갑자기 누군가가 하루 한 갑 담배를 피우면 누구나 암으로 사망할 것이라고 트윗 한 것과 같다고 했다. 펜튼에게 레드라인은 세계 배포용 버전에 대한 중국의 검열이었다. 그는 중국 내 상영 버전 영화 편집에 대해 중국의 선호도를 수용하는 것은 허용할 수 있지만, 전 세계 배급 영화 버전을 검열할 권리가 중국 정부에게는 없어야 하는 것 아니냐고 말했다. 펜튼은 탑건 2(Top Gun 2)에서 톰 크루즈(Tom Cruise)의 비행 재킷에 대한 논란을 사례로 들었다. 2021년 개봉 예정인 이 영화에 나오는 재킷에는 원래 일본과 대만 국기가 있는 패치가 있었다. 그러나 영화 예고편에서 패치는 제거되었다. 파라마운트의 영화 파트너인 텐센트 회사가 이 국기에 반대했을 것이라는 추측이 있었다. 펜튼이 이 문제에 대한 해결책으로 제시한 것은 중국 본토 시장에서는 크루즈의 재킷에 대만과 일본 국기를 제거할 수 있지만 다른 세계 시장에서는 그렇지 않아야 한다는 것이다. 또한, 펜튼은 미국 스튜디오에서 신장이나 티베트에서 계속되는 인권 침해와 같은 민감한 중국 정치 문제에 대한 영화를 만드는 것을 피해서는 안 된다고 주장했다. 펜튼이 설명했듯이 문제는 영화 스튜디오가 미국 국내 관객을 대상으로도 이런 영화를 만들지 않는다는 점이다. (중국과 세계 시장도 목표로 하는 것임) 그 이유는 만약 그런 영화를 제작하기만 해도 중국 정부가 영화를 제작한 스튜디오뿐만 아니라 영화에 관련된 모든 사람을 상대로 보복을 가할 것이기 때문이다. 미국 영화 스튜디오의 경우 중국 흥행 수익에 대한 유혹만 아니라 중국이 미국 영화 산업에 투자할 잠재력은 상당히 크다. 중국 박스오피스 수입은 규모면에서 일반적으로 미국에 이어 두 번째로 크며, 2023년까지 155억 달러에 이를 것으로 추산되고 있다.[30] (그러나 팬데믹 기간 중 중국 내 수입은 미국 수익을 추월했음) 미국 버지니아 대학의 에인 코카스(Aynne Kokas) 교수는 중국 시장이 갖는 중력의 끌어당김에 대해 조사하면서 2010년대 중반 개봉된 3편의 우주 관련 블록버스터 영화가 모두 중국·미국 간 우주 협력을 특징으로 한다는 것은 '우연이 아님'을 지적했다.[31] 필자가 대담한 LA 소재 미국 영화사 임원은 영화 대사를 만드는 데 있어 "우주에서 누군가가 구출된다면 우리는 그 구출하는 자가 중국인임을 확인하게 된다. 또한, 중국인 악당도 없다."라고 했는데, 이는 코카스 교수의 '중국 시장 고려 내용'과 일치했다.

그러나 펜튼이 궁극적으로 미국의 영화와 스토리텔링의 순결성이 중국 영향으로 인해 타협의 대상이 될 수도 있다고 평가하게 되면 그에 따른 위험성도 있다고 했다. 이는 중국의 2016년 영화 산업 진흥법이 "영광스러운 중국 문화를 전파"하거나 "사회주의 핵심 가치를 증진"하는 영화 제작의 목표를 드러내놓고 장려하기 때문이다.[32] 더글러스 라슨(Douglas Larson)이 할리우드에서 중국의 영향력에 대한 연구에서 지적했듯이, 미국 관객은 중국의 긍정적인 이미지만 묘사하는 영화를 보게 될 것이다. 게다가 중국 정부가 자국 흥행 영화를 엄격히 통제하기 때문에 크리스토퍼 로빈(Christopher Robin)과 같이 겉보기에 무해한 영화조차도 중국 내 상영을 금지하는데, 한 예로 시진핑 체제가 위니 더 푸(Winnie the Pooh)로 묘사하는 '밈(Meme)'에 민감하다는 이유가 이보다 더 하다는 것이다.[33] 그렇게 중국의 압력에 굴복하면 추가적인 문제가 다른 곳에서 발생할 수 있다. 드림웍스 영화 어보미너블(Abominable: 애니메이션 '스노우몬스터')에 중국의 영유권 주장을 반영한 남중국해 지도가 등장했을 때 베트남은 영화 상영을 금지했고 말레이시아는 해당 장면을 검열했으며 필리핀은 영화 보이콧을 촉구했다. 중국의 '레드라인'을 피하는 대가는 기타 다른 국가들의 '레드라인'을 넘는 것일 수 있기 때문이다.

당신은 나의 사람

"당과 국가는 당신이 내린 선택을 존중한다. 당신이 돌아오기로 결정한다면 우리는 두 팔 벌려 환영할 것이다. 당신이 해외에 머물기로 결정한다면 우리는 다양한 방식으로 국가에 봉사하도록 지원할 것이다. 여러분 모두는 어디에 있든 중국 가족의 일원이라는 점을 기억해야 한다. 국가와 중국인들은 항상 그들의 아들과 딸을 걱정하며, 당신의 고국도 항상 당신에게 있어 따뜻한 영적 땅이다."

이 말은 2013년 10월 시진핑이 서구 귀환 학자 협회 100주년 기념식에서 약 3,000명의 중국 학자를 비롯한 군중 앞에서 행한 연설 내용이다.[34] 이 협회는 해외 활동가의 중국에 대한 견해와 정책에 영향력을 미치려는 많은 조직 중 하나에 불과하다. 이 협회는 훨씬 더 큰 조직인 UFWD(통일전선부)와 연결되어 있으며, CCP(중국 공산당)는 오랫동안 중국 국내외에서 중국인들과 교류하면서 정부 메시지를 전파하고 국제 여론 조성을 위해 이들을 활용해 왔다. CCP 중앙위원회*(상위 220명 남짓의 공산당원으로 구성)에 보고하는 UFWD는 공산당의 해외 영향력 활동의 중추다. 1939년 마오쩌둥**은 통일전선 사업을 두고 당시 집권당이었던 국민당***을 물리칠 수 있는 '마법의 무기' 중 하나로 묘사했다.

---

* 중국 공산당은 중앙위원회를 중심으로 운영되며 중앙정치국과 상무위원회는 핵심 의사결정을 내리고 중앙서기처는 실무를 담당한다. 중앙군사위원회는 군사 정책을 통제하며 중앙기율검사위원회는 당 규율을 감독하는데, 이와 함께 중앙조직부는 당 간부를 관리하고 인사를 주관한다. 중앙선전부는 당의 이념과 정책을 홍보하고 여론을 통제하며 국내외 비당원과의 관계를 조정하고 통일전선 전략도 이끌어 당과 정부의 효율적인 운영을 돕는다. 그 외 공산당 대외연락부는 당과 해외 국가 및 정당의 관계를 관리하며 외교부의 국제관계 업무와 달리 당의 대외협력을 이끈다.

** 마오쩌둥(毛澤東, 1893년 12월 26일~1976년 9월 9일)은 중국 공산당 창립 멤버이자 중화인민공화국 초대 국가주석으로 중앙위원회 주석 및 중앙군사위원회 주석 등의 직책을 통해 국가와 당을 이끌었으며 1949년 중화인민공화국 건국, 토지 개혁, 제1차 5개년 계획 추진, '대약진 운동', '문화대혁명' 등과 같은 정책을 이끌었는데, '대약진 운동', '문화대혁명'과 같은 급진적인 시도로 중국 사회의 혼란을 야기해 논란을 초래하기도 했다.

*** 중국 국민당(KMT)의 전신은 흥중회(興中會)와 중국동맹회로, 1894년 쑨원이 청나라를 타도하고 한족 중심의 새로운 공화국을 세우기 위해 하와이에서 흥중회를 결성한 것이 시작이다. 이 단체는 1905년 일본 도쿄에서 중국동맹회로 통합되었고, 삼민주의(민족, 민권, 민생)를 이념으로 내세워 1911년 신해혁명('우창봉기')을 주도하며 청나라를 멸망시키고 1912년 중화민국을 건국하며 쑨원은 중화민국 임시 정부의 초대 임시 대총통으로 선출되었으나 실질적 권력을 장악하지 못하고 위안스카이에게 자리를 넘겨주었다. 이후 쑨원은 1919년 광둥성 광저우에서 국민당을 재조직하며 본격적인 정당 정치와 혁명 활동을 이어갔다. 1920년대 국민당은 군벌 세력을 통합하고 중국 대륙의 통일을 위해 북벌을 추진했으며, 이 과정에서 소련과 협력하여 1921년 상하이에서 성립된 중국 공산당과 제1차 국공합작을 이뤘다. 그러나 이념적 갈등과 권력 투쟁으로 1927년 국공합작이 붕괴되었고, 국민당과 공산당은 대립하기 시작했다. 이 와중에 쑨원은 1925년 3월 12일 협상을 위해 베이징으로 가는 도중 사망했다. 그리고 1928년 북벌이 성공하면서 장제스는 난징에 국민정부를 수립하며 중국 대륙의 통일을 이루었으나, 국민당은 여전히 일본의 점진적 세력 확장과 공산당과 지속적인 충돌로 어려움을 겪었다. 이 시기 1936년 12월 12일 '서안사변'으로 장제스가 연금되면서 국민당과 공산당은 1937년 일본의 중국 침략에 대응하기 위해 제2차 국공합작이 성사되어 국민당과 공산당은 중일전쟁에서 함께 항전했다. 그러나 1945년 제2차 세계대전이 끝난 후 국공내전이 재개되었고, 1949년 국민당은 공산당에 패배하여 장제스는 국민당 정부를 대만으로 이전했다. 이후 대만은 국민

"당은 통일전선과 무장투쟁 이 두 가지 무기를 휘두르는 영웅적인 전사로, 적의 진지를 습격하고 분쇄한다."[35]라고 했다. 2015년 '중앙통일전선공작회의'에서 시진핑은 통일전선 사업의 중요성을 강조하는 마오의 공식을 거듭 강조했다. "통일전선은… 당의 통치 지위를 강화하는 중요한 마법의 무기이다… 또한 중화민족의 위대한 부흥이라는 '중국몽' 실현을 위한 중요한 마법의 무기이다."[36]라고 했다. 중국 공산당은 시진핑의 지도 하에 거대 UFWD 건물을 짓고 기구 업무를 18개의 중앙당 및 정부 조직에 통합시키는 한편, 4만 명의 신규 통일전선 직원을 추가했으며,[37] 전 세계 대사관에 통일전선부 공무원을 포함시킴으로써 UFWD의 영향력을 확대했다.[38]

뉴질랜드 학자이자 UFWD 전문가인 앤마리 브래디(Anne-Marie Brady)에 따르면 시진핑의 통일전선 목표는 네 가지로, 해외 화교를 중국 외교 정책의 대리인으로 활용하고, 외국인과 협력을 통해 중국의 정책 지지 및 그들의 전략적 정보에 접근하고, 중국과 중국 정책에 대한 비판을 억제하고, 친중 커뮤니케이션 발전 전략을 추진하는 것인데, '일대일로(BRI)' 지원에도 이러한 내용이 있다.[39] 예를 들어 통일전선과 그 다양한 대표 조직들은 해외 화교(사업가, 학생, 학자, 시민 단체)들을 조직하여 달라이 라마, 대만의 정치적 자치, 홍콩 민주주의, 종교 단체인 파룬궁*에 항의하고,[40] 공산당 노선에서 벗어난 중국 학생들 동향을 보고하는[41] 등으로 현지 정치인들에게 영향을 미칠 수 있다. 예를 들어, 2017년 12월, 호주 노동당의 주목받는 정치 신인인 샘 다스티아리(Sam Dastyari)는 중국인 억만장자로부터 상당한 기부금을 받았다는 사실이 밝혀진

당의 통치 아래 중화민국 정부로 유지되었으나, 1980년대부터 민주화 시대를 맞이했다. 특히, 1980년대 후반 장제스의 아들 장징궈가 집권하면서 국민당은 점진적인 민주화를 추진했고, 1987년 계엄령이 해제되며 대만은 다당제 민주주의 체제로 전환되었다. 그러나 1949년 중국에서 대만으로 들어온 국민당은 시간이 지나며 지지 계층의 변화로 인해 현재 민진당에 비해 약세를 보이고 있다.

* 파룬궁(法輪功)은 중국 전통적 심신 수련법으로, 1992년 리훙쯔(李洪志)에 의해 처음 대중에게 전파되었다. 파룬궁은 진(眞), 선(善), 인(忍)을 원리로 하며, 신체와 마음을 동시에 수련하는 것을 중시하는 심신수련을 목적으로 했다. 파룬궁은 초기 중국 정부의 지지를 받으며 빠르게 확산되었으나 1990년대 중반 약 7천만 명 이상의 사람들이 수련에 참가하는 등 그 회원이 급증하면서 공산당은 이를 견제하기 시작했다. 1999년 장쩌민 당시 총서기의 결정으로 파룬궁에 대한 탄압이 시작되었고, 이후 파룬궁은 중국 내에서 심각한 박해를 받았지만 전 세계적으로 확산되었다. 현재 파룬궁은 중국 공산당 정치에 반대하는 단체가 되었고, 중국 외에서 기업과 언론을 포함한 사회 압력단체를 유지하며 그 세를 확장하고 있다.

후 상원에서 사임한다고 발표했다. 재정적 기부에 대한 대가로 다스티아리는 남중국해에 대한 베이징의 주장을 포함하여 중국의 정책을 공개적으로 지지했는데, 이는 다스티아리로 하여금 정당의 플랫폼과 상충되는 입장에 처하게 했다.[42] 호주 정부는 최근 공직에 출마한 후보자 중 최소 10명이 중국 기관과 관련이 있는 것으로 추정했다.[43]

다른 나라의 정치 경제적 선택을 형성하려는 노력에서 UFWD는 국가의 정부 관료 조직, 기업 커뮤니티, 시민 사회에 깊숙이 침투하고, 중국은 자국의 경제적 영향력을 활용하여 외국 행위자들에게 인센티브를 제공하기도 하고 강제하기도 한다. 지난 수년 동안 체코 공화국은 광범위한 UFWD 노력의 표적이 되었는데, 이는 밀로시 제만(Milos Zeman) 대통령을 필두로 정치적 피라미드 정점부터 시작되었다.

중국 용과 체코 쌍꼬리 사자와의 만남

2015년 밀로시 제만(Milos Zeman) 체코 대통령은 EU 국가 지도자 중 유일하게 2차 세계대전 종전 70주년을 기념하는 중국의 대규모 군사 퍼레이드에 참석했다. 이 방문은 중국과 체코 공화국 간의 관계 긴밀화를 보여주는 최근의 신호였다. 중국 최대 민영 에너지기업인 화신(華信)에너지공사(CEFC)는 체코 프라하에 유럽 본부를 설립했고, 유명 축구팀, 여행사, 은행, 양조장, 항공사를 사들이는 등 흥청망청 쇼핑을 하고 있었다.[44] CEFC의 영향력은 체코 정부의 최고위층에서도 감지될 수 있었다. 밀로시 제만 대통령은 CEFC 설립자인 예젠밍(叶簡明, Ye Jianming)을 개인 고문으로 공식 영입했는데 2016년 제만이 시진핑을 프라하에서 영접했을 때 예젠밍도 그의 곁에 있었다. 두 명의 전직 총리와 한 명의 국방 장관을 포함한 여러 전 체코 관리들도 CEFC의 고문 또는 로비스트로 활동했다.[45] 체코 밀로시 제만 대통령은 CEFC와 다른 중국 기업에 대한 열정으로 체코가 '중국 투자 확장의 불침 항모'가 될 것임을 선언했다.[46] 하지만, 그 항모는 곧 가라앉았다. 약속된 수십억 달러의 투자는 결코 실현되지 않았고, 2018년 예젠밍은 뇌물 수수 혐의로 베이징에서 구금되었다. 그의 가까운 동료도 미국에서 체포되었는데 이는 그가 차드(Mahamat Idriss Deby Itno Chad) 아프리카 카메룬 대통령에게 뇌물을 주려고 한 혐의로 기소된 후였다. 그러나 밀로시 제만의 중국에 대한 지원은 결코 흔들리지 않았다. 2019년 제만은 주중 체코 대사를 아르메니아로 전보 조치했는데, 그 이유는 베이징 주재 외교관들이 중국의 인권 관행 개선을 촉구하는 서한에 체코 대사도 서명했기 때문이다.[47] 그 이듬해 제만은 체코 외무부가 중국 인권 기록을 비판하는 독일 주도 결의안에 동조하는 것을 막았다. 놀라울 것도 없는 것이 중국 관리들은 제만을 시진핑의 '오랜 친구'라고 부른다는 사실이다. 그래도 2019년까지 중국의 체코 공화국에 대한 누적 투자 규모는 비교적 적어 기껏해야 7억~11억 달러 사이였다.[48]

화신에너지공사(CEFC)는 베이징이 체코의 엘리트 계층에 접근할 수 있는 유일한 소스가 아니었다. 체코의 대표적 기업인 홈 크레딧(Home Credit)도 중요 통로가 되었다. 베이징은 홈 크레딧에 중국에서 대출을 제공하는 최초의 외국 라이선스를 부여했다. 또한 홈 크레딧은 제만(Zeman) 대통령의 통역사 중 한 명이 이끄는 싱크탱크 시노스콥(Sinoskop)에 재정적 지원을 했다. 이 싱크탱크의 웹사이트 글에는 같은 PR(홍보) 회사에서 준비한 기사(article)와 함께 친중 관점이 올려져 있었다. 그리고 홈크레딧의 모회사인 PPF는 자사 이익(중국과의 광범위한 재정적 유대 관계 포함)에 해를 끼치지 않는 조건으로 체코의 명문 찰스 대학교(Charles University)에 재정 지원을 제공했다. 또한 PFF와 홈 크레딧은 체코와 중국 관계 개선을 위해 프라하 소재 홍보 회사(C&B Reputation Management)를 활용했다. 궁극적으로 한 폭로 사건이 계기가 되어 이 회사는 "체코 주류 미디어에 중국 지지 콘텐츠를 은밀하게 게재"했으며 심지어 "독립적인 전문가의 이니셔티브로 가장한" 자체 미디어 프로젝트를 개발했다는 사실이 밝혀졌다.[49]

프라하 주재 중국 대사관은 특히 체코 내 중국관련 학계에 영향을 미치려는 시도에 있어서도 중요한 역할을 했다. 중국 대사관은 '일대일로'의 이점과 관련해 이를 다루는 학과목에 자금을 지원했는데, 이 과정생 중 가장 뛰어난 에세이를 쓴 학생들에게 중국 여행관련 전액을 지원하는 포상을 했다.[50] 또한, 중국에 긍정적인 영향을 미칠 컨퍼런스 지원을 위해 대학 내 체코-중국 센터에 자금을 지원해주었다.[51] 이 센터는 결국 문을 닫았고, 중국 대사관으로 부터 재정 지원을 받기 위해 사적 기금을 설립했다는 이유로 여러 교수들이 해고되었다. 찰스 대학교의 중국학 교수인 마틴 할라(Martin Hála)에게 체코 내 담론을 형성하려는 베이징의 노력에 대한 평가를 문의하자, 그는 중국 대사관이 "별로 효과적이지 않았다."라고 단도직입적으로 말했다. 그는 "대부분의 노력이 역효과를 심하게 냈다."라고 했다. "그들은 지역 상황을 잘 이해하지 못하는 듯하다." 라고도 언급했다.

또한, 중국 대사관은 중국 외교의 보다 강압적인 '늑대 모습'을 공공연히 보여주었다. 2018년 12월 체코 내 독립 기관인 국가 사이버 정보 보안 기관(NÚKIB)은 화웨이와 중싱통신(ZTE)이 국가 안보에 위협이 된다고 지적했고, 이로 인해 정부는 중앙 공무원들이 이 회사 제품 사용을 금지하기로 결정했다.[52] 체코 정보 기관인 보안 정보국(BIS)도 2013년 초 중국의 간첩 활동과 화웨이 및 ZTE 제품 간 잠재적 연관성에 대해 경고했다. 중국 대사는 체코 정부 결정의 비판에 나섰고, 추후 총리로부터 사용 금지 조치가 실수였다는 확신을 받았다고 주장했다. 그러나 결국 이 발언에 대해 총리는 "대사가 무슨 말을 하는지 모르겠다."라는 반응을 보였다.[53] 할라 교수에 따르면 체코 정부는 국가 사이버 보안 기관의 화웨이 사용 금지 결정에 들통이 나 당황했다는 것이다. 제만 대통령은 체코 국가 사이버 정보 보안 기관의 결정을 비판하고 기관 자체를 비난하기 위해 텔레비전 방송에 출연하기도 했다. 그리고 체코 상원 의장이 대만 방문 계획을 발표했을 때 중국 대사관은 제만 대통령에게 스코다 자동차(Skoda Auto), 홈 크레딧, 클라비리 페트로프(Klaviry Petrof) 등과 같은 중국 내 체코 기업들에 대한 보복을 위협하는 서한을 보냈다.[54] 이에 체코 총리는 중국에 대사 교체를 촉구했다. 상원 의장은 2020년 8월 타이베이 방문을 진행했다.[55]

제만 대통령과는 별개로 체코 정부는 중국의 영향력 행사에 대해 점점 더 강경한 입장을 취했다. 2019년과 2020년 체코 정보부(BIS) 연례 보고서는 중국의 기술, 미디어, 교육, 보안, 인프라, 의료, 경제, 환경 보호 분야를 표적으로 삼아 긍정적 중국 이미지를 선보일 방법을 찾으려는 시도에 대해 엄중하게 경고했다. 또한 그들은 중국이 외교관, 언론인, 과학자로 신분을 위장한 대표단을 파견하고 여행 기회와 투자 기회를 제공하면서 '대상(목표) 인물'에게 접근하거나 '중국의 환대에 따른 의무감'을 키워 나갔다고 지적했다.[56] 프라하 시장과 야당인 해적당(Pirate Party) 당원들은 베이징이 대만 공무원을 회의에서 추방하라는 요구를 거절하고, 프라하시로 하여금 대만은 중국의 일부라는 베이징의 입장을 지지하도록 요구하는 베이징과 자매 도시 협정을 취소했다. (베이징은 체코 오케스트라의 중국 투어를 취소하는 등으로 보복했음) 대신에 프라하 시장은 타이베이와 새로운 협력 협정에 서명했다.[57] 그리고 2020년 10월 중국의 압력에도 불구하고 인구의 99.6%를 커버하는 최대 체코 네트워크 운영자인 CETIN가 5G를 출시하는데 있어 중국 기업을 거부하고 에릭슨을 선택했다.[58] 이 결정은 중국 정부를 놀라게 했을 것인데, CETIN의 모회사는 중국에 Home Credit 회사를 진출시킨 체코 PPF그룹이기 때문이다.

베이징은 체코 공화국의 중국 관련 논쟁에 영향을 미칠 방법을 계속 모색했다. 2020년 중국 정부 투자 회사인 중신그룹(CITIC)은 체코 최대 미디어 기관 중 하나의 지분 대부분을 인수하는 옵션을 행사했다. 어느 독립 감시 기관은 CITIC이 중국에 호의적인 현지 미디어에 더 높은 광고 매출을 제공할 계획이라고 보고했다.[59] 그러나 정치적 영향력을 행사하려는 이러한 강압적인 시도는 체코 국민의 지지를 상실했다. 2020년 가을, 여론 조사에 따르면 체코 시민 중 10% 미만이 중국을 신뢰하는 것으로 나타났다.[60]

꿀로 더 많은 파리를 잡자

2020년 7월 1시간 동안 진행된 줌 통화에서 모든 것이 드러났다. 실리콘밸리의 저명한 기술자들이 비슷한 수의 중국 전문가와 기술 분야 지도자들과 만나 미국과 중국 그리고 관련 기술에 대해 논하는 자리를 마련했다. 중국 그룹은 화웨이와 5G 기술 분야에서의 리더십에 대한 우려로 토론을 시작했다. 이 혁신적인 기술을 통해 컴퓨터와 휴대전화는 현재 4G 수준보다 최대 100배 더 빠르게 정보를 다운로드할 수 있으며, 자율 주행차와 스마트 홈 기술과 같은 새로운 세대의 연결 장치의 중추가 될 것이라는 내용이었다. 화웨이는 지구상 유일한 5G 기업은 아니지만 가장 빨리 발전하는 선두기업이다. 이 그룹은 중국 정부와 긴밀한 관계를 맺고 있기에, 이 회사가 다른 국가를 중국의 사이버 공격에 취약하게 만들 것이라고 우려했다. 전통적으로 보안을 중시하는 중국의 전문가 그룹은 화웨이는 중국이 앞으로 수십 년 동안 전 세계에서 상당한 경제적, 보안적 강점을 가질 것이라는 것을 의미했다.

하지만 기술 전문가들 의중에는 화웨이가 없었다. 그 대신, 그들 중 한 명은 틱톡이 진짜 문제라고 제시했다. 그 순간까지만 해도 필자는 틱톡이 크게 우려할 만하다는 사실을 깨닫지 못했다. 중국 회사인 바이트댄스(ByteDance)가 만든 인기 동영상 공유 앱은 미국 기술 리더십에 큰 위협으로 보이지 않았다. 그러나 서부 해안 지역(실리콘밸리) 참가자 중 일부에게 있어 틱톡은 문화와 기술을 둘러싼 미·중 경쟁에서 진정한 돌격대처럼 보였다. 이는 단순히 광고 수익에 대한 것이 아니었다. 그들은 광고 수익도 상당할 것임을 시사했으나, '인상적일 정도로 창의적인' 새로운 형태의 커뮤니케이션에 대한 지적이었다. 사실, 나중에 알게 된 것처럼 틱톡은 다른 중국 회사가 하지 못한 일을 성취했다. 전 세계적으로 매력적이고도 획기적인 소셜 미디어 기술을 만든 것이다. 그리고 바이트댄스는 애플의 미국 앱 스토어에서 1위를 차지한 최초의 중국 회사였다.[61]

틱톡의 천재성은 음악과 강력한 알고리즘의 조합으로, 다른 앱보다 더 빠르게 사용자가 어떤 콘텐츠를 좋아하는지 학습할 수 있다는 점으로 각각의 사용자에게 이전에 식별된 선호도를 반영한 고유의 스트림이 제공된다는 것이다. 이는 창의적이고 매력적이며 국경을 넘나드는 커뮤니티를 구축할 수 있다는 것이다. 틱톡은 2020년 4월까지 앱 다운로드 수가 20억 건을 돌파했다. 바이트댄스의 창립자 장이밍(張一鳴, Zhang Yiming)은 회사가 구글과 유사한 '국경 없는' 회사가 되기를 열망한다고 말했다. 그러나 장은 바이트댄스가 유니크한 중국 회사라는 점도 분명히 했다. "우리는 제품과 기술 면에서 미국 회사를 모방하지 않았다."라는 것이다.[62]

그러나 문제가 싹트고 있었다. 앱 다운로드 수가 거의 7억 건에 달했던 인도는 다른 어느 나라보다 훨씬 많은 다운로드 수를 기록했음에도 2020년 4월 틱톡 앱 사용을 금지했다. 처음에는 음란물을 유포했다는 이유로 금지했고(판결은 나중에 항소심에서 뒤집힘), 그 다음은 "사용자 관련 데이터를 훔쳐서 은밀하게 전송했다."라는 이유로 금지했다.[63] 5장에서 살펴보겠으나 미국 정부는 중국이 사용자의 개인 데이터에 접근하는 것과 동시에 바이트댄스가 중국 정부가 불쾌하다고 판단하는 영상을 금지하거나 중국 정책을 뒷받침하는 동영상을 고양하는 등 콘텐츠 통제 능력에 대해서도 비슷한 우려를 제기했다. 장이밍은 몇 년 전에도 중국 공산당과 마찰을 빚은 적이 있는데, 그는 엄청난 인기를 누리는 중국 뉴스 애그리게이터 앱인 토우티아오(頭條, Toutiao)에서 '(중국에) 유해한 뉴스'를 삭제하지 않았기 때문이었다. 그는 "긍정적인 에너지를 촉진"하지 않고, "여론의 올바른 방향을 파악"하는 데 주의를 기울이지 않았다는 점과 그리고 "이념에 대한 주의 부족"을 인정하는 사과문을 써야 했다. 그는 또한 중국 공산당과의 협력 강화를 약속했다.[64]

틱톡이 중국 공산당의 절대적 충성 요구와 다른 국가 시민의 사생활 보호 요구 사이를 교묘히 빠져나갈 수 있을지는 불분명하다. 그러나 이 회사는 중국의 기술 소프트 파워 공세의 일부에 지나지 않는다. 저널리스트 클라우디아 트레비산(Cláudia Trevisan)은 자신의 고향인 브라질에서 중국 기술 회사가 인기 면에서 애플과 구글과 같은 실리콘 밸리의 견실한 기업들을 대체하고 있음을 설명했다. 그녀는 중남미에서 중국 기술이 널리 확산되어 있는데, 중국을 혁신의 세계적 중심지로 홍보하는 인기 브라질 TV 쇼와 더불어 트럼프 행정부가 2017년 집권 후 브라질 사람들이 미국 여행 및 유학 비자를 받는 데 어려움을 겪은 것이 결합된 결과라고 말했다. 또한, 그녀는 화웨이 등 일부 중국 회사가 다른 여러 국가에 기술을 선물하고 있음도 지적했다. 이러한 노력은 틱톡이 여러 정부와 그 시민들을 간과하지 않았기 때문이다.

틱톡은 베이징이 절실히 원하는 것, 즉 소프트 파워를 대표한다. 시진핑은 2014년 11월 주요 외교 정책 연설에서 "우리는 중국의 소프트 파워를 강화하고, 훌륭한 중국적 서사를 제공하고, 중국의 메시지를 세계에 더 잘 전달해야 한다."라고 언급한 바 있다.[65] 하버드대학 교수 조셉 나이가 만들어낸 용어인 소프트 파워(soft power)는 '문화, 정치적 가치, 외교 정책'이라는 의미로 해석된다.[66] 역사적으로 부러울 만큼의 민주 정치 체제, 세계적 수준의 엔터테인먼트와 스포츠 산업, 고품질 브랜드, 혁신에 대한 명성을 갖춘 미국은 지속적으로 글로벌 소프트 파워 평가에서 상위권을 차지했다. (그러나 트럼프 행정부 임기 동안 미국의 윤리적 기준, 정치적 기준, 신뢰성을 포함한 이러한 요소 중 일부에 대한 국제 사회의 평가가 급격히 하락했음)[67] 이와 대조적으로 권위주의 정치 체제와 미디어와 문화에 대한 국가 통제력을 갖춘 중국은 일반적으로 글로벌 소프트 파워 순위에서 좋은 성적을 거두지 못했다. 그러나 시진핑은 중국의 소프트 파워 개발을 자신의 부흥 내러티브의 필수 요소로 삼았다.[68] 중국의 세계적 영향력을 연구한 조지 워싱턴대 데이비드 샴보(David Shambaugh) 교수에 따르면, 중국은 소프트 파워 부문에 연평균 100억 달러를 지출한다.[69] (반면, 미국은 10억 달러가 조금 넘는 수준을 지출함)[70] 사실, 시진핑이 소프트 파워의 중요성을 강조한 최초의 중국 지도자는 아니다. 그의 전임자 후진타오(Hu Jintao)*는 2007년 연설에서 중국의 부흥이 '중국 문화의 번영'과 함께 이루어질 것임을 시사했다.[71] 시진핑의 연설에서 알 수 있듯이, 소프트 파워에 대한 그의 관점은 중국 정부의 내러티브(이야기를 전달하거나 구성하는 방식 또는 메시지를 전달하기 위해 사용되는 특정한 관점)를 홍보하려는 욕구에서 비롯되었다. 그러나 소프트 파워가 정부에 봉사하기를 바라는 시진핑의 욕구가 오히려 소프트 파워 목표를 달성하려는 중국의 능력을 제약한다는 것이다.

---

* 후진타오(胡錦濤)는 1942년 12월 21일 중국 안후이성 황산에서 태어났다. 그의 가족은 차(茶) 판매업을 운영하던 상인 가문이었는데, 그는 학업에 뛰어난 재능을 보이며 타이저우(台州) 중학교를 졸업하고 1965년 칭화 대학에서 기계공학 전공으로 학사를 취득했다. 그는 공산주의청년단(공청단) 출신인데, 공청단은 1920년 중국사회주의청년단으로 설립되어 청년들의 사상 교육과 예비 당원 양성을 목표로 발전한 조직으로 14세 이상 28세 이하의 청소년과 젊은이를 대상으로 하며 공산당원이 되기 위한 필수 코스였다. 후진타오는 공청단을 통해 정치적 기반을 다졌으며, 그의 지도력은 공청단의 체계와 발전 과정에도 중요한 역할을 했다. 그 후 수력 발전소에서 기술자로 근무하며 실무 경험을 쌓은 후 공산당에 입당해 정치 경력을 쌓았다. 정치 경력은 간쑤성(甘肅省)과 구이저우성(貴州省)에서 공산당 간부로 활동하며 지역 개발과 안정화에 기여했고, 티베트 자치구 공산당 서기로 임명되어 지역 안전 문제를 다뤘다. 중앙 정치국 상무위원으로 발탁된 이후 2002년에는 공산당 총서기로 선출되어 중국의 최고 지도자가 되었다. 그는 '과학적 발전관'과 '조화사회'라는 개념을 제시했으며, 경제 발전과 사회 안정화를 추구했다. 후진타오는 2012년 시진핑에게 권력을 이양하며 공식 퇴임했는데, 그의 생애는 학문적 성취와 정치적 리더십으로 중국 현대사에 큰 흔적을 남겼다.

말의 확산

시진핑은 중국 뉴스 미디어가 해외 여론 형성 노력에서 핵심 요소(도구)라 했다. 그는 국영 미디어를 CCP의 '목구멍과 혀'라고 불렀다.[72] 그리고 그 사명은 "중국 스토리를 잘 전달하고, 중국의 목소리를 제대로 전파하며, 세계에 3차원적으로 다채롭게 중국을 알리는 한편, 세계 평화의 건설자로서 중국의 역할을 보여주는 것이다."라고 했다.[73] 중국 연구학자 메리던 배럴(Merriden Varrall)이 중국 글로벌 TV 네트워크(CGTN: China Global Television Network)에 대한 연구에서 상세히 설명했듯이, 시진핑은 수십 년 동안 중국이 "세계 여론을 위한 전투를 강화해야 한다."라고 주장해 온 일련의 중국 지도자와 고위 관리 중 가장 최근의 사람일 뿐이다.[74] 이제 전 세계 170개 국에 72개 지국과 3억 8,700만 명의 시청자를 보유한 CGTN은 바로 그렇게 할 준비가 된 것 같아 보인다고 했다.[75]

그러나 중국의 미디어 추진 정책의 단점은 미국과 다른 선진 민주주의 국가에서의 추진력 부족에서 바로 드러난다. 영어 토크 쇼인 '더 포인트(The Point)'는 매끄럽게 쇼를 진행하는 류신(劉欣, Liu Xin)이 진행하며, 미·중 안보 관계와 코로나 바이러스와 같은 시사 문제를 다루고 있다. 류신은 일반적으로 '중국의 관점'을 제시하는 중국인 게스트를 인터뷰한다. 그녀의 '뉴스 헤드라인 살펴보기(Headline Buster)' 뉴스 쇼는 중국 공산당이 반박하고자 하는 문제와 중국을 놓고 대중적으로 오가는 제반 이야기에 대해 대응하게 설계되었다. 예를 들어, 한 에피소드에서 그녀는 신장 지역의 강제 노동 캠프 문제를 탐구했다. 이 프로그램은 신장의 훈련 캠프를 거침으로써 중국어 실력이 향상되어 일자리를 찾은 '졸업생'과 인터뷰를 특집으로 다루었다.[76] 그러나 이 류신의 프로그램은 '음모론(조작론)'에서 벗어날 수가 없었다. 다른 예로, 그녀는 시리아에서 민간인 비전투원에 대한 아사드(Assad) 정권의 화학무기 사용에 대한 BBC 보도 반박을 시도한 이후 자신의 리포트를 통해 서방 언론은 신뢰성이 거의 없다고 주장하려 했다. 현재 그녀의 뉴스 쇼는 중국 정부의 정책이 숨어 있어 미국에서는 시청자를 제대로 찾지 못한 상태로 평균 시청자 수는 1만 명 미만으로 보고되었다.[77] 하지만, 배럴은 궁극적으로 CGTN의 우선 순위는 서구가 아닌 비서구 시장 내 여론에 영향을 미치는 것임을 시사하고 있는 것으로 비서구 시장은 콘텐츠가 포화 상태에 이르지 않았기 때문에 침투가 쉬운 곳이라는 것이다.[78] 국제언론인연맹이 실시한 2020년 세계 미디어에 대한 중국의 영향력에 대한 설문 조사에 따르면 아프리카 일부 지역 기자들은 중국이 자국에 대해 긍정적인 견해를 갖고 있는 점을 높이 평가하면서, 서구 미디어는 항상 아프리카의 재난 관련 사항 보도를 주요 기사 내용으로 한다는 것을 지적했다.[79] 이에 따르면 중국 미디어 파트너십은 반대 의견을 제한하기 위한 지역의 정부 이익에도 도움이 될 수 있다는 것이다. 예를 들어, 캄보디아 훈센(Hun Sen) 정부는 275개의 출판물을 없애고 15개 이상의 라디오 방송국에 대한 라이선스를 취소하였으며, 대신 중국 기업인 나이스 문화 투자 그룹(NICE Culture Investment Group)이 캄보디아 내무부와 협력 하에 NICE TV를 설립하게 했다. 이에 따라 현재 NICE TV 프로그램 편성은 캄보디아 정부와 중국에 유리한 프로그램이 포함되고 있다.[80]

중국의 미디어 홍보에는 해외 언론인을 대상으로 한 2주~10개월 코스의 인기 교육 프로그램과 교류도 포함된다. 어떤 경우에는 여행을 주로 하는 중국 관련 광범위한 소개 프로그램인 반면, 다른 경우에는 특정 그룹을 대상으로 특별 교육을 실시한다. 예를 들어, 무슬림 언론인들을 신장으로 데려가 강제 노동과 재교육 캠프에 대한 서방의 보도를 약화시키려 하는 것 등이다.[81] 2010년대 중반 그러한 여행에 참여한 주요 미국 외교 정책 저널의 편집자는 이를 '계몽적'이라고 말했다. 프로그램 주최 측은 다양한 관점을 가진 광범위한 중국 관리 및 학자들과 만날 기회를 제공했는데, 전반적으로 그는 그러한 여행이 중국에 대해 좋은 감정을 갖도록 하는 노력이라 생각하지 않았다.

당신은 우리 말로 하고 있어요

2004년 베이징은 우즈베키스탄에서 아이디어를 파일럿 프로그램으로 실시해본 이후, 한국과 미국(메일랜드 대학 칼리지 파크)에 최초 공자학원을 설립했다. 중국어 교육과 문화 활동에 전념하는 이 학원은 들불처럼 퍼져 나갔다. 10년 만에 중국 교육부는 세계 각지 대학에 500개가 넘는 공자학원을 설립했고, 뉴욕시의 중국 인스티튜트와 같은 기관과 같이 각종 학교에 600개의 공자교실을 설립했다. 미국에서는 100개가 넘는 기관에 공자학원이 자리 잡았다. 베이징에 있는 공자학원 본부인 한반(國家漢語程度考試委員會辦公室의 약칭 漢辦, Hanban)이 중국어 교육의 상당 부분 비용을 부담하려는 의지는 스탠포드, 에모리, 터프츠, 조지 워싱턴 대학 등과 같은 학교에는 재정 부담이 없어 대학들에게 매우 매력적이었다.

정치국 상무위원 리창춘(Li Changchun)*은 2011년 한반(Hanban)에서 행한 연설에서 "공자학원은 해외로 우리 문화를 확장하는 매력적인 브랜드이다. 우리 소프트 파워를 개선하는 데 중대한 기여를 했다. '공자' 브랜드는 자연스러운 매력이 있다. 중국어를 가르친다는 핑계를 대면 모든 것이 합리적으로 보인다."라고 언급했다.[82] 중국 정부는 공자센터(CI)를 영국의 영국 문화원(British Council), 독일의 괴테 인스티튜트(Goethe-Institut), 프랑스의 알리앙스 프랑세즈(L'Alliance Française) 등과 같은 유럽 기관의 중국 버전으로 묘사한다. 그러나 중요한 차이가 있다. 유럽의 기관들은 독립된 반면, 공자센터(CI)는 대부분 대학과 학교에 포함되어 있으며 별도의 중국 정부 거버넌스의 구조를 유지한다

---

* 리창춘(李長春, 1944년 2월 1일 출생)은 랴오닝성 다롄(大連)에서 태어나 하얼빈 공업대학에서 전기공학을 전공했으며 1965년 중국 공산당에 입당했다. 그는 랴오닝성, 허난성, 광둥성 등 여러 지역에서 당 서기와 성장을 역임하며 지방 행정과 경제 발전에 기여했는데, 특히 광둥성 당서기로 재직할 당시 아시아 금융 위기 극복과 경제 과열 억제에 중요한 역할을 했다. 그는 2002년부터 2012년까지 중앙정치국 상무위원으로서 선전 및 미디어 정책을 총괄하며, 중국의 문화적 영향력을 강화하고 이념적 통일성을 유지하는 데 중점을 두며 당의 선전 및 이념 작업을 총괄하는 '중앙 정신문명건설 지도위원회' 주임을 맡아 중국의 이념적 통합과 문화 정책을 이끌었다. 2012년 은퇴 후에는 공식적인 정치 활동에서 물러났다.

는 것이다. 중국 교육부는 교사와 커리큘럼을 선발하며 대학과의 계약을 비밀로 유지할 것을 종종 요구한다는 것이다.

국가민주주의기금(National Endowment for Democracy, NED)의 크리스토퍼 워커(Christopher Walker)가 지적했듯이, 대부분 국가에서 시행하는 이런 것들도 권위주의 국가의 정책적 결정에 의한 경우에는 '소프트 파워'로 볼 수 있는 것들도 "아이디어를 독점하고, 대안으로 나올 수 있는 의견을 억압하고, 파트너 기관을 착취하는" 또 다른 형태가 될 수 있다는 것이다.[83] 리창춘의 연설이 있은 지 불과 몇 년 만에 많은 미국 학자와 미국 정부는 CI 거버넌스 구조와 미국 교육 기관의 원칙 간 양립 가능성에 대해 다시 생각하기 시작했다. 2013년 시카고 대학 인류학 교수 마셜 살린스(Marshall Sahlins)는 네이션(The Nation)지에 CI가 어떻게 기존 대학 관행을 위반했는지 상세히 설명하는 혹평 기사를 게재했다. 예를 들어, CI 활동이 중국의 관습, 법률과 규정을 준수해야 한다면서도 대학과 한반 간의 원래 협정을 공개할 수 없도록 요구한 것을 들 수 있다. 아마도 살린스가 주장하는 가장 비난할 만한 것은 이 기구들이 여러 도시에서 중국 학생들을 동원했거나 티베트와 '파룬궁'과 같은 정치적으로 민감한 문제와 관련하여 캠퍼스 내 대화와 활동을 차단하기 위해 노력했다는 것이다.[84] 노스캐롤라이나 주립대에서 CI 책임자가 교무처장에게 달라이 라마(Dalai Lama)의 방문이 대학과 중국 간 관계를 해칠 수 있다고 경고한 이후 해당 대학은 달라이 라마 초대를 거부했다. 반면 UC 샌디에고는 같은 압력을 무시했는데, 중국 정부가 그 대학에서 수학할 중국 학생들의 장학금 기회를 취소했을 때 그에 따른 여러 결과에 직면했다. 공자학원(CI)의 활동에 대한 이러한 새로운 이해를 바탕으로 시카고대학 교수 100명 이상이 대학 측에 CI 폐쇄를 청원했고, 대학은 2014년 9월에 그렇게 폐쇄 조치를 했다.

시카고대학의 결정은 미국 내 CI에 대한 부정적 여론 조성의 눈사태를 촉발하는데 기여했다. 같은 해 미국 대학 교수 협의회는 대학이 CI를 폐쇄하거나 혹은 계약을 재협상할 때 "학술관계 직원의 채용 및 통제, 커리큘럼 선택과 토론 제한 및 국가 어젠다를 개진하는 것"에 대한 우려를 해소하도록 권고하는 보고서를 발표했다.[85] 미 의회 의원들은 트럼프 행정부의 고위 관리들과 합세하여 대학 내 CI를 폐쇄하도록 압력을 가했다. 2018년 국방수권법안에 따르면 각 대학이 CI를 폐쇄하거나 미 국방부 중국어 플래그십 프로그램의 자금 지원을 어렵게 만들지 중에서 양자택일하도록 입법화가 이뤄졌다.[86] 2021년 초까지 100개가 넘는 미국 대학 CI 중 최소 54개가 폐쇄되었거나 폐쇄 과정 중에 있었다.[87] 캐나다, 호주, 영국, 프랑스, 스웨덴, 덴마크를 포함하여 다른 국가의 대학과 학교도 CI를 폐쇄했다. 2020년 초 전 세계적으로 보고된 CI는 548개였고(그중에서도 미국이 가장 많았음),[88] 연말까지 541개[89]로서 한반의 목표인 1,000개 CI에 크게 못 미쳤다(그림 2.1 참조). CI가 직면하고 있는 평판 문제를 인식한 중국 정부는 2020년 6월 신규 감독 기관인 중국 국제교육기금을 설립했다. 이 기금은 여러 국립대학과 기관에 지원함에도 불구하고 스스로를 '비영리 시민 단체'라고 부른다.[90] 그러나 여러 시장경제체제의 민주주의 부국들이 CI를 폐쇄하기로 결정한데 비해 많은 개도국들은 여전히 공자학원(CI)을 환영한다. 5개의 CI를 유지하고 있는 카자흐스탄에서 지도부는 중국이 후원하는 언어 교육의 전망에 대해 적극적인 입장을 취하고 있다. 전 부총리이자 전 대통령의 딸인 다리가 나자르바예바(Dariga Nazarbayeva)는 카자흐스탄 어린이들에게 중국어를 배우라고 격려하면서, "중국은 우리의 친구이자 무역 파트너이며, 최대 투자국이다. 가까운 미래 우리 모두는 중국어를 할 줄 알아야 한다."라고 했다. 그녀의 열정에도 불구하고 유라시아 개발은행에서 실시한 여론 조사에 따르면 카자흐스탄 사람 6명 중 1명꼴만 중국을 '우호적인 국가'로 보는데,[91] 이는 중국의 소프트 파워 매력이 아직 자리 잡지 못했음을 시사한다. 그리고 중국이 61개 CI를 보유한 아프리카 지역 설문 조사에 따르면 71%의 시민이 영어가 차세대가 배워야 할 가장 중요한 언어라고 생각하고 있는 반면에 14%는 프랑스어를 선택했고, 단 2%만이 중국어를 선택했다는 것이다.[92]

그림 2.1 2004년부터 2020년까지 전 세계 공자학원 수

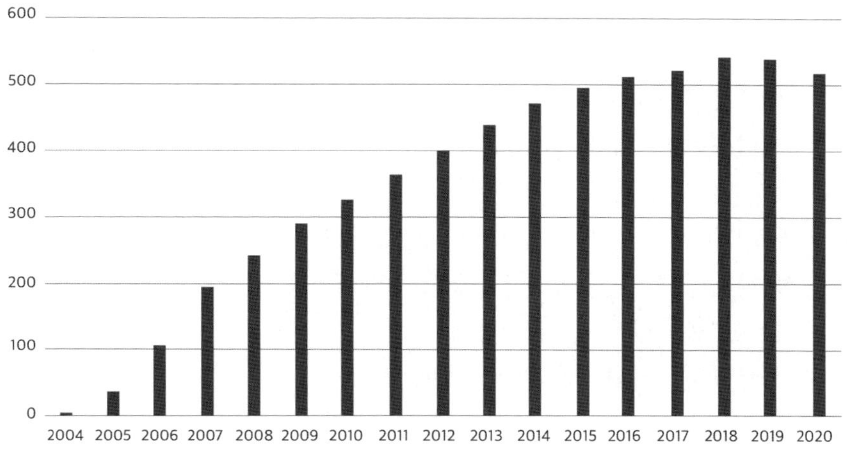

출처: https://web.archive.org/web/20210101041525/http://english.hanban.org/ node_10971.htm

벨벳 장갑 속의 철권

2019년 봄 미국에서 일련의 기사가 대만을 두고 전쟁이 벌어지면 미국은 중국에 질 것이라고 보도했다. 이러한 평가는 미국 정부가 주요 청중이 되어 싱크탱크 RAND 연구소에서 진행한 워 게임 결과에 기반을 둔 것이다. 한 참가자에 따르면 "(중국의) 목표가 대만 점령이라면, 원칙적으로 며칠에서 몇 주에 이르는 한정된 시간 안에 달성 가능하다."[93]라고 했다. 이와 동시에 두 명의 노련한 중국 관련 보도 기자인 데이비드 라그(David Lague)와 벤자민 강림(Benjamin Kang Lim)은 로이터에 "중국이 어떻게 아시아의 군사적 거인 미국을 대체할 것이가"란 제목의 특집 보도를 했는데, 여기서 시진핑 치하에서 중국 군사력이 극적으로 확장된 것에 대해 상세히 설명하면서, "중국은 불과 20년

남짓 기간에 미군 미사일과 필적하거나 오히려 성능이 더 뛰어난 재래식 미사일 전력을 구축했다."[94]라고 보도했다. 불과 6개월 전에 블루리본 위원회(미국에서 주어진 문제를 조사, 연구 또는 분석하기 위해 임명된 뛰어난 사람들의 그룹)는 미국의 준비태세 부족을 중점 지적한 국가 방위 전략 중 '공동 방위 제공'과 관련된 부분에 대한 검토 결과를 발표했다. 이 결과 보고는 끔찍한 언어로 가득 차 있었다. 보고서는 "미국의 군사적 우월성은 더 이상 보장되지 않는다."라고 주장하면서, 미국은 중국이나 러시아와의 전쟁에서 "승리하기 위해서는 분투해야 하며 그렇지 않으면 질 수도 있다."라고 언급하고 있다.[95]

미국과 기타 지역의 정책 입안자들은 중국에 대한 시민들의 견해와 제반 결정을 형성하는 데 있어 중국의 '소프트 파워'와 '샤프 파워'의 중요성에 점점 더 관심을 기울이고는 있으나, 궁극적으로 그들은 중국의 군사적 의도와 역량, 즉 하드 파워에 가장 큰 관심을 두고 있다. 시진핑 주석의 임기 중 중국의 야망은 확대되었고, 그 야망을 실현할 수 있는 중국의 역량은 상당히 증가했다. 어떤 면에서 이러한 변화는 미국 밖의 세계를 경계하도록 만들었다. 전 호주 정보부 관리 휴 화이트(Hugh White)가 말했듯이, "우리는 중국의 힘이 그 힘을 사용하려는 야망과 함께 얼마나 빨리 성장했는지를 과소평가했다."[96]라는 것이다.

역량 증대

미국은 70년 이상 세계에서 장비를 제대로 갖추고 가장 잘 훈련된 세계 최대 군대를 지휘해 왔다. 그러나 점점 더 많은 미군 관계자와 안보 분석가들은 중국의 성장 역량이 미국의 리더십에 도전하고 있다고 지적했다. 우선, 베이징은 그 어느 때보다 더 많은 군사비를 지출하고 있다. 스톡홀름 국제 평화 연구소에 따르면 2020년 중국은 세계에서 두 번째로 많은 국방 예산으로 2,520억 달러를 지출한다고 자랑했다. (미국은 7,780억 달러 이상으로 세계 1위 수준)[97] 55개 데이터 포인트를 살펴보는 2021년 글로벌 화력 지수(Global Firepower index)는 미국이 세계 최강의 군대를 유지하고 있으나, 중국과 러시아는 그 격차를 줄여

가고 있다고 보고했다.

시진핑 주석은 "당의 명령에 따르고, 싸워 승리할 수 있으며, 훌륭한 품행을 유지하는 세계적 수준의 군대" 건설을 우선 순위로 두었다.[98] 이와 관련된 시 주석의 열망은 상당했다. 안보학 학자인 조엘 우스노(Joel Wuthnow)와 필립 손더스(Philip Saunders)는 시진핑의 군사 개혁에 대한 연구에서 시진핑은 "국가가 군사적으로 낙후될 때 국가 안보에 심대한 영향을 끼친다. 나는 종종 중국 현대사의 연대기를 훑어보며 우리가 무능력 때문에 구타당하는 비극적인 장면에 가슴이 아프다."라는 말을 인용했다.[99] 중앙 군사위위원장이자 국방 및 군개혁 영도소조 책임자인 시진핑은 중국 군사 현대화 전략의 수석 설계자이다. 그는 첫 두 임기 중 공군과 해군을 육군과 동등한 지위로 격상시키는 것을 포함하여 일련의 광범위한 개혁을 주도했는데, 이는 '5개의 합동 전구'* 사령부를 창설하고, 전략적 지원 및 합동 물류 지원 부대를 도입하며, 30만 명의 군인 감축 및 인민해방군(PLA) 내 전문 군사 교육시스템의 개혁 등을 포함하는 내용이다.[100] 게다가 시진핑은 군 내부를 정화했다. 2012~2017년간 시진핑의 반부패 캠페인은 1만 3,000명 이상의 군 장교를 징계했다. 일부는 '부패'라는 이유로 해고되었고, 다른 일부는 시진핑의 정치적 동맹 세력을 위한 길을 터주기 위한 '표적'으로 삼아졌다.[101] 그러나 고위직 부패 사건은 계속해서 PLA를 뒤흔들었다. 2019년에 전 합참 사령관 팡펑후이(Fang Fenghui)**는 뇌물 수수 혐의로 종신형을 선고받았으며, 70명 이상의 예비역·현역 고위급 장교도 그와의

---

* 중국 인민해방군(PLA)의 5개 합동전구(戰區)는 2016년 군사 개혁의 일환으로 설립된 군사 작전 구역이다. 각 전구는 특정 지역의 군사 작전을 총괄하며 육군, 해군, 공군, 로켓군 등 다양한 병력을 통합 지휘하는 것으로, 이 체제는 중국의 군사 작전 효율성을 높이고 지역별 안보와 전략적 대응 능력을 강화하기 위해 도입되었다. 5개 합동전구는 아래와 같다. "첫째 동부전구는 타이완 해협과 동중국해를 포함한 동부 지역의 군사 작전을 담당한다. 둘째 서부전구는 티베트와 신장 지역을 포함한 서부 국경 지역의 안보와 군사 작전을 책임진다. 셋째 남부전구는 남중국해와 동남아시아와의 접경 지역에서의 군사 활동을 총괄한다. 북부전구는 한반도와 러시아 접경 지역을 포함한 북부 지역의 군사 작전을 담당한다. 그리고 중부전구는 수도 베이징을 포함한 중국 내륙 지역의 방어와 전략적 지원을 맡는다."는 것이다.

** 팡펑후이(房峰輝)는 중국 인민해방군의 고위 군사 지도자로 1951년 중국 산시성(陝西省, 섬서성)에서 태어났다. 그는 군사 교육을 통해 전문성을 쌓으며 중국 인민해방군 내에서 다양한 직책을 맡아왔다. 특히, 그는 중앙군사위원회 연합참모부 참모장으로 활동하며 군사 전략과 작전을 총괄하는 중요한 역할을 수행하기도 했다. 그러나 팡펑후이는 2018년 뇌물 수수 혐의로 조사를 받고 이후 중국 당국에 의해 처벌되었다.

관계로 인해 강등되었다.[102]

군이 당신과 함께 하길

중국은 군대의 질적 개선과 준비 상태 향상에 상당한 진전을 이루었다. 미 전략국제연구소(CSIS)는 중국의 지상 기반 재래식 미사일 전력의 궤적에 대한 보고서에서 중국이 세계에서 '가장 크고 가장 다양한' 지상 발사 탄도 미사일 무기고를 개발했다고 언급했다.[103] 성장하는 역량의 일부는 주변 지역, 특히 서태평양에 집중되어 있다. 방공 및 해상 방어와 더불어 중국이 꾸준히 개선해가는 대함 미사일 무기는 제1 열도 내에서 작전을 수행하는 미군에 상당한 비용을 증대시켰다. 또한 PLA 로켓 부대는 한국, 일본, 심지어 미국이 중요 군사 기지를 두고 있는 괌까지 공격할 수 있는 기지들을 중국 내 곳곳에 두고 있다. 게다가 중국은 초음속 미사일 기술 개발을 선도해 왔으며, 이로 인해 미사일을 추적하고 요격하기가 더 어려워질 것이다.[104] 그리고 이러한 중국의 전략은 아·태 지역이 미국에서 거리상 엄청나게 떨어져 있어 미국이 극복하기 어려운 물류상의 이점인 연료 보급, 재보급, 정비 능력에 어려움을 가중시킨다.

중국은 또한 세계 3위 핵 전력을 보유하고 있다. 미 국방부는 2020년 의회에 제출한 연례 '중국 군사력' 보고서에서 중국은 핵 탑재가 가능한 공대지 탄도 미사일 개발과 지상 및 해상 기반 핵 역량 등 '핵 3축 체계'*의 현대화 및 확장을 추구한다고 밝혔다.[105] 펜타곤은 중국이 향후 10년 동안 핵 탄두 비축

* '핵 3축 체계(Nuclear Triad)'는 핵무기를 운용하는 세 가지 주요 수단을 의미하며, 지상, 해상, 공중에서 핵무기를 발사할 수 있는 능력을 말한다. 이 체계는 핵 억제력을 극대화하고 적의 공격에 대한 보복 능력을 강화하기 위해 설계된 것이다. 지상 기반은 대륙간탄도미사일(ICBM)과 같은 지상 발사 시스템으로 고정된 사일로나 이동식 발사대를 통해 운용되며, 해상 기반은 잠수함 발사 탄도 미사일(SLBM)을 통해 해상에서 핵무기를 발사할 수 있는 능력으로 은밀성과 생존성이 뛰어나다. 그리고 공중 기반은 전략 폭격기와 같은 항공기를 통해 핵무기를 운반 및 투하할 수 있는 능력으로 유연성과 재배치 가능성이란 특징이 있다. 이러한 체계는 핵무기 사용의 신속성과 지속 가능성을 보장하며 적의 선제공격에도 보복할 수 있는 능력을 유지하는 데 핵심적인 역할을 한다.

량을 두 배로 늘려 400개 이상으로 늘릴 것으로 예상한다. 그러나 이는 아직 미국이 비축한 3,800개 이상에는 여전히 크게 못 미친다.[106]

중국의 해상 역량 향상은 특히 주목할 만한다. 시진핑의 군사 개혁 이전인 2012년에도 당시 주석이었던 후진타오는 중국이 해상 강국이 되어야 한다고 주장했다. 2015년 방위백서는 후진타오의 호소를 반복하며 "육지가 바다보다 더 중요하다는 전통적 사고방식을 버려야 하며, 바다와 대양을 관리하고 해상에 있어서의 권리와 이익을 보호하는 데 중점을 두어야 한다."라고 선언했다.[107] 이를 위해 중국은 세계 최대 해안경비대를 창설했다. 인민무장경찰의 통제 하에 해안경비대는 수시로 동중국해와 남중국해의 분쟁 해역으로 항해하는 중국 어선과 동행한다. (2020년 개정 법률에 따라 해안경비대가 중국군의 다른 부대와의 합동 훈련 및 작전에 통합되었고, 2021년 1월 베이징은 해안경비대가 외국 선박으로부터의 위협에 대처하기 위해 무력 행사할 수 있도록 승인함) 중국은 상업용 어선 자체 무장도 가능하다. 이들은 인민해방군 해상 민병대의 일부로 인민해방군의 직접 통제를 받는데, 이는 1949년 중국 공산당 집권 이전부터 그 뿌리를 찾을 수 있다.[108] 이러한 무장 어선은 타국 선박을 괴롭히고 중국의 영유권 주장을 확보하는 데 있어 중요한 역할을 한다. 이러한 활동은 종종 회색지대 침략(gray zone aggression)*이라고 한다. 이는 중국의 강압적 역량을 반영하며, 인민해방군은 이를 사용하여 베이징의 협상 입장을 개선하거나 오랜 문제를 조금씩 해결하려 한다. 6장에서 살펴보듯이 중국은 또한 북극에서 업무 추진을 위해 쇄빙선을 건조하고 배치하는 데 있어 세계적 수준의 역량을 개발하고 있다. 2018년 6월 중국은 자국 최초의 핵 추진 쇄빙선 입찰을 공개했는데, 이는 자

* '회색지대 전략'은 전면적인 군사적 충돌을 피하면서도 상대방의 주권이나 이익을 침해하는 전략적 행동을 의미하며, 국제관계와 군사전략에서 점차 중요한 요소로 자리 잡고 있으며, 특히 강대국들 사이의 경쟁에서 자주 등장한다. 이 전략의 주요 특징으로는 국제법의 경계를 모호하게 활용해 명확한 규정 위반으로 간주되지 않도록 설계된 전략적 '모호성'에 있으며, 군사적 수단뿐만 아니라 경제적 압박, 사이버 공격, 외교적 조작, 민병대 활용 등 다양한 비군사적 수단을 활용하는 것이 특징이다. 또한, 전략을 실행하는 과정에서 '점진적 접근 방법'을 채택하여, 상대방이 즉각적으로 대응하기 어려운 작은 단계로 나누어 점진적으로 추진함으로써 은밀하게 전략적 목표를 달성하는 것이다. 이러한 전략의 대표적인 사례로는 중국이 해상 민병대와 어선단을 동원하여 영유권을 주장하면서 국제법의 모호성을 활용한 남중국해 분쟁과 국가 간 사이버 공격을 통해 군사적 충돌 없이 상대방의 정보 시스템을 교란하는 행동 등이 있다. 회색지대 전략은 전면전으로의 확대를 방지하는 동시에 상대방의 안보를 위협하고 국제 사회에서 힘의 균형을 변화시킬 수 있으며, 이는 궁극적으로 지역 패권을 강화하거나 특정 국가의 이익을 확보하기 위해 활용될 수 있다.

국의 뒷마당을 훨씬 넘어서는 야망을 보여준다.[109]

싱가포르 학자 앤젤라 포(Angela Poh)와 웨이총 옹(Weichong Ong)은 시진핑의 군사 개혁이 이전 중국 군사 현대화 노력과 다름을 시사했는데, 그 이유는 베이징(중국)이 미국과 다른 적대 세력과 '다차원적 방식'으로 경쟁할 수 있는 능력을 강화하고 있기 때문이다. 특히, 이들은 PLA 5군으로 우주, 사이버, 전자전 역량을 통합한 전략 지원군(SSF)의 창설*을 중요 혁신으로 인용하고 있다. 중국 군대의 경우 사이버전에는 전력망에 대한 공격과 같이 '운동 에너지'를 수반하는 공격과 군사적 우위를 확보하기 위한 사이버 스파이 활동이 모두 포함되는데, 일례로 군사 하드웨어 설계에서 그러한 점을 들 수 있다. 많은 미국 분석가들은 중국의 J-20과 J-31 스텔스기가 미국의 F-22와 F-35 전투기를 모델로 삼은 것으로 보인다고 지적했다. 또한, SSF는 군사 및 민간 연구개발을 위한 조정 기구 역할도 하도록 설계되었으며, 이와 관련 9개 대학이 협력 협정을 체결했다고 한다.[110] 전 국무부 관리인 크리스토퍼 포드(Christopher Ford)에 따르면, 이 군·민 융합 프로그램은 베이징의 민간 및 군사 분야 혁신과 기술 개발계획 및 관련 입안 노력을 인프라 개발과 물류 고려 사항 및 산업 역량과 통합하여 베이징이 평시로부터 전시 동원까지 신속하고 원활하게 전환할 수 있도록 하는 것이다.[111] 앤젤라 포와 웨이총 옹은 이러한 형태의 군·민 통합이 미국보다 "훨씬 더 방향성을 가지며 포괄적이다."라고 주장한다.[112]

---

* 2024년 4월 중국은 군사 개혁의 일환으로 중요한 변화를 단행했다. 시진핑 주석의 국방 개혁의 상징으로 여겨졌던 전략지원군이 9년 만에 해체되었으며, 이를 대신해 정보지원부대, 군사우주부대, 사이버부대, 연합군수부대 등 4개의 새로운 병종이 신설되었다. 이러한 개편은 기존의 '5군 체제'를 '4군종과 4병종' 구조로 재편하는 결과를 가져왔다. 전략지원군은 정보, 사이버, 우주 전쟁의 통합 사령부로 설계되었지만, 그 모호한 성격과 효율성에 대한 의문이 제기되어 왔던 것이다. 특히, 2022년 로켓군 관련 기밀 누출 사건 이후 대대적인 부패 수사가 진행되었는데, 이것이 군 조직 개편의 배경이 되었다고 한다. 이번 개혁은 국방과 군대의 현대화를 가속화하고, 새로운 군사력 체계를 완비하려는 전략적 조치로 평가된다. 이와 함께, 시진핑 주석은 군 내부의 부패 척결을 강조하며, 군 지휘부의 절대 충성을 보장하기 위한 규율 강화를 지속적으로 추진하고 있다. 이러한 조치는 모두 중국 군사 현대화와 국제적 군사 경쟁에서의 중국의 입지를 강화하려는 의도로 보인다.

새로운 우방국 사귀기

중국의 하드 파워는 국경 너머 파트너 국가의 자산을 활용하는 능력이 커짐에 따라 증폭된다. 베이징은 1961년 북한과의 협정을 제외하고는 공식 군사 동맹이 없으나 여러 나라와 광범위한 군사 협력을 극적으로 확대했다. 중국군은 2019년에는 87개 외국 파트너 및 옵서버와 함께 17차례 합동 군사 훈련에 참가했다.[113] 가장 가까운 파트너로는 상하이 협력기구(SCO)*에 속한 국가들을 들 수 있다. 1996년 중국, 러시아, 카자흐스탄, 키르기스스탄, 타지키스탄을 포함 상하이 5개국으로 처음 설립된 이 그룹은 2001년 SCO로 전환되었고, 이후 우즈베키스탄, 몽골, 이란, 파키스탄, 인도를 포함하는 등으로 확대되었다. 이는 전 세계 인구의 약 절반과 4개의 핵보유국가를 포함한다. 아시아 인프라 투자 은행(AIIB)**과 함께 SCO는 중국에서 구상하며 중국에 본부를 둔 양대 지역 기구 중 하나이다.

SCO는 테러, 분리주의, 극단주의라는 '3대 악의 세력'에 맞서 싸우기 위해

---

* 상하이 협력기구(SCO)는 중국의 주도로 1996년 중국, 러시아, 카자흐스탄, 키르기스스탄, 타지키스탄이 회원으로 출발하여 국경 지역의 군사적 신뢰 강화를 위한 협력을 시작한 이후, 2001년 우즈베키스탄이 합류하면서 공식 출범하였다. 2017년 인도와 파키스탄, 2023년 이란, 2024년 벨라루스의 가입으로 총 9개 회원국으로 확대되었는데, 초기에는 테러리즘, 분리주의, 극단주의에 공동 대응하는 것을 주요 목표로 삼았으나 점차 경제 협력, 에너지 안보, 군사적 신뢰 구축, 문화 교류로 협력 범위를 확장하여 유라시아 지역에서 중요한 역할을 하는 다자간 협력 기구로 발전하고 있다. 또한, 합동 군사 훈련과 정보 공유를 통해 회원국 간 군사적 협력을 강화하는 한편, 무역과 투자 촉진을 위한 다양한 경제 프로젝트를 추진하며 회원국 간 문화적 이해 증진을 위한 프로그램도 운영하며, 중국은 이를 중국의 외교 전략과 밀접하게 연관하여 지역 패권 강화 및 국제적 영향력을 확장하려는 중요한 기구로 활용하고 있다.

** 아시아 인프라 투자은행(AIIB)은 2013년 중국 시진핑 주석의 제안으로 설립 논의가 시작되어 2014년 21개 국이 참여를 합의하고 2016년 1월 공식 운영을 시작한 다자간 개발은행으로, 초기 57개 회원국에서 현재 110개 국으로 확대되며 세계은행에 이어 두 번째로 많은 회원국을 보유하게 되었다. 이는 아시아 지역의 인프라 부족 문제를 해결하고 인도 첸나이 메트로 건설과 필리핀 마닐라 홍수 관리 프로젝트를 포함해 약 309건의 프로젝트에 600억 달러 이상을 투자하며, 지속 가능한 개발과 녹색 인프라 구축을 위한 기후 금융에 자금을 확대하는 한편, 중국의 '일대일로' 정책과 연계해 유라시아와 중동 지역의 경제적 연결성을 강화하는 데 기여함으로써 아시아 경제 발전과 글로벌 금융 체계에서 중국의 역할을 확대하고 있다.

설립되었다. 그러나 최근 몇 년 동안 집단 방위와 공동 대응 문제를 고려하는 방향으로 발전했는데, 예를 들면 아프가니스탄, 시리아, 한국 등 분쟁에서 잠재적 중재자 역할을 하는 것이다.[114] 이와 관련하여 또한 회원국들은 합동 군사 훈련을 실시했으며 2019년 연례 평화 사절단에는 3,000명의 군인이 참여했다. 중국 군사학 학자인 저우보(周波, Zhou Bo)는 SCO를 북대서양 조약기구(NATO)와 비교하며 "두 조직 모두 매력적이다. 양 조직 모두 명확하게 가입을 기다리는 국가 그룹이 있다."라고 언급했다.[115] 그러나 SCO 국가 중 중국(PRC) 무기 판매의 최대 수입국은 파키스탄이다(그림 2.2 참조).

SCO 회원국 중에서 러시아는 중국의 특히 중요한 안보 파트너가 되었으며 군사 동맹 수준에 가까워졌다. 두 나라는 광범위한 회담과 교류를 하고 합동 훈련을 실시한다.[116] 양국은 또한 남아공과 이란을 포함한 제3국과도 군사 훈련을 실시했다. 2020년 10월 러시아 푸틴 대통령은 잠재적 군사 동맹에 대해 논의하면서 "무엇이든 상상할 수 있는 것이다. 우리는 항상 우리 관계가 협력과 신뢰의 수준에 도달했다고 믿어 왔기 때문에 상상이 필요치는 않으나 이론적으로는 확실하게 상상할 수 있다."라면서 중·러 간 군사 협력의 새로운 수준을 예고하는 것처럼 말했다.[117] 또한 푸틴은 러시아가 중국의 미사일 공격 경보 시스템 개발을 돕고 있다고 발표했다. 두 나라는 결국 미사일 발사 탐지 시스템을 통합할 수 있으며, 이렇게 되면 미국이 미사일 공격을 가해올 경우에도 중국과 러시아는 상당히 유리하다. 더구나 이러한 수준의 통합은 미국의 동맹국들과 통합 수준과 필적할 수 있다.[118] 그러나 가장 주목할 만한 것은 2022년 2월 우크라이나 침공 이후 중국의 러시아 지원이다. 중국은 UN 표결에서 기권하거나 러시아 편을 들었고 에너지 수입과 기계 및 기타 중요 물품 판매를 통해 모스크바에 경제적 생명선을 제공했다.

그림 2.2 2017년부터 2019년까지 중국 무기의 상위 5대 수혜국

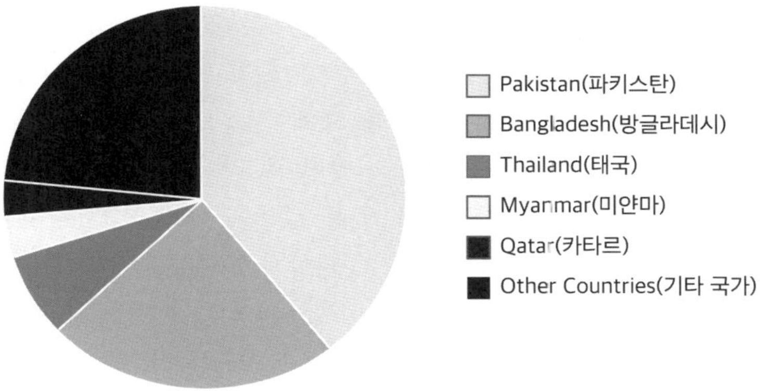

출처: https://armstrade.sipri.org/armstrade/page/values.php

SCO는 여전히 중국이 보다 공식적인 동맹 구조를 구축하는 데는 한계가 있을 수 있다. 예를 들어, 베이징 대학(PKU) 교수인 장샤오밍(張小明, Zhang Xiaoming)은 SCO 회원국 간의 신뢰가 보편적이지 않다고 지적했다. SCO 회원국 은행과 자유 무역 협정을 포함하여, 회원국들 간의 더 큰 경제적 통합을 추구하는 베이징의 노력은 추진력을 얻지 못했다. 장샤오밍 교수에 따르면, 중국은 여러 회원국들이 중국에 경제적으로 너무 의존하게 되는 상황을 우려하고 있다는 것이다.[119] 그리고 회원국들 간 갈등도 문제를 일으킬 수 있다는 것이다. 예를 들어, 인도는 2018년 SCO 선언의 일환으로 중국의 파키스탄 '일대일로' 프로젝트 지지를 거부했고,[120] 2020년에는 중국과 일련의 폭력적인 국경 분쟁에 휘말렸다. 러시아와의 관계조차도 어려움을 겪었다. 예를 들어, 보스토크 2018 군사 훈련* 동안 러시아는 중국이 러시아 해군 관련 정보를 수집하기

* 보스토크 2018(Vostok 2018)은 2018년 9월 11일부터 15일까지 러시아 극동 지역에서 진행된 냉전 이후 최대 규모의 군사 훈련으로 평가되며, 약 30만 명의 병력, 36,000대의 차량, 1,000대의 항공기가 동원된 가운데 러시아 육·해·공군뿐만 아니라 중국과 몽골의 군대도 참여했다. 이 훈련은 러시아군의 전투 준비 상태를 점검하고 동맹국들과의 군사 협력을 강화하는 것을 주요 목적으로 했으며, 특히 중국 인민해방군은 3,200명의 병력과 900대의 지상 장비, 30대의 항공기를 투입하여

위해 감시선을 보냈다고 우려했다.[121] 러시아에게 더욱 놀라운 것은 중국이 지적 재산권을 훔쳤다는 사실이다. 2019년 후반, 러시아 방위산업의 거물 기업인 로스텍(Rostec)은 중국이 광범위하게 군사 하드웨어를 복사했다고 비난했다.[122] 게다가 중국은 러시아산 무기를 상당량 수입한 국가였으나(2017년에 약 150억 달러 상당 구매), RAND 연구소의 티모시 히스(Timothy Heath)에 의하면 중국이 결국 여러 무기 수출 시장에서 러시아를 대체할 것으로 예상되지만 중국이나 러시아 모두 미국에 크게 뒤처져 있다고 말했다. 러시아의 가장 큰 무기 수입국은 인도로, 중국은 인도와 지속적인 국경 갈등을 겪고 있다(표 2.1 참조).[123] 국제관계 분석가들은 모스크바(러시아)가 중앙아시아와 북극에서 중국의 역할이 커지는 것을 우려하고 있다고 지적했다. 이 두 지역은 모두 러시아가 뒷마당으로 여기는 곳이다.[124] 현재 두 나라는 미국과 동맹국들의 정치적·군사적 압력에 저항하면서 러시아의 크림반도 합병, 우크라이나에 대한 지속적인 침략, 남중국해에서 중국의 인공섬 건설 노력과 같은 상대방의 공격적 행동을 비판하지 않으려고 노력하고 있다는 점에서 의견을 일치하고 있다. 하지만 중국이 무기 판매와 군사적 존재감을 확대하는 데 점점 더 관심을 보이는 만큼, 두 나라는 협력을 하면서도 새로운 방식으로 영향력 경쟁을 벌일 수 있다.[125]

표 2.1 2017년에서 2019년 사이의 무기 판매 비교(백만 달러)

중국		러시아		미국	
수혜자	금액	수혜자	금액	수혜자	금액
파키스탄	1,525	인도	3,684	사우디	9,461
방글라데시	938	중국	3,182	호주	3,102
태국	279	이집트	2,687	한국	2,021

러시아와의 군사적 협력을 과시했다. 더불어 이 훈련은 러시아의 군사력을 대내외적으로 과시하는 동시에 NATO와 서방 국가들에 대한 경고 메시지를 전달하려는 의도로 해석되었는데, 블라디미르 푸틴 러시아 대통령이 직접 참관하여 러시아의 군사적 역량을 강조했다.

미얀마	137	알제리	1,995	UAE	1,902
카타르	118	베트남	939	일본	1,852
사우디	115	이라크	840	이스라엘	1,513
우즈베키스탄	107	카자흐스탄	735	카타르	1,474
UAE	95	벨라루스	619	영국	1,084
인도네시아	77	앙골라	376	노르웨이	1,031
수단	76	튀르키예	280	아프가니스탄	959
기타(28)	443	기타(28)	1,902	기타(80)	8,817
총계	3,910	총계	17,239	총계	33,216

출처: https://armstrade.sipri.org/armstrade/page/values.php

새 집 짓기

필자는 2019년 1월 베이징에서 개최했던 회의의 휴식 시간을 빌어 중국 군사학 학자 두 명에게 중국이 미래를 위해 계획하고 있는 군 기지 숫자를 가볍게 물었다. 한 명은 “미국이 보유한 만큼”이라고 말했고, 또 다른 한 명은 “100개 이상”이라고 언급했다. 회의 주최자인 전직 고위 외교관은 우리 대화를 우연히 듣고 나서 전체 회의 때 중국은 “어떠한 군 기지도 가질 계획이 없다.”라고 발표했다. 그녀의 우려는 이해할 만했다. 중국의 해외 군 기지 문제는 정치적으로 민감한 문제이다. 중국은 오랫동안 그러한 군 기지를 다른 국가에 대한 주권 침해라고 비난해 왔다. 그런데 중국이 지부티에 중국 군사 물류 기지를 건설하면서 외부 세계는 베이징의 장기적 의도에 대한 광범위한 추측이 생겨났다.

2010년, 푸단 대학 학자 션딩리(沈丁力, Shen Dingli)는 중국의 해외 기지에 대한 사례를 다음과 같이 설명했다. 인명과 재산을 보호하고, 무역을 보장하는 한편 국가 통일을 저해하는 외세 개입을 방지하며 외국의 침략을 방어하기 위한 것이라고 말이다. 션딩리는 대만과 홍콩을 의미하는 본토 외부 분리주의에 대응하는 것과 "다른 국가의 도전에 맞서기 위한" 군 기지를 건설해야 할 필요성을 최우선 순위로 강조했다.[126]

10년이 넘은 지금, 션이 주장한 해외 중국 기지에 대한 논리는 시진핑의 안보 우선순위와 잘 맞아떨어지는 듯하다. 시진핑은 홍콩, 대만, 남중국해에 대한 본토의 주권이 '중국 민족의 위대한 부흥'이라는 야망에 필수적임을 분명히 밝혔다.[127] 그리고 시진핑은 자신의 목표를 달성하기 위해 무력을 사용할 의지도 표명했다. 중국의 2019년 국방백서에는 "우리는 무력 사용 포기를 약속하지 않으며 필요한 모든 조치를 취할 수 있는 선택권을 보유하고 있다. 인민해방군은 대만을 중국에서 분리하려는 모든 세력을 단호히 물리치고 어떤 대가를 치르더라도 국가적 통일을 수호할 것이다."[128]라고 했다.

중국 지도부는 또한 중국의 해외 자산 보호 역량을 우선시한다. 해군 전쟁대학 학자 앤드류 에릭슨(Andrew Erickson)은 중국의 야망이 남중국해와 동중국해의 적극적 방어에 초점을 맞추는 것을 훨씬 넘어 태평양과 인도양은 물론 아시아, 아프리카, 오세아니아, 북미, 남미, 남극 대륙의 연안 지역에 상당한 해군을 포함한 PLA 군대를 배치하는 것을 포함하는 '원양 보호'로 옮겨가는 '전단 방어(forward edge defense)'의 개념을 자세히 설명했다. 에릭슨이 설명하듯이 중국의 인도·태평양 두 지역인 '2개의 대양 지역'은 전 세계 해양 면적의 71%를 차지한다.[129] 또한, 제13차 5개년 계획(2016~2020년)에는 부분적으로 중국이 "해외 이익을 보호하고 중국 국민의 합법적인 해외 권리와 이익을 수호하기 위해" 중국이 '해상 강국'으로 변모하는 것을 지지하고 있다.[130] 중국이 말하는 자산에는 경제적 자산만 아니라 중국 국민 자체도 포함된다. 2011년 아랍의 봄 봉기 당시, 중국은 리비아에서 자국 시민을 대피시킬 능력이 없었고 미국을 포함한 다른 국가에 의존해야 했다. 그러나 중국이 예멘에서 자국 시민을 철수해야 했던 2015년에는 자국 시민 600명뿐만 아니라 여타 10개 국 시민 225명을 대피시킬 수 있는 역량으로 발전했다.[131]

2017년 베이징은 지부티(République de Djibouti)*에 군사 물류 기지를 설치함으로써 미국, 프랑스, 일본, 이탈리아와 같이 이미 그곳에 기지가 있는 국가 대열에 합류했다. 그리고 중국 군사 분석가들은 추가 기지에 대한 계획이 이미 잘 이행되고 있음을 시사했다. 프랑스 학자 마티유 뒤샤텔(Mathieu Duchâtel)이 보고했듯이, 중국 분석가들은 전쟁, 외교적 시그널, 관계 구축, 훈련 시설 제공, 유엔 평화 유지 활동 지원을 포함하여 기지 건설과 관련된 설득력 있는 주장을 했다는 것이다. 중국 런민 대학의 리칭시(李清思, Li Qingsi)와 천춘위(Chen Chunyu)는 "핵심 해상 운송 허브에 중국이 기지를 건설하는 것은 이미 점차 중국이 더 시급한 조치를 해야 하는 전략적 선택이 되었다."라고 주장했다.[132] 다른 분석가들은 중국이 결국 캄보디아, 파키스탄, UAE, 스리랑카, 미얀마, 인도네시아, 케냐와 같은 국가에도 기지 건설이 필요하다는 것을 시사하면서 이를 더 확실하게 언급한다.[133]

미국에 중요한 점은 시진핑의 중국 안보 개념에는 세계 무대에서 미군의 지위와 역할의 극적인 변화가 포함된다는 것이다. 중국 국방장관은 "지역 문제는 지역 국가 간 협의를 통해 해결해야 한다는 원칙을 고수해야 한다."라는 메시지와 함께 아·태 지역을 순방했다.[134] 미국은 일본, 한국, 태국, 필리핀, 호주를 포함하여 아·태 지역 전역에 중요 조약 동맹국을 두고 있으며, 베트남 및 대만과 강력한 방위 파트너십을 맺고 있는데, 이 모든 것이 중국에게는 포위된 느낌을 준다는 것이다. 전직 중국 고위 외교관이 필자에게 설명했듯이, 미국의 동맹 시스템은 "시대에 뒤떨어지고 중국에 불공평하다."라는 것이다.[135] 또한 일부 중국 학자들은 미국이 이 지역에서 문제를 일으키는 국가라고 주장한다. 중국 현대국제관계연구원(CICIR)**의 부소장인 푸멍즈(傅夢孜, Fu Mengzi)는 미

* 지부티는 아프리카 동부에 위치한 작은 국가로, 홍해와 아덴만을 연결하는 전략적 요충지에 자리잡고 있으며, 면적은 약 23,200㎢로 한반도의 약 5분의 1 크기로 인구는 약 120만 명이다. 북쪽으로는 에리트레아, 남서쪽으로는 에티오피아, 남쪽으로는 소말리아와 국경을 맞대고 있으며, 해안선은 약 314km에 달한다. 2017년, 중국은 동아프리카 지부티에 첫 해외 군사기지를 설립하며 국제 군사력 확장을 위한 중요한 발걸음을 내디뎠다. 이 기지는 아덴만과 홍해를 연결하는 세계 물동량의 약 20%가 통과하는 바브엘만데브 해협 근처에 위치하며, 약 90에이커(약 36만 4천㎡) 규모로 병참 지원, 선박 및 헬기 유지보수, 소규모 병력 주둔을 위한 시설을 포함하고 있다. 중국은 이 기지를 통해 해군 작전 능력을 강화하고 아프리카와 중동 지역에서의 영향력을 확대하려는 전략을 추진하고 있으며, 이를 중국의 '일대일로' 정책과 연계하여 아프리카 및 중동 지역의 경제적, 군사적 연결성을 강화하는 데 활용하고 있다.

** 베이징 하이디엔취(구)에 있는 중국 현대국제관계연구원(CICIR, China Institutes of Contemporary

국이 남중국해에서 갈등을 조장하려고 시도했던 반면, 중국은 공동 경제 개발과 남중국해 행동 강령에 합의하기 위한 노력을 통해 긴장을 완화하기 위해 힘썼다고 주장했다.[136]

그러나 아·태 지역 국가들은 중국의 군사력 증강에 대해 점점 더 우려하고 있다.[137] 베트남은 2020년 동남아 국가연합(ASEAN) 의장국을 맡는 동안 남중국해에서 중국의 행동을 암묵적으로 비판하는 단체 성명을 발표하는 데 성공했다. 전통적으로 러시아에 초점을 맞춰 온 NATO*조차도 이제는 중국의 영향력 확대와 국제 정책을 최우선 순위로 언급한다.[138] 2020년 6월, 옌스 스톨텐베르그(Jens Stoltenberg) NATO 사무총장은 "한 가지 분명한 사실은 중국이 유럽의 문턱에 점점 더 가까워지고 있다는 것이다. NATO 동맹국들은 이 도전에 함께 맞서야 한다."[139]라고 했다. 그리고 그는 'NATO 2030 전략 계획'을 수립할 것과 아울러 호주, 일본, 뉴질랜드, 한국을 포함하는 아시아 국가들과 한층 더 긴밀히 협력하여, "글로벌 규칙과 제도를 수호하고, 우주와 사이버 공간상 규범과 기준을 정하고, 궁극적으로 자유 민주주의에 기반한 세상을 위해 일어서고, 괴롭힘과 강압에 반대한다."라고 강조했다.[140] 미국 국방부의 2019년 5월 보고서는 미국이 이전에는 중국의 의도에 대해 확신이 없었으나 이제는 그러한 불확실성은 사라졌다고 말한다. "강성하고 번영하는 중국을 건설한다는 목표를 지원하기 위해 중국 지도자들은 강대국에 상응하는 군사력 개발에 전념하고 있다."라는 사실이다.[141]

International Relations)은 중국의 주요 싱크탱크 중 하나로 중국 국가안전부(MSS) 산하에 소속되어 있다. 이 기관은 국제관계, 국가 안보, 외교 정책, 경제 및 군사 전략 등 다양한 분야에서 연구를 하며 중국 정부의 정책 결정에 자문 역할을 한다.

* 북대서양조약기구(NATO)는 1949년 4월 4일에 벨기에, 캐나다, 덴마크, 프랑스, 아이슬란드, 이탈리아, 룩셈부르크, 네덜란드, 노르웨이, 포르투갈, 영국, 미국 등 12개국이 소련의 확장을 억제하고 유럽과 북미 지역의 평화와 안보를 유지하기 위해 창립한 집단 방위 기구로, 현재 핀란드(2023년)와 스웨덴(2024년)의 가입을 포함해 총 32개국으로 확대되었으며, 한 회원국에 대한 공격을 모든 회원국에 대한 공격으로 간주하는 집단 방위 원칙에 따라 회원국 간 안보를 강화하는 데 목적을 두고 있다.

사랑은 돈으로 못산다*

중국의 강력한 경제는 베이징이 야망을 실현하는 데 있어 큰 자산이다. 해외 투자를 가능하게 하고, 혁신을 촉진하며, 다른 국가의 시민을 위한 교육 및 훈련 기회를 제공할 수 있기 때문이다. 더불어 중국 경제는 중국의 강압적 역량의 핵심이다. 베이징은 중국 시장을 레버리지로 성공적으로 이용하며 국제 항공사와 할리우드, NBA와 같은 산업이 대만과 홍콩과 같은 문제에 대해서 중국이 정책적으로 선호하는 정책을 그들이 채택하도록 강요했다. 그리고 한국, 필리핀, 호주와 같은 국가들에게 상당한 경제적 압력을 가했다. 중국의 경제적 수단과 혁신적 강점이 결합되어 중국 군대는 세계 최대 규모일 뿐만 아니라 모든 영역에서 가장 강력한 군대 중 하나가 되었다. 중국은 대부분 자국의 뒷마당에 군사력을 배치했지만, 그 역량과 명시된 이익은 중국의 국제적 범위와 야망을 나타낸다.

소프트(soft), 샤프(sharp), 하드(hard) 파워의 조합은 중국에 대한 광범위한 신뢰와 친화력으로 이어지지는 않았다. 중국은 지속적으로 글로벌 소프트 파워 평가에서 최하위를 차지했다. 가장 잘 알려진 소프트 파워 여론 조사 중 하나인 '소프트 파워 30'에서 중국은 2019년 30개 국 중 2계단 하락해 27위를 차지했다. 이 보고서는 중국이 문화, 교육, 사업 분야에서 강점을 보였지만, 외교 정책과 인권 문제로 인해 순위가 떨어졌다고 지적한다.[142] 이는 2020년 퓨(Pew) 여론 조사에서도 입증되었다. 북미, 유럽, 아시아의 주요 경제권에서 평균 78%가 시진핑이 세계 문제에 대해 올바른 일을 할 것이라고 확신하지 못한다고 답했고, 중국에 대해 부정적인 견해를 가진 사람들의 평균은 73%에 달했다. 또한, 사람들의 관련 견해와 중국이 COVID-19 팬데믹을 얼마나 잘 관리했는지에 대한 믿음 간에도 강력한 상관관계가 있었다.[143] 이는 전반적으로 중국의 바이러스 봉쇄와 보건 외교가 효과적인 소프트 파워 도구가 아니었음을 시사한다.

---

* 비틀즈의 1964년 발표곡(Can't Buy Me Love)의 제목

무역과 투자도 중국의 소프트 파워를 신뢰할 수 있는 지표가 아니다. 아프리카에서 중국의 경제적 관여 정책을 평가한 듀크 대학의 피파 모건(Pippa Morgan)은 투자와 원조가 일반적으로 중국의 소프트 파워에 도움이 되는 반면, 무역은 압도적으로 부정적인 인식을 만들어낸다는 사실을 발견했다.[144] 대중들의 인식은 무역이 대부분 중국에 이롭다는 것이다. 많은 국가에서 중국 투자에 대한 호의적인 태도조차도 중국에 대한 전반적인 긍정적인 견해를 드러내지는 않았다. 13개 유럽 국가를 대상으로 한 2020년 가을 여론 조사에 따르면, 스웨덴, 프랑스, 독일, 영국과 같은 국가에서는 평균 60%의 응답자가 중국 투자에 호의적인 견해를 가지고 있었지만, 이들 국가 모두에서 전반적으로 중국에 대해서는 매우 부정적이거나 부정적인 감정을 60% 이상 나타냈다.[145] 퓨 재단(Pew Foundation)이 2019년 실시한 여론 조사에 따르면 중국 투자는 해당 국가의 전반적인 대중국 견해와 높지 않은 상관관계가 있는 것으로 나타났다. 예를 들어, 2005년 이후 중국으로부터 440억 달러의 투자를 받은 나이지리아의 경우, 설문 조사에 참여한 인구의 70%가 중국에 호의적인 견해를 가지고 있었다. 그러나 같은 기간 중 중국으로부터 470억 달러 이상의 자본 투자를 받은 인도네시아에서는 설문 조사 참여 인구 중 36%만이 중국을 호의적으로 보았다.

나이지리아와 인도네시아의 중국에 대한 의견 차이에 대한 한 가지 가능한 설명은 지리적 요인이다. 전반적으로 아·태 국가는 중국의 투자를 의심하는 경향이 있는 반면, 아프리카와 라틴 아메리카 국가는 훨씬 더 긍정적인 경향이 있다는 것이다.[146] 또한 같은 아·태 국가들은 중국의 군사적 열망에 대해 한층 더 큰 우려를 나타낸다. 동남아 전문가와 사업가들을 대상으로 한 설문 조사에 따르면, 조사 참여자 중 1/3 이상이 중국을 동남아를 중국의 영향권으로 만들려는 '수정주의 세력'으로 믿었다. 평균 1.5%만이 중국이 온화하고 자비로운 세력이라고 믿었고, 20% 미만이 중국이 "옳은 일을 할 것"이라고 확신하거나 많이 확신했다. 대조적으로 일본에 대해서는 인터뷰 대상자의 평균 61% 이상은 일본이 세계 평화, 안보, 번영 및 거버넌스에 기여함으로써 "올바른 일을 할 것"이라고 확신하거나 매우 확신했다.[147] (또한, 트럼프 행정부 체제에서 미국에 대한 국제적 인식이 급락했던 반면, 영국, 프랑스, 독일에서는 바이든 대통령이 세계 문제에 대해 올바른 일을 할 것이라고 확신하는 사람의 평균값은 72%였음)[148] 아마도 가장 중요한 포인트는 중국의 '일대일로' 투자 수준과 남중국해, 신장, 홍콩과 같은 논란이 되는 문제의 중국 정책에 대한 의견 간에는 상관 관계가 존재하지 않는다는 점이다(표 2.2 참조).

표 2.2 **BRI 투자를 많이 받는 국가별 중국 입장 지지**

국가 정보		중국 입장에 대한 지지			
국명	BRI 시작후 중국 건설 계약액(백만미불)	홍콩 국가보안법	남중국해 중재 판결	신장정책	화웨이(5G)
파키스탄	43,950	예	예	예	예
사우디 아라비아	32,770	예	예	예	예
인도네시아	28,370	아니요	아니요	아니요	예
나이지리아	26,520	아니요	아니요	아니요	예
말레이시아	25,840	아니요	아니요	아니요	예
UAE	25,750	예	예	예	예
알제리	23,850	예	예	아니요	예
에티오피아	23,050	아니요	예	아니요	예
이란	21,840	예	아니요	예	예
방글라데시	21,830	예	예	아니요	예

출처: https://www.aei.org/china-global-investment-tracker/;https://thediplomat.com/2020/10/which-countries-support-china-on-hong-kongs-national-security-law/; https://thediplomat.com/2016/07/who-supports-china-in-the-south-china-sea-and-why/; https://thediplomat.com/2020/10/2020-edition-which-countries-are-for-or-against-chinas-xinjiang-policies/; https://www.npr.org/2019/10/24/759902041/chinas-tech-giant-huawei-s pans-much-of-the-globe-despite-u-s-efforts-to-ban-it

결론

중국의 '소프트 파워', '샤프 파워', 심지어 '하드 파워'의 목적은 베이징(중국)의 가치와 이익을 지지하는 외국 행위자들의 정치·경제적 선택을 조성하는 것이다. 중국은 기업이 대만을 별도의 실체로 식별하고, 대학들이 달라이 라마를 초대하고, 영화 스튜디오가 중국을 부정적인 입장에서 묘사하는 것을 방지하고 싶어한다. 싱가포르의 전직 외무부 사무차관 빌라하리 카우시칸(Bilahari Kausikan)이 현명하게 지적했듯이, "중국은 당신이 단순히 중국이 원하는 것에 동의하기만을 바라는 것이 아니고 당신이 스스로의 의지로 중국 지시 없이도 중국이 원하는 것을 행하게 생각하기를 원한다."라고 했다.[149]

그러나 중국의 강력한 손은 종종 이러한 노력을 베이징의 '소프트 파워' 이니셔티브를 훼손하거나 그것을 '샤프 파워'에 상응하는 것으로 변형시킨다. 1장에서 논의했듯이, 중국은 팬데믹 기간동안 여러 국가가 중국에 대해 감사를 표하도록 압력을 가할 목적으로 개인보호장비(PPE)를 주요 수단으로 사용했는데, 결과로 국제 언론은 이에 대해 상당히 부정적으로 보도를 했고 국제 여론의 지지율도 하락했다는 것이다. 틱톡의 경우, 중국 공산당은 기업이 정부에서 요청하는 모든 정보를 제공하도록 명령하여 설립자가 세계 주요 시장에서 비즈니스를 하며 중국의 소프트 파워 야망에 따라 그 기업을 발전시키기를 바라지만, 오히려 기업 경쟁력을 약화시키고 있다. 마찬가지로 중국 공산당은 대만과 티베트 문제 등에 대한 정치적 견해와 활동을 홍보하기 위해 이미지 통합 작업(CI)을 실시함으로써 반대로 많은 국가에서 공산당에 대한 전망이 어두워졌고, 중국어와 중국 문화를 보급하려는 전략은 오히려 반대로 이를 의심의 대상으로 전락시켰다. 중요한 점은 중국이 '소프트 파워', '샤프 파워', '하드 파워'를 사용하는 방식이 상황에 따라 서로 느끼는 것이 상이하다는 것이다. 중국 미디어를 통해 중국에 대한 "긍정적인 이야기를 전하려는" 노력이나 CI로 영향력을 강화하려는 노력은 광범위한 미디어를 갖는 지역보다 기타 매체에 대한 접근이 더 제한적인 국가에서 잘 받아들여진다. 마찬가지로 '샤프 파워'와 관련하여 대부분의 국가는 핵심적 국가 안보 또는 원칙 문제에 대한 타협을 요구하는 중국의 압력에 견디는 반면, 개별 민간 행위자는 중국의 강압에 더 취약하고 타협을 추구할 가능성이 크다. 아시아에서 베이징이 보여준 '하드 파워'는 중국의 '소프트 파워' 잠재력을 훼손했고, 중국에 대한 대중의 불신을 초래했다.* 그러나 아프리카와 라틴 아메리카의 경우에는 군사적 우려는 훨씬 덜 중요했다. 놀랍게도 중국의 무역과 투자조차도 전반적인 신뢰와 호감도와 크게 상관관계가 없다. 더 광범위한 외교 정책과 인권 우려가 더 지배적인 역할을 한다. 시진핑이 중국의 이미지를 개선하고자 한다고 밝혔지만, 그는 중국의 행동을 바꾸려는 의지를 거의 보이지 않았다. 이는 중국 여론도 지지하는 선택이었다. 2020년 12월 글로벌 타임즈(강한 민족주의적 경향을 가진 중국의 뉴스 소스)는 중국 시민의 70% 이상이 '전랑외교'가 '올바른 외교적 접근 방식'이라고 믿고 있으며, 중국의 국제적 이미지가 최근 몇 년 동안 개선되었다고 보도했다.[150] 그럼에도 불구하고, 2021년 6월 시진핑은 더 신뢰할 수 있고 '사랑스러운' 중국 이미지를 만들 것을 촉구하면서 수사적 변화가 진행 중일 수 있음을 시사했다.[151]

* '하드 파워'는 군사력과 경제적 제재를 통해 상대를 강압적으로 통제하고 물리적이며 직접적인 방식으로 힘을 행사하는 능력을 의미하며, '소프트 파워'는 문화, 외교, 가치 등 비강압적이고 매력적인 요소를 활용해 상대방의 마음과 의견을 변화시키고 긍정적인 이미지를 구축하며 관계를 강화하는 데 초점을 둔다. 또한, '샤프 파워'는 정보 조작과 미디어를 이용하여 여론을 왜곡하거나 상대국의 정책을 교묘히 통제해 심리적 압박과 간접적 영향을 행하는 전략이다. 이처럼 '하드 파워'는 군사적 행동과 경제적 압박을 바탕으로 즉각적인 행동 변화를 유도하고, '소프트 파워'는 문화적 매력과 외교적 소통을 통해 장기적인 신뢰와 호감을 형성하며, '샤프 파워'는 디지털 기술과 선전을 통해 상대의 정보 환경을 조작하고 혼란을 초래함으로써 국가 간 관계와 힘의 균형에 서로 다른 방식으로 영향을 미치는 다차원적 개념으로 정의할 수 있다.

03

조국통일

03
조국통일

2019년 8월 말 필자는 중국 본토와 홍콩의 성공한 사업가들 몇 명과 점심을 함께 했다. 토론은 곧 홍콩의 소요사태로 옮겨갔다. 몇 달 동안 홍콩은 대규모 시위에 휩싸였으며, 어떤 경우에는 시위대가 100만 명을 넘었다(그림 3.1 참조). 시위의 불씨는 2019년 2월 홍콩 행정장관 캐리 램(林鄭月娥, Carrie Lam)이 제안한 범죄인 인도 법안이었는데, 이 법안은 홍콩 정부가 중국이 원하는 자들을 구금하고 또 중국 본토로 인도할 수 있도록 규정하는 내용이 포함되어 있었다.[1] 이 법안은 홍콩 시민들에 대해 중국 당국이 법적 힘을 활용한 행위로, 홍콩 내 반체제 세력을 표적으로 그들이 법치주의의 기본 보호를 받지 못하고 재판으로 구금될 것을 두려워하게 했다. 우려할 만한 이유도 있었다. 2년 전, 중국 당국은 홍콩 호텔에서 억만장자를 비밀리에 납치했고,[2] 2015년에는 홍콩 서점 주인 여럿이 중국 본토를 방문했다가 체포되어 투옥되었다.[3] 시위가 일부 폭력적으로 변하는 상황에 직면하여 홍콩 정부는 업무가 마비된 것처럼 보였다. 캐리 램 행정장관은 시위대가 요구한 대로 법안 중단에 동의하면서도 철회는 하지 않는 등으로 시위대의 기세를 누그러뜨리려 했다. 그러나 정부가 점점 더 많은 시위대를 체포할수록 시위대에 합류하는 숫자는 더 늘어났다. 그리고 시위대의 요구는 더욱 확대되었다. 시위대의 결집 구호는 '하나도 포기할 수 없는 5개 요구(five demands, not one less)'로 나타났다. 이들은 홍콩 정부 측에 범죄인 인도 법안 철회, 시위를 폭동으로 규정한 것을 취소, 모든 시위대 석방, 경찰의 잔혹 행위에 대한 독립적인 조사 실시 그리고 가장 중요한 요구

로 홍콩 주민들에게 보통 선거권을 부여할 것을 제시했다.[4]

그림 3.1 **홍콩 민주화 시위대 2019년 6월 16일**

출처: Studio Incendo/Flickr/https://creativecommons.org/licenses/by/2.0/legalcode

시위대들이 염두에 두고 있던 것은 1997년 홍콩이 영국에서 중국으로 반환될 당시 보장된 정치적 자치권이었다. 영국과 중국 두 나라가 서명한 공동선언과 공동선언에 기반한 중국 입법부인 전국인민대표대회에서 채택한 홍콩의 미니 헌법인 '기본법'은 '일국양제'의 거버넌스 프레임을 규정하고 있다. 실질적으로 '일국양제'는 외교와 국가 안보 문제를 제외하고 2047년까지(50년간) 홍콩의 정치적, 사법적, 경제적 자치권을 보존하기로 합의한 것이다. 또한, 이 합의는 홍콩 주민 대표 위원회에서 지명한 후보자 명단 중에서 직접 행정장관을 홍콩 주민이 선출할 권리를 가질 수 있도록 허용했었다.[5] 이런 맥락에서 범죄인 인도 법안은 합의된 거버넌스 프레임을 훼손하는 것으로 보인다.

점심 식사에 동행한 사람들은 시위대가 일정 수준의 정치적 자율권을 유지하려는 열망에는 공감했지만, 모두 결론은 이미 나와 있는 것으로 믿었다. 홍콩은 "그저 또 하나의 중국 본토 도시가 될 것"이라는 것이다. 지난 몇 년 동안 중국 정부는 홍콩의 거버넌스 프레임의 한계를 허물어내고, 홍콩을 중국 본토에 더 완벽하게 통합하기 위해 움직였다. 2014년 중국 국무원 신문판공실 백서에서는 "홍콩특별행정구(HKSAR: Hong Kong Special Administration Region)의 높은 수준의 자치권은 완전한 자치도 분리된 권력도 아니고, 즉 중국 중앙 지도부가 권한을 부여하여 지역 문제를 운영하는 권력이다."[6]라는 것이다. 2017년 중국 당국이 서구룡(西九龍, West Kowloon) 기차역의 이민국(출입국) 사무소에 대한 관할권을 인수한 것과 관련해 일부 비평가들은 본토가 홍콩의 주권을 침해하고 있다고 주장했다. 같은 해 선전, 마카오, 홍콩, 광둥을 포함하는 대만구(粵港澳大灣區, Greater Bay Area) 지역에 대한 기본 협정이 4개 지방 정부와 중앙정부 수준의 '국가발전개혁위원회(NDRC)'*에 의해 체결되었다. 2011년에 '주강(珠江, Pearl River) 광둥 대만구**에 대한 행동 계획'은 최초 제안된 2017년 버전에서 홍콩 거주자의 광둥 대만구에서 취업 허가 조건을 폐지하고 국가 의료 및 교육 혜택을 같이 받을 수 있는 조항을 포함했다. 많은 홍콩 사업가들은 이 계획을 수용했지만, 다른 홍콩 시민들은 경제·정치적 자율성인 홍콩의 엄정하고도 독립적인 법률 시스템에 영향을 끼칠 것을 우려했다. 그리고 가장 충격적인 것은 6월 말 중국이 발표한 중·영 공동성명은 '더 이상 실질적인 중요성이 없는 역사 문서"라고 주장했다는 점이다.[7] 이는 시진핑이 2017년 캐리 람의 홍콩 행정장관 취임 때 행한 연설에서 '일국양제'의 중심 목표는 '그 무엇보다도' "국민적 통합을 실현하고 지지하는 것"이라고 강조한 것과 연관된다.[8] 필자와 오찬을 함께 한 중국인들의 눈에는 이러한 조치가 베이징의 장기적

---

* 국가발전개혁위원회(NDRC)는 1952년에 설립된 중국 중앙정부의 핵심 경제 기구로 국무원 산하에 소속되어 있으며, 경제 정책과 중장기 발전 계획을 수립하고 자원 배분과 대규모 프로젝트를 조정하며, 개혁과 혁신을 촉진하고 물가를 관리하며 더불어 국제 협력과 대외 투자를 총괄하는 국가의 지속 가능한 성장과 균형 있는 발전을 목표로 하는 주요 권한을 가진 기구이다.

** 광둥 대만구(粵港澳大灣區)는 중국 남부에 위치한 경제권으로, 광둥성의 9개 도시(광저우, 선전, 주하이 등)와 홍콩, 마카오를 포함한 지역을 통합하여 형성한 대규모 도시군이다. 이 지역은 중국 경제 발전을 촉진하고 국제 경쟁력을 강화하기 위해 설계된 국가적 프로젝트 지역으로 첨단 기술, 금융, 물류, 제조업 등 다양한 산업이 집중되어 있다. 이 대만구(大灣區)는 세계적인 도시 클러스터를 목표로 하며 교통 인프라, 경제 협력, 혁신 기술 개발 등을 통해 지역 간 통합과 발전을 추진하고 있는데, 이 지역은 현재 중국 경제의 중요한 허브로 자리 잡고 있고 이 광역을 글로벌 기술 허브로 성장하기 위한 다양한 정책과 계획도 실행되고 있다.

의도를 나타내는 신호로 비쳐졌고, 개인적으로 시위가 거듭될수록 홍콩을 더욱 긴밀히 중국에 편입시키려는 시진핑의 결심을 재촉할 뿐이라고 믿었다. 그들의 마음속에 남은 유일한 질문은 베이징이 무력을 행사할지 여부였다.

몇 주 후인 2019년 9월, 홍콩 민주화 운동 지도자인 조슈아 웡(黃之鋒, Joshua Wong)과 브라이언 렁(梁繼文, Brian Leung)은 변화하는 상황에 대해 보다 더 낙관적인 견해를 피력했다. 이 시점은 두 사람이 캐리 램의 범죄인 인도법안 철회 동의 등 중요한 정치적 승리를 거둔 지 얼마 안 된 때였다. 하지만, 그녀는 다른 요구 사항들에는 동의하지 않았으며, 양측은 교착 상태에 빠져 들었다. 시위와 폭력은 지속적으로 격화되었다. 웡과 렁은 그들의 대의에 대한 국제적 지원을 확보하기 위해 미국으로 날아갔다. 뉴욕에서 일련의 회의를 마친 후 이들은 워싱턴 D.C.로 향했다. 워싱턴에서 이들은 의회 의원들 앞에서 증언하고 미국 관리들을 만날 예정이었다. 웡과 렁은 상대적으로 젊었지만(당시 각각 22세와 25세) 두 사람은 이미 홍콩 민주주의 운동의 베테랑이었다. 두 사람 모두 이전에 반애국주의 교육 캠페인(2012~2013년 홍콩 학교에 친중 커리큘럼을 도입하려는 정부의 노력에 항의하는 운동)과 2014년 우산 혁명(보통선거를 지지하는 홍콩 전역에서 시위에서 시위자들이 최루가스와 페퍼 스프레이로부터 스스로를 보호하기 위해 우산을 사용한 것에서 유래함) 등의 시위 지도자였다. 2016년 웡은 두 명의 다른 젊은 활동가인 애그네스 초우(Agnes Chow)와 네이선 라오(Nathan Law)와 함께 "시민들이 일어섰다."라는 뜻의 그리스어와 라틴어를 합친 단어인 '데모시스토(Demosisto)'라는 새로운 정당을 창당하기도 했다. 같은 해, 라오(Law)는 홍콩의 입법부인 입법국에서 의석을 차지한 최초의 데모시스토 당원이었다. 그러나 네이선 라오는 나중에 취임 선서를 제대로 하지 않았다는 이유로 의원 자격이 박탈되었다.

필자는 이전에 홍콩과 뉴욕에서 웡을 여러 번 만났고, 그가 수십만 명의 홍콩 시민을 모아 민주주의를 지지하는 시위를 벌일 때조차도 차분한 태도와 장기적인 전망을 가진 것에 항상 감명을 받았다.[9] 하지만, 이번엔 웡은 전투로 단련된 모습이었다. 웡은 8번 체포되어 120일 동안 투옥되었다고 말했다. 웡과 렁은 뚜렷하게 강력한 결의(의지)를 발산했으며, 조국(홍콩)의 미래를 보호하기 위해 자신들의 미래를 희생할 의지를 표명했다. 2019년 7월 홍콩 입법부 점거 시 얼굴이 공개되면서 유명해진 렁은 자유롭고 민주적인 홍콩의 특징에 헌신하며, 필요하다면 자신의 미래를 희생하기로 자발적인 선택을 했다고 말했다. 그가 말한 대로 '인생의 선택'이었다. 웡이 반애국 교육 운동 지지 시위 플래카드(placard)를 처음 들었을 때 그는 불과 14살이었다. 조슈아 웡의 헌신은 완벽했고 홍콩에 대한 야망은 몇 해에 걸쳐 커져갔다. 우리가 대화를 나누는 동안에도 그는 데모시스토와 더 광범위한 홍콩 민주주의 운동의 장기적 목표가 홍콩이 '우리 고향의 조국(master of its own home)'이 된다는 것을 누차 언급했다.

웡과 렁의 워싱턴 방문은 홍콩 인권 민주주의 법안(HKHRDA: Hong Kong Human Rights and Democracy Act)에 대한 미 의원들의 지지를 이끌어내기 위한 이유였다. 거의 5년 동안 의회에서 시들어가던 이 법안은 중국 당국이 기본법에 따라 홍콩에 보장된 정치적 자율권을 침해할 경우 중국 본토와 홍콩이 모두 처벌받는다는 내용이었다. HKHRDA 법안 중 가장 강력한 조치는 미국이 홍콩에 부여한 특별 경제 지위를 철회하도록 하는 요구였다. 미국이 홍콩에 부여한 지위는 광범위한 미·중 무역과 투자 관계에서 비롯되는 갑작스러운 변화로부터 홍콩을 보호했었다. 1992년 미국은 중국이 '일국양제' 체제를 준수하는 한 1997년 이후에도 홍콩을 특혜 관세 적용 지역으로 특별 지위를 유지하기로 합의한 바 있다. 이 특별 지위로 인해 홍콩은 무역 관세를 낮추고 별도의 관세 프레임워크를 사용할 수 있었으며, 홍콩 여권 소지자는 본토 중국인이 미국에서 유학하고 일하는 데 요구되는 심사 절차 상당부분을 피할 수 있었다.[10] 수년간에 걸쳐 홍콩은 미국의 최대 수출 시장 중 하나가 되었고, 중국에 수·출입과 투자의 중요 통로가 되었다.[11] 홍콩은 이러한 특별 지위 덕분에 2018년 초 트럼프 행정부가 시작한 미·중 관세 전쟁도 피할 수 있었다. 그러나 미 의회 내에서 캐리 램이 제안한 범죄인 인도 법안과 홍콩 내정에 대한 중국 본토의 영향력 확대 가능성에 우려가 확대되면서 홍콩의 정치적 자율성에 대한 의문이 제기되었고, 미국 의회는 이 법안에 재차 관심을 갖게 되었다.

2019년 가을은 홍콩 민주주의 운동의 정점이었다. 11월 홍콩은 구(區) 의회 선거를 실시했고, 홍콩 인구의 71%가 투표하는 등 기록적인 득표율을 보인 가운데 민주화 세력이 452석 중 거의 90%를 차지했다.[12] 캐리 램은 투표의 중요성을 인정하며 정부는 "국민의 의견을 겸허하게 경청하고 진지하게 반성해야 할 것"이라고 언급했다.[13] 그리고 태평양 건너편에서 트럼프 대통령은 HKHRDA 법안에 서명했다. HKHRDA 법안의 후원자인 마르코 루비오(Marco Rubio) 상원의원은 법안 서명 당시 "베이징이 홍콩 내정에 더 이상 영향력을 행사하고 간섭하는 것을 미국이 억제할 수 있는 새롭고 의미 있는 수단"을 갖추게 되었다고 말했다.[14] 한편, 중국 관영 언론은 '외세'가 홍콩 선거에 개입했고, '애국 후보'가 괴롭힘을 당했다고 주장했다.[15] 더불어 중국 공산당은 홍콩 주민, 특히 청소년 사이에 더 큰 애국심을 함양하도록 고안된 애국 교육에 대한 새로운 지침을 발표했다. 이 성명은 애국 교육을 하는 학교, 미디어, 엔터테인먼트에 통합할 것을 촉구했으며, 이와 관련된 '애국심'을 중국만 아니라 사회주의와 중국 공산당에 대한 사랑으로 정의하였다.[16] 이는 중국 당국의 의도를 분명히 보여주는 첫 번째 시그널 중 하나였다.

그해 연초 시진핑은 홍콩 문제를 담당할 본토 관리들을 신뢰할 수 있는 인물로 교체하기 시작했는데, 이중 뤄후이닝(駱惠寧, Luo Huining)은 시진핑의 반부패 캠페인을 지휘하는 일을 몸소 실천하고, 샤바오룽(夏寶龍, Xia Baolong)은 교회를 파괴하고 저장성의 교회 지붕 위 십자가 1,000여 개를 무너뜨리는 등 무자비한 반종교 캠페인을 감독한 인물이다.[17] 시진핑이 홍콩 내 중국 대표로 임명한 뤄후이닝은 일찍부터 자신의 의도를 분명히 했다. 그는 "사회 불안은 독립을 지지하고 폭력적인 급진 세력에 의해 조장되었으며, 국가안보와 '일국양제' 원칙을 심각하게 위협하고 있다."라고 언급했다.[18] 이에 뤄후이닝은 즉각 조치를 취했다. 2020년 8월 10일 중국 정부는 억만장자 미디어 거물 지미 라이(Jimmy Lai)를 포함한 여러 유명 활동가를 체포하는 등 홍콩에서 가장 특출난 민주 활동가 12명 이상을 체포했다. 한 관측통은 중국 당국은 당시 홍콩 시위대가 중국의 국가 안보에 가하는 위협이 미국의 보복에 대한 우려보다 더 크다고 결론 내렸다고 했다.[19] 코로나와 연관 지어 중국 관리들은 시위를 '홍콩 사회 내 정치 바이러스'라고 부르기 시작했다.[20] 2020년 5월까지 홍콩 지방 정부는 8,000여 명의 홍콩 시민을 체포했다.[21]

그러나 베이징이 "홍콩을 그저 또 다른 중국 도시로 만들려는" 의지를 가장 극적으로 표현한 것은 6월 30일 통과시킨 광범위한 '국가보안법'이었다. 중국 중앙정부는 기본법 제23조로 홍콩이 국가보안법을 통과시키도록 요구했다. 이 법안은 이전 두 명의 전직 행정장관인 둥젠화(董建華, C.H. Tung)와 렁춘잉(梁振英, C.Y. Leung)이 각각 2003년과 2014년에 시도했으나 실패했던 것이다. 중국 당국은 이제 스스로 문제를 해결하기 시작했다. 홍콩특별행정구의 국가안보

수호를 위한 중화인민공화국법은 중국 본토 정치 체제의 요소를 홍콩 체제에 도입했다. 이 법은 베이징이 홍콩을 중국 본토와 분리하거나 전복, 테러하는 행위 또는 홍콩 문제에 대한 외국의 간섭을 초래한다고 여길 수 있는 모든 행동을 금지시켰다. 또한, 외국 미디어와 NGO에 대한 통제를 강화하고 애국 교육과 홍콩 주민 범죄인 인도를 위한 베이징의 권리를 다시 도입한 것이다.[22] 그리고 홍콩 행정장관은 국가 안보 사건을 심리할 판사를 임명할 권한을 갖게 되었다. 아마도 가장 중요한 내용은 홍콩 사법부나 입법부가 아닌 베이징(중국 중앙)이 법을 해석할 권한을 가질 것이라는 점이다. 캐리 램은 새로운 법에 대해 논의를 거치지 않았음에도 불구하고, 이 법이 홍콩 자치권을 훼손하지 않을 것이며 오히려 '큰 구멍'을 메울 수 있을 것이라고 주장했다.[23]

친중 홍콩 관리들은 이 모든 것을 통해 새로운 법이 사회안정 보장에 도움이 되며, 본토의 환영할 만한 개입이라는 믿음을 되풀이했다. 그리고 베이징이 7월 초 성대하게 개최한 홍콩보안법 감독 기구 개소식 당시 이전 홍콩 행정장관들은 박수를 치고 미소를 지었다. 이 법안이 통과되면서 도서관, 학교, 대학은 민주주의를 옹호하는 서적을 선반에서 치우기 시작했다.[24] 홍콩의 유명한 민주 운동가들이 차례로 각광받는 위치에서 물러났다. 네이선 라오(羅冠聰, Nathan Law)는 영국으로 도피했다.[25] 브라이언 렁(Brian Leung)은 워싱턴 대학교의 대학원생이 되어 미 의회에서 증언했다.[26] 그리고 조슈아 웡(Joshua Wong)은 데모시스토를 해산했다. 민주당원들이 2020년 11월 입법위원회 선거에 앞서 7월 11~12일 비공식 예비선거를 치렀을 때 60만 명이 넘는 유권자가 투표했다. 이에 캐리 람은 코로나에 대한 우려를 언급하면서 선거를 1년 연기했다.[27] 동시에 홍콩 정부는 12명의 야당 후보를 실격 처리했다. 베이징 당국이 중·영 공동성명을 훼손했다는 비난은 중국 공산당의 논평에 맞닥뜨리게 되었는데, 중국의 주장은 1997년 홍콩 반환과 함께 "공동 성명에서 영국 측에 관한 모든 조항이 이미 이행되었다."라는 내용이다.[28]

중국은 새로운 권한을 신속하고도 잔인하게 행사했다. 8월 말 중국 본토 당국은 보트를 타고 대만으로 여행하려던 12명의 홍콩 시민을 체포하여 분리주의자로 몰아붙이면서 홍콩을 중국에서 분리하려 한 혐의로 신국가보안법*에 따

---

* 중국의 '신국가보안법'은 2015년 7월 1일에 개정·시행된 법률로 사이버 공간 관리 강화, 종교 활동

라 형사 고발당할 것이라고 했다. 홍콩 경찰은 추후에 이들을 도운 9명을 체포했다. 2020년 11월까지 10,000명 이상의 홍콩 시민이 민주주의 시위와 관련되어 체포되었고, 이 중 20% 이상이 범죄 활동 혐의로 기소되었다.[29] 그리고 12월에는 대만으로 향하던 홍콩 시민 10명이 유죄 판결을 받고 중국 본토에서 징역형을 선고받았다.

국제 사회는 중국이 영·중 공동선언에 따라 체결한 조약상의 의무를 파기한 것으로 판단하고 이를 비난하며, 특히 캐나다, 호주, 뉴질랜드, 영국, 미국 등 파이브 아이즈(Five Eyes) 정보 동맹 국가들은 홍콩과의 범죄인 인도 조약을 취소했다. 이는 홍콩 국가보안법을 통해 중국이 반체제 인사들을 본국으로 송환하려는 시도를 차단하기 위한 조치였다. 2020년 10월 6일 유엔 주재 독일 대사는 성명을 통해 39개국을 대신하여 중국의 홍콩과 신장 정책에 대해 '심각한 우려'를 표명했다.[30] 그러나 주유엔 파키스탄 대사는 중국의 홍콩 정책에 대한 지지 성명으로 대응했는데, 이 진영은 주로 중동과 아프리카의 54개국과 라틴 아메리카와 동남아, 서남아 일부국가가 포함되어 있다.[31] (이들 국가 중 상당수가 2016년 남중국해와 2019년 신장에 대한 중국의 정책을 지지했음)[32]

2020년 10월 선전 경제특구 설립 40주년 기념 연설에서 시진핑은 '일국양제'의 '새로운 적용'을 언급하며 선전시가 광둥성, 홍콩, 마카오의 발전을 선도할 필요성을 강조하였는데, 이는 "홍콩과 마카오 젊은이들의 조국에 대한 소속감을 강화하는 것이 주목적이다.[33] 평론가들은 선전이 "낙후 지역에서 하이테크 메트로 폴리스로 변모하는 것"이야말로 "홍콩의 미래를 투명하게 할 수 있는" 방법이라며 이에 대해 논의를 시작했다.[34] 동시에, 홍콩 당국은 조슈아 웡(Joshua Wong)과 아그네스 초우(Agnes Chow)와 같은 청년 민주주의 운동가들 투옥 선고를 하는 데 바빴으며, 재계 사업가들이 예측했듯이 홍콩은 그저 또 다른 하나의 본토 도시로 전락하는 과정에 들어섰다.

규제, 테러 및 극단주의 예방, 경제와 문화 보호를 통해 국가의 안전과 주권을 다각적으로 보호하며 관련 기관에 더 많은 재량권을 부여하여 법 집행을 강화하는 것을 목표로 했다. 또한, 2020년 7월 1일에 시행된 '홍콩 국가보안법'은 국가 분열, 정권 전복, 테러 활동, 외국 세력과의 결탁 등 4가지 범죄를 최고 무기징역형으로 처벌하며 홍콩 내 '국가안전수호위원회'와 중앙정부의 '국가안전수호공서'(국가안전수호위원회는 홍콩특별행정구 내에서 국가 안보를 유지하기 위한 홍콩 정부 기구이고, '국가안전수호공서'는 중앙인민정부가 홍콩에 설치한 기구임)를 설치하여 홍콩의 안보를 감독하고 법 집행을 강화한 법이다.

주권행사 권한

코로나 팬데믹과 국가보안법이 시위대를 흩어지게 만들 때까지 거의 1년 동안 홍콩을 휩쓴 시위는 시진핑의 양대 중심 정책 우선 순위에 직접적으로 도전하는 것으로 이 정책은 우선 자유 시장 민주주의에 대한 대안으로 중국 모델을 세일즈 하는 것과 중국 통일을 향한 진전을 가져오는 것 2가지이다.[35] 대규모 시위와 보통 선거권 요구는 베이징의 '일국양제'가 두 체제 간 큰 틀에서 통일적 느낌이 아니라 오히려 더 큰 분열을 만들어내고 있다는 신호를 낳았다.

주권과 중국의 통일이라는 개념은 시진핑의 '중화민족의 위대한 부흥'*을 실현하려는 야망의 핵심이다.[36] 시진핑은 중국 공산당과 국가의 지도자가 되기 전부터 중국의 주권 주장과 핵심 이익의 중요성을 강조했다. 2012년 2월 중국 부주석으로 미국을 방문했을 때, 시진핑은 미국이 중국의 '주요 이익과 핵심 관심사', 특히 대만을 강조하면서 이를 존중하지 않을 시 양국 관계는 "곤경에 처할 것임"을 언급했다.[37] 그리고 2012년 11월 15일 시진핑이 중국 공산당 총서기로 선출된 다음해인 2013년 초 그는 "어느 국가도 중국의 핵심 이익과 관련된 거래에 관여하거나 우리의 주권, 안보 또는 개발 이익을 해치는 경우 '쓴 열매'를 삼키게 될 것"이라고 했다.[38] 시진핑은 중국 국민들의 국가 주권에 대한 헌신을 자주 반복해서 언급한다. 그는 또한 "중국인들은 위대한 국가 영토의 촌치도 중국에서 분리하는 일은 절대 불가능하고, 또한 이를 허락하지도 않을 것이라는 공통된 믿음을 공유하고 있다."라고 했다.[39] 시진핑의 발언은 대만의 통일 문제에 대한 남다른 시대적 중요성을 드러낸다. 2013년 10월, 시진핑은 중국과 대만 간의 불화를 "대대로 후손에 물려줄 수 없다."라고 했다.[40] 그

* 시진핑 주석은 2012년 '중국몽'을 제안하며 '중화민족의 위대한 부흥', 즉 중국의 역사적 자부심을 회복하고 경제적 · 정치적 · 문화적 강국으로 자리매김하려는 비전을 밝히며 2021년까지 전면적 '소강 사회(먹고 사는 것이 해결된 사회)'를 실현하고, 2049년까지 '사회주의 현대화 강국'을 완성하는 목표를 설정했다. 구체적으로 이 비전으로 중국은 2013년부터 '일대일로' 이니셔티브를 통해 중국의 경제적 · 외교적 영향력을 확대했고, 2020년까지 국내에 약 1억 명의 빈곤층을 구제하고 국제 영향력을 강화하며 중국 통일을 이룬다는 것이다.

리고 2019년 1월, 전 중국 지도자 덩샤오핑의 '대만 동포들에게 보내는 글'* 40주년을 기념하는 연설에서 시진핑은 자신의 의도를 더욱 분명히 했다.

> "대만이 중국의 일부이고 대만 해협을 사이에 둔 양측이 하나의 중국에 속한다는 역사적, 법적 사실은 그 누구도, 어떤 힘도 결코 바꿀 수 없다. 그리고 우리(중국)가 무력 사용을 포기하고 필요한 모든 수단을 취할 수 있는 선택지들을 유보하겠다고 약속하지는 않지만, 이는 대만 동포를 겨냥한 것이 아니라 외부 세력의 간섭과 소수의 대만 분리 독립주의자와 그들의 활동을 겨냥한 것이다… 대만 독립은 역사의 흐름을 거스르는 것으로 막다른 길로 이어질 것이다. 대만은 통합되어야 하며 중국과 통일될 것이다."[41]

시진핑은 양안 통일은 "70년간의 양안 관계 발전에 따른 역사적 결론이며, 신(새로운)시대** 중화민족의 위대한 부흥을 위한 의무"라고 했다.[42]

또한, 주권의 중요성은 중국 국민들의 국가에 대한 의식에 깊이 각인되어 있다. 중국 역사 책에는 1839년 중·영 아편전쟁과 1949년 중화인민공화국(PRC) 건국 사이의 1세기 이상 동안 중국이 침략과 점령으로 당했던 내용으로 가득 차 있다. 이 기간은 중국이 통일될 때만 바로잡을 수 있는 굴욕의 기간으로 묘사되고 있다. 시진핑의 주권과 통일에 대한 선언은 홍콩, 대만, 남중국해에 집중되어 있으나, 중국은 14개 국가들과 육상 및 해상으로 국경을 맞대고 협력 및 분쟁***을 겪고 있다.[43] 그리고 시진핑은 이들 국가 중 일부와 분쟁 시

---

* 1979년 1월 1일 중국 전국인민대표대회 상무위원회가 발표한 '대만 동포들에게 보내는 글'은 양안 관계를 개선하고 평화적 통일을 촉진하기 위해 양안이 경제, 문화, 과학기술 교류를 강화하며, 구체적으로 '3통(통상, 통항, 통우)'과 '4류(경제, 체육, 문화, 과학기술 교류)'를 제안한 중요한 문서로 대만 주민에게 협력과 발전을 통한 공동의 미래를 제시한 양안 관계의 전환점이 되었다.

** 2017년 시진핑 주석이 제19차 중국 공산당 전국대표대회에서 제시한 '신시대'란 중국이 경제적·정치·사회·문화 측면에서 새로운 발전 단계에 진입했음을 나타내는데, 이는 인민의 더 나은 삶에 대한 요구와 불균형한 발전의 모순을 해결하고 법치주의와 혁신을 통해 '사회주의 현대화 강국'을 건설하고 '인류 운명 공동체'를 구축하여 중국의 국제적 역할을 강화하고 "중화민족의 역사적 자부심 회복과 국가적 통합을 통해 위대한 부흥을 실현"하려는 비전이 포함된 것이다.

*** 중국은 세계에서 가장 많은 국가와 국경을 공유하는 국가 중 하나로, 총 14개 국(러시아, 몽골, 북한, 베트남, 라오스, 미얀마, 인도, 부탄, 네팔, 파키스탄, 아프가니스탄, 타지키스탄, 키르기스스탄, 카자흐스탄)과 국경을 접하고 있다. 이들 국가와 중국의 관계는 역사적, 경제적, 정치적 요인에 따라 다양하게 형성되어 있는데, 러시아와는 에너지와 군사 협력을 중심으로 긴밀한 관계를 유지하고

중화인민공화국의 이익을 적극적으로 내세우는 것을 꺼리지 않았다.

중국과 인도는 2,100마일이 넘는 국경의 여러 지역에서 영토 분쟁을 벌이고 있다. 2020년 6월, 두 나라 간의 갈등으로 인해 인도군 20명과 중국군 4명이 사망한 것으로 보도되었는데 이는 45년 만에 두 나라 간 사상자가 최초 발생한 국경 충돌이었다. 갈등 완화 노력에도 불구하고 8월, 9월, 10월에도 추가적인 충돌이 있었다. 또한 중국은 부탄과 네팔과 국경을 놓고 한동안 잠복해 있던 정치적 분쟁을 재차 유발했다. 게다가 중국과 일본은 일본이 행정적으로 관리하는 댜오위다오(釣魚島, 일본명 센카쿠열도 尖閣諸島)를 놓고 동중국해에서 오랜 영토 분쟁을 겪고 있다. (동중국해는 핵심 이익과 '관련된' 것으로 확인됨) 2020년 한 해 동안 중국은 분쟁 해역 인근에 100일 이상 연속으로 선박을 내보냈는데, 이는 2012년 이후 최장 기록이다.[44]

홍콩 반대 시위 운동이 무력화되면서 많은 관측통들은 시진핑이 이제 대만을 시야에 두고 있다고 믿었다. 베이항(Beihang, 베이징 항공) 대학 교수인 티안 페이룽(Tian Feilong)이 인터뷰에서 언급했듯이, 홍콩 국가 보안법은 홍콩뿐만 아니라 미국과 대만에도 메시지를 보내기 위해 설계되었다는 것이다. 티안페이룽에 따르면 이 법안은 '일국양제'에만 관련된 것이 아니라 미·중 관계와 글로벌 거버넌스를 목적으로 향후 대만 문제에도 적용될 수 있다고 봤다. 중국 정부가 홍콩 문제에 대한 미국의 입장을 두려워하지 않는다면 이는 역시 대만 문제도 두려워하지 않을 것이다. 그는 홍콩 국가보안법이 앞으로 단도직입적으로 이름을 바꾸고 일부 내용을 대체하여 '대만 국가보안법'으로 될 수 있을 것으로 믿는다고 했다.[45]

있으며, 몽골은 경제적으로 의존도가 높아 비교적 원만한 관계를 맺고 있다. 북한과는 전통적인 동맹관계를 유지하고 있으나, 북한의 불안정성으로 서로 미묘한 요소도 존재한다. 베트남과는 경제협력을 강화하고 있지만 역사적 갈등과 남중국해 문제로 긴장이 있다. 라오스는 중국의 주요 투자국으로서 친밀한 관계를 유지하여 미얀마와는 인프라 및 에너지 협력에서 유대가 깊다. 그러나 인도와는 국경 분쟁과 정치적 경쟁으로 관계가 불안정하지만 경제 협력은 이어가고 있는 상태다. 그리고 부탄과는 국경 문제 해결을 위한 협상이 진행 중이고, 네팔과는 인프라 개발 및 경제 협력을 강화하여 비교적 우호적인 관계를 유지하고 있다. 파키스탄은 '철과 같은 형제' 국가로 불릴 정도로 중국과 매우 긴밀하여 중국-파키스탄 경제 회랑(CPEC) 프로젝트로 협력을 심화하고 있다. 아프가니스탄, 타지키스탄 및 키르기스스탄과는 경제와 안보 협력을 통해 우호적 관계를 유지하고 있고, 카자흐스탄과는 에너지 및 무역 협력을 통해 긴밀한 파트너십을 맺고 있다.

대만

대만이라는 섬나라는 중국 본토에서 100마일(160.9344km)도 채 떨어지지 않은 곳에 위치해 있다. 중국은 대만이 1925~1949년간 중국 본토를 이끌었던 장제스(Chiang Kai-shek)와 국민당(KMT) 당원들의 피난처 역할을 했다고 보고 있다. 이들 국민당 세력은 마오쩌둥과 중국 공산당과의 내전에서 패배한 이후인 1849년 이 섬으로 피난했다. 그 이후 70년이 넘는 세월 동안 대만은 권위주의 국가에서 경제적으로 성공을 거두어 번영하는 민주주의 국가로 변모했다. 공식적인 국가 지위를 갖지 못했음에도 불구하고(1971년 UN에서 중화인민공화국에 안보리 상임이사국 자격을 상실함), 인구가 거의 2,400만 명에 달하는 대만은 현재 자체 헌법과 외교 정책, 군대를 갖추어 국가와 같이 행동한다. 또한, 중화인민공화국을 인정하지 않는 14개 국 및 교황청과의 외교 관계를 유지하고 있다. 많은 개발도상국의 모범으로 여겨져 온 대만은 코로나 팬데믹 상황을 효과적으로 관리함으로써 더욱 명성을 빛냈다.[46]

중국 지도부에 있어 대만은 '미완의 사업'으로 대표된다. 중국 19차 당대회에서 시진핑은 대만과의 통일이야 말로 '중화민족의 위대한 부흥'을 이룩하고, 2050년까지 '신시대'를 실현하기 위해 반드시 해야 할 14가지 사항* 중 하나임을 선언했다.[47] 그러나 일부 중국 본토 관측통들은 시진핑이 2050년까지 기다리길 원하지 않을 것임을 시사했다(그때 시진핑의 나이는 97세가 될 것이므로).[48] 중국 본토 지도자들은 대만이 영원히 독립국가로 남을 수는 없을 것이라고 오랫동안 주장해 왔다. 1970년대 초 외교적 승인**을 받는 과정에서 중화인민공

---

* '시진핑 신시대'의 14가지 사업이란 중국 특색 사회주의를 강화하고 중화민족의 부흥을 실현하기 위해 당의 지도력 보장, 인민 중심 접근, 개혁 심화, 혁신 · 조정 · 친환경 · 개방 · 공유적인 개발, 법치주의 강화, 사회주의 핵심 가치관 실천, 민생 개선, 에너지 절약과 환경 보호, 국가 안보 강화, 군사 지도력 유지, 홍콩 · 마카오의 일국양제 추진 및 대만의 하나의 중국 정책 준수, 국제적 역할 확대를 통해 '인류 운명 공동체' 등을 구축하는 것으로, 공산당 기강 강화를 포함한 포괄적 정책이다.

** 중화인민공화국은 1971년 10월 25일 유엔 총회에서 열린 표결을 통해 국제사회로부터 공식적으로 인정받아 유엔 회원국으로 가입했다. 이 과정은 중국 대표권 문제를 둘러싼 긴 논쟁 끝에 이루어졌는데, 당시 유엔에서는 중화민국(대만)과 중화인민공화국 중 어느 정부가 중국을 대표할 것인지에

화국은 '두 개의 중국' 또는 '분단된 하나의 중국이나 하나의 대만'의 탄생을 불허할 것임을 명문화했다.[49] 중국 지도자들은 대를 이어 가며 '평화적 통일'이라는 아이디어를 제안했다. 마오쩌둥부터 시작된 제안에 따르면 대만은 '조국으로 복귀'하는 한 대만은 자체 정치·경제 체제와 군사 역량을 유지할 수 있으며, 외교만 중국 공산당의 관할 범위에 속할 것이라고 했다. 덩샤오핑은 1979년 1월 대만과 관련하여 '일국양제(一國兩制)'*라는 문구를 최초로 만들어냈다.[50]

시진핑은 임기 초기 당시 대만 마잉주(馬英九, Ma Ying-jou)총통**과 좋은 관계를 유지했다. 마잉주 총통은 중국 본토(당시 홍콩)에서 태어났고 자신의 정당인 국민당은 어떤 형태로든 미래 어느 시점에서 통일을 지지한다고 했다. 또한 그는 베이징의 관점에서도 중요한 정치적 합의인 '92 컨센서스'***를 수용했다. 1992년 대만 해협 양측 관리들이 합의한 이 컨센서스는 중국은 오직 하나로 본토와 대만은 같은 중국에 속한다는 것을 주장한다. 그러나 양측이 언제 통일하는지와 어떤 형태의 거버넌스가 시행될지에 대한 의문은 여전히 남아있

대한 논의가 있었는데 결국 중화민국은 대표권을 잃고 유엔에서 탈퇴하게 되었다. 당시 중화인민공화국의 가입은 알바니아가 제안한 결의안에 따라 진행되었으며 찬성 76표, 반대 35표, 기권 17표로 통과되었다. 이로써 중화인민공화국은 유엔의 중국 대표권을 획득하고 안전보장이사회 상임이사국으로 자리 잡게 되었는데, 이 과정은 냉전시대 국제 정치와 경제적 이해관계가 얽힌 복잡한 배경을 드러낸다.

* 덩샤오핑이 제안한 '일국양제' 이론은 1980년대 초반에 대만을 염두에 두고 제시된 통일 정책으로 한 국가 내에서 공산주의 체제와 자본주의 경제 체제를 공존시키는 방식으로 설계됐으며, 평화적 협력을 통해 양안 관계를 해결하자는 이론이다. 이 이론은 1997년 홍콩과 1999년 마카오를 특별행정구로 지정하여 자본주의 체제와 고도의 자치권을 유지하면서 중국 본토와 통합되도록 하는 협상과 타결에 활용되었다.

** 대만 역대 총통의 재임 시기는 다음과 같고 마잉주는 12대 총통이다. 장제스(蔣介石, 국민당)는 재임기간 1948년 5월 20일~1975년 4월 5일; 옌자간(嚴家淦, 국민당)은 1975년 4월 5일~1978년 5월 20일; 장징궈(蔣經國, 국민당)는 1978년 5월 20일~1988년 1월 13일; 리덩후이(李登輝, 국민당)는 1988년 1월 13일~2000년 5월 20일; 천수이볜(陳水扁, 민진당)은 2000년 5월 20일~2008년 5월 20일; 마잉주(馬英九, 국민당)는 2008년 5월 20일~2016년 5월 20일; 차이잉원(蔡英文, 민진당)는 2016년 5월 20일~2024년 5월 20일을 임기로 했고, 2024년 5월 20일에 라이칭더(賴清德, 민진당)가 제16대 대만 총통으로 취임했다.

*** '92컨센서스(1992 Consensus)'는 중국과 대만 간 관계를 규정하는 중요한 원칙으로 1992년 11월 홍콩에서 열린 회의에서 중국의 해협양안관계협회(海協會)와 대만의 해협교류기금회(海基會) 간에 합의된 내용이다. 이 합의는 '하나의 중국' 원칙을 인정하되, 양측이 이를 각자의 방식으로 해석할 수 있다는 점에서 타협점을 찾았다. 이를 '일중각표(一中各表, 하나의 중국에서 그 중국은 각자의 의미에 따른다)'라고도 한다.

다. 마잉주는 본토와 더 강력한 경제적 유대를 발전시키는 데 전념하여 양안 간 사업 기회의 극적인 증가로 이어진 포괄적 경제 무역 협정*에 서명했다. 중국인의 대만 관광이 급증했고, 대만에서 본토로 유학하는 학생 수가 2011년 7,347명에서 2015년 1만 870명으로 증가했다.[51] 게다가 시진핑과 마잉주는 2015년 11월 싱가포르에서 역사적인 정상회담을 가졌다. 이 회담에서 시진핑은 대만이 베이징이 주도하는 AIIB(양측이 궁극적으로 대만이 가입할 명칭에 합의하지 못했지만)와 일대일로'에 가입할 것을 제안했다. 그는 또한 양측이 위기를 관리하기 위한 핫라인을 개설할 것도 제안했다. 시진핑은 화려한 언사로 회담을 마무리하며, "비가 오든 폭풍이 오든 어떤 힘도 우리를 갈라놓을 수 없다. 우리는 형제이며 나는 양안이 우리 자신의 문제를 해결할 능력과 지혜를 가지고 있다고 믿는다."[52]라고 했다. 중국은 마잉주가 더욱 긴밀한 경제 통합을 추진하려 하는 노력에 대한 보상으로 대만이 세계보건총회(WHA)와 국제민간항공기구(ICAO)에 옵서버로 참여하는 것을 지지했고, 대만의 몇 안 되는 공식 외교 파트너를 매수하려는 노력을 중단했다.** 그러나 양안 관계의 전반적인 긍정적 추세에도 불구하고 긴장은 여전했다.[53] 나는 2013년에 2008~2012년까지 대만 부총통을 지낸 빈센트 슈(Vincent Siew)***와 대화했는데, 그는 시진핑의 대만에

* 2010년 체결된 양안의 포괄적 경제 무역 협정인 '경제협력기본협정(ECFA)'은 조기수확 프로그램을 통해 관세를 단계적으로 철폐하고, 서비스 시장 개방 및 농산물 교역 제한을 규정한 것이다. 이는 중화경제권 형성과 대만 GDP 상승 등 경제적 상호 의존성을 강화하는 장점이 있지만, 대만 내에서는 경제 종속과 주권 침해 우려로 논란을 일으켰다. 중국 입장에서 이는 대만과 평화적 통일을 촉진하고 국제적 협력의 기반을 마련한 중요한 협정으로 평가한다.

** 마잉주(2008~2016년 대만 총통)와 시진핑 시기(2012년 말부터 중국 공산당 총서기)의 양안 관계는 평화적 발전과 경제적 협력을 중심으로 전개되었다. 마잉주는 중국과 관계를 개선하기 위해 '92컨센서스'를 기반으로 양안 간의 경제적, 문화적 교류를 확대했는데, 특히 경제협력기본협정(ECFA) 체결을 통해 대만과 중국 간의 무역과 투자 협력을 강화했다. 또한, 시진핑은 중국 국가주석으로서 양안 관계의 평화적 발전을 강조하며 대만 독립에 반대하고 중화민족의 부흥이라는 비전을 제시했다. 두 정상은 2015년 싱가포르에서 양안 간 첫 양안 정상회담을 개최했는데, 이는 양안 관계의 역사적 전환점으로 평가받는다. 이 시기 양안 관계는 경제적 협력과 평화적 교류를 통해 안정적인 관계를 유지하려는 노력이 있었지만, 대만 내 정치적 갈등과 독립 문제로 인해 긴장이 지속되기도 했다.

*** 빈센트 슈(蕭萬長, Vincent Siew, 국민당)는 대만의 정치인으로 2008년부터 2012년까지 대만의 제9대 부총통을 역임했다. 그는 대만 역사상 최초의 대만 태생 행정원장(총리)으로도 알려져 있으며 국민당(KMT)의 부주석을 지낸 바 있다. 대만 출신 국민당으로 최초 대만 총통이 된 리덩후이(李登輝)는 행정원장을 역임하지 않았고, 타이베이 시장, 타이완성 주석, 부통령을 거쳐 1988년 장징궈 총통 사망 후 총통직을 승계했고, 그후 1996년 대만 최초 직선제 총통선거에서 54%의 득표율로 승리하며 대만인들이 직접 선출한 첫 대만 출신 총통이 되었다.

대한 정치적 활동에 대해 우려를 표명하며 다음과 같이 언급했다. “우리는 본토와 대만 간의 정치적 신뢰를 높이고 양안 관계의 평화적 발전을 유지하는 데 중요한 양측의 공통된 정치 기반을 강화해야 한다.” 그는 “대만 독립을 위한 세력과 활동은 대만 해협의 평화에 대한 실질적인 위협으로 남아 있다. 따라서 우리는 어떠한 타협 없이 ‘대만 독립’을 위한 모든 수사나 움직임에 반대하고 억제할 의무가 있다.”[54]라고 했다. 시진핑의 우려가 터무니없는 것은 아니다. 2014년 3월 수백 명의 학생과 시민 사회 활동가가 대만의 입법부인 입법원을 점거하여 대만-중화인민공화국 간 양안 서비스 협정에 항의했다.* 이 협정은 대만 경제의 64개 부문(예: 의료, 환경 서비스, 금융)을 중국이 투자하도록 개방하는 내용이었다.[55] 시위대는 중국 본토 기업이 대만 기업을 압도하고 중국 본토의 정치적 영향력을 확대해 나갈 것이라고 믿었다.[56] 마잉주 조차도 중국에게는 전적으로 신뢰할 수 있는 정치적 파트너는 아니었다. 2014년 마잉주는 홍콩의 보통선거에 대한 지지를 공개적으로 표명하며, 그는 대만이 홍콩과 같은 ‘일국양제’ 체제에 굴복할 리가 없다고 부인하는 등 “우리 민주주의의 자랑이 대만의 자랑”이라는 제목의 연설을 했다.[57]

관계 단절

2016년 대만 총통 선거에서 민진당(DPP) 후보인 차이잉원(蔡英文, Tsai Ing-wen)**이 대만 총통으로 선출된 것은 양안 통일 가능성이 이전보다 더 없

* 태양화 운동(해바라기 학생 운동)은 2014년 대만에서 발생한 학생 및 시민 사회운동으로 양안서비스무역협정(CSSTA)의 졸속 처리에 반대하며 시작되었다. 학생들은 입법원을 점거하며 민주주의와 투명성을 요구했고 이는 대만 역사상 최초의 국회 점령 사건으로 기록된다. 이 운동은 대만의 정치적 참여와 사회운동의 새로운 물결을 이끌었으며 약 10만 명이 넘는 사람들이 거리에서 시위에 참여하며 지지를 했는데, 이들은 현재 대만 정치의 제3세력(민중당 등)으로 발전했다.

** 차이잉원은 대만(중화민국)의 정치인으로, 2016년부터 2024년까지 대만의 총통을 역임한 인물이다. 그녀는 대만 역사상 최초의 여성 총통이다. 1956년 8월 31일 타이베이에서 태어난 차이잉원은 국립 대만 대학에서 법학 학사 학위를 받고, 미국 코넬 대학에서 법학 석사 학위를 받은 후 영국 런

게 될 것이라는 신호였다. 대만 민진당(DPP)*은 대만을 중국의 일부로 인정하지 않음으로써 사실상 본토로부터 독립을 유지하는 데 전념하고 있다. 대만 언론은 차이잉원을 놓고 대만을 사실상 독립으로 이끌기로 결심한 급진주의자로 묘사하기도 했다.[58] 그러나 그녀는 그렇게 급진적인 성향을 거의 보이지 않았다. 차잉잉원은 선거 운동 내내 마잉주 임기 동안 체결한 협정을 철회할 생각이 없다는 시그널을 보냈다.[59] 선거 직후 필자가 소박한 차잉잉원의 선거 사무실에서 차이잉원을 만났는데, 그녀의 태도는 열정적이기보다는 조용하고도 지성적이었다. 그녀는 일부 젊은 보좌관들과 함께 금속 책상 뒤에 앉아 대통령 임기 중 수행해야 할 정책 우선순위 목록을 체크하고 있었는데, 거의 전적으로 대만 국내 사안이었다. 즉, 노인들이 보살핌을 받아야 하고, 젊은이들은 충분한 일자리와 저렴한 주택을 갖도록 해야 하며, 대만이 혁신 능력을 개선할 수 있는 역량을 개발하는 것을 준비했다. 대만 독립 어젠다를 추진하겠다는 얘기는 없었다. 차잉잉원의 정책에서 중국 본토가 받아들여야 하는(중국의 의중과 다른) 문제는 당시 대만 수출의 26%를 차지하는 본토에 대한 과도한 의존도에서 벗어나 대만 무역을 다각화할 필요가 있다는 제안이었다(그리고 추가 14%는 홍콩으로의 수출이었다).

차이잉원이 국내 문제에 집중하고 양안관계에 대한 절제된 접근을 유지함에도 불구하고 타이베이와 베이징의 관계는 즉시 악화되었다.[60] 그러나 그녀가 '92 합의'를 지지할 계획이 없다는 점을 명시하자, 중국 정부는 이는 "중국 인

던 정치경제 대학에서 박사 학위를 취득했다. 그러나 이 박사 학위에 대해서는 여러 다른 의견이 있다. 차이잉원은 대만 민주주의와 자유를 강조하고 탈원전 정책과 성소수자 권리 지지, 동성결혼 법제화 등 다양한 사회적 개혁을 추진했다. 또한, 대만의 국방력을 강화하기 위해 국산 잠수함 건조와 미국산 무기 구매 정책을 시행하며 중국의 군사적 위협에 대응했다. 그는 대만의 국제적 지위를 강화하려는 노력을 기울였지만, 몇몇 국가들이 중국과 수교하면서 외교적 고립을 겪기도 했다.

* 대만의 내성인(본성인)을 중심으로 발전한 민주진보당(민진당)은 1986년에 창당된 대만 주요 정당으로, 대만 민주화 운동의 중심적인 역할을 해왔다. 민진당 창당 이전 대만은 국민당의 일당 독재 체제였으나 민진당은 민주주의와 대만 독립을 지지하며 정치적 변화를 이끌어왔다. 1987년 장징궈 정부의 계엄령 해제 이후 민진당은 합법적인 정당으로 활동을 시작했고, 1996년에는 대만에서 총통 직선제가 도입되는 데도 기여했다. 그리고 2000년 민진당의 천수이볜 후보가 총통 선거에서 승리하며 대만 역사상 처음으로 정권 교체를 이뤘다. 이후 차이잉원이 2016년 총통으로 당선되며 민진당은 다시 집권했다. 민진당은 친미 · 독립 성향을 바탕으로 중국과 관계에서 대만의 주권을 강조하며, 방위력 강화를 위한 정책을 추진해왔다. 또한, 사회적 개혁과 민주주의 가치를 중심으로 대만 내에서의 지지를 확대해 왔다.

민의 의지에 반한다."라고 주장하면서 즉시 타이베이의 대륙위원회와 베이징의 대만 업무 판공실 간의 양안 공식 대화를 중단했다. 중국 정부(국무원 대만 판공실) 대변인은 "대만 측이 '하나의 중국 원칙'을 나타내는 정치적 공통 기반인 '1992년 양안 간 합의('92 컨센서스')'를 인정하지 않기에 양안 간 접촉 및 소통 메커니즘을 중단한다."[61]라고 했다. 또한, 베이징 당국은 추가적인 강압 조치를 취했다. 첫째, 대만을 방문하는 중국인 관광객 수를 대폭 줄였다. 차이잉원이 총통에 당선되기 전인 2015년에 420만 명의 본토 중국인들이 대만을 방문하여 전체 관광객의 40%를 차지해 445억 달러 규모의 관광 수익(GDP의 8.2%)으로 상당한 기여를 했다. 그러나 2017년 차이잉원이 당선된 지 1년 만에 중국인 관광객은 270만 명으로 줄었고, 대만의 관광 산업은 244억 달러(GDP의 4.3%에 불과)로 위축되었다.[62] 게다가 베이징은 대만의 대학들이 친중 성명을 발표할 것을 요구했는데, 이는 본토 학생들이 등록함으로써 도움을 받았던 대만 교육 부문이 리스크에 처할 수 있음을 시사하는 것이었다. 2017년 대만 정부는 중국 본토 유학생을 1,000명만 승인했는데, 이 숫자는 전년도 2,136명의 절반에도 못 미쳤다.[63] 그리고 2020년 4월 베이징은 중국 본토 학생이 대만에서 새로 공부를 시작하는 것은 허가하지 않지만, 이미 대만에 머물고 있는 학생들은 공부를 계속할 수 있을 것이라고 발표했다. 중국 본토의 한 학생이 어찌하여 이러한 정책이 시행되었는지 물었을 때, 중국 교육부는 '국가 비밀'이라고 응답했으나, 공식적 발표는 중국 정부가 "팬데믹에 대응하기 위한 결정"이라고 주장했다.[64] 차이잉원 선출 이후, 중국은 또한 외교력을 동원하여 국제 무대에서 대만의 입지를 축소시켰다. 대만의 전 국방부 장관인 린총빈(林中斌, Lin Chong-pin)은 베이징 당국이 다른 국제 행위자들이 대만을 독립적인 실체로 승인하지 못하도록 함으로써 "대만을 빈곤하게 만들려 한다."라고 말했다.[65] 베이징은 차이잉원 정부가 국제 민간 항공 기구(International Civil Aviation Organization, ICAO)와 세계보건총회(World Health Assembly, WHA)에 옵서버 자격으로 참여할 기회를 거부했다. 그리고 2장에서 설명했듯이, 중국은 중국 내 모든 다국적 기업들이 대만 의정서*를 준수하게끔 제반 조치를 취했다.

* 중국은 대만과 관련된 여러 백서를 발간해왔는데, 대표적으로 다음과 같은 문서들이 있다. 1. '대만 문제와 중국의 통일' (1993년): 이 백서는 대만 문제 해결과 관련된 중국의 기본 원칙과 정책을 체계적으로 정리한 문서이다; 2. '하나의 중국 원칙과 대만 문제' (2000년): 이 백서는 하나의 중국

2018년 봄 중국에 200개 이상 매장을 둔 일본 소매업체 '무인양품(MUJI)'이 상하이의 옷걸이에 대만을 원산지로 표기한 것과 관련 상하이 공상행정관리국은 이 매장에 20만 위안(약 3만 1,000달러)의 벌금을 부과했다. 옷걸이는 철거했지만, 많은 영어 웹사이트는 여전히 대만을 중국과 별개의 국가 또는 지역으로 식별하고 있다.[66] 게다가 더욱 우려해야 할 것은 중국이 선호하는 대만 정치인들에게 자금을 지원하고 인터넷에서 대만 정부의 무능에 대한 가짜 뉴스를 퍼뜨림으로써 대만의 2018년 선거에 간섭했다는 보도 내용이었다.[67] 중국은 대만의 몇 남지 않은 동맹국들을 매수하기 위한 노력을 재개했다. 2016~2020년 사이 대만을 외교적으로 승인한 국가는 21개 국에서 14개 국으로 감소했다(교황청은 여전히 대만을 인정하지만 유엔에서 승인한 국가는 아님).[68] 마지막으로 중국은 대만 해협 중간선을 가로지르는 지역에 인민해방군 해군과 공군 출격 및 대만 주변에서 대규모 군사훈련 기동을 실시하는 등 강경한 군사력을 과시하는 빈도도 늘렸다.[69] 예를 들어, 2022년 8월 중국은 낸시 펠로시(Nancy Pelosi) 미 하원의장의 대만 방문에 이어 한 주간 실탄 사격 훈련을 실시했다.[70]

이 와중 팬데믹 기간 동안 강화된 대만의 세계적 위상과 홍콩의 시위는 중국으로 하여금 경각심을 갖게 하였고, 대만 침공이 현명한 것인지에 대해 본토 내에서 토론이 활발히 진행되게 했다. 티안페이룽 교수는 홍콩 시위가 '일국양제'의 실패를 보여주었으며 대만의 정치·사회적 추세는 "상황을 평화롭게 해결하는 것이 불가능할 것이다."라고 주장했다.[71] 중국 리저우청(Li Zoucheng) 합동참모총장도 대만을 공격할 때만 대만 독립을 방지할 수 있다고 언급한 것으로 알려졌는데,[72] 그는 2020년 5월 전국인민대표대회 업무 보고에서 6년 만에 처음으로 대만과의 통일을 언급하면서 '평화적'이라는 단어를 포함시키지 않았다. 그러나 다른 사람들은 신중을 기할 것을 촉구했다. 중국 역사학자 덩타오(鄧拓, Deng Tao)는 청나라가 대만 침공과 정복을 준비하는 데 20년을 보냈다고 설명하는 5,000자 분량의 문장을 썼다.[73] 그리고 2004년에 '초한전(超限戰): 미국을

원칙을 강조하며, 대만과의 관계에서 중국의 입장을 명확히 하고 있다; 3. '대만 문제와 신시대 중국 통일사업' (2022년): 가장 최근에 발간된 이 백서는 평화적 통일을 선호하지만, 필요 시 무력 사용도 배제하지 않는다는 입장을 명확히 하며 '일국양제'를 대만 문제 해결의 기본 방침으로 제시하는 백서다. 특히 2022년 백서는 시진핑 신시대에 나온 '대만 문제와 신시대 중국 통일사업 백서'로 중국은 대만을 자국의 일부로 간주하며 평화적 통일을 선호하지만 필요 시 무력 사용도 배제하지 않는다는 입장을 명확히 한 내용이 포함되었다.

파괴하기 위한 중국의 총괄 계획'이라는 책의 공동 저자인 차오량(喬良, Qiao Liang) 예비역 공군 장성은 덩샤오핑의 견해에 동의하면서, 대만 침공은 '중국에 막대한 경제적 타격'을 입힐 것이므로 어떤 경우든지 중국의 최우선 순위는 대만을 되찾는 것이 아니라 국가적 중흥이라고 주장했다.[74]

베이징이 특히 우려하는 것은 대만과 미국 간의 관계가 점점 더 강화되고 있다는 점이다. 미국은 1979년 대만 관계법(Taiwan Relations Act, TRA)을 통해 대만에 대한 오랜 공약을 유지하고 있으며, 이 법은 미국이 대만과의 정치·문화·경제 관계를 지원하고 방어 무기를 제공할 것을 보장하고 있다. TRA는 미국이 대만 피침 시 방위를 공약하는 것까지는 아니더라도 대만을 적절히 방어하기 위해 무기를 미국이 제공하고 대만에 대한 본토의 무력 사용이나 강제에 저항할 수 있는 능력을 유지한다는 조항을 포함하고 있다.[75] 미국은 또한 타이베이에 주재*하면서 활발한 활동을 벌이고 있는 문화 및 경제 사절인 '미국 재대만 협회(AIT)'를 지원하고 있다.

트럼프 행정부 동안 미국은 대만에 대한 외교적 지원을 눈에 띄게 늘렸다. 2017년 미국 의회와 트럼프 행정부는 대만 여행법을 통과시키고 법안에 서명하였고,[76] 미국 고위 관리들로 하여금 대만 카운터 파트들과 회동하도록 장려했는데, '2019년 대만 동맹국 국제 보호 및 강화 이니셔티브' 법안은 미국이 대만의 국제적 존재감 확대를 지원하도록 촉구하는 내용이었다.[77] 바이든 행정부하에서도 호주, 일본, 한국을 포함한 미국의 동맹국들은 모두 대만 지지를 확대한 목소리를 냈으며, 바이든 대통령 자신도 중국의 침략이 있을 경우 미국이 대만을 방어할 것임을 직접 제안했다.[78] 트럼프와 바이든 행정부는 정확하게 대만에 무기 판매와 관련해 연간 단 1회가 아닌 지속적 판매를 허용했으며,

---

* AIT(American Institute in Taiwan)는 1979년 미국과 대만의 외교 관계 단절 이후, 양국 간의 비공식적인 관계를 유지하기 위해 설립되었다. 이는 미국이 중국과 공식적인 외교 관계를 맺으면서도 대만과의 상호 협력을 지속하고자 한 결과로 AIT는 본부를 대만 타이베이에 두고 가오슝에 지부를 운영하며 대만 내 미국의 이익을 대표하는 역할을 하고 있다. 이 기구는 1979년 설립돼 1980년대~2000년대에는 대만과 방위 협력, 무역 증진, 그리고 문화 교류를 통해 미국-대만 관계를 공고히 했다. 대만 방어를 지원하기 위한 미국의 무기 판매와 군사적 자문도 AIT를 통해 이루어졌다. 2019년에는 타이베이 본부를 새롭게 신축하며 양국 관계의 중요성을 상징적으로 보여줬다. 현재 AIT는 대만에서 비자 발급, 무역 협상, 학술 및 문화 교류 등 다양한 업무를 수행하며, 대만과 미국의 경제적, 외교적 관계를 더욱 강화하고 있다. 또한 대만의 안보를 지원하는 역할도 중요시하며 이를 통해 대만이 자위력을 유지할 수 있도록 방위 물자와 서비스를 제공하는 데 관여하고 있다.

미 군함을 대만 해협에 정기적으로 파견했다. 더불어 홍콩의 시위는 대만과 중국 본토의 관계에서 핵심 사안으로 부상했다. 차이잉원 총통은 2020년 재선 캠페인에서 "오늘의 홍콩이 내일의 대만이다."라는 슬로건을 채택함으로써 '일국양제'가 대만에는 위협이라는 개념을 굳혔다. 대만은 홍콩에서 시위가 절정에 달했을 때 방독면을 시위대에 공급하였으며, 홍콩을 벗어나려는 활동가들에게 피신처를 제공하는 등 이들을 적극 지원했다. 2020년 첫 8개월 동안 4,500명 이상의 홍콩인에게 대만 거주 허가가 부여되었으며, 그중 1,000명은 영주권이 주어졌다.

차이잉원 총통은 베이징 당국의 '샤프 파워'와 '하드 파워' 구사에 대응하여 대만의 대중국 의존도를 줄이고 외부 행위자들과 관계를 확대해 나가기 위해 노력했다. 그는 대만의 본토 의존 무역을 다각화하려는 지난 수십 년간의 노력을 되살리면서 이를 '신남향 정책'*이라 일컬었다. 이러한 노력은 일정 부분 성공을 거두었다. 2018~2019년간 대만의 상품 및 서비스 수출은 전체적으로 약 1% 감소한 반면 대중국본토 수출은 약 5% 감소했다.[79] 게다가 2019년에는 동남아 등지에서 대만을 여행하는 관광객 수가 중국 본토 관광객 손실을 충분히 보전했는데 외국인 관광객은 1,184만 명으로 기록적이었으며, 2018년 대비 7% 증가한 수치였다.[80] 또한, 차이잉원은 대만 기업이 본토에서 대만으로 돌아오도록 리쇼어링을 장려하기 위한 세금 우대 프로그램을 성공적으로 도입하여[81] 대중국 대만 투자 380억 달러가 대만으로 돌아왔다.[82] 그리고 차이잉원 총통은 2025년까지 8척의 잠수함을 건조하여 배치하는 것을 포함하여 대만의 군사력 강화에 전력했다. 차이잉원의 압도적인 2020년 재선 승리(중국의 홍콩 억압 조치에 힘입은 바 큼) 후, 그는 BBC와 가진 회견에서 "우리 자신을 독립 국가라고 선언할 필요가 없다… 우리는 이미 독립 국가이며 스스로를 중화민국(대만)이라고 부른다… 우리는 성공한 민주주의 국가다. 우리는 우리 특유의 정체성

* 대만의 신남향 정책(New Southbound Policy, NSP)은 2016년 차이잉원 총통 주도로 시작된 대외 정책으로, 동남아시아, 남아시아, 호주, 뉴질랜드 등 18개 국과의 협력을 강화하는 것을 목표로 한다. 이 정책은 대만의 경제적, 외교적, 문화적 관계를 다변화하여 중국에 대한 경제 의존도를 줄이고 새로운 시장과 협력 기회를 창출하려는 의도로 추진되다. 그 목표는 경제 협력 강화, 인적 교류 증진, 의료 및 기술 협력과 농업 및 환경 협력 등을 포함한다. 그 결과 대만은 신남방 국가들과의 무역 규모를 꾸준히 확대했으며, 특히 동남아시아 국가들과의 경제, 인적 교류 및 의료와 과학 등 연구 협력이 크게 증가했다.

을 지녔으며 우리는 우리만의 국가를 갖고 있다."[83]라고 했다. 한때 열렬히 통일을 지지했던 국민당(KMT)조차 '92 컨센서스(합의)'에 대한 지지를 포기함에 따라 중국 정부는 대만 내 중요한 정치적 파트너를 잃었다.

베이징은 가차 없이 위협적인 언사와 행동의 강도를 높일 뿐이었다. 2020년 9월 중국 전투기가 이틀간 대만 해협의 중간선을 40번이나 넘었다. 그리고 10월 10일 인민해방군(PLA)은 성공적인 대만 침공을 겨냥한 대규모 육·해·공군 합동훈련을 실시했다. 중국 CCTV와 국수주의 신문인 '환구시보'*도 선동적 음악을 포함하는 영상 버전을 방영했다.[84] 이는 불과 하루 전 차이잉원이 베이징과의 대화 제안을 거듭 강조한 이후 일어난 일이다.[85]

무에서 유를 창조

시진핑은 2017년 10월 제19차 당대회에서 3시간 이상 연설하면서 첫 임기 중 처음으로 중국 공산당의 업적을 열거했다. 여기에는 '남중국해의 섬과 암초에 기지 건설'이 포함되었다. 2013~2015년 거의 2년 동안 중국은 남중국해에서 땅을 준설하고 매립했으며, 7개의 인공 지형을 만들었다. 베트남 등 역내 국가들도 남중국해의 암초와 섬에 대한 영유권 주장을 강화하기 위해 땅을 준설했지만, 중국은 15개월 동안 지난 40년 동안 다른 국가들의 모두 합한 면적보다 17배나 더 많은 땅을 매립했는데, 그 크기가 총 2,900에이커(11,736km²)에 달했다.[86] 그리고 2015년에는 시진핑 주석이 미 오바마 대통령에게 이러한

---

* 환구시보(環球時報, Global Times)는 중국 공산당의 기관지인 인민일보 산하에서 운영되는 매체로 1993년에 창간되었다. 이 매체는 중국 공산당의 입장을 대변하며, 국제 뉴스와 중국의 외교 정책을 중심으로 보도한다. 이전 편집장은 후시진(胡錫進)으로 그는 2005년부터 환구시보의 편집장을 맡아 공격적인 보도를 주도했다. 이 매체는 중국 공산당의 대변자 역할을 하며 중국의 관점을 세계에 전달하는 데 중점을 둔다. 또한, 중국 내에서 민중의 여론을 형성하고 공산당의 정책을 지지하는 방향으로 여론을 조성하는 일을 한다. 특히 국제 뉴스와 중국과 관련된 외교적 이슈를 다루며 중국의 입장을 강조하는 보도에 중점을 두는데, 때로는 반미, 반일, 반한 정서를 선동하여 중국의 민족주의를 강화하는 일도 한다.

인공 지형을 군사화 하지 않을 것이라고 약속했음에도 불구하고, 중국은 비행장과 군사 시설을 건설하고 이동식 포병 등을 배치하는 방법으로 군 기지로 이용했다.[87]

남쪽의 수마트라와 보르네오에서 북쪽의 타이완과 중국의 푸젠성까지 뻗어 있는 남중국해는 135만 1,000 평방 마일(약 3,496,410km²)의 면적으로 이는 미국의 1/3에 해당하며, 한·중·일로 구성된 동북아 국가는 이 해로를 통해 에너지와 상거래를 주로 한다. 전 세계 물동량의 1/3이 이 경로를 따라 이동하며, 그 가치는 약 3조 5,000억 달러에 이른다. 또한 이 지역은 상당한 양의 석유와 가스가 매장되어 있는 지역이며, 야생 동물 전문가 레이첼 베일(Rachael Bale)에 따르면 "이 지역은 지구상의 기타 어느 해양생태계 보다 생물 다양성이 훨씬 더 풍부하다."라는 것이다.[88] 따라서 이 지역은 항상 풍부한 어족자원이 있어 어획고를 올리고자 하는 수천 척의 어선으로 가득 차 있다.

이러한 천연 자원과 어족 자원, 그리고 남사 군도와 서사 군도와 같은 주요 열도에 대한 통제권을 두고 중국과 브루나이, 대만, 말레이시아, 베트남, 필리핀 등 5개 국이 다투고 있다. 그러나 중국의 주장은 가장 전방위적으로 강력했다. 이 지역은 중국 정부가 지도에 제대로 정의되지 않은 '9단선'* 경계 표시 지역 중 거의 80% 이상를 차지한다. 중국 관리들은 남중국해를 홍콩과 대만만큼 자국 영토의 필수 부분으로 간주한다. 은퇴한 중국 인민해방군 해군 제독 우성리(吳勝利, Wu Shengli)는 단적으로 선언하기를 "당신들 팔과 다리를 잘라낸다면 어떤 기분이 들겠는가?… 이것이 중국이 남중국해에 대해 느끼는 감정이다."[89]라도 했다. 남중국해와 그 열도에 대한 지배권을 놓고 벌어진 경쟁은 2차 대전 이후 중국(아직 중화인민공화국이 아닌 여전히 중화민국 국민당의 지배 하에 있던 중국)이 서사 군도의 우디 섬(Woody Island)과 남사 군도의 몇몇 지형에 거점을 마련하면서 본격적으로 시작되었다. 1949년 중화인민공화국이 건국된 후 1951년 8월 연합군 평화 조약 협상 중에 중국 저우언라이(Zhou Enlai) 총리는

---

* 중국이 주장하는 남해 9단선(九段線, Nine-dash line)은 남중국해의 주요 섬들을 포함하는 가상의 경계선으로, 중국이 해당 지역의 영유권을 주장하기 위해 설정한 선이다. 이 선은 1947년에 처음 설정되었으며 남중국해의 약 90%를 포함하는 U자 형태로 그려져 있다. 물론, 중국은 이 선을 근거로 스프래틀리 군도, 파라셀 군도 등 여러 섬과 암초에 대한 영유권을 주장하고 있으며, 이로 인해 필리핀, 베트남, 말레이시아 등 주변 국가들과 갈등을 빚고 있다. 국제상설중재재판소(PCA)는 2016년 중국의 9단선 주장이 법적 근거가 없다고 판결했지만, 중국은 이를 인정하지 않고 있다.

서사 군도와 남사 군도에 대한 중국의 주권을 선언했다. 그 후 수십 년 동안 어선, 해안 경비대 선박 및 해역을 순찰하는 많은 선박들 간에 충돌이 잦았고 때로는 사상자도 발생했다. 동시에 국제법과 지역 내 협정은 더 광범위한 갈등의 가능성을 완화하는 데 도움이 되었다. 중국은 1996년 유엔해양법협약(United Nations Convention on the Law of the Sea, UNCLOS)을 비준했고, 2002년에 ASEAN 회원국*과 남중국해 당사자들 간 행동 선언에 서명함으로써 남중국해에서 '항행의 자유에 대한 존중과 공약'을 재확인하고, UNCLOS와 같은 보편적으로 인정된 국제법 원칙에 따라 영토와 관할권 분쟁을 평화적 수단으로 해결하겠다고 약속했다.[90] 중국과 ASEAN 간의 남중국해 행동 강령에 대한 본격 협상은 2016년부터 진행되었다.[91]

중국은 배타적 경제 수역과 대륙붕 등 UNCLOS에 규정된 주권에 대한 합법적 권리와 '9단선' 내의 역사적 권리를 주장했다.[92] 중국은 역사적 권리 주장을 뒷받침하기 위해 한나라(漢王朝, BC 206~AD 220) 시대까지 거슬러 올라가는 남사 군도에 대한 중국의 역사 문헌을 인용한다. 또한, 청(清王朝)나라 지도 모음을 바탕으로 중국 외교부는 청나라 때 중국이 남사 군도에 대한 행정 관할권을 가지고 있었다고 주장하며, 1868년에 제작된 '남중국해 안내서'에서 남중국해 지역에서 중국인 어부들의 활동과 관련된 내용이 기록된 서적**을 들고 나왔다. "중국 어부의 발자취가 난사 군도의 모든 섬에서 발견될 수 있었고, 어부 중 일부는 그곳에서 장기간 거주하기도 했다."[93]라는 것이다. 중국 분석가들은 중국의 '9단선'이 현대 국제법 체제가 수립되기 전 지도에 표시되었기 때문

---

* 아세안(ASEAN, 동남아시아 국가연합)은 1967년에 설립된 협력 기구로, 경제 성장, 사회적 진보, 문화적 발전, 지역 평화 및 안정성 유지를 목표로 하며, 10개의 회원국(브루나이, 캄보디아, 인도네시아, 라오스, 말레이시아, 미얀마, 필리핀, 싱가포르, 태국, 베트남)은 서로 긴밀히 협력하여 경제적 통합과 지역 내 화합을 추구한다. 또한, 치앙마이 이니셔티브(CMI)는 아세안+3(중국, 일본, 한국) 국가들이 금융 위기 대응 능력을 강화하기 위해 시작한 다자간 통화 스왑 협정으로, 2010년 다자화(CMIM) 과정을 통해 2,400억 달러 규모의 외환 준비금을 기반으로 운영되고 있다.

** 1868년에 영국에서 공식적으로 편찬한 《중국해 지침서》(China Sea Directory)는 중국인들이 남중국해와 그 주변 섬들에서 생산 활동과 생활을 했다는 역사적 기록을 담고 있는데, 이 문서에는 중국의 어부들이 남중국해에서 어업 활동을 했을 뿐만 아니라, 일부 섬에서 거주하며 생계를 이어갔다는 내용이 포함되어 있다. 이 기록은 중국이 남중국해 지역에서의 역사적 활동과 영유권 주장을 뒷받침하는 자료로 자주 인용된다. 특히, 중국 어부들이 섬에서 물을 얻거나 자원을 채취하며 생활했던 구체적인 사례들이 언급되어 있다고 하는데, 이는 남중국해에서 중국인의 지속적인 활동과 존재를 보여주는 중요한 역사적 증거로 간주되기도 한다.

에(UNCLOS가 1982년 채택 및 서명) 현행 법이 중국의 그 이전 권리를 부정해서는 안 된다고 주장한다. 그러나 베이징의 주장을 뒷받침하지 않는 지도가 나타나는 경우 중국 정부는 이러한 지도들을 신속하게 제거했다. 그리고 "국가 표준을 준수하지 않는" 지도를 출판하거나 표시하는 사람은 누구나 기소를 당할 리스크가 생겼다.[94] 중국은 심지어 남중국해 군도에 대한 역사적 주권 증거를 찾아내기 위해 고고학적 발굴을 시도하기도 했다.[95]

그러나 모든 영유권 주장 국가들은 각각 남중국해 주권과 관련해서 나름대로의 그 스토리가 있다. 예를 들어, 유명한 베트남 역사가 쩐득안손(Tran Duc Anh Son)은 응우옌 왕조(Nguyen Dynasty, 1802~1945)가 서사 군도에 대해 명확한 주권을 행사했으며 심지어 선박의 난파를 경고하기 위해 나무를 심었다고 주장한다. 그리고 세계의 역사책에는 응우옌 시대 베트남 탐험가가 1850년대 서사 군도에 베트남 국기를 꽂았다는 증거도 있다.[96] 반면에 손(Son)이라는 사람이 하버드 옌칭 도서관에서 1700년대 지도 세트를 발견했는데, 여기에는 청나라가 두 군도에 대한 영유권을 주장하지 않았으며 하이난 섬을 자국의 최남단으로 간주했다는 것을 보여준다고 했다.[97] 역사적 관련성 이외에, 베트남은 당시 영토 취득의 합법적인 방법이었던 프랑스가 발행한 1933년 합법적 합병 문서에 대한 주장을 내세웠다. 베트남은 프랑스로부터 독립을 쟁취했을 때 프랑스의 서사 군도 영유권이 먼저 월남으로 나중에는 베트남 사회주의 공화국으로 이전되었다고 주장했다.[98]

그러나 중국은 다른 국가들보다 자국의 영유권을 집행하는 데 훨씬 공격적이었다. 호주 학자 앤드류 첩(Andrew Chubb)은 2006년 초부터 중국이 분쟁 해역을 통제하기 위한 법 집행을 위해 선박들을 사용하고, UNCLOS 분쟁 해결 절차로부터 탈퇴여부 및 분쟁 해역 내 석유와 가스 생산을 시작하면서 중국의 공격적 주장은 지속적으로 확대되었다는 내용을 남겼다. 이러한 맥락에서 시진핑의 전략상 가장 주목할 만한 혁신은 그가 19차 당대회 연설에서 내세운 대규모 준설 및 산호초 매립 노력이었다.[99] 중국은 해양 연구, 항행 안전 및 주둔 인력들의 생활 여건 향상을 위해 여러 정책을 개발했다고 주장했으나, 이들 전초 기지는 명백하게 군사적 용도였다.[100]

문제의 해역

중국의 행동은 베트남을 포함하여 다른 영유권 주장 국가들과 긴장을 고조시켰다. 특별한 것은 필리핀은 헤이그에 있는 '국제상설중재재판소(Per manent Court of Arbitration, PCA)'에 중국의 주장에 대해 2년 반에 걸쳐 소송을 제기했다는 것이다. 2016년 7월 중재재판소는 필리핀에 유리한 판결을 내리며, '9단선'으로 둘러싸인 남중국해의 '역사적 권리'에 대한 중국의 주장은 국제 해양법 협약에 따른 권리를 넘어설 수 없다면서 "남중국해 연안국은 모두 중국의 영유권 주장에 의해 구애를 받지 않는 200해리의 배타적 경제수역(EEZ)을 가질 자격이 있다."라고 했다.[101] 중국이 UNCLOS와 영유권 주장에 대한 조항에 서명한 이상, 중국의 '역사적 권리' 주장은 무효화될 수밖에 없었다.[102] 중국은 판결이 내려지기 전부터 그 판결을 따르지 않을 것임을 밝혔다. 앞에서 언급한 바와 같이, 중국은 2006년 초 재판소의 판결에 구속을 받지 않을 것이라면서 필리핀이 재판소에서 영유권 주장을 추구하려는 의도를 통보하는 순간에 중재에 참여하지 않을 것이라고 명시적으로 발표했다. 중국은 자신의 입장을 옹호하기 위해 알제리, 바레인, 이집트, 케냐, 카타르, 사우디 등 중동과 아프리카 등 31개국을 규합하여 중재 판결이 불법이라는 주장을 뒷받침했다.[103] 2018년 5월 중국 국제법학회(中國國際法學會)는 재판소의 판결이 왜 잘못되었는지를 상세하게 설명하는 750페이지 분량의 '비판 연구'를 발표했다. 그리고 중국이 역사적 권리를 주장할 자격은 없다 하더라도, 외딴 제도가 아닌 남중국해의 '해저 지형 그룹'부터 해상 영유권을 주장하는 것이 허용되어야만 하는 이유 등 새로운 주장을 개발하고자 했다. 유엔해양법협약(UNCLOS)은 이러한 주장의 타당성을 인정하지 않았다.[104]

법적 판결에도 불구하고 중국은 계속해서 자기 주장을 펼쳤다. 시진핑은 남중국해와 대만을 담당하는 광둥성 남부 전구 사령부에서 2018년 10월 행한 연설에서 모든 중국군을 대상으로 "병사의 역량 제고와 전쟁 준비를 위한 전투 준비 훈련, 합동 훈련 및 대치 훈련을 강화할 것"을 촉구했다.[105] 일본 국립국방연구소의 수석 연구원 신지 야마구치(Shinji Yamaguchi)는 시진핑이 남중국해에 대한 중국의 영유권 주장을 뒷받침하기 위해 남중국해 활동과 관련해 중국이 여러 해양 행위자들과 협업을 크게 강화했다는 사실을 지적했다.[106] 중국 어부들조차도 '중국의 주권 수호'와 외국 선박에 대한 정보 수집 훈련 등 기초 군사 훈련을 받았다.[107] 중국 선박들은 2019년과 2020년에 서사군도 근처에서 베트남 어선들을 들이받아 침몰시켰다.[108] 그리고 코로나 팬데믹이 기승을 부릴 때 중국은 말레이시아와 베트남이 영유권을 주장하는 지역에 조사선을 파견하여[109] 남사군도와 서사군도를 관할하는 두 개의 새로운 자치구를 만들었고, 80여 개의 인공 구조물에 대해 이름을 부여했는데, 그중 55개는 수중에 있는 구조물이었다.[110]

베이징의 공격적 활동에 대응하여 남중국해의 다른 영유권 주장 당사국들은 협상 및 보복을 번갈아 가며 진행했다. 그러나 어느 전략도 중국의 영유권 주장 추구를 억지하지 못했다. 필리핀의 사례가 교훈을 말해준다. 상설중재재판소의 판결이 내려지기 불과 2주 전에 집권한 로드리고 두테르테(Rodrigo Duterte) 대통령은 중국을 달래려고 시도하다가 반발하기도 하는 등 오락가락했다. 두테르테는 당초 중국과 협상을 시도하기 위해 중재재판소의 판정을 제쳐뒀으나, 운신의 폭이 거의 없다는 사실을 알게 되었다. 2019년 9월 두테르테는 베이징에서 시진핑과 회동 시 중재재판소의 판결 문제를 제기했으며 이에 시진핑은 "알다시피 우리의 성명은 '입장 불변'으로 우리 것인 이상 그에 대해 논의하고 싶지 않다. 우리는 그 땅을 소유하고 있다. 왜 우리가 당신에게 얘기를 해야 하나?"[111]라고 했다. 그 결과 2019년 말 필리핀은 중국 해안 경비대와 중국 어선들의 위협에 보다 효과적으로 대처할 수 있도록 해안 경비대에 2만 5,000명의 장교를 추가 모집할 것임을 발표했다.[112] 그리고 2020년 6월 필리핀은 미군 항공기와 전함이 필리핀에 자유 입국할 수 있도록 규정한 미국의 방문 군사 협정 종료 결정을 뒤집었는데, 이러한 결정은 "역내 정치 상황과 사태 발전을 감안하여" 내려졌다고 했다.[113] 그 다음 달 필리핀 외무장관 테오도로 록신 주니어(Teodoro Locsin Jr.)는 "이 판정은 협상이 불가하다. 중재재판소가 중국이 해양 자원에 대한 역사적 권리를 주장하는 것은… 법적 근거가 없다."라고 했다.[114] 베트남과 함께 필리핀은 분쟁 해역에서 중국의 군사 훈련 실시는 "상당한 수준으로 도발적"이라며 베이징과 ASEAN의 관계에 "해로울 것이다."라고 비판했다.[115]

그러나 그러한 비판도 중국의 역내에서 군사적 공격성을 억지하지 못했으며, 필리핀은 미국과 함께 군사적 유대를 강화함으로써 대처했다. 2023년 초 미국은 필리핀 내 군기지에 대한 접근을 종래 5곳에서 9곳으로 늘렸다. 기타 ASEAN 회원국들도 분쟁에 뛰어들었다. 2002년 행동 강령 선언이 서명된 이래 거의 20년 만에 ASEAN은 중국과 남중국해 행동 강령에 대한 협상을 시도했다. 2018년 행동 강령에 대한 협상 문안을 마련했지만, 지리적 범위, 분쟁 해결 절차의 성격, 추가 매립 금지, 미국과 같은 외부 행위자의 군사 훈련 권리와 같은 여러 중요 문제는 해결되지 않았다.[116] 싱가포르 무임소 대사인 빌라하리 카우시칸(Bilahari Kausikan)은 중국이 ASEAN과 피상적으로만 교류하고 있다고 비난하며, 베이징은 '설득력이 결여된 방식'으로 협상하고 있다고 말했다. 그는 "더 이상 진전은 빙하기와 같다."라고 지적하며, 중국 외교관들은 종종 ASEAN이 동의하는 입장을 취할 때까지 협상을 인질로 잡고 있다고 했다.[117] 또한, 말레이시아는 중국의 광범위한 주장에 맞서 보다 적극적인 입장을 취했다. 2019년 12월 말레이시아는 유엔 대륙붕 한계 위원회(Commission on the Limits of the Continental Shelf, CLCS)에 나름대로의 주장을 제출함으로써 말레이시아의 대륙붕 200해리 한계를 넘어 중국이 주장하는 해역과 겹치는 바깥쪽 한계를 확립했다.[118] 말레이시아 감사원은 중국 인민해방군 해군과 해안경비대 함정이 2016~2019년 사이에 말레이시아 해역을 89차례 침범했다고 밝혔다.[119] 그리고 2020년 봄, 중국과 말레이시아 선박들이 분쟁 지역에서 장기간 대치를 벌였다.[120] 중국의 군사적 공격성은 역내를 통틀어 무기 구입 비용 지출 증가를 촉발하기에 충분했다. ASEAN의 전체 군사 지출은 2009~2018년 사이 33% 증가했다.[121]

X 팩터

남중국해에서의 긴장 고조, 군사적 공격성, 협상과 대립의 역동적 움직임을 떠받치고 있는 것은 미국의 외교와 군사적 존재감이다. 미국은 유엔해양법협약

(UNCLOS)을 대상으로 영유권 청구국도 아니고 서명국조차도 아님에도 불구하고 남중국해를 포함한 전 세계적 항행의 자유 보존을 사명으로 삼고 있다.[122] 2019년 7월 애스펀(Aspen) 전략 포럼에서 자리를 가득 메운 청중 앞에서 당시 미국 인도·태평양 사령관이었던 필립 데이비슨(Philip Davidson) 제독은, 미국의 남중국해 정책이 UNCLOS 협약을 시행하는 조치라면서 이는 "수십 년, 수세기 동안 항행의 자유를 수호하는 것"이라고 설명했다. 그는 "미국은 전 세계적으로 이를 수행한다. 우리는 캐나다에서도 항행의 자유를 실행한다."라면서 미국이 "중국에 대항하는 의미에서 이러한 항행의 자유 작전을 수행하지는 않는다."라는 점을 분명히 했다. 이러한 작전은 "실제 그곳에 있는 모든 국가를 위한 시위"임에도 불구하고 중국이 가장 격렬하게 작전에 항의했는데,[123] 그는 베트남이 소리 높여 이를 지지하고 있다는 사실도 인정했다.[124] 당시 트럼프 행정부의 이러한 작전(전략)의 횟수는 2016년 3건에서 2019년 9건으로 극적으로 급증하여 중국으로부터 자주 비난을 받았고, 중국으로부터 미국이 "중국의 주권과 안보를 심각하게 위협하고 있으며 역내 평화와 안정을 심각하게 해치고 있다."라는 비난도 자주 받았다.[125] 게다가 트럼프 행정부는 이전 미국 행정부와 마찬가지로 영유권을 주장하는 국가 외의 다른 국가들에게도 남중국해 문제에 개입할 것을 독려했다. 일본, 호주, 영국, 프랑스, 인도는 모두 유엔해양법협약(UNCLOS)과 국제상설중재재판소(PCA)의 2016년 판결에 대한 지지를 보여주기 위해 군사 훈련이나 기타 해군 활동에 참여했다.

미국은 역사적으로 남중국해 분쟁에서 어느 편도 들지 않았지만, UNCLOS에 따른 주권적 권리와 항행의 자유를 뒷받침할 목적으로 여러 차례 개입했다. 2012년 오바마 행정부는 중국과 필리핀 두 나라가 스카보로 암초((Scarborough Shoal)로부터 각자 함선을 철수하는 내용의 협상 중재를 시도한 바 있다. (마닐라는 응했으나 베이징은 거부함) 2019년 6월, 미국은 중국군이 분쟁 해역에서 군사 훈련을 실시하는 동안 남중국해에 핵 추진 항공모함 3척을 파견했다. 그리고 2020년 5월 미국은 말레이시아 시추선을 위협하던 중국 해상 파병대를 억제하기 위해 말레이시아 해안 근처 지역 순찰용 해군 군함 3척을 파견했다.[126] 2020년 7월 미국은 중국의 주장을 거부하고 남중국해에 대한 다른 분쟁 당사국의 입장을 지지하는 가장 명확한 성명을 발표했다. 언론 대상 발언에서 당시 국무장관이었던 폼페이오(Pompeo)는 중국의 해상 영유권 주장에 대한 미국의 입장을 상설중재재판소의 결정과 일치시켜, 미국은 동남아 동맹국 및 파트너 국가들 그리고 국제 사회와 함께 해양의 자유 수호를 공식적으로 선언했다.[127]

중국에 있어 폼페이오의 발언은 미국의 중국 인접 지역에 대한 간섭을 보여주는 또 하나의 사례였다. 중국 외교부 대변인 자오리젠(Zhao Lijian)은 "미국이 역내 평화와 안정 파괴자이자 말썽을 일으키는 국가"로 언급했다.[128] 많은 중국 학자들도 중국 뒷마당에서 미국이 도발하고 있다고 판단하고 그들의 관용은 줄어들었다. 일례로, 중국 현대국제관계연구원(CICIR)의 루춘하오(婁春浩, Lou Chunhao)는 "남중국해 문제는 근본적으로 중국과 다른 지역 국가들의 영유권 주장에 관한 것이다. 중국은 역내 강대국이기 때문에 남중국해에서 중요 역할을 한다. 결국 중국과 ASEAN 국가들이 남중국해 지역의 주인이다."라고 주장했다.[129] 메시지는 분명하게 미국은 한 발 물러나 중국의 이익과 새로운 지정학적 현실을 수용해야 한다는 것이다. 아니면 흔히 말하는 대로 미국은 짐을 챙겨 태평양을 건너 자기 자리로 돌아가야 한다는 것이다.

결론

중국 지도자들은 역사적으로 주권에 높은 우선 순위를 부여했다. 청나라 시대로 거슬러 올라갈 때 '상실과 굴욕의 서사'는 중국의 정치 문화에 깊이 각인되어 있으며, 법적으로 정당화되었든 아니든 간에 오랫동안 주장해 온 영유권 주장을 실현하려는 욕구도 마찬가지다. 마오쩌둥 이후 모든 중국 지도자들은 중국이 주권 주장을 실현할 것을 촉구했던 반면, 시진핑은 '통일을 중국 민족의 위대한 부흥'이라는 비전의 중심 조건으로 삼았다. 특히, 시진핑의 발언은 '대만과 관련하여' 중국의 주장 실현에 대한 '불가피성과 긴박감'을 보여준다. 시진핑의 통일 캠페인에 대한 중요한 숨은 의미는 다른 국가가 본받을 수 있는 '중국 모델'을 프로모션 하려는 그의 노력이 포함되어 있다는 것이다. 그러나 수백만 명의 홍콩 시민이 민주주의를 위해 시위하고 대만 시민들이 민주 절차에 분명히 헌신하고 있다는 생각은 중국 모델의 신뢰성에 의구심을 제기했다.

게다가 홍콩과 대만 선거에서 친중 후보가 패배한 것은 베이징이 자신의 영토라고 주장하는 지역에서 시진핑의 말을 공개적으로 거부했음을 나타내 준다. 시진핑이 중국 본토에서 자신의 길은 "중국 특유의 무언가가 있다."라고 주장하는 내용도 '국가보안법' 이전의 홍콩과 대만의 현실에 의해 훼손되었다.

중국이 주권 주장을 실현하기 위한 전략은 '소프트 파워', '샤프 파워', '하드 파워'의 요소가 혼재되어 있음을 보여준다. 중국은 홍콩, 대만과 관련하여 외교가 더 큰 통합으로 귀결되어야 한다고 하는데, 이는 대만 현황과 국제무대에서 대만이 분리되는 것에 높은 수준의 인내가 있음을 드러낸 것이다. 그러나 중국은 정치적 목소리의 대부분을 홍콩과 대만이 본토와 다른 것을 유지하면서도, 이 지역에 통일 지지 세력이 약화되고 있다고 인식할 때는 '샤프 파워'와 '하드 파워' 전술을 신속하게 채택한다. 이는 대만의 경우에서 특히 두드러지게 나타났다. 중국은 차이잉원이 '92 합의(컨센서스)'를 지지하지 않을 것임을 지적함과 동시에 마잉주 정부 시절 시행하던 대만에 대한 외교적, 경제적 허용 정책을 즉시 철회했다. 그리고 중국 관광객과 유학생 수를 줄이고 중간 선거 개입을 포함하여 다양한 '샤프 파워' 전술을 구사했다. 또한, 대만이 독립 지위를 강화하기 위한 추가 조치를 취하지 못하도록 군사 행동의 빈도를 점점 더 늘려 나갔다.

마찬가지로 남중국해에서 중국은 지속적인 외교 협상 절차를 지속적으로 밟아가면서도 군사력 배치 역량과 의지를 모두 확대해 나갔다. 그리고 다른 영유권 주장 국가들이 중국에 도전하는 경우에 중국은 강압적 경제적 수단으로 대응해 왔다. 영유권 주장 국가가 중국이 내세우는 조건에 동의할 경우에만 베이징은 경제적 강압을 완화하는 것이다. 예를 들어, 필리핀이 헤이그 상설 중재재판소의 결정을 시행하려는 노력을 일시적으로 중단했을 때 베이징은 필리핀 바나나 수입 금지를 종료하고 추가 상품의 수입을 광범위하게 늘릴 의향을 나타냈다. 그럼에도 불구하고 필리핀이 베이징을 달래려는 노력은 실제 영유권 주장 문제에 대한 수용 등 양보로 이어지지는 않았다.

또한, 중국은 미·중 관계의 맥락에서 영유권 추구를 프레임으로 설정했다. 미국은 역내 안보와 항행의 자유를 보장하는 제일 중요한 국가다. 미국은 이 지역에 강력한 군사 동맹국과 파트너를 두고 있으며, 대만의 자위 능력을 지원하기 위한 법적 의무를 유지하고 있다. 그러나 시진핑은 아시아가 아시아인들에 의해 관리되어야 하며, 미국의 동맹 시스템은 해체되어야 할 것임을 명백하게 주장한다. 이러한 맥락에서 중국은 남중국해 행동 및 관련 강령과 관련한 협상을 이용하여 미국이 이곳에서 군사 훈련을 실시하지 못하도록 시도했다. 게다가 중국은 홍콩과 대만에서 불안과 시위의 주요 원인으로 '외세'를 자주 언급함으로써 다른 국가, 특히 미국이 문제를 일으킨다고 비난함으로써 자생적인 민주화 운동의 신뢰성을 훼손하고자 했다.

중국은 스스로를 현행 법치기반 질서의 지지자로 홍보하고 있으나, 영유권을 추구하면서 국제법을 통상적으로 무시하고 있다. 헤이그 상설중재재판소의 판결이 있기 전에 중국은 판결을 준수하지 않거나 중재 절차에 참여하지 않겠다고 선언한 바 있다. 홍콩의 경우, 중국은 공동선언이 실제 의미가 없는 역사 문서라고 주장하여 법적 지위를 무효화했다. 베이징은 국제 규범을 간과한다는 광범위한 국제적 비판을 무시하는 한편 아프리카와 중동 국가들을 성공적으로 규합하여 같이 방어에 나서게 했다. 중국의 군사력이 계속 성장함에 따라 중국의 대만과 남중국해에 초점을 맞추는 것은 도를 넘어 인도와 일본 등 '핵심적인 영유권 주장' 대상국이 아닌 지역에서도 압력을 지속적으로 행사할 가능성이 크다.

04

용이 물어뜯다

04
용이 물어뜯다

당시 그리스 경제는 엉망이었다. 부채는 풍선처럼 늘어났고, 실업률은 25%를 상회하는 가운데 가두 시위는 갈수록 확산되어 어려움을 겪으면서 새로 선출된 치프라스(Alexis Tsipras) 좌파 정부는 절박한 상황에 처했다. 그리스의 유럽 채권자들은 그리스가 부채 위기에서 벗어나려면 국가 자산을 민영화해야 한다고 압력을 가했으나, 프랑스, 독일, 영국 등 주요 경제 대국들은 그리스 자산에 투자할 생각이 없었다. 2015년 위기가 절정에 이르렀을 때 중국이 찾아왔다. 중국 국영 해운회사인 '중국원양해운그룹(遠洋海運集團, COSCO: China Ocean Shipping Company)'이 자산 인수에 관심을 보였다. COSCO는 컨테이너 선박 보유 수와 운송량 면에서 세계 3위 해운사이다. 이들이 원하는 대상은 피레아스 항구였다.

피레아스는 일찍이 뛰어난 역사적 기록을 갖고 있다. 아테네에서 불과 5마일(8.05km) 떨어진 피레아스시에 위치해 있고 수에즈 운하 건너편에 있는 이 항구는 B.C. 480년 살라미스 해전에서 페르시아 침략자로부터 그리스를 방어하는 데 중요한 역할을 했다. 그리스 군 지휘관이자 정치가로 인기가 있는 테미스토클레스(Themistocles)는 아테네 함대를 피레아스로 조기에 이전했는데, 피레아스가 해군에 더 적합한 위치라고 믿었기 때문이다. B.C. 471년까지 이 지역은 영구적인 해군 기지가 되었다. 그러나 B.C. 86년 그리스가 로마 제국에 편입되면서 항구가 파괴되었고, 오스만 제국으로부터 그리스가 독립 전쟁을 치른 1830년대 초까지 회복되지 않았다. 2차 대전 당시 피레아스 항구는 다시금 중요 군사적 목적을 수행했는데, 1941년 독일 나치가 항구를 폭격할 때까지 영국 선박이 정박할 수 있었다. 이곳은 전쟁이 끝난 후 피레아스 항구가 새로운 컨테이너 터미널을 건설하고 나중에는 크루즈 여객 터미널을 추가하면서 재차 회복 과정에 돌입했다. 2003년 피레아스 항구는 아테네 증권거래소에 상장되었고, 정부가 최대 주주가 되었다.[1] 그러나 그리스가 세계 수준의 해운 산업을 보유했음에도 피레아스 항구는 경제적으로 번창하지 못했다.

6년 후인 2009년 그리스의 금융 위기가 시작되면서 COSCO는 피레아스에 최초 진출하여 항구 내 두 컨테이너 터미널에 대한 35년 프랜차이즈(경영) 권한을 획득했다.[2] 그리스 선주들은 이러한 투자에 고무되었다. 중국은 친숙한 파트너였기 때문이다. 중국은 2000년부터 그리스에 선박을 공급해 왔고, 그리스 상선단은 수십 년 동안 중국 상품을 운송해 왔다. 피레아스에 대한 중국의 투자는 곧 성과를 냈다. 그 후 수년간 피레아스 항구의 순위가 2010년 93위에서 2016년 44위로 뛰어올랐다.[3] 따라서 COSCO가 계속해서 관심을 보인 것도 놀라운 일은 아니었다. 2020년 2월 필자는 아테네에서 치프라스 총리의 외교 담당 국장 에반겔로스 칼파다키스(Evangelos Kalpadakis)와 만났다. 그는 치프라스가 선출되기 전에도 중국이 고위급 외무 관리를 보내 자신이 만난 사실도 밝혔다. 당시 치프라스는 중국 관리에게 협력과 관계 강화에 개방적이나 지역사회로부터 지지를 확보하려면 피레아스 항구 주변 환경 개선과 그리스 농산물 수출에 대한 중국 시장 개방 및 기타 중국 투자 등 더 많은 것들이 필요하다는 점을 언급했다. 하지만 중국의 노력은 어려움에 직면했다. 치프라스는 선거 기간 중국에 자산 매각을 중단하겠다고 약속했고, 그는 2015년 2월 취임과 함께 피레아스를 더 이상 민영화하지 않을 것임을 발표했다.

그러나 다른 면에서 그리스 재무장관 야니스 바루파키스(Yanis Varoufakis)는 피레아스에 대한 중국의 관심이 계속 유지되도록 하고 더 많은 중국 투자를 유치하기 위해 노력하고 있었다. 바루파키스는 자신의 회고록 '방안의 어른들(Adults in the Room)'에서 썼듯이, "전략적 관점에서 볼 때 베를린, 프랑크푸르트, 브뤼셀에 대항하는 상업 전선이 형성되고 있을 때 중국을 적대시하는 것은 어리석게 보였다."라고 했다. 바루파키스는 이전에 피레아스에 대한 COSCO의 참여만 아니라 그리스 철도 시스템 매각을 지지하는 기사도 냈다. 그가 회고했듯이, "그리스의 항구와 철도는 자국 경제가 제공할 수도 없고 (그리고 프랑스와 독일 기업들도 하려 하지 않는) 막대한 투자가 요구되는 19세기 박물관 같은 유물이었다."라는 것이다. 바루파키스에게 중국은 '분명한 해결책'이었다. 2015년 2월 25일 조우샤오리(鄒小莉, Zou Xiaoli) 중국 대사와의 회동에서 바루파키스는 중국이 3대 조선소에 투자하여 컨테이너선 수리 허브로 만들고 철도도 보수하자고 제안했는데, 이 제안에 중국 대사가 적대적으로 나올 것으로 예상한 것과는 완전히 달라 놀라울 정도였다. 또한 바루파키스는 중국 당국이 여러 기업들을 설득하여 피레아스 근처 기술 공단에 조립 시설을 건설하면 특별 기업 세금제를 제공하기로 약속했다.[4] 조우 대사는 기회임을 깨닫고 답하기를 "베이징의 관점에서 볼 때, COSCO는 용의 아가리다. 먼저 용이 이빨로 세게 물어 용이 달려들어가게 만들어야 한다. 용이 달려들어가면 걱정하거나 의심하지 않아도 되고 다른 용들도 따라올 것이다."[5]라고 했다. 조우 대사의 요청에 따라 바루파키스는 저녁 식사 후 COSCO의 피레아스 사업장을 방문했는데, 양측 파트너십 홍보에 도움을 줄 수 있도록 카메라팀도 동반했다. 바루파키스만이 그리스 정부내 COSCO를 옹호하는 유일한 존재는 아니었다. 민영화 노력의 확고한 지지자이자 COSCO에 법률 자문을 제공했던 스피로스 사기아스(Spyros Sagias)는 COSCO가 항구에 대한 통제권을 추진하던 바로 그때 내각 각료로 임명되었다.[6]

그리스 정부는 당초 18억 달러의 그리스 국채 매입을 포함하여 여러 조건을 제시했다. [EU 집행위원장은 그리스 은행이 부채 롤오버(Rollover, 만기 연장) 노력의 일환으로 부채를 사들이는 것을 불허함] 그러나 중국이 매수했을 당시 부채 규모는 2억 3,800만 달러에 지나지 않았다. 독일 정부도 개입하여 중국 측에 그리스 국채를 매수하지 말라고 했다고 한다.[7] 그럼에도 불구 1년 후 치프라스가 중국을 방문했을 때 회담은 피레아스와 민영화 조건에 초점을 두었다. 결국 COSCO는 항만 당국의 지분 51%를 매수했고, 추가 투자와 지불 조건이 충족되어 2021년 16%의 두 번째 지분을 인수할 수 있었다. 사업권은 2052년에 만료될 것이다.[8]

결과는 극적이었다. 이 항구의 글로벌 위상은 지속적으로 상승했고, 그리스에 새 자랑거리가 되었다. 피레아스는 현재 세계 100대 항구 중 26위에 올랐다(2016년 44위). 매년 최대 2,000만 명의 승객이 피레아스를 통과한다. 또한 유럽에서 네 번째로 큰 컨테이너 항구로 2020년 지중해에서 스페인의 발렌시아를 앞지르며 유럽에서 선도적 항구가 되었다.

중국 정부도 투자에 만족하고 있다. 피레아스 항구는 중국이 상당한 지분[9]을 가지고 있는 유럽 내 13개 항구와 전 세계 97개 항구 중 하나로, 시진핑의 대표적 외교 정책인 '일대일로' 이니셔티브에서 몇 안 되는 명확한 성공사례 중 하나로 평가받고 있다. 이 항구는 여러 가지 다른 면에서도 성과를 냈다. 2017년 7월 중국 해군 함대가 4일간 피레아스 항구를 방문했다. 그리고 2016년 6월, 그리스는 헝가리와 크로아티아(중국의 상당한 투자를 받은 다른 두 나라)와 함께 상설중재재판소의 판결, 즉 남중국해에서 중국에 대한 필리핀의 영유권 주장을 뒷받침하는 결정을 지지할 목적으로 고안된 EU 공동 성명을 약화시켰다. EU는 이 판결을 '환영'하는 것을 넘어 인정하기도 했다.[10] 2017년 EU가 중국의 반체제 인사에 대한 정치 탄압을 비난하는 성명을 발표하려 했을 때 '민주주의의 요람' 그리스는 이 결의안을 차단했다. 그리스 외무부 대변인은 해당 결의안과 관련하여 "중국에 대한 비생산적인 비판이다."라고 했다.[11] 이는 EU가 제네바 개최 유엔 인권 이사회 연례 회의에서 성명을 발표하지 않은 첫 번째 사례였다.[12] 그리고 중국과 서방 국가들이 신장과 홍콩을 둘러싼 결의안을 놓고 수년간 다툴 동안 그리스의 목소리는 토론에서 눈에 띌 정도로 없었다.

중국의 전반적인 성공에도 불구하고 COSCO 투자에 어려움이 없는 것은 아니었다. 피레아스 항만 노조 사무총장에 따르면, 투자 초기 COSCO는 일을 하청했고 항구 노무자 1,700명 중 많은 이들이 어떤 사회 보장 혜택도 고용 안정도 없는 채 월간 16일을 일해야 했다고 한다. 노무자들은 휴식 시간도 제대로 주지 않아 병에 소변을 봐야 할 정도였다. 유럽 연합 역시 문제점으로 중국 갱단이 피레아스를 거점으로 상품을 수입하고 대대적인 탈세를 자행한다고 지적했다.[13] COSCO와 노조는 2년간의 협상을 통해 일부 개선점을 마련했다. 그러나 2019년 2월 그리스 정부는 COSCO의 피레아스 확장 계획에 대한 우려를 표명하며 환경과 '미관(aesthetic)'상의 이유를 들어 일부 확장을 차단하고, 문화부를 포함한 정부 내 문화 담당 부처에 인가를 다시 받으라며 기 승인된 투자도 반려하는 등 논의를 다시 시작했다.[14] 그리스 중앙 고고학 위원회는 신축 크루즈 터미널 옆에 쇼핑몰을 짓는 것을 포함하여 만장일치로 COSCO의 확장 계획을 부결시켰다.

그리스 내부적으로 피레아스항의 가치와 중국의 투자에 대한 견해가 크게 엇갈린다. 그리스 내 저명한 중국 전문학자 중 한 명인 플라멘 톤체프(Plamen

Tonchev)는 피레아스 항구가 운영 면에서는 널리 성공한 것으로 여겨지고 있으나, 그의 추론으로는 항구의 비즈니스 증가로 인한 그리스의 경제적 이익은 극히 제한적이라는 것이다. 그리고 그는 미래 중국 투자에 따르는 비용과 이익을 그리스가 평가하기 위한 명확한 전략이 부재한 점에 대해서도 우려하고 있다. 다른 사람들은 긍정적이다. 그리스 최대 영자 신문 카티메리니(Kathimerini)의 편집장 톰 엘리스(Tom Ellis)는 그리스가 중국의 투자를 지속적으로 환영할 것이라고 주장했다. 그는 그리스인들이 중국이 "말로만 하지 않고 실제 투자를 한다."라는 점을 높이 평가한다고 말하지만, 한편으로는 "국가 기관의 결정은 종종 정치적 또는 지정학적 계산에 근거하는 반면에 민간 기업은 반대로 투자의 재정적 비용에 초점을 두고 있다."라는 점을 지적했다.

'일대일로' 투자에 대한 그리스 내 지속적인 논쟁은 국가들이 중국과 교류 심화에 따른 잠재적 비용과 이익을 평가하는 데 어려움을 겪고 있는데, 이는 전 세계 여러 곳에서 일어나고 있는 현상을 반영하고 있다. 국가의 미래 개발 경로에는 내재된 큰 문제들이 있다. 즉, 여기에는 재정적 지속 가능성, 환경문제, 주권, 국가 안보와 정치적 가치 문제 등이 걸려 있다는 말이다. 그리스와 같이 많은 국가들이 중국과 미국 간의 훨씬 더 큰 지정학적 경쟁의 현장에 플레이어가 된 상태다. 점점 더 한 국가의 '일대일로(BRI)' 참여 폭과 깊이는 이 두 가지 뚜렷하고 종종 경쟁적이 되는 세계관 중 하나에 대한 한 국가의 헌신도를 측정하는 척도가 되었다.

창조 이야기

2013년 가을 시진핑은 두 차례의 연설에서(첫 번째는 카자흐스탄 아스타나, 두 번째는 인도네시아 자카르타) 새로운 중국 이니셔티브인 '일대일로'를 발표했다. 중국 정부는 이 이니셔티브가 중국에서 아시아, 유럽, 중동, 아프리카를 거쳐 그 연결성을 촉진하기 위한 인프라에 막대한 투자를 할 것을 약속했다. 시진핑은 'BRI(일대일로)'를 세계 개발 요구에 대한 중국의 기여 방안으로 제시했다. 그리고 실제 그 요구는 상당했다. 아시아 개발은행(ADB)은 아시아에서만 2030년까지 26조 달러의 인프라 건설에 따른 적자가 발생할 것으로 예상했다.[15] 그러나 이렇게 어려운 인프라 계획은 첫 공격에 지나지 않았다. BRI는 출범 이래 항구, 철도, 파이프 라인과 같은 하드 인프라에서 글로벌 연결성에 대한 비교적 간단한 공약으로부터 시작하여 디지털, 금융, 정치, 안보를 포함한 다양한 플랫폼에 걸친 연결성이라는 큰 비전으로 변모했다. 이에 '일대일로(BRI)' 관련 프로젝트가 확대되면서 중국의 야망과 광범위한 그 전략적 의미에 대해 새로운 의문점이 제기되었다.

중국은 오랫동안 해외 인프라 프로젝트 설계 및 건설에 참여해 왔다. 1970년대 초 베이징은 탄자니아 다르에스살람에서 잠비아 카피리 음포시까지 1,155마일(약 1,859.41km)을 뻗어 있는 타자라(Tazara) 철도 건설을 도왔다. 그리고 1999년부터 정부 주도의 중국 자본의 '해외투자(走出去: Go Out)'* 전략으로 수백 개의 중국 기업들이 경제 성장을 계속 촉진할 목적으로 천연 자원을 찾아 해외로 진출하였다. 이에 중국 기업이 아프리카, 중남미, 동남아에서 찾아낸 자원을 중국으로 운송하기 위한 신규 인프라가 필요했다. 베이징은 이를 실현하기 위한 자금, 노하우, 자재와 노동력을 공급함으로써 전 세계 글로벌 인프라의 자금 조달과 건설 부문에서 주도적인 역할자로 자리매김했다.[16]

그러나 시진핑의 '일대일로'는 색다른 약속도 제시했다. 중국과 다른 국가 간 연결성과 그 국가들 상호 간 연결을 약속했다는 것이다. BRI는 필요한 하드 인프라를 구축하여 중국 내 미 발달된 내륙 지방 일부를 외부 시장과도 연계하고, 중국의 생산 과잉을 소화할 시장도 제공할 것이다. 수십 년간의 엄청난 경제 확장 이후, 중국의 GDP 성장률은 두 자릿수에서 한 자릿수로 떨어졌다. 그리고 중국의 건설, 물류, 에너지 기업들은 신시장을 필요로 했기에 BRI

---

* 중국의 '해외투자(走出去: Go Out)' 전략은 중국 정부가 자국 기업의 해외 진출을 장려하기 위해 추진한 정책으로, 이 전략은 중국 기업들이 글로벌 시장에서 경쟁력을 강화하고, 해외 자원을 확보하며, 국제 경제에서 중국 기술 및 브랜드 영향력을 강화 및 확대하는 것을 목표로 한다. 이 전략은 1999년에 처음 공식적으로 도입되었는데, 당시 중국 정부가 자국 기업의 해외 진출을 장려하기 위해 시작한 정책으로 시작하여 2000년대 초반부터 본격적으로 추진되었다. 특히, 이 전략은 2001년 중국이 세계무역기구(WTO)에 가입한 이후 더욱 가속화되었으며, 2013년에는 '일대일로(一带一路, Belt and Road Initiative)'와 결합되어 글로벌 경제에서 중국의 영향력을 확대하는 데 중요한 역할을 하고 있다.

는 중국이라는 '글로벌 인프라 제국'에 정치적 광채를 더 발하게 했다. '일대일로'는 중국의 세계 개발 수요에 대한 기여로 판촉의 대상이 될 수 있었다.

이러한 아이디어는 수년간 내부적으로 논의되었다. 중국 학자 진링(Jin Ling)이 지적했듯이, 적어도 두 명의 중국 경제학자 린이푸(林毅夫, Lin Yifu)와 쉬샨다(徐善達, Xu Shanda)가 2009년 '중국판 마셜 플랜'을 제안했는데, 이는 BRI와 같지는 않아도 몇 가지 면에서 중요한 유사점이 있다.[17] 두 계획 모두 개발도상국 중국의 성장을 촉진하는 수단으로 중국의 인프라 투자를 전 세계적으로 확대해 나갈 것을 제안했다는 것이다. 특히 쉬(Xu) 교수는 정부가 생산 잉여가 발생하는 중국 기업들에 대출을 늘려 이 기업들이 글로벌화 하는 데 사용할 수 있게 하고 중국의 국제적 지원 및 협력 기금 설립을 촉구했다는 것이다. 쉬 교수는 또한 이를 중국 통화인 인민폐의 국제화를 돕는 수단으로도 활용하자고 했다. 그는 자신의 아이디어를 '세계 화합 계획(Harmonious World Plan)'이라고 명명하고 5,000억 달러를 아프리카, 아시아, 중남미 국가들에 지원하고 대출해 줄 것을 제안했다.[18] 린(Lin) 교수는 글로벌 인프라 건설 이니셔티브를 통해 중국 경제가 20년 동안 최소 8%의 성장을 계속할 수 있을 것이라고 주장했다. (이 목표는 아직 달성되지 않았다. 대신 성장률은 팬데믹으로 인해 2013년 7.5%에서 2019년 6.1%, 2022년 3%로 꾸준히 감소했음) 중국 외교부도 이 논의에 참여하여 베이징이 SCO(상하이 협력기구)와 ASEAN+3(중국, 일본, 한국) 프레임워크를 활용하여 프로젝트를 지원할 수 있다고 제안했다. 그러나 중국 정부 내 기타 부처의 지원은 부족했다.[19] 당시 중국 국가주석 후진타오가 2012년 APEC(아시아태평양경제협력체) 정상회의 연설에서 중국이 글로벌 인프라 이니셔티브를 선도해 나갈 것이라는 아이디어를 회원국이 수용했더라도, 그 개념의 개발과 실현하는 몫은 후임자 시진핑에게 맡겨지게 되었다.[20] (시진핑은 2012년 11월 15일에 중국 공산당 중앙위원회 총서기로 선출되며 집권을 시작했음)

다양한 경제 논리 수면 밑에는 더 노골적인 정치 안보적 동기가 숨겨져 있었다. 시진핑의 아스타나 연설보다 거의 10년 앞선 2004년 초 PLA 공군 장군 류야저우(Liu Yazhou)는 중국이 미국에 '히치하이킹(동승)'을 중단해야 한다고 장황하게 발표했다. 대신, 중국은 "서방 인접국들을 개발하고", "대국으로서 역할을 떠맡고", "그들이 중국과 함께 탈 수 있는 자동차도 제공해야" 한다고 했다.[21] 중국 BRI 전문가인 장즈다(Jiang Zhida)는 이 이니셔티브를 "사상 최대이면서 가장 영향력 있는 경제 이니셔티브이다."라고 설명하며, 중국이 이를 활용하여 역내 영향력과 안보를 강화해야 한다고 주장했다.[22] 다른 사람들은 BRI의 목표가 중국은 미국이 주도하는 서방에 맞설 수 있는 연합을 형성할 목적으로 개도국들과 더 강력한 동맹을 구축해야 한다고 제안하기도 했다.[23]

또한, 많은 관찰자들은 중국 학자 왕지쓰(王緝思, Wang Jisi)가 그 이니셔티브의 영감에 도움을 주었다는 사실을 인정한다.[24] 베이징 대학(PKU)에서 오래 교수로 재직한 왕(Wang) 교수는 중국에서 최고위급 중국 외교정책과 미·중 관계 전문 학자 중 한 사람이다. 두꺼운 안경, 헝클어진 머리, 겸손한 태도로 그는 중국과 서방의 정책 커뮤니티에서 모두 환영하는 균형 잡힌 관점을 갖고 있다. 그리고 중국 학자로는 이례적으로 그는 국제위기그룹(International Crisis Group)*과 아름다운 중국 지원 교육사업(美麗中國支教項目, Teach For China)**을 포함한 여러 서양 조직의 이사회에 참여하기도 했다. 2011년 4월 포린어페어즈(Foreign Affairs) 기사에서 왕(Wang) 교수는 "중국 국내적으로 정책 우선 순위에 부응하는" "한층 더 정교한 대전략"이 필요하다는 주장을 했다.[25] 그는 동아시아와 동남아를 지배하는 미국과 동맹국 및 파트너 국가들에 맞서기보다는 중국은 서방의 인접국에 집중하고 가능한 한 미국과 협력할 것을 제안했다.

그는 글로벌 타임즈(환구시보, 영문판) 칼럼에서 이 아이디어를 더욱 발전시켜 중국 지도부가 전 장쩌민 주석의 '서부 개발' 전략을 기반으로 "서부로 진군할 것"을 촉구했다. 1999년 구체화된 이 전략은 중국의 부유한 연안(바다에 인접한) 지방이 중국 서부 지역의 생활 수준을 개선하고 해안 지방의 성장을 촉진하는 수단으로 천연 자원이 풍부하지만 경제적으로 가난한 서부 지방에 투자할 것을

---

* 국제위기그룹(International Crisis Group, ICG)은 1995년에 설립된 국제 비영리 비정부 기구로, 전 세계에서 발생하는 갈등과 분쟁을 예방하고 해결하기 위해 활동한다. 이 기구는 브뤼셀에 본부를 두고 있으며, 다양한 지역에서 분쟁의 원인을 분석하고 평화적인 해결책을 제안하는 데 중점을 두는데, 분쟁 예방과 관련 분석 및 연구 및 평화 구축을 위한 활동을 한다. 이 그룹은 정부, 국제기구, 시민사회와 협력하여 분쟁을 예방하고 평화를 증진하는 데 중요한 역할을 하고 있다.

** 아름다운 중국 지원 교육사업(美麗中國支教項目, Teach For China)은 중국의 교육 불균형 문제를 해결하기 위해 설립된 2008년에 시작된 비영리 교육 프로젝트이다. 중국과 미국의 우수한 대학 졸업생들을 선발하여 교육 자원이 부족한 중국 농촌 지역 학교에서 최소 2년 동안 전임 교사로 활동하도록 지원하는 프로젝트로, 이 사업은 설립 이래 교육 자원이 부족한 지역의 440개 이상의 초등학교와 중학교에 3,100명의 펠로우를 파견하여 3,215,000개 이상의 수업을 제공하고 895,000명 이상의 학생에게 영향을 미쳤다.

장려했다. 2019년 10월 뉴욕에서 왕교수를 만났을 때 필자는 그가 BRI의 개념에 대한 공로를 인정받았는가 여부를 물었다. 그는 겸손하게 대답을 거부했고, 시진핑이 자신의 기사 중 일부를 읽었다면서 아마도 그 기사들이 어느 정도 영향을 미쳤을 것이라고 언급했다. 나중에 우리가 논의할 때 왕 교수가 이니셔티브의 창시자라고 주장해도 실제 정치적 이점은 없다고 농담했는데, 성공 여부와 관계없이 원치 않는 주목을 많이 받게 된 것으로 보인다.

파이 한 조각 확보

BRI의 실제 윤곽은 시간이 지나면서 드러났다. BRI 이니셔티브의 야망은 세계를 겨냥하고 있으나, 강력한 국내 기반을 유지하고 있다. BRI를 감독하는 초기 정부 팀인 '일대일로(BRI)' 건설추진영도소조에는 압도적으로 국내 전문가가 많았다. 외교 정책 담당 최고위 관리인 양제츠(Yang Jiechi)만이 국제 관계에 대한 직접적인 책임을 맡았다. 장가오리(張高麗, Zhang Gaoli), 왕양(王洋, Wang Yang), 왕후닝(王滬寧, Wang Huning), 한정(韓正, Han Zheng) 등 다른 고위 간부들은 국내 문제에 집중했다.[26] [위원회의 한 위원인 양징(Yang Jing)은 2018년 부패 혐의로 강등되고 행정 업무에서 제외되었음] 그리고 직접적인 관리 책임이 있는 국가발전개혁위원회(NRDC)의 우샤오리(歐曉麗, Ou Xiaoli)와 쉬샤오시(徐紹史, Xu Shaoshi)도 중국 서부지역 개발 및 천연 자원 탐사 프로그램 전문가들이었다.[27]

이러한 국내에 초점을 둔 사업 추진은 수출 과잉과 중국 내륙 지역을 외부 시장과 연결하려는 것이 당초 원동력이 되었음을 감안할 때 놀라운 일은 아니다. 국제 관계 학자 예민(葉敏, Ye Min)이 설명하고 있듯, 중국 내에서 '일대일로'는 전적으로 정부 부처들이 관여하게 된 일종의 '동원 캠페인' 용도로 활용되었으며, "각기 다른 정부 기관들은 전략이 내포하는 메시지를 더욱 더 구체화하기 위해 정책 아이디어를 포함시켰다."라는 것이다. 예민은 외교 정책 전략이나 세계화 비전을 강조하는 BRI를 둘러싼 공식적인 발언과 행동에서는 오히려 외교부와 상무부는 상대적으로 역할이 작았다는 점에 주목했다. 대신 '국가발전개발위원회(NDRC, 발개위)'가 '산업 역량 협력 3개년 계획'과 같은 일련의 문서를 통해 주도권을 잡았다는 것이다. 예(Ye) 교수는 이러한 문서는 "모호하고 의무가 수반되지는 않았다."라고 설명하고 있으나, 발개위의 국내 아젠다는 '일대일로' 정책을 확고히 자리 잡도록 했다. 또한, 발개위는 다른 부처와 지방정부가 '일대일로' 계획을 수립하도록 지시했다.* 2015년 말까지 32개 성과 10개 이상의 부처가 발개위가 정한 우선 순위를 참조한 가운데 '일대일로' 계획을 수립했다. 예를 들어, 재무부는 해외 투자 기업에 대한 에너지와 금융보험 개혁을 제안했고, 중국 세관 당국은 국제 무역 개선을 위한 12개가 넘는 신규 조치를 채택했으며, 국가외환관리국은 '일대일로' 투자에 대한 수익을 보장하고 외환 보유액으로 관련 프로젝트를 지원하겠다고 약속했다.[28]

발개위는 당초 푸젠, 신장, 광시, 윈난성(省) 등 4개 성을 '일대일로' 핵심지역으로 선정했지만, 가장 부유한 성(省) 중의 하나인 푸젠성만이 이니셔티브에 참여하는 중국 상위 5개 성안에 들어갔다. 일부 지방은 처음에는 배제되었다가 상당한 시간과 노력을 들여 이 계획을 추진해야 했다.[29] 나아가 랭커스터 대학교의 정징한(曾景涵, Zeng Jinghan) 교수가 지적했듯이, 국내 행위자들은 "중국 전체의 광범위한 지정학적 이익보다는 자신들 이익을 위해 '일대일로'를 이용한다고 했다."[30]는 것이다. 부유한 저장성(절강성)의 주요 항구 도시인 닝보(영파)는 상품 전시회를 후원하는 데 자금을 썼고, 저장성의 또 다른 항구 도시인 원저우(온주)에서는 지방 정부가 '일대일로' 자금을 활용하여 유럽에서 엑스포를 개최했다.[31]

중국원양그룹(COSCO), 중국교통건설유한공사(CCCC: China Communications Construction Company), 중국 초상국그룹(China Merchants Group)과 같은 국유기업(SOE)들은 BRI의 이점을 금세 알아챘다. 2017년 569개 국유기업과 민간기업을 대상으로 실시한 여론조사에서 대부분 중국 기업들은 BRI가 해외 시장을 확대하고 가치 사슬 통합을 증가시킬 수 있다는 점에서 그 잠재력을 높이 샀다. 국유기업 대부분은 BRI가 과잉 생산을 수출하는 데 도움이 될 것이라 여겼다. 국유기업들은 민간기업보다 더 적극적으로 BRI에 뛰어들 준비가 되어 있었다. 국유기업 관리자 중 약 60%가 투자 기회를 실행할 계획이라고 답한

---

* 중국의 정책은 당이 주도하고 정부 행정부서가 집행하는 과정을 거치기에 당 기구나 정부 행정조직의 결정이 결국 '학자'나 일반 '전략가'나 '사상가'의 의견보다 우선되는 구조를 갖고 있다고 볼 수 있다.

반면에 비 국유기업 임원들 중에는 35%만이 이와 유사한 내용으로 응답했는데, 이는 합작벤처에 대해 회의적으로 보았다는 것이다. 그럼에도 불구하고 국유기업과 민간기업 모두 호스트 국가의 투자 환경에 대한 지식 부족과 일부 국가의 정치적 불안정 가능성에 대해 우려를 표명했다.[32]

돈, 돈, 돈

2015년 3월 말 중국 국가발전개혁위원회(NDRC)는 외교부와 상무부와 함께 BRI에 대한 개요, 즉 '실크로드 경제벨트와 21세기 해상 실크벨트 공동 건설에 대한 비전과 행동'을 발표했는데, 이는 BRI의 지리적 경계가 중국에서 발트해, 페르시아만, 지중해, 인도양까지 뻗어 있음을 명시했다. 해상 실크로드는 중국의 남부 해안 항구에서 시작하여 인도양, 유럽, 태평양으로 확장되었다. 육로는 총 6개로 서쪽으로 5개와 남쪽으로 1개가 있으며, 여기에는 중국-몽골-러시아 경제 회랑, 신 유라시아 연육교, 중국-중앙아시아-서아시아 경제 회랑, 중국-인도차이나반도 경제 회랑, 중국-파키스탄 경제 회랑, 방글라데시-중국-인도-미얀마 경제 회랑이 포함된다. 그중에는 해상 회랑도 3개가 있었다. 그 후 베이징 당국은 유럽과 북극을 연결하는 극지 실크로드와 우주 정보 회랑을 추가했다. 결국, 시진핑은 모든 국가가 BRI에 참여하도록 초대했다. 2020년까지 140개 국이 어떤 형태로든 이 이니셔티브에 서명했다.

경제 개발 이니셔티브로서 '일대일로'는 중국의 각종 성명이 암시하는 것보다 더 크기도 하고 작기도 했다. 일례로 세계은행은 BRI가 모범 사례와 더불어 시행된다면 회랑 경제권의 무역을 2.8~9.7% 증가시키고, 글로벌 실질 소득을 0.7~2.9% 증대(인프라 투자 비용은 제외)시키는 한편, 760만 명을 극빈(구매력 평가 기준 하루 $1.90 미만 수입자)상태에서 벗어나게 하고, 3,200만 명을 차상위 빈곤(구매력 평가 기준 하루 $3.20달러 미만 수입자)에서 벗어나게 할 수 있다고 언급했다.[33]

하지만, 프로젝트 수와 투자 금액을 포함한 BRI의 실제 회계 내용은 여전히 판단하기 어렵다. 민간 컨설팅 회사 레피니티브(Refinitiv)의 연구에 따르면,

2020년 8월 현재 진행 중인 프로젝트가 2,900개가 넘는다.[34] 그러나 많은 관찰자들은 BRI가 시작되기 전에 개시되었거나 인프라 연결과 아무런 관련이 없는 프로젝트가 그러한 회계에 포함되어 있다고 지적했다.[35] 예를 들어, 지부티(동아프리카의 북동쪽에 위치한 나라로, 아프리카의 뿔이라 불리는 지역에 자리함) 항구에서 에티오피아 아디스아바바까지 이어지는 40억 달러 규모의 460마일(740,298km) 철도는 2018년 1월 1일에 개통되었으나 실제로는 BRI가 설립되기 2년 앞선 2011년에 시작되었다. 캄보디아의 카지노와 같이 BRI의 목표와 별로 관련성이 없는 프로젝트도 있다.[36] 그리고 다른 프로젝트는 발표되었다가 나중에 취소되기도 했다.[37]

중국의 BRI에 실제 투자 수준도 미스테리다. 중국은 아시아의 인프라 개발 수요인 26조 달러를 해결하기 위해 1조 달러의 자금을 지원하겠다고 약속했다.[38] 그러나 많은 보고서에서 중국의 투자와 대출을 혼동하고 있다. 미국 컨설팅 기업(RWR Advisory)에 따르면, 2013년부터 2020년까지 발표된 중국의 총 대출은 4,610억 달러였다.[39] 그리고 실제 투자 수준은 그보다 훨씬 적다. 2020년 초 중국 상무부는 완료된 BRI 인프라 프로젝트가 746억 1,000만 달러를 투자한 것으로 나타났으며, 2019년 처음 11개월 동안 BRI에 대한 투자는 127억 8,000만 달러로[40] 전체 중국 외국인 직접 투자(FDI)의 약 12.9%를 차지한다고 했다. 중국 상무부 데이터에 따르면 BRI 국가에 대한 중국의 포트폴리오 투자(non-FDI)는 전체 중국 FDI의 약 13%를 차지했으며, 2016년 정점을 찍었다.[41] 사실 중국 해외 투자의 대부분은 유럽과 미국에서 최첨단 기술과 노하우를 보유한 기업을 인수하는 데 사용되었다.[42]

장애 요인

2019년 국제 신흥 시장 포럼에서 연설한 재정부의 고위 관리 장원차이(Zhang Wencai)는 BRI를 '국제 공공재'라고 극찬했다. 이 이니셔티브가 중국의 경제적 또는 안보적 이익을 실현하는 것이라는 비판을 민감하게 받아들이는 중국 정부는 BRI를 전 세계가 참여하는 글로벌 이니셔티브로 판촉하는 데 전념하고 있다.[43] 이는 '일대일로'가 점점 장애 요인들이 나타남에 따라 중국에 중요한 문제가 되었다는 것이다. 실제 가치 기준으로 BRI 프로젝트 중 약 32%가 호스트 국가와 어려움을 겪었다.[44] 이 사업은 거래 투명성이 부족하고, 일부 호스트 국가에서 부채 수준이 빠르게 상승하고, 중국의 환경 및 노동 관행과 관련된 문제로 인해 크게 불만을 샀다. BRI는 중국이 자체 개발한 모델을 수출하는 수단으로 빠른 인프라 개발을 우선시한다. 그러나 이와 함께 모델의 외부적 요인도 고려한다. 유일하게 중요한 차이점은 다른 국가가 중국처럼 자체 부채를 보유하지 않는다는 것이다. 대신에 이들의 부채는 중국이 대신 지고 있다.

우리도 끼워달라

BRI 거래에서 투명성과 광범위한 사회적 참여가 부족하면 부패가 자주 발생하고 새 지도자가 집권하면 프로젝트를 재협상하거나 취소하려 한다. 예를 들어, 2018년 말레이시아 총리 마하티르 모하마드(Mahatir Mohamad)는 전임자가 체결한 BRI 거래 조건을 검토한 후 두 개의 BRI 파이프라인 프로젝트를 취소했다. 공사의 13%만 완료되었음에도 프로젝트 중 90%는 지불된 상태였다. 마하티르는 말레이 반도의 서부와 동부 해안을 연결하도록 설계된 동부 해안 철도 연결을 취소하려 했다가 2019년 4월 프로젝트 재개를 발표했다. 취소할 경우 53억 달러의 위약금이 부과될 것이기 때문이다. 이는 원 계약 중 비공개 세부 사항이다.[45] 마하티르는 프로젝트에 대해 논하기를 "말레이시아 역사상 그런 어리석음을 본 적이 없다."라고 했다.[46] 전 탄자니아 대통령 존 마구풀리(John Magufuli)는 아마도 그런 감정을 알아챘을 것이다. 2019년 그는 시진핑이 2013년 탄자니아 방문 시 체결했던 중국 최초의 전기 철도 노선 건설과 100억 달러 규모의 바가모요 항구 프로젝트를 취소했다. 그는 전임자인 자카야 키크웨테(Jakaya Kikwete)가 합의했던 거래 조건을 "착취적이고 이상하다."라며 이는 "정신나간 사람들만 받아들일 조건이다."라고 했다. 조건에는 99년간 임대가 포함되어 있는데, 항구 가동 이후 탄자니아가 항구 투자자를 통제할 수 없도록 규정한 계약과 국가 해안선의 상당 구간을 따라 추가 항구 개발을 금지하는 내용이 들어 있었다.[47]

투명성 부족은 중국 기업이 선호하는 입찰 과정의 상당한 편리성을 숨길 수도 있다. 명목상 기타 국가 기업이 참여할 수는 있지만, BRI 프로젝트는 대부분 중국 기업(중국 노동력)에 의존한다. 예를 들어, BRI 인프라 건설의 경우 작업의 89%는 중국 회사가 수행하고, 7.6%는 해당국가 기업이 수행하고, 3.4%는 다른 나라 회사가 수행한다. BRI가 아닌 프로젝트의 경우 할당 비율은 근본적으로 다르다. 중국 기업이 29%, 해당 국가 기업이 41%, 국제 기업이 30%를 차지한다.[48] 세계은행의 분석은 이러한 결과를 뒷받침하며, BRI 프로젝트의 거의 2/3를 중국 회사가 수행한다고 지적하고 있다.[49] 2020년 초 발표된 중국 내 EU 상공회의소의 회원사에 대한 BRI 설문 조사에 따르면 불공평성이 시스템에 내재되어 있다는 인식을 갖게된다. 이 조사에 따르면 투명성이 회사가 직면한 가장 큰 과제였다. 절반 이상의 회사가 입찰에 필요한 충분한 정보가 제공되지 않았다고 보고했고, 거의 40%가 BRI 프로젝트 조달 시스템이 투명하지 않다고 답했다. 핵심은 이들 회원사들이 다른 국제 입찰 과정에서는 투명성에 문제가 없었다는 점을 지적했다는 것이다.[50]

돈을 지불할 때는 지불해야

‘일대일로’를 통해 흐르는 중국 자금의 대부분은 대출의 형태를 띤다. 중국은 세계 최대 공식 채권국으로 그 금액은 세계은행, 국제통화기금(IMF), 경제협력개발기구(OECD)를 합친 것보다 크다.[51] 그러나 일반적으로 대형 다자 은행이 시장 금리 이하로 대출해주는 반면, 중국은 종종 시장 금리 또는 시장 금리 이상을 부과하고 석유나 기타 자원과 같은 담보를 요구한다.[52] 2000~2017년간 개도국들의 대중국 부채는 5,000억 달러를 밑도는 수준에서 5조 달러 이상으로 10배가량 늘어났다.[53]

일찍이 세계적으로 유명한 국제 신용평가 기관 무디스(Moody's)가 낸 보고서에 따르면, BRI 대상국의 60% 이상이 투자 이하 등급으로 평가되거나 평가기관에서 평가조차 하지 않는 것으로 나타났다. 그리고 글로벌 발전센터(Center for Global Development)* 학자들이 실시한 연구에서는, 68개 국의 잠재적 BRI 부채 리스크 위험성을 평가한 결과에 따르면 약 절반이 위기에 처해 있었고 8개국이 부채 리스크에 따른 위험성이 높았다고 한다. 경제학자 세바스찬 호른(Sebastian Horn), 카르멘 라인하트(Carment Reinhart), 크리스토프 트레베시(Christoph Trebesch)가 중국 대출과 관련해 여기에 '체계적인 축소 보고'로 '숨겨진 부채' 문제가 있다는 내용을 고려하면 문제는 한층 더 복잡하다. 중국은 대출에 대한 상세 내용을 담은 공식 보고서를 내놓고 있지 않기 때문에 연구원들이 이용 가능한 공개 자료를 토대로 자체 데이터베이스를 구축하여 조사한 바에 의하면, 50개 개발도상국들의 경우 대중국 평균 부채가 2005년 채무국 GDP의 1% 미만에서 2017년 15% 이상으로 뛰었다는 것이 발견됐다. 12개국이 중국에 GDP중 최소 20%에 해당하는 부채를 지고 있다는 것이다.[54] 세계은행은 데이터가 있는 43개 저소득 및 중위 소득 국가 중 12개 국이 BRI 투자가 성장을 촉진하더라도 부채 지속 가능성 문제로 중기 전망이 악화될 것이라는 점을 지적했다.[55]

일부 국가의 경우 부채 지속 가능성 문제는 추상적인 문제가 아니다. 예를 들어, 몬테네그로의 경우, 바르(Bar) 항구와 세르비아를 연결하는 고속도로 때문에 GDP대비 부채 비율이 거의 80%로 치솟았다. 10개 BRI 프로젝트에 대한 연구에서 바누아투, 인니, 미얀마, 타지키스탄, 파키스탄, 헝가리 내 6개 프로젝트가 비용을 정당화할 만큼 충분한 수익을 창출하지 못하는 것으로 나타났다.[56] 또한, 몽골과 아제르바이잔 같은 국가는 비용이 이득을 초과하는 인프라 프로젝트 전망에 직면하고 있다.[57] 대표적인 몇몇 사례의 경우, 국가가 부채를 상환하기 위해 자원을 판매(담보로 잡혀야)해야 했다. 가장 널리 알려진 사례는 스리랑카로, 부채를 상환할 수 없었던 나머지 중국에 함반토타 항구에 대한 99

* 글로벌 발전센터(Center for Global Development, CGD)는 2001년에 설립된 독립적인 비영리 연구기관으로, 세계 빈곤 감소와 삶의 질 향상을 목표로 활동한다. 이 센터는 혁신적인 경제 연구를 통해 정책 입안자들에게 더 나은 정책과 실행 방안을 제안하며, 글로벌 개발 문제를 해결하는 데 중점을 두고 있다.

년 임대권을 부여했다. 그리고 에콰도르의 대규모 BRI 댐(dam) 프로젝트는 환경적으로 지속 불가능할 뿐만 아니라, 이 나라가 최소 5년 동안 석유 수출의 80%를 중국으로 넘겨야만 한다는 것이다. 거의 200억 달러에 달하는 대중 채무를 지게 된 이 작은 나라는 중국 부채를 갚거나 자기네 부채를 매수해달라고 국제 사회에 지원을 요청하기 시작했다.[58] 아프리카 잠비아에서는 '중국토목공정총공사(China Civil Engineering and Construction Corp.)'가 부채 담보로 잠비아 광산 자산을 인수하려 했다.[59] 중국은 잠비아 정부가 부채의 약 1/3을 보유한 이 광산에 중국 채권자에게 미지급 채무를 먼저 지불케함으로써 중국 채권자에게 우선권을 줄 것을 요구했고, 이로 인해 다른 채권국들의 경우 잠비아에 대한 추가 구제금융 지원 확대 의지는 줄어들었다.[60]

팬데믹은 여러 나라의 국가 경제를 약화시켰으며, BRI 프로젝트의 재정적 지속 가능성을 복잡하게 만들었다. 2022년 세계은행*은 세계에서 소득이 가장 낮은 74개 국이 부채 상환으로 갚아야 할 350억 달러 중 37%가 중국에 진 빚이라고 했다. 호른(Horn), 라인하트(Reinhart), 트레베시(Trebesch)는 이들 국가에 대한 채무 구제가 의미 있으려면 중국이 채무 구제 조건을 투명하게 해야 하며, 파리클럽** 회원국 정부, 세계은행, IMF, 민간 투자자들과 협력해야 하는데, 이들은 이미 모두 대응 조치와 관련 조율을 해 나가고 있는 상태라고 한다.[61] 로디움 그룹(Rhodium Group)*** 보고서에 따르면 2020년 9월 현재 12개국이 총 280억 달러에 달하는 BRI 대출을 상환하기 위해 중국과 협상을 시도

* 세계은행(World Bank)은 1944년 브레튼우즈 회의에서 설립된 국제 금융 기관으로, 전 세계 빈곤 퇴치와 개발도상국의 경제 발전을 목표로 활동한다. 본부는 미국 워싱턴 D.C.에 위치하며 세계은행 그룹(World Bank Group)에는 국제부흥개발은행(IBRD: 중소득 국가와 신흥 시장에 대출을 제공하여 경제 개발을 지원함), 국제개발협회(IDA: 저소득 국가에 무이자 대출과 보조금을 제공하여 빈곤 감소를 도움), 국제금융공사(IFC: 민간 부문 개발을 지원하며, 기업과 투자 프로젝트에 자금을 제공함), 다자간투자보증기구(MIGA: 투자 위험을 줄이기 위해 보증을 제공하여 개발도상국으로의 투자 촉진을 도움), 국제투자분쟁해결본부(ICSID: 투자 분쟁을 해결하기 위한 중재 서비스를 제공함)의 다섯 개의 기구로 구성되어 있다. 또한, 세계은행은 교육, 보건, 인프라, 환경 등 다양한 분야에서 프로젝트를 지원하며, 지속 가능한 개발과 글로벌 협력을 촉진한다.

** 파리 클럽(Paris Club)은 1956년에 설립되었으며, 이 클럽은 채무 조정과 관련된 국제 협력을 위해 만들어졌다. 주로 채권국들이 채무국과 협상하여 부채 문제를 해결하는 데 중점을 둔다.

*** 로디움 그룹(Rhodium Group)은 2008년에 설립된 독립적인 연구 기관으로, 데이터 기반 분석과 정책 전문성을 결합하여 글로벌 도전 과제를 해결하는 데 도움을 주는 역할을 한다. 이 그룹은 주로 중국 경제 및 정책과 에너지 및 기후 관련 자문을 제공한다.

하고 있다고 한다. 보고서는 또한 "지금까지 해외 대출을 통해 중국이 기한을 연장해준 4달러 중 1달러가 채무 재협상에 들어갔으며, 이 규모가 940억 달러에 달한다."라고 했다. 전반적으로 로디움 연구원들은 중국이 채무를 유예하는 방식으로 연기하는 경향이 큰 반면, 잠비아처럼 대출을 탕감해주거나 부채를 주식으로 발행하는 방식에 대해서는 반대하고 있음을 발견했다. 예를 들어, 중국이 남수단에 1억 6,000만 달러의 부채를 탕감해주었으나 상환해야 할 총 금액은 65억 달러였다는 것이다.[63] 이 보고서는 2020년 말까지 중국이 이러한 부채 재협상에서 직면한 문제 때문에 BRI는 대출 규모의 축소를 고려하고 있다고 지적했다.

친환경적으로 가기가 쉬운 일이 아니다

시진핑은 'BRI를 친환경적'으로 추진하겠다는 의지를 거듭 밝혔으며, 이 맥락에는 '새로운 생각'의 증거도 있다. 2020년 11월 필자는 중남미 공무원 및 중국 전문가들과 일련의 토론에 참여했는데, 그 토론에서 브라질 공무원이 중국의 국유 중량집단유한공사(中糧集團有限公司, COFCO)가 지속 가능한 작물 재배를 보장하기 위해 모든 대두 재배 과정을 추적하는 프로세스 개발을 추진하고 있다고 했다. 또한, 브라질 공무원은 환경 및 혁신에 대한 중국과의 파트너십이 기후 변화와 같은 문제에 있어 브라질과 전 세계 모두에게 혁신을 가져올 수 있을 것이라는 약속에 열광했다.[64] 그러나 많은 국가들이 BRI 관련 인프라 프로젝트가 환경적 영향을 무시하고 있음을 보고했다. 세계은행에 따르면 많은 BRI 회랑이 생태적으로 취약한 지역을 관통하고 있으며, 프로젝트는 환경 오염, 불법 벌채, 야생 동물 거래 등 눈에 뜨일 정도로 부정적 영향을 미칠 가능성도 있었다는 것이다. BRI 참여 중국 기업에 대한 2017년 보고서에 따르면, BRI 국가에서 사업을 하는 중국 기업의 58%는 기업의 사회적 책임 또는 지속 가능성 보고서를 발행한 적이 없다.[65]

시진핑이 중국을 기후 변화 리더로 자리매김하려고 시도하는 동안, 2019년 중국의 해외 에너지 투자 중 39%가 석탄 프로젝트에 투입되었다.[66] 중국 기업들은 359억 달러 규모의 102개 석탄 화력 발전소에 투자를 계획하거나 진행 중이었다. 이 발전소들은 베트남, 남아공, 파키스탄, 모잠비크, 브라질, UAE, 인도네시아 등 BRI 회랑 전역에 산재해 있다.

그러나 석탄 발전소를 홍보하려는 중국의 열정은 많은 BRI 국가 내 대중으로부터 반발에 직면했다. 환경 단체인 E3G*가 2019년에 실시한 조사에 따르면, 인도네시아, 파키스탄, 필리핀, 남아공, 튀르키예, 베트남 등 6개 국 설문조사에 참여한 사람 중 1/3 미만이 신규 석탄 프로젝트를 지지하는 반면에 85% 이상이 신재생 에너지 투자를 선호하는 것으로 나타났다.[67] 시진핑이 2013년 BRI를 처음 도입했을 당시 케냐에는 석탄 화력 발전소가 전혀 없었다. 거의 재생 에너지에 의존했다. 그런데 그 해 케냐와 중국 정부는 케냐 북부 해안 소재 라무 섬에 20억 달러 규모의 석탄 화력발전소를 건설하기로 합의했다. 이 섬은 UNESCO 세계 문화 유산으로 역사적 건축물과 문화 및 아름다운 자연 경관을 갖추고 있다. UNESCO 세계 문화유산 위원회는 케냐 측에 이 발전소가 문화 유산 지위를 위협할 것이라고 경고했다.[68]

환경 영향은 상당했다. 케냐의 온실 가스 배출량이 700%나 증가했고, UNESCO 사이트 인증이 위험에 처했으며, 현지 어류와 야생 동물이 위협을 받았다.[69] 산성비는 14세기에 지어진 라무(Lamu) 구시가지의 석조 건물에도 피해를 입힐 수 있다. 게다가 미국 에너지 경제 금융 분석 연구소(Institute for Energy Economics and Financial Analysis)는 전력 비용이 프로젝트 지지자들 예상 비용의 최대 10배가 될 것으로 추정했다. 이들이 석탄 수입 가격과 운영비를 과소평가했기 때문이다.[70]

6년 후인 2019년 7월 케냐 국가 환경 재판소는 당국이 철저한 환경 영향 평가를 실시하지 않았고 현지 주민들과 적절한 협의도 하지 않았다고 판시하고 프로젝트를 중단시켰다. 케냐와 중국 당국은 당연히 불만이었다.[71] 그러나 케냐 주재 중국 대사는 정부가 프로젝트를 추진하지 않으려 한다면 중국 파트너를

---

* E3G(Third Generation Environmentalism)는 독립적인 기후 변화 싱크탱크로, 글로벌 저탄소 미래로의 전환을 가속화하는 것을 목표로 하며, 2004년에 설립된 이 조직은 브뤼셀, 베를린, 런던, 워싱턴 D.C.에 사무소를 두고 기후 외교, 에너지, 금융, 도시, 효율성 및 인프라와 같은 다양한 분야에서 활동하고 있다.

설득해 프로젝트를 중단시키겠다고 약속했다. 동시에 대사는 책임을 케냐 정부에 지우려 했는데, "우리는 손님이고 당신(케냐인들)은 호스트다. 케냐와 같은 주권 국가에서 우리가 할 수 있는 일은 당신의 요청이 있어야만 가능하다."라고 했다. 중국 정부의 자금 지원에도 불구하고 중국 대사는 이 프로젝트가 '민간 투자'라고 주장했다.[72] 케냐만이 BRI 에너지 공약 사업을 재고한 것이 아니다. 2020년 이집트, 방글라데시, 파키스탄 모두 중국 자금 지원 석탄 화력 발전소 건설을 취소했다. 중국이 이에 귀를 기울이기 시작했다는 징후가 있다. 2020년 재생 에너지(수력 포함) 비중은 중국도 총 에너지 인프라 투자 중 57%를 차지했다.[73] 2021년 9월 시진핑은 중국이 해외에서 석탄 화력 발전소를 더 이상 건설하지 않을 것임을 발표했다.

2보 전진 1보 후퇴

중국의 파키스탄 관여 정책은 BRI의 비전과 위험성에 대한 통찰력을 제대로 보여준다. '중국·파키스탄 경제 회랑(CPEC)'은 '일대일로' 프로젝트 중 중국 당국이 가장 중시하는 이니셔티브 중 하나다. 2015년 체결된 당초의 CPEC 협정은 도로, 철도, 에너지 프로젝트를 포함한 중국의 신장위구르자치구와 아라비아해의 전략적 위치에 있는 파키스탄 과다르항*을 연결하는 460억 달러의 새로운 인프라 건설을 말한다.[74] 그러나 2020년까지 CPEC 소요 비용은 620억 달러로 뛰어올랐다. 또한 파키스탄이 필요한 15% 기여금을 모으는데 실패하자, 중국은 20억 달러 규모의 과다르항 프로젝트 자금 조달을 떠맡았다.[75] 2020년

* 중국의 일대일로(Belt and Road Initiative) 전략의 일환인 과다르 프로젝트는 2015년에 시작되어 파키스탄 남서부 발루치스탄 지역의 과다르항을 국제 물류 허브로 개발하고, 중국 신장위구르자치구와 연결되는 인프라를 구축하여 물류와 에너지 루트를 다변화하려는 '에너지 안보'의 전략적 의도가 있는 '일대일로' 전략의 핵심 사업 중 하나다. 이것은 과다르항 개발, 중국-파키스탄 경제회랑(CPEC) 건설 및 에너지와 군사적 전략에서 중요한 프로젝트다. 그러나 이 프로젝트는 지역 주민들의 반발과 분리주의 세력의 테러 등으로 인해 어려움을 겪고 있으며 현지 주민들의 생계와 환경 문제에 대한 우려도 제기되고 있다.

까지 255억 달러 규모의 프로젝트가 완성되었다. 이는 발표된 122개 프로젝트의 약 1/4 수준으로, 그중 75%가 에너지와 관련된 사업이었다.

2018년 8월 집권한 이후 임란 칸(Imran Khan) 총리와 집권 정당은 CPEC 자금 조달관련 투명성을 제고하겠다고 약속했다. 예를 들어, '전력 부문 감사 위원회'는 중국 전력 회사 두 곳이 청구서를 2억 달러 이상 부풀렸다는 사실을 밝혀냈다.[76] 거래 구조도 우려를 불러일으켰다. 그 예로 중국의 에너지 투자 조건에 따라 베이징은 발전소를 건설하고 운영 수익을 받아가는 반면에, 파키스탄 정부는 중국 회사에 대한 차질 없는 지불 이행을 보장해준 사실을 들 수 있다. CPEC 프로젝트는 또한 파키스탄이 중국산 기계와 중국 노동력 수입을 요구했다.[77] 게다가 양국 간 긴밀한 관계에도 불구하고, 중국 수출입은행이 파키스탄에 제공한 대출 금리 수준은 거의 상업적 수준으로 IMF와 세계은행의 이자율을 훨씬 상회했다.[78] 결과적으로 2019년 파키스탄은 재정 적자 누적과 외부 대출금 상환을 위해 60억 달러 규모의 IMF 대출 패키지를 받아들였다.[79]

칸 총리는 CPEC에 대한 대중적 지지를 유지했지만, 2018~2019년에 걸쳐 신규 프로젝트와 진행 중인 프로젝트의 진척이 둔화되었다. 파키스탄 언론인 아드난 아미르(Adnan Aamir)는 2019년 파키스탄 정부가 발전 프로젝트와 과다르 신국제공항 등 사업에 CPEC 투여 자금 60%를 삭감했다고 보도했다. 아미르는 이 같은 파키스탄 지도부의 결정 사항에 대해 몇 가지 이유를 제시하고 있다. IMF로부터 60억 달러의 구제금융을 받기 위해 파키스탄은 정부 지출을 줄여야 했는데 칸 정부는 샤리프 전 정부처럼 CPEC에 대한 열정을 공유하지 않았다는 것이다. 또한 프로젝트에 대한 파키스탄 자금 비중이 중국 자금에 비해 훨씬 늘어났는데 이는 파키스탄 정부의 예상을 뛰어 넘는 것으로 당초 파키스탄 정부는 중국 정부가 선 지급 비용 중 상당 부분을 부담하는 것으로 알고 있었기 때문이다.[80] 2019년 12월 파이낸셜 타임스와의 인터뷰에서 전직 재무부 장관 고문이던 사키브 셰라니(Sakib Sherani)는 파키스탄이 약속한 대규모 BRI 프로젝트에 대해 논평하기를 "이 프로젝트는 여러 문제가 있다. 이 투자는 CPEC 관련 부채를 결국 상환할 만큼의 충분한 수익을 창출해야 한다."라고 했다.[81] 나아가 파키스탄 시민 사회의 일부는 의사 결정 과정과 CPEC 협정 자체의 투명성을 요구했는데, 베이징은 이에 반발하는 것으로 알려졌다.[82]

중국 측에서도 우려가 커지고 있다. 2015년 인민해방군(PLA) 국방 대학 후원 심포지엄에서 많은 토론이 BRI의 안보적 리스크 관리와 관련된 PLA의 중요성에 집중되었다. 여기에는 BRI 프로젝트에 참여하는 중국 기업들의 리스크와 일부 BRI 국가에서 정치·사회적 안정 유지와 관련된 더 광범위한 문제에 직면해 있다. 시진핑 자신은 안보의 역할에 높은 우선 순위를 두었으며, 2018년 8월 BRI 5주년 기념 연설에서 "제반 해외 리스크 예방에 각별한 주의를 기울여야 한다."라면서 "해외에서의 안전과 여러 리스크 문제에 대응할 수 있는 역량을 종합적으로 개선하기 위해 모든 노력을 기울여야 한다."[83]라고 언급했다. 이러한 신중함은 제대로 된 조치다. 예를 들어 파키스탄의 경우, 과다르 항구 주변 지역에서 중국 노동자에 대한 폭력을 수반한 공격을 여러 차례 경험했으며,[84] 칸 정부는 항구와 다른 CPEC 프로젝트 보호를 위해 1만 3,000명 이상의 병력 규모의 특별 치안 사단을 배치했기 때문이다.[85]

2021년 1월 베이징은 CPEC 프로젝트에 대한 통제 강화를 위한 합동 의회 감독 위원회 설립을 요구했다. 많은 관측통들은 이러한 움직임을 과다르 항구를 둘러싼 지속적인 치안상의 문제점, 프로젝트의 진척 속도와 품질, 파키스탄 부채 수준 증가에 대한 베이징에 대한 불만 표시로 보았다.[86] 베이징은 CPEC가 주력 BRI 프로젝트로 경제적, 정치적으로 그간 투자한 것을 감안할 때 반드시 성공해야만 했다. (중간에 포기할 여유가 없었음)

중국이 파키스탄을 BRI 패밀리에 포함시키는 것은 파키스탄이 서남아 지역 중요 파트너로서 대(對)인도 견제 능력 때문이다. 게다가 중국은 과다르항을 통해 아라비아해 진출로를 확보할 수 있고 동시에 전략적 물류 병목 지점인 말라카 해협*을 회피할 수 있기 때문이다. 파키스탄은 2057년까지 중국 해외 항만 지주회사에 항구를 임대해줬고, 중국 기업은 항구 운영에서 발생하는 수익의 91%를 차지하게 된다.[87]이 프로젝트의 경제적 함의는 상당하며 중국에 있어 진정한 보상은 향후 과다르를 인도·태평양 지역에서 압도적 해군 강국으로 거듭

* 말라카 해협(말레이어: Selat Melaka)은 동남아시아의 중요한 해상 교통로로, 말레이 반도와 인도네시아 수마트라 섬 사이에 위치해 있다. 이 해협은 세계에서 가장 바쁜 항로 중 하나로 인도양과 태평양을 연결하는 최단 거리의 통로다. 세계 해상 물동량의 약 20~25%가 이곳을 통과하며, 특히 중동산 석유와 석유 제품의 주요 운송 경로로 사용된다. 말라카 해협은 동북아, 동남아, 유럽 모두에 전략적이고 경제적으로 매우 중요한데, 동북아 지역의 중국, 일본, 한국 같은 국가들은 에너지 의존도가 높으며, 중동에서 수입되는 석유와 천연가스의 상당 부분이 말라카 해협을 통해 운송되기에 이 해협은 동북아 경제의 핵심 공급망 역할을 한다.

나기 위한 다각화 노력의 일환으로 이를 미래 해군 기지로 변모하게 할 수 있는 기회가 될 수도 있다.

스스로를 보호하다

2004년 미 컨설팅 회사 부즈 앨런 해밀턴은 중국이 에너지 자원과 지역적 우위를 확보하기 위해 인도, 미국과 경쟁하는 가운데 소위 '진주 목걸이(string of pearls)'라고 불리는 해양 민간 인프라를 이 지역에 건설함으로써 인도양으로 군사력을 확장해 나갈 것임을 예측했다. 많은 관측통들은 당시 이러한 평가가 환상이라고 평가절하했지만, 17년 후 중국의 '일대일로'는 이 개념에 생명을 불어넣었다. 인민해방군은 실제로 인도양과 태평양의 전략적 지점에 있는 여러 항구를 개발하는가 하면 어떤 경우에는 관리와 소유 문제에 있어서도 깊이 관여했다. 대부분이 상업 항구이지만, 일부는 군사용으로 기능할 수 있어 전 세계적으로 중국의 궁극적 의도에 대한 의문이 제기되었다(지도 4.1 참조).

지도 4.1 중국의 인도양 항구 건설과 투자

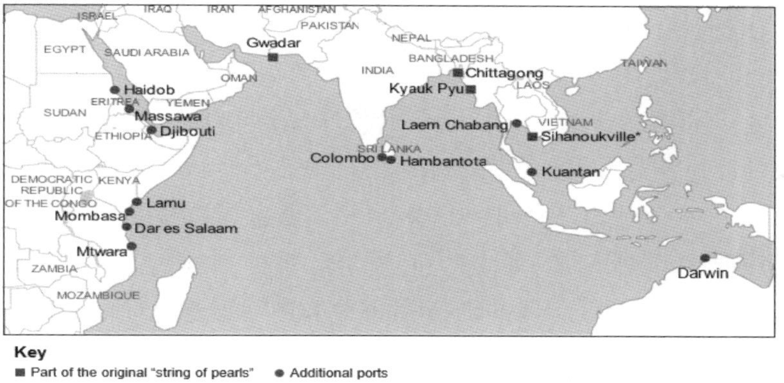

출처: 오리지널 '진주 목걸이'는 말라카 해협을 우회하는 비전을 갖고 있었는데 시하누크빌이 그 항구다.

https://merics.org/en/analysis/mapping-belt-and-road-initiative-where-we-stand; http://country.eiu.com/article.aspx?articleid=1125980496&Country=China&topic=Economy&subtopic=Regional% 2Bdevelopments& subsubtopic=Investment

부채를 견뎌내는 지속 가능성을 제외할 때, '일대일로(BRI)'와 관련하여 중국이 해상 실크로드를 지원하는 해군 기지 시스템을 개발할 목적으로 이를 활용할지 여부만큼 많은 관심을 불러일으킨 사안은 거의 없다. 중국이 2017년 7월 지부티에 첫 해외 물류 기지를 열었을 때, 중국은 그것이 "국가의 군사적 존재감을 강화하기 위해 건설된 전초 기지"가 아니라 '지원 기지'라고 함으로써 주변을 안심시켰다.[88] 동시에 지부티 기지가 가동되자, PLA 해군 사령부의 일부 전문가들은 해외 기지 건설이 중국 군대의 '해외 진출'에 '가장 효과적인 전략적 지원'을 제공할 가능성이 높다고 언급한 바 있다. 그리고 이들은 그것이 "대국의 꿈과 강력한 군대 건설의 꿈을 실현하기 위한 불가피한 선택이다."라고 덧붙였다.[89]

지부티 기지는 케냐, 파키스탄, 스리랑카, 방글라데시, 미얀마, 말레이시아, 캄보디아의 주요 항구 개발 프로젝트와 함께 중국의 해상 실크로드의 윤곽을 정의하는 것이다. 고위 군 장교들은 해상 실크로드를 보호하기 위해 "PLA 해군은 세계적으로 행동할 수 있는 역량을 갖춰야 하며, 이는 더 많은 해외 물류 기지도 필요로 한다는 점을 의미한다."라고 했다. 예를 들어, 예비역 소장인 쉬광위(徐光裕, Xu Guangyu)는 중국이 "전 세계 모든 바다와 대륙에 걸쳐 최소한 10~20개의 항구가 필요할 것이다."라고 의견을 밝혔다.[90]

베이징 당국은 실제 항구 매수에 적극적으로 나서고 있다. 중국은 세계 50대 항구의 거의 2/3를 소유하고 있거나 그 지분을 갖고 있다.[91] 아시아 안보학자 모한 말릭(Mohan Malik)은 중국이 파키스탄 과다르 항구를 40년, 그리스의 피레아스 항구를 35년, 지부티 항구를 10년, 스리랑카의 함반토타 항구를 99년, 캄보디아 전체 해안선의 20%를 99년, 몰디브의 페이두 피놀루 섬을 50년 등 전략적 항구에 대한 장기 임대 목적에 대한 베이징의 움직임에 대해 자세히 설명했다.[92] 또한, 베이징 당국은 미얀마 벵골 만에 있는 차우크퓨(Kyaupyu) 항구에 대한 중국 지분을 50%에서 75~85%로 높이고 99년 동안 임대하도록 압력을 가하고 있는데, 이는 미얀마가 미이소네(Myitsone) 댐 계약을 위반한 30억 달러의 벌금을 피하는 대가[93]라고 말하고 있다. 중국 국유기업이 관리하는 항구 중 8개는 심해 항구이다. 그리고 이 중 과다르, 오만의 살랄라, 세이셸 항구는 모두 해군 기지로 전환될 수 있다. 상하이 교통 대학 학자 쉬에구이팡(薛桂芳, Xue Guifang)에 따르면, "중국이 주재국과 긴밀한 관계를 맺고 있는 국가의 경우 점차 일부 해외 상업 항구를 이중 용도로 선택하여 힘을 투사할 수도 있다."라고 했다.[94]

중국 안보 분석가들 사이에는 중국의 성장하는 무역·투자 네트워크와 군사적 확장주의 간 관계에 대해 호의적 견해가 압도적이다. 예를 들어, 런민 대학 학자 리칭시(李青思, Li Qingsi)와 천춘위(陳春宇, Chen Chunyu)는 "핵심 해상 운송 허브에 기지를 건설하는 문제는 이미 점점 더 시급한 조치를 필요로 하는 전략적 선택이 되었다."라고 주장한다. 또한 이들은 미국 기지가 "패권적 정책에 기여하는" 반면, 중국 기지는 "테러 공격을 예방하기 위한 방어 능력"에 기여할 것이라는 점을 지적한다. 중국은 "서구 강대국의 전철을 밟지 않을 것"이라고 이들은 주장한다.[95] 중국의 의도에 대한 가장 노골적인 진술 중 하나는 '인민해방군 군사 수송 연구소'의 분석관 3명이 쓴 에세이에서 찾아볼 수 있는데, "점증하는 해외 이익을 보호하기 위해 우리는 파키스탄, UAE, 스리랑카, 미얀마, 싱가포르, 인니, 케냐와 다른 국가에 해외 기지 또는 해외 보호 허브를 건설할 목적으로 구매, 임대, 협력을 포함한 다양한 수단을 동원하여 물류 네트워크를 점진적으로 구축해 나갈 것이다."라고 했다.[96] 중국의 목표는 전쟁, 외교적 신호 발신, 정치적 변화, 관계 구축 및 훈련 시설 제공 등 정치·경제·군사를 혼합한 것이다.[97] 이 물류 네트워크는 인민해방군이 해외 임무를 개시하고 유지할 수 있는 능력을 지원받고 또 이를 통해 지원도 해 나갈 수 있게 할 것이다.[98]

캄보디아도 새로운 중국 기지 사이트가 될 것이라는 소문이 났다. 보도에 따르면 중국은 이미 비밀 협정을 통해 해군 기지를 건설 중일 것이라고 한다.[99] 2019년 당시 미 국방부 동남아 부차관보였던 조셉 펠터(Joseph Felter)는 캄보디아가 해군 기지 보수를 위한 미국에 군사 원조를 거부한 후에 '중국의 의도'를 밝히는 경고성 글을 내보낸 적이 있다.[100] 보도에 나온 협정 조건에 따르면 중국은 30년간 기지에 접근할 수 있으며 협정은 10년마다 자동 갱신된다. 캄보디아는 기지에 중국의 병력, 장비, 함선 주둔도 승인했다. 현재 건설

계획에 따르면 항구에는 중국 선박을 위한 도크 1개와 캄보디아 선박을 위한 도크 1개가 설치될 예정이다. 이 보도에 대해 훈 센(Hun Sen) 캄보디아 총리는 '왜곡된 뉴스'라고 말했다. 7월 24일 중국 국방부 대변인 우첸(Wu Qian)은 중국과 캄보디아가 "항상 군사 훈련에 있어 양호한 교류와 협력 관계를 유지해 왔다면서 이러한 협력은 제3자를 대상으로 하지 않는다."라고 했다.[101] 그 다음 주, 중국은 이미 서명한 2억 9,000만 달러 규모에 더해 캄보디아에 4,000만 달러 상당의 무기를 추가로 판매했다.[102] 중국에 있어 캄보디아 기지의 가치는 남중국해에 접근 가능한 추가적 포인트로서 특히 베트남에 한층 더 가까운 기지로서 역할을 할 수 있는데,[103] 베트남은 그간 중국의 남중국해 영유권 주장에 지속적으로 이의를 제기해 왔다.

동시에 일부 분석가들은 다른 국가들이 중국 기지를 수용하기 위해서는 정치적 정지 작업이 마련되어야 한다는 점을 인식하고 있다고 한다. 예를 들어, 상하이 교통 대학 법학 교수인 쉬에구이팡(Xue Guifang)과 전하오(陳浩, Zhen Hao)는 중국이 "(해외 기지 건설을) 수용할 국제적 환경을 구축해야 한다."라고 주장했다.[104] 시진핑은 2019년 초 일부 초동 조치를 취했다. 그는 중국의 '일대일로' 대상국들에 '안전 보장 시스템'을 요구했다.[105] 여기에는 육상, 해상의 대상국들이 망라되었다. 타지키스탄에서 중국 인민해방군(People's Liberation Army, PLA)은 아프가니스탄과의 국경을 따라 11개의 국경 초소와 훈련 센터에 자금을 지원하며 관련 건설에 나서겠다고 제안했다. 또한, PLA는 파미르 산맥에 소규모 기지를 유지하고 정기적으로 순찰을 수행했다.[106] PLA 예비역 장교인 위에강(Yue Gang)은 중국 당국이 중국 투자와 근로자 보호를 위해 중국 민간 보안 기업들의 해외 확장을 촉진해야 할 것을 언급했다. 이들 기업은 PLA와는 별개이긴 해도 제휴 관계를 유지하는데 있어 그 활동 목표가 PLA라면 "외교 관계에 영향을 끼칠 수 있는 잠재적 문제를 회피하는" 데 도움이 된다는 것이다.[107]

당신을 지켜보고 있다

'일대일로'의 초기 원동력은 하드 인프라를 통한 연결이었지만, 2015년 중국 외교부, 국가개발개혁위원회, 상무부는 디지털 실크로드(DSR) 개념을 담은 백서를 발표했다. 이듬해 사이버 공간 보안·정보화 심포지엄에서 시진핑은 "인터넷·IT 기업이 글로벌화하고 국제 교류와 협력을 심화함으로써 '일대일로' 이니셔티브에 적극적으로 참여하도록 장려하고, IT도 어디에서든지 중국의 국익을 대변하도록 해야 한다."라고 언급했다.[108] 2017년 중국 정부의 첫 '일대일로 포럼(BARF)'에서 시진핑은 중국이 '21세기 디지털 실크로드'를 구축할 것임을 공언했다. 이 개념에는 5G 스마트폰 네트워크, 광섬유 케이블 등과 같은 '물리적 디지털 인프라', 위성 항법 시스템 및 인공지능과 같은 이중 용도 시스템, 전자상거래, 사이버 주권에 대한 글로벌 규범 형성에서 세계를 선도하려는 중국의 열망 등이 통합되어 있다.[109] 디지털 실크로드는 중국 기술과 표준 그리고 정치적 가치의 세계적 배포 시스템을 의미한다.

중국 기술 기업들은 이러한 제반 문제에 대처할 준비가 충분히 되었다. 5장에서 살펴보겠지만, 다른 어떤 부문보다 중국의 인터넷 및 통신 회사는 글로벌 경쟁력이 있고, 그 브랜드 인지도는 미국, 일본, EU 경쟁사와 견줄 수 있을 정도다. 알리바바, 텐센트, 화웨이는 중국 내 챔피언 기업일 뿐만 아니라 글로벌 수준의 기업들이기도 하다. 일부 분야에서는 서방 경쟁 기업들보다 저렴하고 빠르며 기타 관련 기술과도 한층 높은 통합성을 갖춘 기술력을 제공한다. 이들 기업은 세계에서 수익성이 높은 대기업들 중 일부로 중국에 1세대 억만장자를 배출하기도 했다. 그러나 사기업 지위임에도 불구하고 이들 기업은 중국 공산당 요구에 반응해야 했다. 또한, 중국 공산당은 일부 기업에 지분을 투자하기도 했다.[110] 기업 내부에 당 관리들을 배치하여 정치 지도를 행하고, 동시에 어떤 경우에는 적자 국유기업에 지분 투자로써 지원하도록 격려하기도 했다.[112] 중국 정부 개입 수준을 높인 데 대한 반대 급부로 중국 공산당은 이들 기업의 해외 진출 노력을 직접 지원해 주었다.[113]

디지털 실크로드(Digital Silk Road, DSR)에는 광범위한 중국 기술 제품이 포함되었다. 예를 들어, 중국은 DSR을 통해 핀테크[FinTech, 금융(Finance)과 기술(Technology)의 합성어] 제품을 발전시키고 있다. 여기에는 알리바바와 텐센트가 지원하는 모바일 결제 시스템과 블록체인·암호화폐 등과 같은 기술이 포함된다. 중국은 또한 자체 디지털 통화 e-CNY를 시범적으로 도입했으며, 위안화의 국제화 촉진을 위해 이를 전 세계로 확대할 계획이다. 국경을 넘나드는 은행 간 결제 시스템과 함께 e-CNY는 또한 중국 정부로 하여금 미국의 경제 제재 시 사용하는 SWIFT* 기반 금융 메시징 서비스를 회피하는 데 도움을 줄 수 있는 잠재력이 있다.

중국 당국은 5G 기술을 제공하는 데 특히 관심이 있다. 5G는 전기 배전선망과 같은 차세대 인프라의 중추로 휴대 전화로부터 스마트 냉장고, 자율 주행차에 이르기까지 반도체 칩이 포함된 모든 기기를 단일 네트워크로 연결을 가능케 한다. 중국 국가 챔피언인 화웨이는 차세대 연결 통신망으로 이동하려는 국가에 특히 매력적이다. 그 이유인 즉 화웨이는 경쟁사인 에릭슨과 노키아보다 훨씬 더 저렴하게 기술을 출시할 준비가 더 잘 되어 있기 때문이다.[114] 그리고 BRI의 하드 인프라 구성 요소와 마찬가지로 DSR은 원스톱 연결망이다. 화웨이는 또한 '안전 도시' 개발의 글로벌 리더기업으로 인터넷, 비디오 감시 카메라, GPS 위치 데이터를 포함한 휴대전화, 생체 인식 등을 중앙 통제 데이터 센터(중국은 2011년부터 중국 내 도시 전체가 2022년까지 최첨단 공공 보안 및 치안 기능을 갖추는 것을 목표로 안전 도시 프로그램을 발족했음)[115]로 가져온다.

DSR은 안전 도시 개념과 중국 기술을 글로벌화 했다. 예를 들어, 화웨이는 안전 도시(Safe City) 이니셔티브의 일환으로 전 세계 230개 도시와 교통 감시 장비에 소프트웨어를 설치하고 카메라와 얼굴 인식 장치를 포함한 하드웨어를 제공하는 계약을 맺었다고 주장한다.[116] (그러나 한 연구에 따르면 화웨이 기술 배치 도시는 52개국 73개에 불과함)[117] 안전 도시 프로그램에 비판이 없는 것은 아니다. 2017년 파키스탄 라호르의 펀잡 안전 도시 당국(Punjab Safe Cities Authority)은 화웨이 감시 시스템 내 Wi-Fi 전송 카드를 통해 화웨이 엔지니어가 '고장 처리'의 목적으로 시스템에 원격 액세스할 수 있다는 사실을 발견했다. 궁극적

* SWIFT는 국제 은행 간 금융 통신 협회(Society for Worldwide Interbank Financial Telecommunication)의 약자로 전 세계 금융기관들이 안전하고 표준화된 방식으로 금융 메시지를 주고받는 네트워크를 말함.

으로 이 전송 카드는 제거되었다. (다른 전문가도 전송 카드 없이도 메인 네트워크 원격 액세스가 가능하다는 점을 분명히 했음)[118] 다음 장에서 살펴보겠지만, 미국은 화웨이 기술 적용 시 중국이 중요 정보 액세스와 국가 전력망(電力網, Power Grid) 보안을 위협할 수 있을 정도라고 주장한다.[119]

중국 기업들은 DSR을 통해 통신 인프라의 다른 측면을 개발하는 데도 중요한 역할을 하고 있다. 2018년 베이징은 중국 기업인 스타 타임스(Star Times)에 케냐의 '1만 가구 프로젝트'에 대한 단독 권리를 부여했다. 시진핑이 2015년 발표한 이 프로젝트는 위성 TV와 중국이 전하는 중국 이야기를 전국 1만 112개 마을에 제공하기 위해 고안되었다. 스타 타임스의 회장인 팡신싱(Pang Xinxing)은 '일대일로'가 시작되기 훨씬 전인 2002년에 처음 아프리카를 여행하면서 디지털 TV 사업 가능성을 재빨리 간파했다. 2007년 팡신싱은 르완다에서 사업을 시작하여 주민들에게 월 3~5달러에 30개 이상의 채널을 제공했다. 현재 이 회사는 아프리카 30개 국에 자회사를 두고 있으며 대륙 전역에서 디지털 TV를 홍보하고 있다. 케냐에서 스타 타임스는 140만 명의 가입자를 보유하고 있고 이는 케냐의 전체 유료 TV 가입자의 약 절반이다.[120] 케냐와 중국 채널만 제공하는 저렴한 패키지(월 4달러)도 제공했다. 케냐 방송은 쿵푸 영화, 중국 생활을 다룬 드라마, 2차 대전 중 일본의 잔혹 행위를 다룬 다큐멘터리 등 중국 공산당의 서사를 조장하는 다큐멘터리로 가득 차 있다. 케냐인들은 대부분 BBC와 같은 다른 국제 채널에 접속할 수 있는 더 비싼 패키지를 감당할 수 있는 형편이 아니었다.[121]

팡신싱이 콘텐츠와 전송 사업을 모두 통제함으로써 베이징은 소프트 파워를 강화할 수 있는 중요한 기회를 확보하게 되었다. 팡에 따르면 아프리카의 다수가 중국 TV를 좋아하는 이유는 그들이 중국 현지 대사관에서 상영하는 중국 영화를 보며 자랐기 때문이라고 한다. 팡신싱의 팀은 10만 시간 이상의 중국 프로그램을 현지 언어로 더빙했다. 그리고 중국 콘텐츠도 점점 더 정교해지고 있다. 중국 시나리오 작가들은 외국 청중이 고대 중국 제국의 삶에 대한 이야기에는 관심이 없고, 한 중국 TV 마케팅 임원이 지적했듯이 '인간 본성에 대한 더 단순한 이야기'에 관심이 있다는 사실을 알아냈다.[122] 오랜 중국 외교관인 푸잉(Fu Ying)은 이렇게 말했다.

"중국 시스템이 어떻게 작동하는지에 대한 이야기를 제시하는 것뿐만 아니라 중국인의 기쁨과 고통, 행복과 슬픔에 대한 이야기를 하는 것도 필수적이다. 간단한 개인적인 이야기만으로도 수많은 퍼즐들을 해결할 수 있다. 인생의 부침에 대한 꾸밈없는 설명만 있으면 우리 이야기는 청중들에게 더 쉽게 공감을 얻을 수 있으며 중국 문화에 기반한 소통은 한층 접근하기 쉽고 이해가 더 잘 될 것이다."라는 것이다.[123]

또는, 푸단 대학의 멍지안(Meng Jian) 교수가 제안했듯이 "중국의 꿈이 작고 감동적인 이야기로 표현될 때 외국 청중에게 더 쉽게 받아들여질 것이다."라는 사실이다.[124]

전반적으로 스타 타임스는 현재 30개 아프리카 국가 1,000만 명 가입자에게 중국 텔레비전을 송출하고 있다. 아프리카에서 스타 타임스의 성공은 대부분 팡(Pang)의 비전과 결심 때문이겠지만 중국 정부의 상당한 지원을 받았던 것도 사실이다. 스타 타임스는 중국 상무부로부터 다른 국가의 라디오·텔레비전 부문 운영을 허가 받은 유일한 중국 민간 기업이다.[125]

중국의 방대한 미디어 존재와 더 광범위한 중국 참여가 케냐 국민들에게 미치는 영향을 가늠하기는 어렵다. 2020년 케냐 인구 중 65%가 중국을 긍정적으로 보았지만, 이는 2015년 76%로부터 하락한 수치다. 게다가 중국의 소프트파워 추진 목적 중 일부가 중국 모델에 대한 이미지를 강화하기 위한 것이라면, 중국이 케냐 발전에 가장 적합한 모델을 제시한다고 믿는 사람들은 23%에 불과한 반면에 미국 모델을 지향하는 사람들은 43%로 대비된다.[126] 가나와 잠비아 등지에서는 자신들의 주권이 침해되었고 스타 타임스가 원할 경우 텔레비전을 먹통으로 만들 수도 있음을 우려하는 등의 비판이 나왔다.[127]

중국은 다른 국가에 디지털 인프라를 제공하는 이외에도 인터넷에 대한 정부 통제 강화에 목적을 둔 법과 규정 개발에 대한 교육도 실시한다. 중국 당국은 2017년 11월 BRI 국가를 대상으로 2주간의 교육 프로그램을 제공했다. 여기에는 부정적 여론에 대한 조기 경보 시스템, '온라인에서 긍정적인 에너지 홍보 방안', 온라인 미디어와 관련된 제3자 데이터 마이닝을 포함한 여론 관리 방법 등이 포함되었다. 탄자니아는 인터넷을 중심으로 BRI 역량을 갖추게 된 시범 국가이다. 중국 관리들로부터 교육을 받은 후 탄자니아는 인터넷에 대한 이용 제한 법규 등을 통과시키고 미등록 블로거와 웹사이트 전체를 폐쇄했다. 탄자니아 정부와 중국 사이버 공간 관리국은 또한 '새 미디어 원탁회의'를 공동 개최했으며, 당시 탄자니아 통신부 차관이었던 에드윈 응고냐니(Edwin Ngonyani)는 탄자니아 정부가 중국 정책을 따라 하려는 데 관심이 있음을 확인했는데, 그는 "우리 중국 친구들은 자국 내에서 문제 미디어를 차단한 이후 안전하고 건설적이며 인기있는 사이트로 대체하는 데 성공했다. 우리는 아직 그 단계에 이르지 못했으나 지금까지 써오던 플랫폼을 사용하는 동안이라도 그 오용을 방지해야 한다."라고 했다. 또한, 그는 정부가 사이버 범죄자를 추적하는 IT 기술과 역량도 개발하고자 한다고 덧붙였다. 응고냐니(Ngonyani)는 누군가가 공격적 SMS나 이메일을 보낼 경우, 정부가 "체포, 법의 심판을 받을 수 있게 해야 한다."라고 주장했다.[128] 2018년 탄자니아 블로거들은 중국의 사이버 규정을 모델로 한 온라인 콘텐츠와 관련된 일련의 사이버 규정에 항소했다. 예를 들어, 규제 기관이 공격적이라고 생각하는 모든 콘텐츠 삭제를 온라인 포럼이 책임지게끔 말이다. 많은 노골적인 블로거들이 사이트를 폐쇄했지만 일부는 저항했다. 항의한 사람들은 새로운 규정에서 요구하는 라이선스 수수료를 지불하면 콘텐츠를 검열하지 말아야 한다."라고 주장했다.[129]

다른 국가들도 중국의 기술적, 정치적 노하우를 흡수했다. 우간다에서 화웨이는 안전 도시 이니셔티브의 일환으로 전국에 1억 2,600만 달러 규모의 얼굴 인식 시스템을 구축하는 데 도움을 주었다. 여기에는 11개 모니터링 센터와 5,000개가 넘는 얼굴 인식 카메라를 관리하는 허브가 포함되었다.[130] 또한, 화웨이는 2018년 우간다 정보부 요원들이 떠오르는 야당 정치인 보비 와인(Bobi Wine)을 감시하고자 할 때 그의 왓츠앱(WhatsApp) 톡방 그룹에 침투하는데 필요한 기술을 지원했다.[131] 결과적으로 우간다 정부는 야당 집회를 방해하고 와인(Wine)과 지지자 중 많은 이들을 체포할 수 있었다.[132] 또한 기술적 노력을 보완하기 위해 우간다 정부는 페이스북, 트위터, 인스타, 유튜브 등의 사용자들에게 소셜 미디어 세금을 부과함으로써 온라인 콘텐츠에 대한 접근과 2021년 선거에서 와인(Wine)을 지지할 가능성이 가장 높은 젊은이와 실직자들의 소통을 제약하고자 했다.[133] (와인은 팬데믹 기간 중 중국 거주 아프리카인들에 대한 차별 대우를 공개 비판했고 논란이 많은 대선에서 패배했으나 그럼에도 불구하고 그의 정당은 61석을 확보해 모든 야당 중 최대 의석 수를 확보함) 이러한 감시가 터부시되는 주제로는 대통령 가족, 석유 부문, 대통령 임기 제한 등이 있다.[134] 월스트리트 저널 조사에 따르면, 잠비아에서는 화웨이 직원들이 잠비아 정부의 야당 단체,

활동가, 언론인 감시에 적극적으로 도움을 주었으며 결국에는 야당 블로거가 체포되기에 이르렀다.[135] 이러한 개입은 아프리카에만 국한되지 않는다. 2021년 2월 미얀마에서 군사 쿠데타 발생 당시에 시위대는 중국이 군 지도부에 인터넷 차단 소프트웨어와 노하우를 제공했다고 비난한 바 있다.

누구나 좋아하는 것은 아니다

'일대일로(BRI)'는 저·중 소득 국가 여러 공무원들에게 여전히 널리 인기가 있는데, 중국의 투자와 기술 지식은 개발에 대한 욕구와 필요성 사이에 존재하는 큰 격차를 메우는 데 도움이 되기 때문이다. 그러나 중국 안팎으로 BRI에 대한 3대 반대 세력이 나타났다. 첫 번째는 중국이 자신들을 이용하고 있거나, 안보적 위험을 초래한다고 믿는 호스트 국가 국민과 공무원들이다. 2018년 후반 나는 발트해에 위치한 한 쪽은 러시아와 또 다른 쪽은 벨라루스와 인접한 라트비아의 아름다운 수도 리가를 여행하면서 다양한 관점을 접했다. 필자가 외무부 고위 공무원 두 명과 자리를 함께 했을 때, 두 사람 모두가 중국이 자국에서 BRI 프로젝트를 고려하기를 원한다는 의사를 표명했다. 라트비아는 BRI에 가입한 최초의 발트해 국가였으며 태평양에서 발트해까지 가는 교통로 중 일부는 리가(라트비아의 수도로 발트해의 리가만에 위치한 항구 도시)로 가는 길로 마지막 '북부 회랑'이라는 아이디어를 실행했다. 2016년 11월 중국 도시인 이우(義烏, Yiwu)에서 리가(Liga)까지 12일 만에 갈 수 있는 기차가 양측 협력의 이정표로 선포되었다. 2016년 리가는 또한 최초의 '16+1'(현재는 14+1) 교통부 장관 회의를 주최했으며, 이 리가 회의에서 '중국과 중부·동부 유럽 국가 물류 협력 사무국'을 설치하기로 합의했다.

라트비아 외교부 관리들은 중국과의 관계 확대에 거의 전혀 단점이 없다고 보았지만, 라트비아 정부의 다른 부처들은 훨씬 더 회의적이었다. 중국은 라트비아의 10대 수출국 중 하나이지만, 중국이 라트비아 수출의 상위 10대 대상국에는 들지 못했다.[136] 일부 무역 관리들은 이러한 불균형적 관계에 대해 우려를 표명하면서 라트비아가 중국에 1억 5,000 달러를 수출하는 반면, 중국은 라트비아에 5억 8,000천만 달러를 수출했음을 지적했다. 기차 컨테이너가 편도로만 가득 찼다는 점을 시사한다고 언급했다. 게다가 라트비아 국방 부문 관리들은 중국과의 교류 심화에 대해 불안감을 표명했다. 이들은 라트비아가 NATO 국가로서 중국과 러시아의 군사 관계, 특히 발트해에서의 해군 훈련이 우려할 만한 사항이라고도 했다. 2020년 라트비아 헌법 보호국은 중국을 사이버·경제 스파이 활동 위협국으로 지정하고 자국 정부가 중국(러시아·북한·이란 포함)에서 생산된 '제품과 서비스'를 회피할 것을 권고한 바 있다.[137]

중국 인접국들도 종종 중국의 의도에 대해 상당히 회의적인 태도를 보이고 있다. ASEAN 회원국 전체에서 1,000명 이상을 대상으로 실시한 여론 조사에 따르면 70%가 지속 불가능한 수준의 부채를 피하기 위해서는 BRI 프로젝트 협상 시 정부가 신중을 기해야 한다고 했다. 10% 미만이 중국을 '선의를 가진 자비로운 강대국'이라고 믿고 있다.[138] 이러한 우려는 종종 시위로 나타났다. 일례로 2019년 미얀마 북부에서 수천 명의 주민들이 이전에 중국이 취소했던 미트소네(Myitsone) 댐 프로젝트를 재개하려는 노력에 항의했다. 이 프로젝트는 수만 명의 미얀마 시민을 이주시킬 것이기 때문이다.[139] 베트남에서 시민들은 하노이에서 칸토(Can Tho)까지 이어지는 BRI 남북 고속도로 건설 계획에 반대하며, 비판하는 자들은 중국 프로젝트가 구식 기술을 사용하여 "품질이 떨어지며, 안전 기준을 준수하지 않는데다 오염까지 발생시키고 있다."라고 지적했다.[140] 키르기스스탄 주민들은 대중국 장기 임대 계획에 항의하면서 2억 7,500만 달러 규모의 물류 센터 건설을 성공적으로 막았다.[141] 그리고 생계를 걱정하는 태국 지역 주민들과 환경 운동가들은 중국이 메콩 강의 일부를 폭파하고 준설하여 중국 윈난성에서 태국, 라오스, 동남아 기타 지역으로 화물선이 항행할 수 있도록 하는 계획에 반대하는 의견을 관철시켰다.[142] 태국의 한 교수가 지적했듯이 "중국은 그 목표를 만들고 형성하는 것을 기정사실화 하는 경향이 있고 사람들이 그러한 결과에 적응하기를 기대한다. 그런데 이는 잘못된 것이다."[143] 라고 했다.

BRI 반대의 두 번째 원천은 중국 자체 내에 존재한다. 모든 중국 시민이 BRI를 지지하는 것은 아니다. 산둥 대학의 은퇴한 물리학 교수인 쑨원광(孫文廣, Sun Wenguang)은 2018년 7월 공개 서한을 통해 중국 내 문제가 넘쳐나는 가운데 중국 정부가 수십억 위안과 수십만 명의 근로자를 해외로 파견한 것을 비판했다. 이 서한은 전 세계적으로 주목을 받았다.[144] 그러나 이 주제를 놓고 '미국의 소리 방송(VOA)'과의 인터뷰를 한 연후 그는 지역 공안 관리들에 의해 아파트에서 강제로 퇴거됐다.[145] 다른 학자들은 BRI의 낭비성에 대해 우려를 표명했다. 칭화 대학 법학 교수 쉬장룬(許章潤, Xu Zhangrun)은 중국 내에는 여전히 1억 명 이상의 사람들이 빈곤 속에서 살고 있으나, 시진핑은 중국보다 잘 사는 나라에 돈 쓰는 것을 고집했다고 지적했다.[146] 정부 정책에 대한 이러한 공개적인 반대로 인해 쉬는 직무 정지되었고, 당국으로부터 조사를 받았으며, 출국이 금지되었다.[147] 그러나 '일대일로(BRI)'를 광범위하게 지지하는 학자들조차도 우려를 표명했다. 저명한 학자 정용녠(鄭永年, Zheng Yongnian)은 정부가 '노래, 서예, 심지어 수학'을 포함 거의 모든 것을 '일대일로' 라벨에 포함시켰다는 것을 경고했다. 그는 이 '치명적인 실수'로 인해 서방 국가들이 '일대일로'를 중국의 세계적 지배 시도로 보게 되었음을 지적했다.[148]

BRI 수혜자들로 제시된 중국인들조차 때때로 자신들이 실제 받은 혜택에 대해 확신하지 못하고 있다. 중국 북동부 헤이룽장(흑룡강)성의 대표적인 프로젝트는 아무르 강을 건너 러시아 극동으로 가는 두 개의 다리다. (이들 다리는 BRI가 시작되기 훨씬 이전인 거의 20년 전 서명된 프로젝트에 속하지만, 지금은 BRI 범주에 포함됨) 대규모 프로젝트임에도 불구하고(6억 달러 사업임을 자랑) 해당 지역 내 중국인들 중 교량 건설이 필요하다고 생각하거나 BRI를 지지하는 사람은 거의 없다. 사실, 많은 지역 사업가와 공무원들은 연결성 확보가 국가 간 무역에 도움이 될 수는 있으나 그 무역으로 인해 자신들의 입지가 약화될 것이라고 믿고 있다.[149] 이렇게 다소 중국의 직관에 반하는 결론은 BRI 프로젝트가 실현됨에 따라 지역적으로 상당한 지역 간 불평등과 변화가 나타날 것이라는 것은 세계은행의 조사 결과에 의해서도 뒷받침된다.[150]

마지막으로, 세계 여러 선진국들은 중국의 BRI가 호스트 국가 국내 환경의 지속 가능한 개발에 문제가 되거나 혹은 자신들의 글로벌 입지 관련 경쟁이 되면서 위협적이라고 생각한다는 것이다. 미국, 호주, 일본, EU는 모두 중국의 경제·정치·군사적 영향력 확대에 우려를 표명해왔다. 특히 미국은 중국의 '일대일로' 프로젝트에 대한 자금 지원을 '부채의 덫 외교'로 '약탈적 경제'라고 비난했다.[151] 그러한 문제점을 감안하면 미국은 다국적 기업들이 최빈 개발도상국에서 고품질 인프라 프로젝트를 수행할 수 있도록 자금을 제공하는 새로운 기관으로 국제개발금융공사(International Development Finace Corporation)를 설립했고,[152] 아시아 안보 재확약 이니셔티브 법안(Asia Reassurance Initiative Act)을 통해 아시아 국가들과 광범위한 정치적 역량 강화와 군사 분야 관계를 심화하는 데 15억 달러를 제공했다.[153] EU 역시 아시아와 자체 '연결성(Connectivity)' 프로그램을 제안했고, 당시 17+1 이니셔티브에 대한 우려가 커지고 있음을 표명했다. 유럽 의회는 2018년 당시 EU-중국 관계에 대한 결의안을 채택하면서 회원국들이 특히 '일대일로'와 관련된 이니셔티브 참여 시 인권에 대한 민감성,[154] 투명성, EU의 장기 전략적 우선 순위 등을 고려하면서 이런 것들이 더 광범위한 EU-중국 프레임워크 테두리 내에 포함되도록 보장할 것을 촉구했다.[155] 호주와 뉴질랜드는 태평양 도시 지역에서 중국의 경제·안보적 영향력 증대를 우려하면서 양국 간 외교·경제적 접근을 강화했다. 호주는 태평양 지역 내 13억 9,000만 달러 규모의 인프라 자금 조달 시설을 지원하고 있다. 그리고 일본은 다른 어떤 국가보다도 중국의 인프라 건설 분야에서 대등한 경쟁자다. 예를 들어, 일본의 동남아 프로젝트는 총 3,670억 달러인데 비해 중국 프로젝트는 2,550억 달러라는 것이다.[156] 미국, 일본, 호주는 2018년 인도·태평양 지역 내 3자 인프라 파트너십을 출범시켰고, 2019년에는 고품질 인프라를 보장하기 위한 자문 및 인증 프로그램인 '푸른 점 네트워크(Blue Dot Network)'*를 출범시켰다.[157]

* 푸른 점 네트워크(Blue Dot Network)는 2019년에 설립된 다자간 국제 이니셔티브로, 고품질 인프라 프로젝트를 인증하고 지속 가능한 개발을 촉진하는 것을 목표로 한다. 이 네트워크는 미국, 일본, 호주를 포함한 여러 국가와 경제협력개발기구(OECD)가 협력하여 운영하며 환경적, 사회적, 경제적 지속 가능성을 갖춘 인프라 프로젝트에 집중한다.

파라다이스에 생긴 문제

중국 정부는 BRI가 문제에 직면할 수 있는 잠재력을 잘 알고 있다. 부분적으로 중국 관리들은 기업들이 겪을 수 있는 문제에 대해 걱정했다. 2015년 1월 중국 국무원 개발연구센터는 '일대일로: 평화적 개발의 경제적 연계'라는 제목으로 보고서를 발표했는데, 이 보고서는 BRI 상대국의 정치적 불안정성, 주요 BRI 지역 내 조정 작업을 거치지 않은 국제 무역 정책, 파트너 국가의 자금 부족, 성숙한 투자 및 자금 조달 플랫폼 부족 등 BRI에 잠재해 있는 제반 문제를 파악했다.[158]

앞서 언급했듯이 중국 관리들은 당초 다른 세계가 BRI 이니셔티브를 두고 중국의 압도적 이익을 위해 설계된 것으로 인식할 것을 걱정했다. 시진핑은 BRI가 "원맨 쇼가 아니며", "중국의 뒷마당을 건설하는 것"이 아니라고 주장하며 다른 사람들의 두려움을 달래려 했다.[159] 중국 정부는 자국 학자들이 'BRI의 위대한 의미'라고 강조하는 논문을 발표하는 것을 막았다. 대신 학자들은 이니셔티브의 특정 프로젝트나 경제적 측면에 집중해야 했다. 그리고 2017년 '일대일로 포럼'에 앞서 베이징은 '일대일로' 대한 학술 회의에 대한 유예 조치를 발표했으며, '일대일로'의 중국 중심적 성격 강조, 무슬림 국가와 중국 지방 간의 연결 구별, '일대일로'를 군사 계획으로 묘사하는 것, 중국 과잉 생산 능력에 대한 해결책 또는 인도주의적이기 보다는 경제적 사명으로 설명하는 것 등을 포함하여 민감한 주제를 화제 삼는 것에 대해 금지령을 발표했다.[160]

BRI의 초기 단계에서 베이징 당국은 진정한 '윈/윈' 이니셔티브로 홍보하는 데 크게 성공한 듯했다. 예를 들어, 2017년 최초 정상회담 시 29명의 국가 원수를 포함하여 130개 국 이상의 대표가 포럼에 참석했다. 회의는 국제 참가자들의 열의로 분위기가 한층 고조되었다. 프로젝트가 진행 중이었고, 중국 대부 자금이 유입되었으며, 케냐와 캄보디아와 같은 국가에서는 BRI 투자의 혜택을 직접 확인할 수 있었다. 포럼은 모든 면에서 엄청난 성공을 거두었다.

그러나 2년 후 개최된 제2회 일대일로 포럼(BARF)에서 분위기는 현저히 달랐다. 튀르키예, 폴란드, 스페인, 스리랑카, 아르헨티나, 피지 출신을 포함하여 첫 번째 BARF에 참석한 여러 국가 정상들이 두 번째 회의에는 오지 않았다. 게다가 시진핑은 방어적 태도를 보였다. 시진핑의 발언은 암묵적으로 다양한 비판에 대한 언급이었다. 예를 들어, 그는 중국의 친환경 '일대일로'에 대한 의지와 부패에 대한 '무관용'을 주장했다. BRI 프로젝트의 자금 조달에 대한 비판에 대응하여 중국인민은행 총재 이강(Yi Gang)은 중국 정부가 시장 지향적인 파이낸싱과 투자 시스템을 개발할 것이라고 밝혔다.

한 참가자에 따르면, 포럼은 많은 참가자들이 발언을 할 수 없다는 사실에 불만을 품어 혼란스러웠다는 것이다. 게다가 중국 당국은 국내적으로 해결해야 할 BRI 과제가 있었다. 지난 몇 년 동안, 안방(Anbang)과 HNA Group(하이난항공 그룹)과 같은 부동산, 엔터테인먼트 분야의 많은 중국 기업들이 BRI의 논리를 사용하여 BRI와 직접적 관련이 없는 위험한 지분을 종종 대규모로 축적했다. 제2회 BARF에 앞서 베이징 당국은 이들 기업들로 하여금 지분 매각을 강요하기 시작했고, BRI 프로젝트를 더 큰 틀에서 합리화하여 이니셔티브와 직접적 관련이 없는 프로젝트를 제거하려 했다.[161] 이는 BRI가 얼마나 오도되었는지를 여실히 보여주고 있는 것으로서 비용면에서도 시간적으로도 상당한 낭비였다.

BRI의 배후에 있는 두 강력한 대출 기관인 중국수출입은행(The Export-Import Bank of China, EXIM)과 중국 개발은행(China Dvelopment Bank, CDB)이 실행한 중국 BRI 부채 지속 가능성 모델에 대한 비판에 대응하기 위해 중국 재정부는 2019년 말 세계은행과 IMF를 모델로 삼아 부채 지속 가능성 프레임워크 하나를 발표했다. 그러나 글로벌 개발 센터의 마크 플랜트(Mark Plant)와 스콧 모리스(Scott Morris)에 따르면, 중국 재정부의 프레임워크는 디테일이 충분하지 않으며 중국 은행들의 참여를 요구하지 않는다고 했다.[162] 또한 중국은 역량 강화, 프로젝트 준비와 정보 공유에 집중할 10개 국제기구를 파트너로 하는 새로운 '다자간 개발 금융 센터(Multilateral Center for Development Finance)'를 제안했다. 그러나 이 역시 외부 관측통들로부터 회의론에 직면했는데, 이들은 이 이니셔티브가 다른 조직을 진정으로 참여시킬지 의심했다.[163] 중국의 세 번째 개발은행인 아시아 인프라 투자은행(AIIB)은 프레임워크 조건을 충족할 수 있는 좋은 위치에 있다. 그러나 AIIB의 BRI 대출은 국가개발은행과 중국수출입은행에 비해 너무 적었다. (2018년 기준으로 10억 달러가 조금 넘었지만 다른 두 은행은 단 1년 만에 1,000억 달러 규모임)[164] 따라서 새로운 프레임워크와의 협력에 대한 실제적 영향은 무시해도 될 정도다.

자업자득

제2회 BARF 이후 4년이 지났지만 중국의 '일대일로' 개발과 거버넌스 관행에 실질적인 변화가 일어났다는 징후는 거의 없다. BRI 프로젝트의 85%는 온실 가스인 이산화탄소의 상당한 배출을 수반하는 것으로 보고되었으며, 청정에너지 프로젝트가 확대되고 있음에도 불구하고 석탄 화력 발전소 건설은 수그러들지 않았다.[165] 2020년 동남아 기업들과 공공 부문 엘리트 1,300명 이상을 대상으로 실시한 여론 조사에 따르면 약 2/3가 중국의 '새로운 접근 방식'이 긍정적인 결과를 가져올 것인가에 대해 "거의 또는 전혀 확신하지 못한다."라고 밝혔다. 중국에 가장 가까운 상대국인 라오스, 캄보디아의 엘리트들조차 회의적이었다.[166] 소규모 유럽 국가 그룹인 17+1 내에서 BRI에 대한 지원도 감소했다. 중부와 동부 유럽 내 중국 관찰자 그룹이 2020년 4월 발표한 보고서에 따르면 BRI 기간 중 17+1 그룹에 속한 모든 회원국에서 대중 무역 적자가 늘었다고 했다. 또한 BRI 투자에 대한 과장된 홍보와 약속에도 불구하고 헝가리, 체코, 슬로바키아, 폴란드를 제외하면 대부분의 국가는 중국으로부터 받은 해외직접투자(FDI)는 미미했다.[167] 중국이 벨라루스와 헝가리 등 권위주의 정권 회원국들과 정치적 유대 관계를 계속 강화하는 동안 이 그룹의 민주주의 회원국들은 중국과의 교류에 점점 더 신중을 기하고 있고, 중국의 투자와 EU, 미국과 한층 긴밀하게 연계된 전 세계 정치적 또는 안보적 이익 간의 균형을 유지하려고 노력하고 있다. 2021년 2월 17+1 정상 회담은 널리 실패로 간주되었는데, 그 이유는 최종 합의 문서가 없었고 6개 회원국이 최고 지도자를 파견하지 않았기 때문이다. 리투아니아는 6월 프레임워크에서 완전 탈퇴했고, 1년 후인 2022년 8월 에스토니아와 라트비아도 이 그룹에서 탈퇴했다.

호텔 캘리포니아가 아니다

그리스 초대 국가 안보 고문인 알렉산드로스 디아코풀로스(Alexandros Diakopoulos) 해군 중장의 작고 허름한 사무실에 있을 때, 필자는 웃음을 터뜨렸다. 그는 필자와 그리스와 중국 관계에 대해 논의하는데 호의적으로 동의했다. 그리스가 17+1 프레임워크에 참여하는 것에 대한 필자의 질문에 그는 "호텔 캘리포니아가 아니다."라고 답했다. 이글스의 같은 노래 제목을 재치 있게 인용한 것으로 노래 가사 중에는 "언제든지 체크 아웃할 수 있지만, 결코 떠날 수는 없다."라는 대목이 들어 있다. 디아코풀로스는 그 위치에서 물러났기 때문에 그 그룹에 참여하는 데 대해서는 아무런 피해가 없음을 지적하면서, "그리스에 아무것도 약속하지 않았고 그리스는 언제든지 떠날 수 있다. 가입에 대한 논쟁은 없었고 모두가 원했다. 그리고 참여는 우리의 조건에 따른다. 하지만 그리스는 소국이고 외국 투자가 필요하다."라고 언급했다. 그리스의 유력 일간 카티메리니(Kathimerini)지의 톰 엘리스(Tom Ellis)는 "그리스는 투자가 필요하다. 서방에서 투자가 들어오면 좋겠지만, 많은 미국과 유럽 기업들은 전망을 평가하고는 그리스를 기다리게만 하는 것은 옳지 못하다. 누구의 투자도 환영한다. 그 투자가 자신들의 전략적 이익을 위해서 한다 해도 그건 어디까지나 그들의 비즈니스이다."라고 언급했다.

사실, 중국의 2016년 피레아스 투자 이후 양국은 간헐적이나마 협력을 확대해 왔다. 2019년 11월 시진핑은 그리스를 방문하여 키리아코스 미초타키스(Kyriakos Mitsotakis) 신임 총리와의 관계를 강화했다. 미초타키스는 상하이에서 방금 돌아온 상태였고, 시진핑은 그리스가 "서방으로 향하는 중국 상품의 환적(換積)을 위한 물류 센터가 될 수 있음"을 제안했다. 그리스 보수 정부는 18개월 동안 동결되었던 중국의 투자, 6,700만 달러를 승인했다. 그리스와 중국 지도자들은 피레아스를 유럽 최대 항구로 만들 계획이었다.[168] 이미 유럽으로 향하는 중국 수출품의 약 10%가 피레아스를 경유하고 있었다. 아테네는 중국해운(COSCO, 중국 해양운송회사)의 신규 투자 약속에 대한 지지를 재빨리 표명했고, 시진핑은 이를 '용의 머리'라고 불렀다. 이 말은 몇 년 전 중국 대사가 바루파키스(Varoufakis)에게 한 말을 인용한 것이다. 피레아스의 추가 개발에 최대 6억 6,000만 달러가 투자가 진행될 예정이었다. 그러나 중국의 야망은 훨씬 더 컸다. 중국은 에너지, 운송, 은행업에 대한 투자로 확대하고자 했다. 그러면서 중국은 역할이 부각되지 않도록 유의했다. 일부 국가에서 중국의 존재감이 매우 두드러진 경우도 있으나 그리스는 그렇지 않았다. 필자가 피레아스 항구 방문 시 무엇보다도 중국인의 존재감이 두드러지지 않았다는 사실에 충격을 받았다. 주요 항구 입구에 COSCO(중국 해양운송공사) 이름이 그리스 항구 조직과 동등하게 다뤄진 작은 표지판만 설치되어 있었다. 미초타키스 그리스 총리는 자국의 미래가 중국의 미래와 연계되어 있다고 보는 시각을 갖고 있는 듯했다. 그는 COSCO 회장 쉬리롱(Xu Lirong)과 대화하면서 "많은 이들이 대(對)그리스 투자에 전망이 없다고 생각할 때 COSCO사와 중국 전체가 우리를 믿고 투자했다."라고 했다. 그리고 일주일 후 시진핑과 만났을 때, 그는 "이제 우리나라가 다시 발전하고 있고 우리 주변 지역만 아니라 유럽 전체에서도 주도적인 역할을 되찾고 있다. 우리는 단순한 파트너가 아니다. 우리는 공동의 목표를 키워가고 있다."라고 말했다.[169] 중국은 외교에서 특히 효과를 거두었다. 그리스 관리들과 필자가 가진 수차례의 토론 때 이들은 중국이 그리스를 유혹하기 위해 '두 고대 문명(그리스와 중국 문명)' 중 하나로 관계를 규정하려고 노력했음을 지적했는데, 이는 고대 자신들의 공헌에 큰 자부심을 가진 작은 나라에 어필하는 개념이다.

중국은 또한 상당히 효과적이고 인기가 있는 장치웨(章啓月, Zhang Qiyue) 대사를 그리스에 파견했는데 그는 자신의 동료들이 다른 유럽 국가에서 일으킨 외교적 풍파를 회피할 수 있었던 인물이다.

그러나 피레아스 투자를 둘러싼 두 나라 간 갈등이 증폭되고 있다는 증거도 있었다. 중국이 항구에 대한 지분을 늘리려 하는 2021년 8월 마감일이 다가오자 그리스 정부는 베이징이 2016년 협정에서 의무화한 대로 항구의 용량 확장을 위한 적절한 허가를 확보하지 못했음을 주장했다. 동시에 미초타키스 정부는 특히 그리스 노동자들의 상당한 반대 때문에 신규 허가를 내주는 것을 꺼렸다고 한다. 일간 카티메리니지의 한 기사는 COSCO와 여러 그리스 주체 간 9가지 분쟁 건을 자세히 설명했는데, 그중에는 COSCO가 조선소를 건립하고 운영하기 위한 허가를 취득하고자 하는데, 이렇게 되면 현지 조선소는 하청업체로 전락하게 될 것이라는 점도 포함되어 있다. 크루즈 부두 신규 건설 건도 상당한 국민적 반대에 직면하여 중단되었다.[170] 2022년 3월 그리스 최고 법원인 국가 평의회는 COSCO가 필요한 환경 영향 평가를 제대로 이행하지 못했다는 이유로 중국의 항구 확장을 일시적으로 중단했다. 중국 연구 학자 플라멘 톤체프(Plamen Tonchev)가 필자에게 말했듯이, 피레아스의 분위기는 강한 '독성'을 뿜고 있고 COSCO를 '중국 황제'라고 부르기도 한다고 했다.

유럽, 특히 발칸반도에서 그리스가 리더가 되었으면 하는 미초타키스의 열망과 대미 관계는 중국에 대한 그리스의 정책 재조정에도 기여하고 있다. 국가안보 보좌관 디아코풀로스(Diakopoulos)는 필자에게 해군 강국으로서 그리스 역사, NATO 내에서의 위상, 발칸반도 내 리더로서 열망의 중요성을 분명히 했다. 그는 COSCO와 중국이 아니라 그리스가 PLA에 항구 방문을 허가할 권리를 유지하고 있음을 지적했다. 그리고 그리스가 NATO에 대한 공약을 할 것이라는 데는 의문의 여지가 없었다. 그는 "그리스는 항상 미국과 좋은 관계를 유지할 것이다. 법치 기반 국제 질서는 미국에 달려 있으며 그리스는 자연스러운 동맹이다."라고 말했다. 그럼에도 불구하고 디아코풀로스는 "그리스가 어떤 주요 강대국과도 거리를 둘 여유가 없다. 그리스는 작고 약하다. 중국은 매우 멀리 떨어져 있으며 그리스는 미국이 가지고 있는 것과 같이 중국에 대한 위협 인식을 가지고 있지 않다."라고 반복했다.

그리스의 경제 외교 및 개방 담당 외무 차관인 코스타스 프라고기아니스(Kostas Fragogiannis)는 항구가 변형되었지만 상당수의 그리스인을 고용하고 있으며(일부 국가처럼 중국인은 아님) 그리스의 안보나 가치에 대한 타협은 없었다고 강조했다. 외무부에서 직책을 맡기 전에 매우 성공적인 사업가였던 프라고기아니스는 민주주의가 그리스에서 태어났음을 상기시켰다. 2019년 10월 그리스가 신장 위구르족 무슬림에 대한 중국의 정책을 비난하는 데 유럽 연합 회원국 대부분과 합류하기를 다시 거부했던 것에 대해 신장에 대한 그리스의 투표를 그에게 물었을 때에[171] 그는 보좌관에게 답을 미뤄가면서 상황을 살펴보라고 했다.

필자가 국가 5G 네트워크 구축에 화웨이 기술을 배치하는 것에 대한 그리스의 의향에 대해 물었을 때 그는 한층 확고한 입장을 밝혔다. 2020년 2월까지 화웨이는 이미 두 개의 5G 파일럿 프로그램을 진행 중이었다. 하나는 그리스 중부의 산악 지역에 있는 트리칼라에서, 다른 하나는 해안가 마을인 칼라마타에서 진행 중이었다. 화웨이는 15년 동안 그리스에 많은 투자를 했고, 통신 장비 시장의 50%를 점유하고 있었다.[172] 프라고안니스(Fragogiannis)의 답변은 다소 모호했다. 그는 그리스가 결코 유럽의 가치나 우방국 및 동맹국의 안보를 손상시키지 않을 것이라고 언급했다. 그러나 '다른 한 편인 당사자'의 체면을 지키는 것도 중요했다고 했다. 2020년 3월 그리스 최대 통신 공급업체인 COSMOTE는 5G 네트워크 구축 업자로 스웨덴의 에릭슨(Ericsson)을 선정했다고 발표했다.[173]

미국이 외교·경제적으로 끌어안기 방식 접근을 강화함에 따라 그리스와 미국의 관계의 역할이 중국-그리스 파트너십의 윤곽을 더 드러내게 했다. 직업 외교관 출신의 그리스 주재 미국 대사 죠프 파이앳(Geoffrey Pyatt)은 미국이 2018년 테살로니키 국제 박람회에서 특별 참가국이 되도록 하는 것을 비롯하여 양자관계 강화를 위해 적극적인 노력을 기울였다. 파이앳 대사는 미국관을 설치하여 미국의 상징인 실리콘 밸리 기업 여럿을 참가하도록 했다. 미국관에는 디지털 인플루언서 허브의 일부로 전 세계의 소셜 인플루언서들이 참여했고, 또 다른 이벤트에서는 구글, 씨스코, 파이자와 같은 미국 기업이 혁신 허브로 집결했다. 파이앳(Pyatt)은 다른 어떤 나라도 이전에 이와 같은 일을 한 적이 없다고 했다. 파이앳은 또한 그리스와 미국의 고위 지도층 인사들로 하여금 한층 더 강력한 수준의 참여를 권장했다. 폼페이오 국무장관은 2019년 10월 초 그리스를 방문하여 두 NATO 동맹국으로 군사적 관계를 격상했다. 양국은 미국이 크레타 소재 심해 해군 기지를 확장하고 헬리콥터 조종사를 위한 시설과 드론(Drone) 기지를 건설할 수 있도록 허용하는 새로운 협정에 서명했다. 또한, 알렉산드로폴리스에 새로운 해군 및 공군 기지가 들어설 예정이다. 미국 의회는 그리스 군에 대한 미군 훈련과 군사 장비 구입 자금 확대를 내용으로 하는 법안(EastMed Act)을 추가로 통과시켰다. 나아가 폼페이오는 키프로스로 인정된 지중해와 에게해 해역에서 터키가 시추를 하는 것은 '용납 불가'라는 그리스의 주장을 지지했다. 미초타키스는 워싱턴이 이란의 카셈 솔레이마니(Qasem Solei mani) 준장을 암살하기로 한 결정을 지지하며, "우리는 미국과 동맹이므로 어려운 시기에 동맹의 편에 설 것이다."라고 언급한 바 있다.[174]

2020년 9월, 미국 관리들은 그리스로 돌아왔다. 이번에는 미국 국제개발금융공사(IDF)의 아담 뵐러(Adam Boehler) 사장이 총리를 만났는데, 피레아스에서 불과 8마일(약 12.87km) 떨어진 엘레프시나에 소재한 그리스 내 두 번째로 큰 조선소에 투자하겠다는 미국의 관심을 표명하기 위한 것이었다. 또한 미국 기업들은 미군기지 인근 알렉산드로폴리 항구에 대한 지분을 인수하고 싶어한다는 의사를 표명했다. 그리고 중국의 최고위 외교 장관인 양제츠와 미국 폼페이오 국무장관은 같은 달에 그리스를 방문했다. 양 장관은 피레아스에서 지분을 확대하려는 COSCO의 노력에 대한 진전을 장려했고, 폼페이오는 그리스를 미국이 주도하는 클린 네트워크에 가입시켜 신뢰할 수 있고 안전한 통신 인프라를 보장했다.[175] 이는 그리스가 화웨이와 협력하지 않고 '중국 공산당과 같은 악의적인 행위자'가 제공하는 광범위한 '신뢰할 수 없는' 기술에 대한 노출을 제한하기로 한 결정을 확인하는 것이었다.[176] 그리스는 현재 미 해군이 보유한 전함 중 하나인 허셜 윌리엄스(Hershell Williams) 함정의 자랑스러운 본거지이다.

현재로서는 인구가 1,100만 명도 되지 않는 그리스가 세계 양대 강대국들의 구애와 유혹을 즐기면서 한쪽 편을 드는 상황을 피하고 싶어하는 듯하다. 어느 국회의원은 결국 그리스의 이익은 미국에 있다는 신호를 보내는 듯했다. "우리는 그리스에 대한 중국의 투자를 감사하게 생각한다… 물론 미국과의 관계는 매우 길고 역사적이며 매우 중요하면서도 다면적이다. 왜냐하면 미국 내 활기찬 그리스 교민사회가 있기 때문이다. 유럽의 다른 많은 국가들과 마찬가지로 우리는 중국의 투자를 환영하는 바이나… 대서양 지향성(미국과의 관계)을 희생해서는 안 된다."[177]라고 했다. 그럼에도 불구하고, 전 치프라스 총리의 정부 관리인 칼파다키스(Kalpadakis)가 지적했듯이, "피레아스는 용의 머리만 아니라 몸통까지 집어넣었다."

결론

'일대일로(BRI)'는 '중국 위대한 부흥'이라는 시진핑의 꿈을 절묘하게 구현한 것이다. 이는 중국을 국제 시스템의 중심에 위치시킴으로써 중국의 물리적, 재정적, 문화적, 기술적, 정치적 영향력이 전 세계로 흘러 나간다는 사실이다. 새로운 철도와 교량, 광섬유 케이블과 5G, 그리고 군사 기지를 위한 잠재력이 있는 항구로 세계 지도의 세부 사항을 다시 그리는 것이다. 그것은 인터넷 거버넌스, 안전한 도시, 미디어 콘텐츠에 대한 역량 구축을 통해 정치적 가치를 공유하는 플랫폼이기도 하다. 중국은 BRI를 다자간 협정과 글로벌 이니셔티브로 묘사하려고 했다. 그러나 현실은 상당히 다르다. BRI는 중국 프레임워크 개념에 따라 체결된 종종 불투명한 양자 협정의 모음이다. '일대일로 포럼'은 중국 중심성에 대한 인상을 더욱 짙게 만드는데 일례로 세계 각국 수반들은 탄원자로서 중국과 거래를 모색하기 위해 방문한다. 14+1과 같은 그룹조차도 중·소 규모의 국가들이 공통으로 협상하기 위해 단결하기보다는 중국의 호의를 확보하기 위해 서로 경쟁하는 것을 장려하는 분위기다.

BRI는 전 세계적으로 소득 수준을 올리고 인프라를 현대화하는 데 어려움을 겪었던 국가에 절실히 필요로 하는 투자를 할 수 있는 잠재력이 있다. 파키스탄과 같은 일부 국가는 BRI로 인해 새로운 에너지 프로젝트, 도로, 철도, 과다르 항구와 디지털 인프라의 대대적인 업그레이드가 이뤄져 변모하고 있다. 피레아스 항구는 유럽 최고의 항구 중 하나가 되었고 세계 상위 50위 안에 들게 되었다. 그리스 관리들은 당연히 BRI 투자에 대해 낙관적인 입장을 취하고 있다. 브라질 관리들도 마찬가지로 BRI를 인프라, 혁신, 지속 가능성과 같은 광범위한 이니셔티브를 토대로 중국과 협력할 수 있는 기회로 보고 있다. 이들은 또한 중국이 각국에서 원하고 필요로 하는 것에 대해 '경청'하려는 의지를 갖고 있는데 대해 열광한다.

동시에 BRI 호스트 국가들은 종종 BRI 자금 지원에 수반되는 외부 효과, 즉 불투명한 거래, 환경 파괴 및 오염 증가, 사회적 영향에 대한 관심 부족에 대해 의구심을 나타낸다. 대출의 투명성 부족으로 인해 중국 당국은 협상에서 우위를 점하나 부패를 조장한다. 인프라 건설 프로젝트를 둘러싸고 대중적인 시위가 확산되었는데, 특히 말레이시아, 파키스탄, 탄자니아 등의 새 지도자들은 중국과의 불리한 거래 조건을 뒤집거나 재협상하고자 했다. 동시에 BRI는 파키스탄과 같은 다른 국가들이 수익이 초기 투자에 못 미치는 프로젝트로 인해 어려움을 겪고 다른 국제 대출 기관으로부터 추가 부채 탕감을 모색하기까지 이르게 했다. 많은 중국 기업과 공무원들은 상대국의 국내 정치 및 경제 상황에 대한 이해 부족으로 인해 BRI 프로젝트에 대한 최적이 아닌 결과가 초래될까 전전긍긍하고 있다. 베이징은 이러한 우려 사항을 해결하겠다고 약속은 했지만, 여론 조사는 중국이 진로를 변경해야 한다는 데는 설득력이 결여된 것으로 생각하는 결과가 대부분이다.

마지막으로 BRI는 글로벌 경쟁의 중요한 원천이 되었다. BRI는 유럽과 아시아의 다른 선진국들과 미국이 '일대일로'와 경쟁하기 위해 자체 인프라와 연결된 프로젝트를 개발하도록 활력을 불어넣었다. 호주, 인도, 그리고 범 유럽 경제권은 자국의 인프라 수요에 더욱 주의를 기울이고 있다. 특히 일본은 아프리카와 동남아 등지에서 중국의 BRI 투자에 대한 대안을 제공하며, 이 지역에서는 중국을 제치고 가장 큰 인프라 투자원이 되었다. 미국은 BRI를 지정학적 경쟁의 관점에서 바라보고 있으며, 중국의 BRI 거버넌스 관행에 대해 공개적으로 비판해 왔다. 다른 국가들이 BRI 자금을 수용하지 않도록 설득하는 노력을 기울여 왔다. 워싱턴은 점점 더 디지털 실크로드에 에너지를 집중하고 있다. 다음 장에서 밝히겠지만, 중국은 21세기 인프라를 만드는 데 진정으로 변혁적인 역할을 할 준비가 되어 있다는 사실이다.

05

벽돌(건축)에서 비트(디지털 혁명)에 이르기까지

05

벽돌(건축)에서 비트 (디지털 혁명)에 이르기까지

2020년 5월 중국 정부는 1조 4,000억 달러 규모의 디지털 인프라 개발 5개년 계획을 발표하였고 언론은 이를 헤드라인으로 다뤘다. 이 계획에는 중국의 5G 네트워크 확장, 인공지능(AI) 그리고 데이터 센터, 사물 인터넷 활용을 위한 기금이 포함되어 있다. 그리고 도시들도 각자 교통시스템부터 학교, 또 보건 의료에 이르기까지 데이터 베이스를 통합함으로써 디지털 '도시 두뇌(city brain)' 구축과 같은 자체 프로젝트를 발표하는 등으로 합류했다.[1] 알리바바, 화웨이, 텐센트 등 중국의 기술 선도적인 기업들이 대부분 이 일을 떠맡게 될 것이라 했다. 이 계획은 확실한 것이었다. 중국의 정부의 지시로 혁신은 중국 내 풍부한 사업가의 재능과 결합하여 중국의 기술 생태계를 다음 단계로 끌어올리는 것이었다. 중국 정부 지도자들이 뜻한 바대로 하게 될 경우, 이러한 기술과 기술 플랫폼들은 글로벌 차원으로 확산될 것이다. 중국은 21세기 세계 디지털 인프라의 표준을 정할 준비가 되어 있었다.

이는 벌써 성과를 내고 있는 베팅이었다. 일상 생활에 편리함을 가져오는 기기로부터 인공지능 기반 자율 드론에 이르기까지 중국은 자국 기업들과 기술 그리고 표준이 디지털 세계로 향하는 경로의 규칙을 설정함으로써 글로벌 기술 리더십을 선도하는 길을 개척하고 있다. 베이징 대학(PKU)의 젊은 대학원 재학생은 기술이 자신의 삶을 바꿔 놓았다면서 필자와 일부 의견을 공유했다. 이 남학생은 학교에서 택배를 받을 때면 어느 우체국에서 그것을 찾을 수 있을지 문자로 연락받는다. 그리고는 ATM 비슷하게 생긴 기계로 가서 자신의 코드를 타이핑하게 되면 잠긴 문이 열리고 택배를 찾게 된다. 수업 중에도 인근 상점에서 음료와 간식을 주문하고 쉬는 시간에 밖에서 기다리는 배달원들로부터 주문한 것들을 찾는다. 캠퍼스에 들어갈 때도 학생증을 찾느라 뒤적거릴 필요가 없는데, 안면 스캔으로 문제가 해결되기 때문이다. 과제물 제출도 위챗(WeChat)을 통해 하는데 위챗은 중국 거대 인터넷 기업인 텐센트*가 개발한 메시징 서비스로 저녁 식사 예약, 병원 진료 예약으로부터 시작하여 신문 읽기까지 모두 가능하다.

물론 현금을 지불하기 위해 실제 지갑을 꺼낼 필요도 없다. 위챗 페이(WeChat Pay)와 알리페이(Alipay)**의 전자 지불 시스템이 중국을 현금이 없는 사회로 변모하게 하고 있다. 위챗 페이는 하루 10억 건 이상의 거래를 처리한다. 현지 식료품점과 길거리 음식을 파는 이들도 모바일 결제를 위해 QR 코드

---

* QQ와 위챗(WeChat)은 모두 중국의 IT 기업 텐센트(Tencent)가 개발한 인기 있는 커뮤니케이션 플랫폼이다. QQ는 1999년에 출시된 텐센트의 초기 메신저 서비스로 그 기능은 문자 및 음성 채팅, 파일 공유, 화상 통화, 게임, 음악 스트리밍 등 다양한 기능을 제공한다. 현재 QQ는 PC와 모바일에서 모두 사용 가능하며, 소셜 네트워킹과 엔터테인먼트 기능을 강조한다. 위챗(WeChat)은 2011년 출시된 모바일 메신저 앱으로 시작되었고, 그 문자 및 음성 채팅, 음성 및 영상 통화, 사진 및 동영상 공유, 결제 서비스(위챗 페이), 소셜 미디어 기능(모멘트), 게임, 영화 및 미니 프로그램 등 다양한 기능을 제공한다. 현재 전 세계적으로 10억 명 이상의 사용자를 보유하고 있으며, 중국 내에서는 필수 앱으로 자리 잡았다. 두 플랫폼은 서로 다른 사용자층과 목적을 가지고 있으며, 위챗은 일상생활의 필수 앱으로, QQ는 주로 엔터테인먼트와 커뮤니케이션에 초점을 맞추고 있다. 모 기업 텐센트(Tencent)의 공동 창업자이자 현재 회장 겸 CEO인 마화텅(馬化腾, Pony Ma)은 중국의 기업가로, 1971년 중국 광둥성에서 태어나 선전 대학에서 컴퓨터공학을 전공했다. 그리고 1998년 장즈둥(Tony Zhang)과 함께 텐센트를 설립하며 중국 IT 산업의 선구자로 자리 잡았다.

** 1999년에 알리바바 회사를 설립한 마윈(馬雲, Jack Ma)은 중국의 대표적인 기업가다. 알리바바 그룹은 현재 전자상거래, 클라우드 컴퓨팅, 디지털 결제 등 다양한 분야에서 활동하며, 세계적인 IT 기업으로 성장했다. 마윈은 알리바바를 통해 중국의 중소기업들이 글로벌 시장에 진출할 수 있도록 지원하며, 중국 경제의 디지털화를 이끌어냈다. 그는 알리페이(Alipay)를 개발하여 중국의 모바일 결제 혁명을 주도했다. 그는 2020년 중국 정부와의 갈등으로 인해 경영에서 물러났지만, 최근 다시 활동을 재개하며 AI와 클라우드 기술에 집중하고 있다. 알리바바 그룹은 다양한 글로벌 투자자들로부터 지원을 받으며 성장해 왔는데, 초기에는 일본 손정의(孫正義) 소프트뱅크(SoftBank)가 주요 투자자로 참여했고, 골드만 삭스(Goldman Sachs)와 같은 기관 투자자들도 알리바바의 초기 성장에 도움을 줬다. 또한, 대만계 기업가인 조셉 차이(蔡崇信, Joseph Tsai)는 알리바바 그룹의 회장이자 공동 창립자로 알리바바의 글로벌 전략과 투자 활동을 이끌고 있다. 그리고 야후(Yahoo)의 공동 창립자였던 제리 양(Jerry Yang)도 알리바바의 독립 이사로 활동하며 회사의 전략적 방향에 기여한다. 이 외에 알리바바 그룹의 CEO인 에디 우(Eddie Wu), 알리바바 그룹의 사장인 J. 마이클 에반스(J. Michael Evans)가 경영진으로 참여하고 있다. 결국 알리바바의 성장에 대만계 미국인 IT CEO와 소프트뱅크 손정의의 참여가 알리바바를 국제적 기업으로 도약시키는 기회가 되었다.

를 사용하고 있다. 그리고 신기술 경로를 개척하는 것은 단순히 중국의 소비재 및 서비스 분야만이 아니다. 중국의 인프라는 세계적 수준이다. 베이징에서 텐진까지 가는 고속열차는 부드럽고 조용함에도 최고속도는 시속 200마일(321.87km)이다. 뉴욕에서 워싱턴 DC까지 가는 암트랙(Amtrak) 특급인 아셀라(Acela)가 중국을 따라가려면 한참 멀었다. 아셀라를 타고가는 DC 여행은 조용하지도 부드럽지도 않고 최고 속도는 시속 150마일(약 241.4km)이다.

중국 기술도 글로벌화되고 있다. 알리바바, 화웨이*, 샤오미**, 텐센트 그리고 현재 성공적 소셜 미디어 플랫폼인 틱톡을 보유한 바이트댄스(ByteDance)***가 한때 애플, 구글, 마이크로소프트, 페이스북이 그랬던 것처럼 전 세계 각국 수도 전역에 알려지고 있다. 화웨이는 아프리카 4G 통신 네트워크의 70%를

---

* 화웨이는 1987년 중국 구이저우성 출신으로 충칭 대학을 졸업해 인민해방군에서 근무하던 런정페이(任正非, Ren Zhengfei)가 설립한 IT관련 설비회사였다. 가난한 농촌에서 자란 그는 인민해방군의 공병대 경험을 토대로 PBX 장비 판매에서 출발해 연구개발(R&D) 투자와 4G 및 5G 기술 선도 및 스마트폰 제조, 통신 장비 제조, 클라우드 컴퓨팅, AI 등 첨단 기술 분야에서 성과를 통해 화웨이를 세계적 기술 기업으로 성장시켰다.

** 샤오미(Xiaomi)는 레이쥔(雷軍, Lei Jun)이 2010년에 설립한 중국의 다국적 전자제품 제조 회사다. 레이쥔은 1969년 중국 후베이성에서 태어나 우한 대학에서 컴퓨터공학 학사 학위를 취득했으며, 킹소프트(Kingsoft)에서 CEO로 활동하며 IT 업계에서 경력을 쌓았다. 그는 샤오미를 설립하며 "고품질의 기술 제품을 합리적인 가격에 제공한다."는 비전을 내세웠는데, 2010년 설립 당시 샤오미는 안드로이드 기반의 MIUI 운영체제를 개발하는 데 집중했다. 그리고 2011년 첫 스마트폰 'Mi 1'을 출시하며 고사양과 합리적인 가격으로 주목받았다. 2014년 샤오미는 중국 최대 스마트폰 공급업체로 자리 잡았으며, 인도, 동남아시아, 유럽 등 국제 시장으로 빠르게 확장했다. 샤오미는 현재 세계 3위 스마트폰 제조업체로 삼성과 애플에 도전하고 있다. 2018년에는 홍콩 증권거래소에 상장하며 글로벌 기업으로서의 입지를 강화했다. 샤오미는 스마트폰 외에도 스마트 TV, 공기청정기, 웨어러블 기기, 로봇 청소기 등 스마트 홈 생태계를 구축하며 소비자 전자제품 시장에서 강력한 입지를 확보하고 있다. 샤오미는 '좁쌀(小米, Xiaomi)'이라는 이름처럼 작은 시작에서 출발했지만, 현재는 전 세계적으로 영향력을 미치는 기업으로 성장했다.

*** 틱톡(TikTok)은 중국의 IT 기업 바이트댄스(ByteDance)가 개발한 세계적인 숏폼 동영상 플랫폼인데, 바이트댄스는 2012년 장이밍(張一鳴, Zhang Yiming)에 의해 설립되었으며 AI 기술과 빅데이터를 활용한 콘텐츠 추천으로 유명하다. 장이밍은 1983년 중국 푸젠성에서 태어나 난카이대학교에서 소프트웨어 공학을 전공했는데, 그는 2012년 바이트댄스를 설립하여 AI 기반 뉴스 플랫폼 진르토우탸오(今日頭條, Jinri Toutiao, Today's Headlines)를 시작으로 다양한 혁신적인 서비스를 개발했다. 그리고 2016년 틱톡의 중국 버전인 더우인(抖音, Douyin)을 출시하고, 2017년 글로벌 버전인 틱톡을 선보이며 세계적인 성공을 거두었다. 바이트댄스는 틱톡 외에도 다양한 애플리케이션을 운영하며, AI와 데이터 기술을 바탕으로 콘텐츠 제공 방식을 혁신했는데, 주요 서비스는 더우인(Douyin: 틱톡의 중국 버전), 진르 토우탸오(Jinri Toutiao: AI 기반 뉴스 추천 플랫폼), 시과 비디오(Xigua Video: 동영상 공유 플랫폼), Lark(기업용 협업 툴) 등이 있다.

제공하고 있으며, 그리고 선전(深圳)에 기반을 둔 트랜션(傳音控股, Transsion Holdings)에서 생산하는 다국적 스마트폰은 전 세계 개도국들 어디에서나 찾아볼 수 있다. 세계 어느 곳이든 화교 커뮤니티가 있으면 중국 기업들은 고객들에게 중국 기술의 편리함을 누릴 수 있도록 배려하고 있다. 위챗 페이와 알리페이는 미국 드럭스토어 체인점인 월그린스(Walgreens)에서 사용할 수 있고 중국인 학생들은 한국 내 11개 대학에서 위챗 페이로 등록금을 지불할 수 있다. 또한 중국인 기술 기업들은 외국인들에게도 최선의 서비스를 제공하는 방법에 대해 고민하기 시작했다. 위챗 페이는 비자, 마스터 카드를 비롯하여 세계 5대 신용카드 회사와 제휴하여 외국인들도 자신들의 계좌를 위챗 페이 계정과 연동할 수 있도록 했다.[2]

그러나 이 모든 편리함은 '대가'를 수반한다. 감춰진 부분에 중국 정부가 도사리고 있으며, 중국 정부의 영향력은 이러한 기술 개발과 확산 등 모든 요소에 깊숙이 자리잡고 있다. 개인 메시징 시스템으로 보이는 위챗에 대한 중국 정부의 직접 침투 수준은 적어도 개인 정보 보호에 대한 환상에 익숙한 외국인들에게는 충격적일 수 있다. 한 사례를 보면 중국에서 공부하는 한 미국 여성이 시진핑을 비판하는 메시지를 게시했고 이 사용자는 '신뢰받는 중국 시민'이 보증할 때까지 위챗과 위챗 페이가 삭제되었다. 동시에 그녀의 친구는 자신의 계정으로 '의심스러운 활동'을 했다는 이유로 위챗 페이를 사용할 수 없었다. 그는 그녀와의 인터넷 접속이 자신이 이용하는 서비스에 지장을 초래했을 것이라고 의심한다. 중국 이외 지역에서 역할은 더욱 모호하다. 위챗은 세계에서 세 번째로 인기 있는 소셜 미디어 플랫폼이다. 중국 이외의 지역에는 1~2억 명의 위챗 사용자가 있으며, 미국에만 1,900만 명이 사용하고 있다.[3] 일반적으로 중국 전화번호로 등록된 사용자에 대해서만 검열이 이루어질 것이라고 생각하지만, 토론토 대학의 시티즌랩(Citizen Lab)이 조사한 결과에 따르면 위챗은 실제로 외국 사용자들의 콘텐츠를 감시, 수집하며, 이러한 정보를 사용하여 중국에 등록된 계정을 검열하는 위챗 역량을 개발하고 있다고 한다.[4]

철두철미(Top to Bottom)

소비자 기술은 베이징의 폭발적인 글로벌 기술 존재감을 나타내는 것 중 일부에 지나지 않는다. 중국 정부에 있어 진정한 보상은 세계 기술의 중추를 구축하는 기회를 만드는 것이다. 2020년 6월 중국은 미국의 GPS, 러시아의 글로나스(GLONASS) 및 EU의 갈릴레오와 경쟁하는 20년 프로젝트 베이더우(北斗, BeiDou),* 즉 '북두칠성' 위성 항법 시스템 배치를 완료했다. 전 세계적으로 30개 이상의 위성이 배치되어 있는 중국은 더 이상 다른 시스템에 의존할 필요가 없다. 베이더우가 완성되기 전부터 중국 스마트폰의 70% 이상과 중국 택시와 버스, 트럭 등 600만 대 이상이 베이더우 시스템을 사용했다. 베이더우가 중국에 특히 중요한 이유는, PLA가 정밀 유도 미사일과 고급 통신 네트워크를 완전히 중국 국내적으로 통제되는 시스템 내에서 작동할 수 있도록 하기 때문이다. 또한, 베이더우를 통해 중국은 전자전 능력의 일부로 전파 방해가 가능하게 되었다. 중국의 인접국인 태국, 라오스, 파키스탄, 브루나이를 포함한 국가들은 베이더우 시스템을 사용하고 있으며, 파키스탄의 경우 위성 시스템을 활용한 여러 무기 체계를 채택하고 있다.[5] 일부 전문가들은 중국이 자국산 칩으로 구동되는 스마트폰은 어떠한 것이라도 베이더우를 활용하여 추적할 수 있다는 우려를 표명한 바도 있다.[6]

육상으로 돌아와, 중국은 이미 5G 기술의 글로벌 확산 면에 있어 선도국으

---

* 베이더우 시스템은 1994년에 개발이 시작되었으며, 초기에는 중국 내에서 제한적으로 사용되었다. 첫 시험 위성은 2000년에 발사되었고, 이를 통해 중국은 자체 위성항법 시스템을 구축하기 시작했다. 그 발전단계는 3단계로 볼 수 있는데, 1단계(2000~2003년) 초기 시스템은 3개의 정지궤도 위성을 사용하여 중국 내 사용자에게 위치 정보와 문자 서비스를 제공하는 것이었다. 그리고 2단계(2004~2012년)는 아시아-태평양 지역을 대상으로 서비스를 확장하며 14개의 위성을 궤도에 배치한 것이다. 나아가 3단계(2013~2020년)는 글로벌 서비스를 목표로 35개의 위성을 배치하여 전 세계 사용자에게 위치 정보를 제공할 수 있게 하는 것이었다. 현재 베이더우 시스템은 세계 165개국에서 사용되고 있으며, 위치 정보의 정확도는 군사용으로는 10cm 이하, 일반용으로는 5~10m 수준이다. 베이더우는 다양한 궤도의 위성을 사용하지만, 특히 저위도 지역에서 특히 뛰어난 성능을 발휘해 문자 메시지 중계 기능도 가능하다. 중국은 베이더우를 통해 자율주행차, 드론, 스마트폰 등 다양한 산업에서 활용도를 높이고 있으며, 글로벌 시장 점유율을 확대하고 있다.

로 이미 인정받고 있다. 중국 혁신의 중심지인 선전(深圳)은 중국 최초로 완전하게 5G 통신 서비스가 지원되는 도시다.[7] 2020년 5월 디지털 경기 부양책의 일환으로 중국 통신업체는 5G 기지국 60만 개를 설치했다. 이러한 5G 인프라는 베이더우 위성 항법 시스템과 연계된 5G 기술 인프라 플랫폼으로, 관련 기술을 모든 제품에 내장하여 종합적인 프레임 서비스를 제공한다. 각 도시는 중국 자체 기술을 통해 교통, 상업, 통신, 보안, 가전제품 및 서비스를 통합할 수 있게 되었다. 이는 21세기 버전의 BOT(Build, Operate and Transfer: 건설-운영-양도 방식) 모델이다. 트럼프 행정부 말기 5G 관련 미국 정부 핵심 인사였던 로버트 블레어(Robert Blair)는 다음과 같이 지적했다.

> 5G의 진정한 가치는 4G LTE보다 영화를 더 빠르게 다운로드하는 것이 아니다. 5G의 진정한 가치는 4~5년 뒤에 느껴질 것이다.
>
> 진정한 사물 인터넷과 제대로 연결된 경제가 실현될 것이다. 그러한 경제는 산업적 용도를 구축해낼 것이다. 운송 부문에서도 그렇고 보건 의료 부문에서도 시스템이 구축될 것이다. 광업 부문에서도 이용될 것이다.[8]

또한, 중국 기업은 해저 광섬유 케이블 분야에서 세계적인 경쟁력을 갖췄다. 광섬유 케이블 중 약 380개는 대양 해저를 따라 이동하며, 이 케이블이 국제 음성 통화와 데이터 트래픽 중 약 95%를 전송한다.[9] 중국 최초의 해저 광케이블은 1993년 중국과 일본을 연결한 것이다. 오늘날 화웨이 마린(Huawei Marine)은 해저 케이블 시장의 24%를 점유하고 있다.[10] 2018년 백서에서 중국 정부는 구글과 같은 외국 기업들과 경쟁을 인정한 바 있으며, 케이블 설치권 획득이 아프리카 같은 지역에서 중국의 광범위한 외교 전략 중 일부가 됨을 명확히 밝히고 있다.[11] 중국의 베이더우 및 5G 글로벌 망 구축에 따라, 미국과 기타 선진 민주주의 국가들은 중국 기업들이 아프리카와 같은 지역에서 갈등을 빚을 경우 데이터를 감시, 전환하거나 심지어 트래픽을 완전 차단할 수 있다는 점을 우려하고 있다.[12]

중국의 기술 개발과 확산 상태에 대한 국제적 평가는 한결같이 높다. '혁신적인 중국' 제하의 2019년 세계은행 보고서는 전자상거래와 핀테크와 같은 분야에서 알리바바, 디디 추싱*, 화웨이, 텐센트 등 중국 기업들의 리더십을 강조한다. 중국은 또한 고속철도, 재생 에너지, 전기 자동차 및 고부가가치 첨단 기술 제조 부문에서 최고 수준의 플레이어다.[13] 그러나 중국 정부는 수십 개의 중국 기술 기업들을 추가로 대열에 합류하게 할 계획을 갖고 있다. 글로벌 5G 강국으로의 화웨이의 부상에 대해서는 중국이 이를 실현하기 위한 계획 몇 가지 방법을 통해 알 수 있다.

화웨이: 분명히 중국의 미래는 밝다

화웨이 창업자 런정페이(任正非, Ren Zhengfei)는 2019년 11월 선전에서 열린 블룸버그 뉴스 패널에 앉아 화웨이를 수출통제 리스트(Entity List: 미국 기업이 특별 허가 없이는 판매할 수 없는 대상 기업 목록)에 등재하고 제약을 가하려는 미국의 노력에 대해 논의했다. 그는 미국 기술 부문은 에베레스트 산 꼭대기에 있는 반면 중국은 산기슭에 있다고 비유했다. "눈이 녹으면 물이 산 아래로 흘러내려와 농작물과 목초지에 물을 댈 것이다."라면서 런정페이는 다음과 같이 제안했다.

만일, 미국이 산 아래로 물 흘려내는 것을 불허할 경우에는 산기슭에 사는 사람들은 우물을 파서 농작물에 물을 댈 수 있을 것이다…. 그렇게 되면 우리는 히말라야 기슭에서 우물 여러 개를 파서 그 물을 농작물 관개에 사용했기 때문에 미국에 일체 돈이 지불되지 않을 것이다. 우리는 살아남을 수 있다고 믿으나 우물을 파는 일이 우리의 궁극적인 목적은 아니다. 우리는 성공을 공유

* 디디 추싱(滴滴出行, DiDi Chuxing)은 중국의 차량 공유 서비스 기업으로, 알리바바에서 근무한 경험을 바탕으로 청웨이(程维)가 2012년에 설립했다. 디디 추싱은 중국판 우버(Uber)로 불리며 차량 호출, 대리운전, 자전거 공유, 대중교통 서비스 및 개인 차량 공유 서비스 등 다양한 이동 서비스를 제공한다. 디디 추싱은 중국 내 차량 공유 시장에서 우버를 인수하며 독점적인 위치를 확보했고 아시아, 남미 등 글로벌 시장으로 진출하며 영향력을 확대하고 있다. 이 회사는 AI와 빅데이터를 활용한 최적화된 경로 제공 및 안전 관리 시스템을 개발했으며, 전기차와 자율주행 기술에도 투자하며 미래 이동 수단을 준비하고 있다.

하기 위해 미국과 협력하길 원한다.[14]

런정페이는 농작물에 물주는 일을 훌륭하게 해냈다. 2020년 화웨이는 1,367억 달러 이상의 매출 기록을 달성하고, 19만 4,000명 이상의 직원을 고용했으며[15] 5G 보급 분야에서 세계 최고 리더로 인정받았다.

잭 마(마윈)와 같은 많은 중국 기술 CEO들은 자신이 설립한 회사 경영 일선에서 물러나 있거나 복잡성을 더해가는 베이징 내 정치 환경을 헤쳐 나가려고 노력하는 시기에도 런정페이는 여전히 화웨이 운전석에 남아 있다. 그는 1944년생으로 중국에서 가장 가난한 성 중 하나인 구이저우(貴州)성에서 교사 부부의 아들로 자라났다. 그는 대학을 다녔고 격동의 문화대혁명 기간 중 군에 입대했다. 그는 공병대에서 군 복무를 했고, 마침내 'PLA 총참모부 정보 공학 아카데미' 책임자가 되었다. 그는 1983년 중국 정부가 공병대 전체를 해산하면서 제대했는데,[16] 그 후 그는 1988년 화웨이를 설립하기 전까지 국영 '선전 남해석유공사(Shenzhen South Sea Oil Corporation)'에서 수년간 근무했다.

화웨이 회사의 초기 자금 조달에 대한 세부 사항 점검 때 한 계정에서는 화웨이가 정부 지원 대출 850만 달러를 받은 것으로 나왔는데, 이는 화웨이 런정페이가 회사 조직 구조를 공산당 조직 구조를 모델로 삼았기 때문이다.[17] 화웨이란 회사 이름도 'Zhonghua Youwei(中华有为, 中華有爲)' 즉 "중국의 미래는 밝다."라는 애국적 슬로건에서 비롯되었다.

화웨이의 첫 번째 사업은 단순히 홍콩에서 수입한 전화 교환기(switches)를 중국 본토 고객인 호텔과 중소기업들에 주로 판매하는 것이었다.[18] 그러나 1993년 화웨이는 '중국에서 가장 강력한 전화 교환기'를 생산하게 되었고, PLA로부터 계약을 따냈다.[19] 화웨이는 자체 연구시설을 유지하면서 다국적 기업과의 합작 투자나 파트너십은 반대하기로 결정했다. 그럼에도 불구하고, 런정페이는 자신이 서구 기업들로부터 많은 것을 배웠다는 사실을 재빠르게 인정한다. 그는 IBM과 액센추어(Accenture)와 같은 회사들과 협력하여 데이터 시스템, 운영 효율성, 내부 통제 등을 중심으로 화웨이의 경영 관리 프로세스를 개선했다고 했다.[20] 영국 다큐멘터리 제작자와의 인터뷰에서 런정페이는 화웨이가 생존할 수 있는 유일한 방법은 최고로부터 배우는 것이라면서, 미국 정치와 경영 사상을 반영하여 기업을 변화시켰다고 설명한 바 있다.[21] 그가 미국 모델에서 얻은 교훈은 놀랍게도 정치적인 성격의 것들로, 런정페이는 미국 법률 시스템에서 운영을 표준화하고 권력 분립을 통해 기업이 한 사람의 수중에 과도한 권한이 부여되는 것을 방지하는 훌륭한 방법임을 터득했다. 그는 또한 "개인 정보 보호와 관련해 우리가 높이 평가하는 사례에 대해, 화웨이는 애플에게서 배울 것이라면서 이익 추구를 위해 고객의 이익에 손해를 주는 어떤 조치를 취하는 것보다 차라리 화웨이 문을 닫는 것이 낫다."라고 했다."[22] 그리고 런정페이는 1%가 약간 넘는 자신의 화웨이 지분에 대해서 애플의 공동 창업자인 스티브 잡스(Steve Jobs)가 소유했던 애플 지분이 0.58%에 불과했는데 이는 런정페이 자신도 지분을 줄일 필요가 있음을 의미한다고 지적했다.

런정페이의 이야기는 중국 최고위층 관료들의 환심을 사려는 것이기도 했다. 1994년 런정페이는 당시 중국 지도자인 장쩌민(江澤民) 주석을 만나 국내 전화 교환기 산업의 중요성을 인식할 것을 촉구했고, 장쩌민은 이에 동의한 것으로 알려졌다.[23] 런정페이와 화웨이는 곧 외국 기업들과 어떻게 경쟁해야 하는지에 대한 중국 방식의 전형이 되었다. 1996년 우방궈(吳邦國) 부총리는 선전에 있는 런정페이를 찾은 자리에서 외국 기업의 "독점을 무너뜨리고" GSM(Global System for Mobile Telecommunications)과 호환되는 중국산 전화 기술을 개발하라면서 수백만 달러의 대출을 제안했다. 런정페이는 화웨이를 26개 '핵심 개발 프로젝트' 중 하나로 선언한 선전 지방 정부로부터 지원을 받았다. 화웨이가 GSM 탑재 부품 생산을 시작한 후, 우방궈 부총리는 "화웨이가 서구 기업들의 독점을 깨고 중국 국민의 창의적 역량을 강화한 고무적인 성과를 이뤘다."[24]라고 칭송했다.

화웨이의 확장은 신속했고 거침없었다. 작가 제프리 멜니크(Jeffrey Melnik)가 상세히 설명했듯이, 화웨이는 1997년 자체 무선 네트워크 기반 제품을 판매하기 시작했으며 2004년 첫 번째 모바일 핸드셋을, 2009년 첫 번째 스마트폰을 출하했다. 오늘날 이 기업은 각기 다른 분야에서도 3중으로 위협적인데, 우선 무선 이동 통신 서비스를 제공하는데 필요한 무선기술과 통신사 네트워크, 하드웨어와 소프트웨어를 함께 제공하는 기업이자 스마트폰과 같은 소비제품 등을 동시에 생산하기 때문이다.[25]

중국 정부는 화웨이가 부상하는 내내 런정페이의 뒤를 봐주었다. 우선 중국 국내 시장에서 외국 기업들의 경쟁을 제약했는데, 이는 런정페이가 촉구한 사항인 것으로 알려졌다. 실제로 런정페이는 이러한 보호 조치가 없었다면 "화웨이는 더 이상 존재하지 않았을 것"임을 명시적으로 밝힌 바 있다.[26] 중국의 금융 지원도 광범위했다. 유럽의 조사에 따르면 화웨이는 중국국가개발은행(CDB)으로부터 300억 달러의 융자 혜택에 접근할 수 있었던 것으로 나타났다.[27] 그리고 월스트리트 저널은 화웨이가 2008~2018년 사이 약 750억 달러의 보조금을 받은 것으로 추산했다.(이는 2000~2019년간 미국이 시스코Cisco에 제공한 4,450만 달러와 비교됨)[28] 한 미국 회사는 화웨이가 보조금에 의존했다는 이유로 소송을 제기했지만, 이후 시장 접근권 상실을 두려워 한 나머지 소송을 취하했다. 이러한 재정적 지원을 통해 화웨이는 중국 국내 사업을 확장하고 해외 경쟁업체보다 훨씬 낮은 가격으로 입찰에 참여할 수 있었다.

또한, 런정페이는 회사 개발 초기부터 화웨이의 글로벌 입지를 확대해 나갔다. 1999년 화웨이는 인도 벵갈루루에 800만 달러 규모의 해외 소프트웨어 개발 센터를 설립했으며, 러시아, 스웨덴, 미국에도 개발 센터를 두었다. 2001년까지 화웨이 GSM 장비는 중국의 20개 성과 10여 개 국가 3만 개의 기지국에 설치되었다.[29] 런정페이는 화웨이 초기 계약 대부분이 아프리카 지역에서 이루어진 사실을 언급했는데, 이는 화웨이 제품이 서구 기업 제품과 동등한 수준은 아니었으나 아프리카 국가들이 화웨이를 수용했기 때문으로 "경쟁을 벌이던 가운데 모든 서방 기업들이 도망갔기 때문"이라고 했다.[30]

게다가 런정페이는 최고 수준의 외국인 인재를 활용했다. 2009년 캐나다의 유명한 통신회사인 노텔(Nortel)이 파산 신청을 했을 때 화웨이는 노텔의 연구소장으로 이동통신 기술 연구 분야에서 스타급 인사였던 원통(Wen Tong)에게 다가갔고 원통은 자신의 연구팀 모두를 화웨이로 데려왔다. 그리고 몇 년에 걸쳐 원통과 연구팀은 독자적으로 그리고 전 세계 학자들의 최고 이론적 혁신을 끌어 모아 커뮤니케이션 링크상 에러 효과를 완화하는 특정 타입의 채널 코딩과 '극 부호(polar codes)'에 대해 연구를 지속했다.[31] 화웨이에 중대한 돌파구를 제공한 또 다른 외부 학자 아리칸(Erdal Arikan)은 자신의 아이디어를 퀄컴(Qualcomm)과 같은 미국 기업에 제시했지만 관심이 없었다고 언급했다. 화웨이는 아리칸의 논문 하나를 읽는 것만으로 연구 업적을 무료로 확보했다. 화웨이 연구원들은 최고 과학자들이 최첨단 연구 결과를 발표하는 컨퍼런스에도 참석했다. 와이어드(Wired) 매거진과의 인터뷰에서 UC 샌디에고 공대 교수인 바르디(Alexander Vardy)는 아리칸(Arikan)의 연구 결과를 화웨이가 어떻게 바꿨는지 설명했고, 이를 화웨이 연구원들이 청중으로 참석한 회의에서 발표했다. 회의가 끝나고 얼마 지나지 않아 화웨이가 기술을 개발했다고 바르디는 지적했다.[32] 그러나 화웨이의 승리는 여기서 멈추지 않았다. 6장에서 설명했듯이 화웨이는 해당 기술을 5G의 글로벌 표준으로 개발하기 시작했다. 이제는 중국의 승리이기도 했다.

그러나 화웨이의 해외 기술 획득이 모두 합법적인 것은 아니다. 수년에 걸쳐 지적 재산(IP) 절도에 대한 비난이 화웨이를 괴롭혔다. 미국의 기술 대기업인 시스코(Cisco)는 2003년 화웨이를 상대로 소송을 제기하면서 화웨이가 소프트웨어를 복제하고 특허를 침해했다고 주장했다. 런정페이는 라우터 소프트웨어 코드 중 2%가 시스코에서 카피되었음을 인정했지만, 시스코가 화웨이 라우터 미국 내 사용 금지를 요청했을 당시 화웨이는 대신 후속 모델과 소프트웨어를 업데이트하면서 문제의 코드를 제거할 것이라고 주장했다. 지적재산권(IP) 도난 추가 사례에는 후지쓰(Fujitsu) 회로 기판과 모토로라(Motorola) 셀룰러 네트워크 장비가 포함되어 있는데, 한때 화웨이 직원이 1,000건 이상의 모토로라 내부 문건을 소지한 채 미국을 떠나려고 시도한 바 있다.[33] 2010년대 중반에는 티모바일(T-Mobile)과 영미 기업인 퀸텔(Quintel)도 화웨이를 지적재산 절도 혐의로 고발했었다.[34] 최근에는 2019년 소규모 스타트업인 아칸 반도체(AKHAN Semiconductor)가 화웨이가 스마트폰에 사용되는 기존 고릴라 유리(Gorilla glass)보다 훨씬 뛰어난 제품인 미라지 다이아몬드 글래스(Miraj Diamond Glass)의 샘플을 요청한 후 해당 제품 역설계를 시도했다고 주장했다.[35] 런정페이는 이 모든 주장을 부인하면서 "화웨이가 서구로부터 IPR(지적재산권)을 훔쳤다는 주장은 가능하지 않다면서 화웨이는 지적 재산을 훔치지 않았고 앞으로도 그렇게 하지 것이며, 우리는 현재 다수의 지재권을 보유하고 있지만 이러한 지재권을 무기로 사용하지 않을 것이다."라는 입장을 내세웠다.[36]

화웨이의 제반 도전에 더해 화웨이가 미국의 대(對)이란 제재를 고의적으로 위반했다는 비난도 있다. 2018년 12월 1일 캐나다 관리들은 미국의 요청으로 화웨이 최고재무책임자(CFO)인 런정페이의 딸 멍완저우(孟晩舟, Meng Wanzhou)를 체포했다. 미국은 멍완저우의 송환을 모색했는데, 그 내용은 은행과 전신 사기와 관련된 혐의로 화웨이가 미국의 제재를 회피할 목적으로 특히 화웨이와 이란에 있는 자회사인 스카이콤(Skycom)과의 관계에 대해 HSBC 등 은행에 거짓말을 했다는 것이다. (이는 중국이 같은 달 캐나다인 코프릭Michael Kovrig과 스페이버Michael Spavor 두 명을 구금하고 2020년 6월 간첩 혐의로 기소할 때까지 18개월 동안 가둬둔 데 따른 보복 조치로 널리 알려져 있고, 이들은 멍완저우와 함께 2021년 9월 풀려날 때까지 감옥에 갇혀 있었음) 2019년 5월 미국은 화웨이와 이란의 거래가 국가안보에 위협이 된다고 판단하고 화웨이(그리고 후속해서 114개 해외 계열사)를 수출통제 리스트(Entity List)에 등재했고, 그 결과 화웨이나 그 계열사에 반도체 칩을 판매하려는 미국 기업은 미국 정부로부터 허가를 받아야 했다. 이듬해인 2020년 5월 트럼프 행정부는 화웨이가 반도체를 설계하거나 해외에서 반도체를 사용할 때 미국 기술이나 소프트웨어에 대한 접근을 제한하는 조치를 취했다.[37] 미국산 반도체 장비와 기술을 사용하는 모든 반도체 제조업체는 화웨이의 팹리스 반도체 기업인 하이실리콘(HiSilicon)이 설계한 칩을 생산하기 전에 미국 정부의 승인을 받아야 했다. 결과적으로 첨단 집적회로를 개발한 하이실리콘은 영국 기반 반도체 칩 설계 기업으로부터 지적재산권(IP) 라이센스를 받아야 했고, 대만 TSMC에 생산을 의존해야 하기 때문에 반도체 칩을 제조할 수 없었다.

그러나 런정페이는 낙관적인 전망과 투지를 유지하고 있다. 그는 화웨이가 미국 대신 러시아, 유럽 등지로부터 수학자와 과학자를 고용할 것이라고 발표했다.[38] 2020년 7월, 여러 중국 대학을 돌아보면서 “우리는 미국 내 일부 정치인들이 화웨이가 죽기를 원한다는 점을 깨달었다. 살아남고자 하는 열망이 우리를 고양시켰고 스스로를 구제할 방법을 찾아냈다.”라고 언급했다.[39] 2020년 11월 런정페이는 회사를 미국 수출통제 리스트(Entity List)에서 제외시키기 위해 선전 지방 정부가 후원하는 컨소시엄에 화웨이 ‘아너(榮耀, Honor)’ 통신시스템을 매각했다. 그러나 2021~2023년간 바이든 행정부는 화웨이에 대해 미국의 기술 수출입 제한 조치를 확대하기만 했다.

화웨이의 스토리는 우선 런정페이의 기업가 정신과 성공에 대한 결단력을 보여주는 첫 사례다. 그러나 이는 또한 중국 정부가 기업의 성공을 촉진하고 보호하기 위해 만든 체계를 반영하고 있는데, 즉 장기 계획, 역동적 기업가들과 함께 깊은 관여, R&D에 대한 상당한 규모의 표적식 투자, 외국 기업들과 경쟁으로부터 중국 시장 보호, 국제적인 인재와 기술 획득 등이 포함된다. 이는 중국에도 도움이 되는 계획이기도 하다. 그러나 화웨이의 경험이 보여주고 있듯이, 중국 정부가 국내 기술 부문 개발에 대한 통제력을 지속적으로 확대함에 따라 중국 기술의 세계화 야망이라는 국제사회에 대한 새로운 도전이란 문제를 제기한다.

중국의 디지털 산업 육성 계획

2014년 6월 시진핑 주석은 명문 중국과학원 회원들 앞에서 기업들이 일어나 행동할 것을 촉구했다. 그는 청중들에게 “새로운 과학·기술 돌파구를 마련함으로써 경쟁 우위를 확보”하고 글로벌 기술 경쟁에서 중국이 “다른 국가를 따라잡고 능가하도록” 도와줄 것을 요청했다. 시주석은 또한 중국의 경제와 국가 안보 이익을 보호하기 위해 “핵심 기술의 자체 보유”를 촉구했다. 그리고 그는 베이징이 “기존 규칙에 따라 게임을 하는 것”이 아니라 규칙을 정하는 사람이 되어야 할 것을 제안했다.[40]

이러한 연설은 시진핑이 2012년 말 집권한 이후 과학·기술에 대한 야망의 큰 틀을 설명해주는 많은 연설 중 하나에 지나지 않는다. 주제는 일관되는데, 중국의 과학·기술 및 비즈니스계 엘리트들은 중국을 글로벌 경쟁력이 있는 혁신 강국으로 변모하는 데 일조해야 한다는 것이다.[41] 시진핑에게 있어 과학과 혁신은 중국 국제적 위상의 핵심이자 중국의 인재, 결단력, 경제적 경쟁력 및 리더십 자질을 측정할 수 있는 지표다. 그리고 시진핑은 거의 10년을 집권하면서, 중국 기술 정책의 전통적인 요소를 개선하고 자신의 아이디어를 도입하여 중국이 기술 랭킹 톱에 오르도록 노력을 가속화하고 있다. 그 이유는 첫째, 무엇보다도 혁신은 국가를 위해 이루어져야 한다. ‘수요 지향성’을 갖고, ‘시급한 국가적 수요’에 대응하고, ‘실제적 문제’를 해결해야 한다. 중국은 기초 과학 발전의 공간은 있으나, 시 주석에게는 응용 연구가 상당히 뒤처지는 수준이라는 것이다.[42] 둘째, 중국 과학자와 기업가들은 노력과 가치를 중국 공산당과 일치시켜야 한다는 것이다. 혁신은 기존 노선을 벗어나라고 허가해주는 것이 아니라는 것이다. 시 주석은 기술 기업의 야망이 중국 공산당의 야망에서 벗어나지 않도록 하기 위해 끊임없이 당의 권력을 확장해 왔다는 것이다. 셋째, 중국은 타국 기술에 지나치게 의존해서는 안 되며 자체 역량을 키워야 하는데, 수십 년 동안 중국 기술 정책에 있어 토착 혁신에 대한 선호가 일관되게 유지되어 왔으나, 이제 중국은 이러한 목표 달성을 그 어느 때보다 제대로 실현할 수 있어야 한다는 것이다. 넷째, 중국 대학과 기업들이 특정 요구 사항을 충족하기 위해서는 해외 인재와 기술에 접근해야 한다는 것이다. 이는 중국이 경제적 자산이 증가하면서 최고 수준의 인재에게 대가를 지불할 수 있는 능력도 커졌다는 것이다. 다섯째, 중국은 21세기 기술 표준을 세워야 한다는 것이다. 중국에 있어 기술 표준 설정은 글로벌 기술 야망의 최종 목표라는 것이다. 이것이 중국의 글로벌 혁신 리더십에 대한 확실한 증거를 제공한다는 것이다. 이러한 다섯 가지 우선순위는 중국 국내적으로 기술 정책을 만들어 해외에서 비전을 확장하기 위한 인상적인 플랫폼이 되고 있다. 그러나 글로벌 기술 환경의 미래에 대한 중국 정부의 비전이 더욱 명확해지면서 '지속 가능성' 문제라는 새로운 도전에 직면해 있는데, 즉 국내 자원이 점점 더 압박을 받고 있는 데다 R&D 자금 조달이 목표에 미달하고, 그리고 국제 행위자들이 시진핑의 비전이 과연 그들 기업과 가치에 주는 의미가 무엇인지에 대해 점점 더 우려하고 있다는 점이다.

그는 버겁지 않아요, 내 형제이니까요.*

2020년 7월 말 시진핑 주석은 중국 최고 기업 총수들과 비공개 회의를 가졌다. 세션 보고에 따르면 시 주석은 참석자들에게 애국심과 혁신성을 갖고 비즈니스 전략을 중국의 요구에 맞출 것을 촉구했다. 그는 그들에게 "마케팅에는 국경이 없지만 기업가들에게는 조국이 있음"을 상기시켰다.[43] 이는 그에게 분명히 공감가는 정서다. 불과 몇 달 후 그는 과학자와 기술자 그룹 앞에서 연설

* 1969년 발매된 영국 밴드 The Hollies의 싱글 곡 제목 He Ain't Heavy, He's My Brother.

하면서 말 몇 마디를 바꿔 "과학에는 국경이 없지만 과학자에게는 조국이 있다."라며 동일한 포인트를 반복했다. 그리고는 그들에게 '애국심 있는 학자'가 되어줄 것을 촉구했다.[44]

중국 공산당 엘리트와 중국의 과학·기술 커뮤니티, 특히 점점 늘어나고 있는 억만장자 기술 대기업 총수들(일부는 중국 공산당원임)과의 관계는 복잡하다. 중국의 다른 산업에 비해 기술 대기업들은 중국만 아니라 전 세계적으로 인정받는 개별 리더로 기업을 운영한다. 잭 마(Jack Ma, 馬雲, 마윈)와 알리바바(Alibaba), 로빈 리(Robin Li, 李彦宏)와 바이두*, 런정페이(Ren Zhengfei)와 화웨이(Huawei), 포니 마(Pony Ma, 馬化騰)와 텐센트(Tencent) 그리고 현재는 장이밍(Zhang Yiming, 張一鳴)의 틱톡과 바이트댄스(ByteDance, TikTok)가 있다. 이러한 기술 대기업 우상들의 스타 파워는 때로는 시진핑의 파워와 필적할 것처럼 보인다. 이들 중 일부는 서방의 스타급 기업인들과 마찬가지로 자연스럽게 스포트라이트를 받으며 사적인 스토리를 공유하고 가끔은 대중들에게 유별난 모습을 보이는데 몰두하기도 한다. 잭 마(Jack Ma)의 마이클 잭슨에 대한 찬사[45]와 자신이 직접 출연한 코믹한 쿵푸 스타일의 단편 영상은 문화권을 넘어 상당한 매력이 있다.[46] 또한 '대장정(Long March)'의 상세 역사를 다룬 책, 식물에 관한 책 그리고 말콤 글래드웰(Malcom Gladwell) 선집 등을 포함하여 자신이 좋아하는 책 10권에 대해 토론하는 사려 깊은 바이두의 로빈 리(Robin Li)도 평가해줄 만하다.[47] 그리고 고비 사막을 이틀 동안 32마일(약 51.5km)을 하이킹하면서 팀을 이끌었던 포니 마(Pony Ma)와 같이 일하고 싶지 않은 사람이 있을지 모르겠다.[48] 포춘(Fortune) 지에는 '2020 글로벌 500대 기업', 즉 매출 기준 전 세계 상위 500대 기업에 알리바바, 텐센트, 화웨이를 포함한 124개의 중국본토·홍콩 기업들이 포함되어 있는데, 스마트폰 기업인 샤오미(Xiaomi), 온라인

---

* 바이두(百度, Baidu)는 중국을 대표하는 검색 엔진 및 기술 기업으로 2000년에 리옌훙(李彦宏, Robin Li)과 쉬용(徐勇, Xu Yong)에 의해 설립되었다. 리옌훙은 바이두의 창업자이자 현재 CEO로 중국 산시성(섬서성, 陕西省) 출신으로 베이징 대학과 뉴욕 주립대학교에서 공부했다. 그는 검색 엔진 기술에 대한 열정을 바탕으로 '중국의 구글'이라는 바이두를 만들었다. 현재 바이두는 중국 내 검색 엔진 시장에서 약 60% 이상의 점유율을 차지하며 독보적인 위치를 유지하고 있다. 그리고 바이두는 검색 엔진을 기반으로 시작했지만, 현재는 인공지능(AI), 클라우드 컴퓨팅, 자율주행 기술 등 다양한 첨단 기술 분야로 사업을 확장하고 있다. 특히, 바이두의 AI 플랫폼인 바이두 브레인(Baidu Brain)과 자율주행 프로젝트 아폴로(Apollo)는 세계적으로 주목받고 있다.

소매 대기업인 쑤닝(Suning)*과 징동닷컴(JD.com)** 등이 그 기업들이다.[49] 이 기업들의 CEO들은 전 세계적으로 소수만이 누릴 수 있는 그러한 수준의 개인 재산을 갖고 있다.

중국 정부는 이들 기업의 창의성과 경쟁 정신을 활용하기를 열망하고 있으며, 이들 기업 중 상당수는 글로벌 리더십과 공산당의 전략적 목표에 따른 지원으로 '국가 챔피언'으로 인정받고 있다. 이 명칭을 받게 되면 보조금, 시장 보호, 정부 계약 우선권 등의 혜택이 있다.[50] 2018년 베이징 당국은 2030년까지 미국과의 격차를 줄이려는 노력의 일환에서 인공지능(AI) 개발을 위한 17개 우선 분야 목록을 작성하고 중국 기술 대기업들이 AI 개발에 '국가 팀'으로 합류할 것을 촉구했다. 이 계획에 참여한 15개 기업들은 알리바바, 샤오미, 화웨이와 같은 견실한 기업들을 포함하여 중국 기술계를 대표하는 기업들이다.[51]

그러나 이들 기업이 폭넓은 권한과 해외에서 성공할 수 있도록 지원하려면 정보와 금융에 대한 접근을 민주화하고 시장 요구에 부응하는 혁신도 필요하다. 그런데 이러한 모든 사항은 공산당 감독과 관련하여 시진핑의 정책적 우선순위를 위협할 가능성이 있다. 2017년 사이버 보안법은 중국 기업이 이용자들

---

* 쑤닝(Suning)은 중국의 대표적인 소매 및 전자상거래 기업으로, 1990년에 장진둥(Zhang Jindong, 張近東)에 의해 설립되었다. 장진둥은 1963년 3월 중국 안후이성 톈창(天長)에서 태어났고, 난징사범대학교(Nanjing Normal University)에서 중국 문학 학사 학위를 취득했다. 쑤닝 본사는 중국 난징(南京)에 위치하며 쑤닝은 전통적인 오프라인 매장과 온라인 플랫폼을 결합한 옴니채널 소매 모델을 통해 다양한 상품과 서비스를 제공하는데, 가전제품, 전자기기, 생활용품, 의류 등 다양한 상품을 취급하며, 중국 전역에 10,000개 이상의 매장을 운영하고 있다. 그리고 쑤닝의 전자상거래 플랫폼인 Suning.com은 중국 내 B2C 시장에서 상위권에 위치하고 있다. 이 기업 또한 기술 혁신과 고객 중심의 서비스를 강조하며, 클라우드 컴퓨팅, 빅데이터, AI 기술을 활용하여 소매업의 디지털화를 선도하고 있다. 이 외에도 스포츠, 금융, 물류 등 다양한 분야로 사업을 확장하고 있다.

** 징동닷컴(JD.com)은 중국의 대표적인 전자상거래 플랫폼으로, 1998년에 리처드 류(Richard Liu, 劉强東)에 의해 설립되었다. 그는 1973년 3월 10일 중국 장쑤성 쑤첸의 농업 가정에서 태어나 자라며 어려운 환경에서도 교육의 중요성을 인식하고 학업적으로 뛰어난 성과를 보였다. 중국 인민 대학(Renmin University of China)에서 사회학 학사 학위를 취득했는데, 재학시절 그는 컴퓨터 프로그래밍을 독학하며 기술적 역량을 키웠고 그 후 중국유럽국제경영대학원(China Europe International Business School)에서 경영학 석사 학위(Executive MBA)를 받았다고 한다. 이 기업은 초기 컴퓨터와 전자제품을 판매하는 오프라인 매장으로 시작했지만, 2004년 온라인 플랫폼으로 전환하며 빠르게 성장했다. 이 기업은 빠르고 효율적인 배송 서비스를 제공하며 중국 전역에 걸쳐 수많은 창고와 물류 센터를 보유하고 있다. 현재 전자제품, 의류, 식품, 가전제품 등 다양한 상품을 판매하며, AI와 빅데이터를 활용한 스마트 쇼핑 경험을 제공한다. 또한, 글로벌 시장으로 확장하며 해외 소비자들에게도 서비스를 제공하고 있다.

데이터에 관한 모든 문의 요청에 대해 중국 정부를 지원해야 한다는 점을 분명히 했다.[52] 그리고 2019년 가을에는 알리바바, 감시 카메라 제조업체인 하이크비전(Hikvision)을 비롯하여 100개 이상의 업체가 소재한 항저우 지방 정부가 기술 기업들의 핵심 프로젝트 수행을 돕고 정부와 기업 이익 간의 조정 업무를 하기 위해 기업에 공무원들을 배치할 것임을 발표했다.[53] 공산당의 존재는 어디에서나 찾아볼 수 있다. 예를 들어, 선전 소재 텐센트(Tencent) 사무실 건너편에 설치된 회색 금속 큐브 조각에는 "우리 당을 따르고, 사업을 시작하라."라는 문구가 있다.[54]

기존 통념에 도전하고 상상력을 마음껏 발휘하는 분야에서 정치적 정통성을 보장하는 일은 일부 기술 기업과 정부 사이 관계에 불협화음을 초래한다. 2018년 봄 중국 정부는 바이트댄스(ByteDance)가 '도덕에 반하는' 뉴스 기사를 제공하고 음탕한 농담을 주로 다루는 앱을 만들었다고 비난했다. 이에 대해 설립자 장이밍(Zhang Yiming)은 검열 인원 수를 늘리고, 활동 금지 사용자 목록을 만들어 놓고, 모니터링과 검열 기술을 개선하겠다고 했다.[55] 2018년 10개월 동안 중국 정부는 게임 중독 우려 속에서 새로운 비디오 게임 승인을 단번에 중단하자 텐센트의 주가는 급락했다.[56] 그리고 새로운 게임이 다시 허용되자 텐센트 제품은 중국의 애국심과 사회주의 가치를 고취하는 방식으로 정부에 기여했는데, 예를 들어 텐센트는 중국 공산당 기관지인 인민일보와 협력하여 '조국의 꿈' 게임을 선보였는데, 거기에 플레이어는 '빈곤 완화' 및 '세금 축소' 등과 함께 도시를 개발하게 되어 있다.[57] 샤오미와 같은 중국의 기술 스타트업에 거의 20년 동안 자금을 지원해 온 벤처 캐피털 기업 치밍투자(Qiming Investments, 啟明創投)의 개리 리셜(Gary Rieschel, 李凜)은 필자에게 기술 기업가들이 이러한 유형의 정부 개입을 "싫어한다."라고 언급한 바 있다. 비록 공개적으로 말하는 사람은 거의 없지만, 중국의 주요 기업가 중 일부는 조용한 발언을 통해 그들도 동의하고 있음을 시사했다. 예를 들어, 인터넷 검색 회사 소거우(Sogou)의 CEO 왕샤오촨(王小川, Wang Xiaochuan)은 홍콩 봉황위성 TV와의 인터뷰에서 '본성대로 말하자면' 나는 자유를 원하며, 나는 국가의 톤과는 다른 곡을 부르고 싶은데, "그렇게 되면 과거에 비해 더 큰 고통을 겪게 될 것"이라고 했다.[58] 마윈은 특히 자신의 신념을 솔직하게 표현했는데, 2018년 회의에서 "나는 개인적으로는 정부가 해야 할 일을 정부가 해야 하고, 기업이

할 일을 기업이 해야 한다고 생각한다."라고 했다.[59] 2020년 10월 마윈은 세간의 이목이 집중된 상하이 개최 분트 금융 정상회담(Bund Finance Summit) 시 자신의 관점을 확산시켰다. 그는 혁신에 대한 정부의 접근 방식에 대해 신랄한 비판을 가했다. 정부가 미래를 바라보고 새로운 것을 창조하는 대신 유럽과 미국이 기소유하고 있는 것이면 모두를 중국이 확보하도록 보장하는 "빈 공간 채우기"에 너무 집중하고 있다고 주장했다. 마윈은 또한 혁신은 '시장, 풀뿌리, 젊은이들'로부터 나온다는 자신의 믿음을 강조하며 시진핑의 국가 중심 어프로치를 은근히 비판했다. 더욱이 기술 기업에 대한 한층 광범위해진 단속으로 인해 텐센트도 함정에 빠트렸고, 장이밍(Zhang Yiming)과 핀둬둬(Pinduodo)*의 황정(黃峥, Huang Zheng)과 같은 젊은 억만장자들도 다른 활동을 추구하려고 정작 자신들의 회사 경영에서 물러나있었다. 마윈은 정부가 "위험을 '제로(0)'으로 관리"하려는 욕구를 보여주었다고 주장했는데, 이는 혁신으로 경쟁하는 대신 규제를 어떻게 잘 하냐는 스킬 경쟁만 낳는 접근 방식이라고 했다.[60] 그 다음 주, 중국 인민은행과 다른 중국 규제 기관 3곳은 마윈과 그의 핀테크 기업 앤트 그룹(Ant Group)의 고위 관리들을 소환했다. 그 직후 중국 정부는 그 주일 후반으로 예정된 앤트 그룹의 기업공개(IPO)를 취소한다고 발표했다. 중국 규제 당국은 이전에 앤트 그룹의 일부 대출 관행에 대해 우려를 표명한 바 있었으나 이러한 문제들은 상장이 되고 나면 해결될 것들이었다. 마윈의 사려 깊지 못한 행동은 중국 은행과 규제 시스템 내부 회의론자들로 하여금 일시 정지 버튼을 누를 기회를 제공했다. 심지어 시진핑 주석이 IPO를 취소하기로 결정

---

* 핀둬둬(Pinduoduo)는 중국의 대표적인 전자상거래 플랫폼으로 황정(黃峥, Colin Huang)이 2015년에 설립했다. 그는 1980년 1월 1일 중국 저장성(浙江省) 항저우(杭州) 근교 중산층 공장 노동자 가정에서 태어나 자랐으며 학업 성적이 우수했다. 그는 저장대학교(浙江大學)의 추커첸 명예대학(Chu Kochen Honors College)에서 컴퓨터 과학을 전공했으며, 재학 중 멜튼 재단(Melton Foundation)의 펠로우로 선정되어 국제적인 경험도 쌓았다. 이후 위스콘신 대학교 매디슨 캠퍼스(University of Wisconsin–Madison)에서 컴퓨터 과학 석사 학위를 취득했는데, 그는 졸업 후 구글에서 근무하며 기술적 경험을 쌓은 이후 핀둬둬를 창업했다. 핀둬둬는 초기에는 농산물 판매를 중심으로 시작했으며, 소셜 커머스와 그룹 구매 모델을 통해 빠르게 성장했고, 소비자들이 친구들과 함께 구매하면 할인 혜택을 받을 수 있는 방식으로 사용자 참여를 극대화하여 시장 점유율을 확대했다. 또한, 농업과 기술을 결합한 AgriTech 플랫폼을 발전시켜 농민과 소비자를 직접 연결하는 구조를 구축했다. 핀둬둬는 2018년 미국 나스닥에 상장하며 글로벌 시장에서도 주목받았다. 테무(Temu)는 핀둬둬의 자회사로, 2022년에 미국 시장을 겨냥해 출시된 전자상거래 플랫폼으로 저렴한 가격과 다양한 상품을 제공하며 빠르게 성장했으며, 글로벌 소비자들에게 접근성을 높이고 있다.

했다는 보도도 나왔다. IPO 취소 후 거의 3개월 동안 마윈이 대중의 시야에서 사라짐으로써 단순한 규제 싸움이 아니라 개인적으로 정치적 타격을 입었다는 점이 더욱 암시됐다. 이 결과로 앤트그룹은 전통적인 은행처럼 운영되도록 변화하게 될 것이다. 이는 중국의 전통적인 은행 시스템의 약점을 공략하면서 성장해 온 회사로서는 잠재적으로 치명타가 될 것이다.[61]

앤트그룹, 바이트댄스 그리고 텐센트의 경험은 전 세계 많은 정부의 마음속에 중국 공산당(CCP)과 중국 기술 대기업이나 비상장 기업일지라도 효과적인 정경분리가 안되어 기업은 권력에 대한 일체의 방어수단이 없음을 확신시켜주었다. 그 결과 점점 더 많은 중국 내 유명 기술 대기업들이 해외 사업을 모색하면서 새로운 도전에 직면하게 되었다. 2020년 여름, 전 세계적으로 7억 명 이상의 사용자를 보유한 틱톡은 2장에서 언급한 바와 같이 인도에서 금지되었을 뿐만 아니라 미국 정부로부터 미국 사업장을 미국 회사에 매각하라는 명령을 받았고, 호주에서도 조사를 받았다. 미국 정부의 경우 틱톡은 미국 내 사용자의 데이터 수집(많은 틱톡 애호가들의 어린 나이를 고려할 때 특히 우려됨)과 사용자 참여 콘텐츠를 형성하는 회사의 능력에 관한 의문이 제기된 상태다. 예를 들어, 어느 시점에서 틱톡은 몸집 큰 여성들과 장애인이 포함된 것으로 보이는 '비정상적인 신체 타입'을 표시하는 게시물을 제한했고[62] 성소수자[LGBT: 레즈비언(Lesbian), 게이(Gay), 양성애자(Bisexual), 트랜스젠더(Transgender)]의 권리 및 홍콩 시위에 관한 콘텐츠를 검열했으며,[63] 메이크업 강좌를 가장하여 신장 소재 강제 노동·재교육 캠프에 대해 알려주는 동영상 게시를 한 미국 틴에이저의 계정을 정지시켰다.[64]

중국 기술 대기업에 의한 중국 공산당의 감시와 검열에 대한 우려는 중국 외부 시민으로만 국한되지 않는다. 2018년, 지리 자동차(Geely Auto)의 대표 리슈푸(Li Shufu, 李書福)는 텐센트의 포니 마(Pony Ma)가 "분명 우리 위챗(WeChat) 메시지를 볼 것이다."라며, 중국에는 데이터 프라이버시 같은 것은 존재하지 않는다고 공개적으로 밝혔다.[65] 포니 마는 리슈푸의 말을 강력 부인했다. 그러나 2017년 텐센트는 사용자의 모든 개인 데이터, 콘텐츠와 검색 내용이 중국 정부에 공개되었음을 알렸다. 중국 정부가 요구하면 텐센트는 언제나 이에 응할 것이다. 또한, 시나 테크 뉴스(SinaTech News)가 실시한 2019년 여론 조사에서 중국 시민 중 48.7%가 모바일 앱과 관련하여 최대 우려 사항으

로 "허가 없이 사용자 데이터를 수집하는 것"을 꼽았다.[66]

혁신의 생명선

2016년 과학관련 행사 연설에서 시진핑은 "중국이 세계적인 과학·기술 강국이 되려면 국가가 일류 연구소, 연구 중심 대학, 혁신 중심 기업을 뒷받침해야 한다면서… 우리의 가장 큰 장점은 사회주의 국가로서 주요 임무에 자원을 모을 수 있다는 것이다."라고 언급했다.[67] 시진핑이 정의한 임무는 미국, 일본, 독일 등 기타 글로벌 기술 강국을 추월하고, 핵심 기술의 혁신·제조·보급 분야에서 글로벌 리더가 되는 것이다.

국가 주도의 혁신 계획은 오랫동안 기술 현대화와 글로벌 경쟁에 대한 중국의 접근 방식을 정의해 왔다. 그리고 수십년에 걸쳐, 국가가 지원하는 계획과 기술은 엄청난 수준의 일관성을 보여주었다. 1963년 초 저우언라이(周恩來) 총리는 과학·기술을 농업, 공업, 국방과 함께 중국 경제·사회 발전에 필요한 4대 현대화 중 하나로 꼽았다. 그러나 문화대혁명(1966~1976년)의 혼란과 반지성주의적 긴장은 1976년 마오쩌둥이 사망할 때까지 "양탄일성(兩彈一星: '兩彈'은 원자폭탄과 수소폭탄을, '一星'은 인공위성을 지칭)" 프로그램과 같은 몇몇 예외를 제외하고는 대부분의 과학적 진보를 지연시켰다. 1980년대 초, 4대 현대화는 중국의 전반적인 발전 전략의 틀로 다시 등장했다. 베이징은 중국 제조에 전문 기술과 노하우를 전수하기 위해 외국 기업이 본토로 생산을 이전하도록 장려하기 위한 특별 경제 구역을 설치했다. 1980년대 중국 지도자들은 R&D를 지원하기 위한 새로운 제도적 인프라도 개발해냈다. 그들은 미국의 국립과학재단과 동등한 중국 국립자연과학재단을 설립했다. 생명공학, 우주, 정보 기술, 에너지, 첨단 소재, 레이저, 자동화 기술 등 7개 전문 분야에서 중국 혁신을 장려하기 위해 '863 프로그램'을 시작했다. 국유기업(SOE)의 제조 역량을 향상시키기 위해 해외에서 노하우와 기술을 구매할 수 있도록 재정 지원도 해줬다. 중국 대학과 기관의 기술 상용화를 지원하기 위해 국가 '횃불계획(火炬計劃: Torch Program)'

에 착수했으며,[68] 핵심 기술 연구 개발 프로그램(Key Technologies Research and Development Program)을 시작했다. 이 프로그램은 약 3년에 걸쳐 연구에서 제품 상용화까지 우선 순위 프로젝트를 설정했다. 1997년에 중국은 기초 연구를 지원하는 '973 프로그램'도 수립했지만 대부분은 응용 연구에 투입되었다.[69]

2000년대까지 중국 지도자들은 국내 기업들이 자체 역량을 개발하고 중국이 마스터해야 할 400개 이상의 핵심 기술을 제시할 것을 촉구했다.[70] 2010년 중국 정부는 경제와 기술 발전의 엔진이 될 7가지 전략적 신흥 산업을 발표했다. 일부 기술은 30년 전 식별했던 기술을 그대로 따라했다. 여기에는 차세대 정보 기술, 생명 공학, 에너지 효율·환경 기술, 신소재, 신에너지 차량, 고급 장비 제조와 신에너지 부문이 포함되었다. 5년 후 이와 동일한 기술 부문이 정부의 '중국제조 2025(Made in China 2025)' 프로그램의 핵심이 되었다. 머지않아 중국의 기술 환경은 '2015년 인터넷 플러스 실행 계획', '2017년 차세대 인공지능(AI) 개발 계획', '2018년 중국 표준 2035 프로그램'을 포함한 '중국제조 2025'에서 수립된 우선순위를 강화하는 점점 더 많은 전략적 이니셔티브들로 채워졌다.

이러한 모든 프로그램을 뒷받침하는 것은 R&D에 대한 정부 투자의 헌신적 흐름이다. 2020년까지 중국의 투자는 전 세계 총 투자의 23%를 점유하여 미국에 이어 2위를 차지했다. 정부 자금은 중앙 정부, 국유기업(SOEs), 지방 정부 등 다양한 출처로부터 대학, 연구소, 기업으로 흘러 들어간다. 또한, 베이징과 지방 정부는 1,000개가 넘는 벤처 캐피탈 회사에 직접 자금을 지원한다.[71] 이렇듯 인상적인 자금 흐름은 해외 미디어의 관심을 끌었으며 종종 이를 유럽연합(EU)이나 미국의 지원 수준과 좋은 뜻에서 비교가 되기도 한다.[72]

그러나 중국 정부 자금의 불투명성으로 인해 정확히 얼마나 많은 돈이 어떤 방식으로 지출되는지 파악하기가 어렵다. 예를 들어, 2018년 5월 텐진 정부는 AI 발전을 위해 160억 달러 규모의 기금 조성을 발표하면서 중국의 투자 수준을 유럽(17억 8,000만 달러)[73] 및 미국(11억 달러)과 비교하는 기사를 쏟아냈다.[74] 그러나 커튼을 조금만 걷어내면 텐진 정부 자체가 15억 달러만 제공하고 있고 나머지는 중국과 해외 금융 기관, 민간 기업, 기타 시장 참여자들로부터 조달된다는 사실이 드러난다. 국방 분석 연구소(IDA: Institute for Defense Analysis)는 독립적 연구를 통해 추가 의문을 제기했는데, 텐진 정부의 자금 중 얼마가 연간 투입되었는지, 중앙 정부로부터 얼마가 투자되었는지, 혹은 R&D에 얼마나 집중되었는지 등에 대한 것이다. IDA 보고서는 기금이 경비원이나 연구원 급여 지원으로 쓰일 수 있음을 지적했다. 텐진 정부의 발표 내용은 불투명하여 판단하기 어렵다는 것이다. 결국 IDA 보고서는 미국과 중국의 AI 자금 조달에 대한 의미 있는 비교 지표를 개발하는 것이 사실상 불가능하다고 결론지었다.[75]

또한 높은 수준의 정부 자금이 중국 기업들이 자체 R&D에 투자할 동기를 감소시키기도 한다. 전 세계 상위 50개 R&D 민간 투자 중 22개는 미국 기업이고 단 한 곳 화웨이만이 중국 기업이다.[76] (평균적으로 중국의 상위 100개 인터넷 기업은 수익의 10%만 R&D에 투자하고 있으나 알리바바, 텐센트, 바이두는 그 액수의 두 배 이상을 투자하고 있음) 금액을 놓고 비교할 때 대부분의 분석가들은 민간기업이 연구 기금 사용 목표를 지정하는 데 있어 정부보다 훨씬 효율적이라는 점에 동의한다.[77]

마지막으로, 중국은 야심 찬 R&D 자금 목표를 달성하는 데 계속 미흡했다. 2010년 중국 정부의 R&D 지출은 GDP의 1.7%에 불과했는데, 이는 2006년 과학·기술 발전 중장기 프로그램에서 약속한 2.5%보다 현저히 낮은 수치다.[78] 2016년 리커창 총리는 재차 2020년까지 R&D 지출을 2.5%까지 늘릴 것을 공약한 바 있다. (실제 그 해 2.4%에 도달했음)[79] 그러나 팬데믹의 결과, 2020년 5월 중국 양회에서 베이징은 R&D 자금을 9% 삭감하고 그 차이는 지방 정부가 보전할 것을 촉구했다.[80]

여관에 방이 없다

연구를 위한 자금 지원과 우선순위 부문 설정에 대한 중국 정부의 주도적인 역할은 중국 신흥 기술을 외국 경쟁으로부터 보호하기 위해 고안된 일련의 정부 정책에 의해 더욱 보강된다. 2015년 리커창(李克强, Li Keqiang) 총리가 시작한 '중국제조 2025' 프로그램은 중국의 보호주의를 전형적으로 보여주고 있고 중국 기술 개발과 다른 국가들의 기술 개발을 폭넓게 디커플링하고자 하는 중국의 의지를 보여주는 초창기 시그널이다. 이 계획과 후속 로드맵은 2030년, 심지어 2049년까지 연장된다. '중국제조 2025'는 중국 기업이 제조업을 통제하고 궁극적으로 10가지 핵심 기술 분야 부품의 국내 시장 통제를 목표로 하는데, 그 대상은 신정보 기술, 고급 공작 기계, 로봇, 항공·우주 장비, 해양 엔지니어링 장비·고급 선박, 고급 철도·운송 장비, 에너지 절약 자동차·신에너지 자동차, 전기 장비, 농업 기계, 신소재·폴리머, 고급 의료 장비 등이다.[81] 그리고 2020년 시진핑 주석은 '쌍순환' 이론*을 발표하는데 이는 혁신·제조·소비의 폐쇄 루프로서 중국 자체의 중요성을 고양하는 조치였다. 이는 중국이 국내적으로 자본, 기술, 노하우에 기초해 선택적으로 수입을 하고 중국의 장점을 활용하여 수출 시장을 활성화하자는 국내와 국제 환경을 고려한 2차원적 순환 프로세스로 중국이 국제 사회에 개방된 상태를 유지해 나가자는 것이다. 이렇게 '중국제조 2025'는 더 큰 중국 경제·혁신 생태계에 자리잡게 되었다. 한 유럽 사업가가 농담으로 쌍순환은 "외국 기술, 해외 자금 그러나 외국계 경영진 배제"를 의미한다고 언급한 바 있다.

'중국제조 2025' 프로그램 안에서 모든 기술이 동등하게 만들어지는 것은 아니다. 예를 들어, 중국 당국은 전기 자동차의 국내 시장 점유율을 80%로 설정했지만, 첨단 의료 기기의 경우 70%가 목표이다.[82] 2017년 목표는 더 발전되는데, 중국은 반도체 부문의 목표를 70%에서 80%로 높였다.[83] 일부 지역에서는 '중국제조 2025'가 자국 내 제조에서 합작 투자를 허용한다. 다른 경우에는 정부가 중국 기업만을 요구한다. 그리고 AI와 같은 일부 부문에서는 대부분 중국 민간 기업이 참여하게 되며, 스마트 그리드(Smart Grid; 전력망에 정보통신 기술을 접목하여 전력 공급자와 소비자가 실시간으로 정보를 교환하며 에너지 효율을 최적화하는 지능형 전력망) 시스템이나 고속철도와 같은 부문에서는 국유기업(SOE)이 시장 점유율의 80% 이상을 차지한다는 것이다.[84] 계획에는 스마트 장비 사

---

* 쌍순환(雙循環, Dual Circulation) 이론은 중국의 경제 발전 전략으로, 내수 중심의 국내 순환과 국제 순환을 결합하여 지속 가능한 성장을 도모하는 것을 목표로 한다. 이 전략은 2020년 시진핑 주석에 의해 처음 제시되었으며, 글로벌 경제 불확실성과 미국과의 무역 분쟁에 대응하기 위해 설계되었다. 여기서 '국내 순환'이란 내수를 확대하고 독립적인 국내 공급망을 구축하여 수입 의존도를 줄이는 것을 목표로 하며, 이를 통해 민간 소비를 활성화하고 기술 개발 및 생산 능력을 향상시킨다는 것이다. 그리고 '국제 순환'이란 첨단 기술과 고부가가치 상품의 수출을 확대하며 내수 시장을 위한 수입을 증대해 국제 경제와의 상호작용을 강화하겠다는 것이다.

용도 목표로 포함되는데, 1억 위안 투자 금액당 특정 수의 특허가 포함되어야 한다. 산업별로 우선순위도 상이하다. 스마트 제조와 차세대 IT가 최우선이고 신소재와 신에너지 차량이 그 뒤를 잇는다.[85] 독일 싱크탱크 MERICS는 중국에는 2019년 중반까지 시행 조치를 상세하게 담은 445건의 정부 문서와 4,000건 이상의 프로젝트가 있으며 빅데이터, 신소재, 클라우드 컴퓨팅에 중점을 둔 530개의 스마트 제조 산업 단지가 있다고 보고한 바 있다.[86]

'중국제조 2025'의 중요한 요소는 중국 산업이 세계적 경쟁력을 갖추기 위해 노력하는 동안 중국 국내 시장을 보호하려는 것이다. 예를 들어, 신에너지 자동차 배터리 분야에서 배터리 용량의 라이센싱(특허)과 생산에 관한 규제는 외국 기업의 시장 접근을 효과적으로 방지하고 특정 국내 기업의 시장 점유율을 보장한다는 것이다.[87] 중국은 또한 세계 시장 점유율 확보를 목표로 다른 나라 제품 생산량을 능가할 것이라는데, 중국은 이미 태양광 패널과 풍력 터빈 생산을 그렇게 했고 첨단 배터리 제조의 경우도 다른 세계가 계획한 것보다 3배 이상 많았다.[88] 최근 몇 년간 국산화 과정은 더 공격적이다. 예를 들어, 북동부 도시 창춘(Changchun)은 IBM, Oracle, EMC의 클라우드 기술을 디지털 차이나(Digital China, 神州數碼集團)의 클라우드 기술로 대체하는 과정에 있다.[89]

일부 기술의 경우 중국 당국에서는 단순히 원하는 목표를 알리고 지방 정부가 이를 시행하는 최선의 방법을 정하도록 한다. 의료기기의 경우, 중국 정부는 외국 의료기기 회사를 합작 파트너로서는 환영하지만 표준 형성 과정 중 일부에서 이들 외국 기업들을 제외시킨다. 이렇게 함으로써 중국산 제품과 일치하는 표준이 만들어진다. 게다가 의료기기 승인 절차를 길고 번거롭게 하여 중국 기업들이 시장 점유율을 확보할 수 있는 시간을 벌어준다. 중국산 의료기기 품질이 향상됨에 따라 지방 정부는 병원과 의료진의 외국산 의료기기 구매를 어렵게 만드는 규정 제정을 줄여 나갔다. 쓰촨성에서는 병원이 인공호흡기, PET-CT 스캐너 등 15개 범주 기기를 중국산을 사용해야 한다.[90] 그렇지 않은 경우 보험이 전액 커버되지 않는다.[91] 그리고 2019년에는 성과 주요 도시에서 외국산 의료기기의 사용을 줄이기 위해 고안된 새로운 규정이 발표되었다. 예를 들어, 닝샤(Ningxia), 쑤저우(Suzhou), 톈진(Tianjin)에서는 병원이 외국 의료기기 수입에 대한 정당한 이유를 제시할 것을 요구했다. 저장성은 국립병원의 외국산 의료기기 수입을 232개 품목으로 제한하고[92] 현지 제품을 사용하는 병

원에 대해 더 높은 보험 환급율을 적용했다.[93]

중국 지도부의 기술 자립 추진은 국내외적으로 계속해서 논의의 대상이 되고 있다. 리이종(李毅中, Li Yizhong) 전 산업정보기술부 장관은 중국이 자급자족을 강화하고 미국 기업이 중국에서 사업을 하는 것을 금지함으로써 중국 기술 기업에 대한 미국의 제한 정책에 보복해야 한다고 주장했다. 그러나 칭화대학 마이크로전자공학 연구소 소장은 중국이 모든 수입 기술을 대체할 필요는 없다고 제안했다. "100% 중국산 기술을 사용하는 것은 불가능하다. 완전한 대체는 산업 발전의 주요 추동력이 아니라 긴급 상황 때 필요한 것이다."[94]라고 했다. 로우지웨이(樓繼偉, Lou Jiwei) 재정부장관은 '중국제조 2025' 프로그램을 "납세자 돈 낭비"라고 비난했다가 2019년 4월 축출되었다.[95] 그리고 국제 사회는 이 프로그램이 중국 기업에만 이익이 되는 목표를 설정하고 과잉 생산과 글로벌 시장에서 값싼 덤핑 상품을 초래하는 제품에 보조금을 지급함으로써 다국적 기업들이 경쟁하는데 고르지 못한 운동장이 된다고 비판했다. 이러한 반발에 직면하여 중국은 모든 정부 문서에서 '중국제조 2025'라는 명칭을 삭제했다. 그럼에도 불구하고 이 프로그램은 '산업 업그레이드'라는 보다 무해한 규정으로 바뀌어 계속 추진되고 있다.[96]

인재를 낚다

중국의 혁신 노력을 지원하기 위해 해외 과학 인재를 리크루트하는 것은 1990년대 중반부터 중앙 정부의 정책이었다. 영국 노팅엄 대학 닝보 캠퍼스의 차오총(曹聰, Cao Cong) 교수가 설명했듯이, 1994년 중국과학원(China Academy of Sciences)은 해외에서 45세 미만의 과학자를 모집하기 위해 '100인 프로그램(Hundred Talents Program)'을 마련했다.[97] 모집 대상은 중국 시민이나 자신의 국적을 기꺼이 포기하려는 기타 국적자들로 제한되었다.[98] 거의 15년 후인 2008년, 중국 교육부는 100인 프로그램이 훨씬 확장된 형태인 '천인계획(Thousand Talents Plan)'을 재차 발표했다. 그 목표는 10년 안에 1,000명의 해외 과학자를 모집하는 것이었고, 그중 100명은 해당 분야의 최고 권위자 중에서 선정하는 것으로 되어 있다.

중국에서 또는 중국과 함께 일할 과학자를 모집하기 위한 천인계획(Thousand Talents Plan)은 인상적인 일련의 유인책을 제공한다. 중국 정부는 대학과 협력하여 일류 과학자들에게 자금이 넉넉한 실험실, 생활비 그리고 후한 급여를 제공하는 경우가 많다. 이 계획은 또한 시민권을 포기할 필요 없이 외국인과 화교 과학자 모두를 환영한다. 2019년까지 1만 명 이상의 과학자가 참여했다. 뉴욕 대학 상하이 캠퍼스 물리학 조교수인 팀 번스(Tim Byrnes)는 일정 수준 이상이면 모든 사람과 세계 모든 국가가 적용된다고 지적했다. "사람들은 항상 국경을 넘나들어 결국 돈이 가장 많은 곳으로 모이게 된다."[99]는 것이다. 번스 교수의 평가에도 불구하고 그러나 중국인이 아닌 과학자·엔지니어는 390명만이 이 계획에 참여하기 위해 중국으로 이주했다.[100] 대다수는 중국 국적자이거나 국적을 바꾼 중국인들이다. 그럼에도 불구하고 원하는 과학자들을 중국으로 유인하는 일은 어려울 수 있는데, 예를 들어 2014~2018년간 미국에서 AI 박사 학위를 받은 중국인 학생 중 90%가 미국에 잔류했기 때문이다.[101]

해외에서 공부하고 세계 최고의 연구실에서 명성을 얻은 중국 과학자들은 특히 '천인계획'에서 높이 평가되었다. 이들은 더 많은 연구 성과물을 출판하고 글로벌 과학 네트워크에 긴밀히 통합되었다.[102] 귀환한 스타 중 한 명은 수상 경력이 있는 과학자 린청지엔(林晟健, Lin Chenjian)으로 베이징 대학(PKU)과 베이징 협화의학원(北京協和醫學院, Peking Union Medical College)에서 수학했다. 그는 대학원 과정을 위해 미국으로 건너가 퍼듀 대학교에서 분자 유전학 박사 학위를 취득한 후 록펠러 대학교에서 박사후 연구원 과정을 거쳐 코넬 대학, 마운트사이나이 의대(Mount Sinai School of Medicine)의 석좌교수가 되었다.

린청지엔은 뉴욕에 있는 동안 베이징 대학과 관계를 유지하면서 뉴욕 대도시 지역 베이징 대학 동문회 교수 고문으로 활동하였고, 미국을 여행하는 베이징 대학 학자와 교직원 대표단의 비공식 호스트 역할을 했다. 이러한 교류는 그에게 교육 개혁에 대한 자신의 생각과 교양 교육의 가치를 베이징 대학 고위 간부들과 공유할 수 있는 기회가 되었다. 점차적으로 그는 베이징 대학과 베이징 소재 다른 대학에서 시간제로 강의하면서 중국 교육 시스템에 직접적으로 관여하기 시작했다. 중국 관리들은 미국에서 보다 훨씬 더 높은 수준의 연구

자금 지원을 약속하며 그에게 구애했다. 그들은 그에게 저명한 과학계 인사가 될 수도 있고, 대학 총장이 될 수도 있으며, 넉넉한 창업 자금으로 자신의 회사를 시작할 수도 있다고 말했다. 그러나 린칭지엔은 중국 관료들이 제시하는 조건에는 별 관심을 보이지 않았다. 그가 필자에게도 말했듯이 그의 주관심사는 첫째, 순수 형태의 학문적 추구 그리고 더 중요하게는 교육 개혁이었다. 이러한 비전을 염두에 두던 그는 결국 2013년에 중국으로 돌아가 천인계획(Thousand Talents Plan)의 수천 명 중 한 명이 되었다. 그러나 화려한 패키지는 없었다. 실제 그는 뉴욕시에 있는 3,600평방피트(100평) 규모의 집을 포기하고 베이징 대학 기숙사의 오래된 스튜디오에서 교육 개혁을 추구할 기회를 얻기 위해 40%의 급여 삭감도 감수했다.

베이징 대학으로 귀국한 사람은 린칭지엔뿐만이 아니었다. 그가 6년의 체류 기간 중 생명과학부는 미국에서 박사학위를 받고 박사후 과정을 이수한 17명의 신규 교수 요원들을 채용했는데, 여기에는 국립과학원 회원 2명, 학과장 또는 프로그램 책임자 4명, 전임교수 3명 등이 포함되어 있다. 그러나 린칭지엔은 자신의 연구실에 있는 학생들에 대한 관심과 보살핌만 아니라 교육 개혁과 관련하여 급진적 관념을 갖고 있다는 점에서 다른 귀국자들과 구별되었다. 베이징 대학 부총장부터 위안페이 컬리지(元培學院, Yuanfei College) 학장, 생명과학 대학원(School of Life Sciences) 교수와 부대학원장을 역임하면서 그는 '오래 지연된 계몽'을 통해 중국 교육 시스템의 지적 재탄생을 지원하려고 노력했다. 그의 사고는 제2의 '5·4운동', 즉 1919년 베이징 지역에서 일어난 민족주의 시위에서 시작되어 정치적·지적 각성을 촉진한 그 운동이 재연되기를 원했다.[103] 린칭지엔이 필자에게 설명한 그의 야망은 "진리를 추구하고, 진리를 옹호하고, 진리를 수호하고, 인류를 사랑하라!"라는 것뿐이었고, 중국에 보편적 가치를 살려내는 것이었다. 그의 강좌 '현대 문명에 대한 비판적 사고'는 마르크스뿐만 아니라 존 스튜어트 밀, 아리스토텔레스, 알렉시스 드 토크빌, 한나 아렌트, 존 로크의 저작이 포함되어 있으며, 언론의 자유 가치를 강조한 영화 모음도 포함되어 있었는데, 더 포스트(The Post: 미 정부의 베트남 전쟁에 관한 비밀행위에 대해 워싱턴 포스트가 탄압을 무릅 쓰고 폭로 한 사건을 다룬 영화)와 스포트라이트(Spotlight: 보스턴 글로브 내 스포트라이트 팀이 가톨릭 보스턴 교구 사제들의 아동 성추행 사건에 대한 취재와 보도 과정을 다룬 영화)도 있었다. 비전을 가진 2명의 대학 총장, 기타 행정관 그리고 같은 생각을 가진 소수의 교수진 지원을 받아 린청지엔은 베이징 대학의 위안페이 컬리지에 컬럼비아대 핵심 커리큘럼을 모델로 한 신규 커리큘럼을 도입했다. 이 커리큘럼은 곧 신입생들 사이에서 가장 인기 있는 커리큘럼 중 하나가 되었다. 커리큘럼이 달랐을 뿐만 아니라 교육 정신 면에서는 개인이 '선택' 하지만, 정답이 하나 이상이 있을 수 있다는 점을 인정하는 것과 같은 비 전통적인 개념을 높이 평가했다. 중국 교육의 수준을 높이고 이를 세계의 기타 교육 수준과 완전하게 통합하려는 그의 열망은 위안페이 컬리지를 넘어 훨씬 더 확장되었다. 그는 또한 중국에 로즈 장학금(Rhodes Scholarship)을 소개하는 한편 전 세계 최고의 학생들이 베이징 대학에서 석사 학위를 취득하기 위해 공부할 수 있는 옌칭 아카데미(Yenching Academy: 중국학 영문 석사 2년 과정으로 학생들에게 생활비, 거주비, 연구비, 항공료 등을 전적으로 지원해주는 과정)를 설립하는 데 중요한 역할을 했다.

그러나 2018년 3월 린청지엔은 운명적인 결정을 내렸다. 시진핑의 주석직 연임 제한 철폐 노력이 성공하자 그는 자신의 위챗(WeChat) 계정에 "허리를 곧게 펴고 공범자가 되지 말라."라는 글을 올려 중국 지식인과 교수들이 자유를 옹호하기는커녕 대신에 "시진핑 사상 연구를 위한 연구 기관 설립에 앞다투어 나서고 있는 것"을 비판했다. 또한, 그는 "우리 교육에서 진실을 주창하는 사람이 아니라 영악한 거짓말쟁이를 체계적으로 양성하기 때문에 이 결과로 주목할 만한 과학자나 인문학의 전문가들이 없게 되는 것이다."라고 했다. 그는 이런 것은 지식과 아무런 연관이 없고, 이 모두가 도덕성과 관련된 문제라고 강조했다.[104] 그의 글은 구전으로 전해지면서 많은 이메일과 지지 메시지를 받았다. 그러나 검열관들은 해당 글과 관련된 내용 모두를 삭제했고, 베이징 대학 공산당 서기는 해당 작품을 재차 게시하는 자들에 대해 징계 조치를 취하겠다고 위협했다. 베이징 대학 동료들과 베이징 대학 지도부 중 일부가 그를 옹호했음에도 불구하고, 린청지엔은 모든 직위를 박탈당하고 연구실 자리만 유지했다.(자금 지원 대부분이 끊김) 그리고 그는 미국에서 장기간의 안식년을 보낸 후, 2021년 1월 베이징 대학으로 복귀하여 학문적 연구와 학생 지도를 계속하기로 결심했다.

린청지엔은 중국이 과학적 혁신의 세계적 리더가 되기 위해서는 시스템의 근본적 개혁이 필요하다고 확신하고 있다. 필자가 중국이 자신의 의생명과학 연구 분야에서 이미 선두주자임을 시사했다는 것에 그는 즉각 반박했다. 그는 처방약 분야를 지적하면서 전 세계 의과학자들이 미국 식품의약국(FDA)의 승인을 받은 소분자 처방약 2,675개를 개발했지만, 중국은 아직 '혁신 신약(first-in-class)' 개발에 기여하지 못했음을 지적했다. 그는 승인될 가능성이 있는 첫 번째 약물은 '혁신 신약' 약물로, 이것은 '후속 약물(me too)', '개량 신약(me better)'도 아닌 기존 약물로 새로운 서방성(slow-release, 서서히 방출하는) 전달 체제를 갖춘 것일 뿐이라고 주장했다. 그리고 그는 나중에 필자에게 보낸 이메일에서 "최근 코로나19 바이러스 팬데믹과의 싸움에서 중국 과학자들은 전통 방식으로 백신을 만드는 데 상당히 효과적이었던 반면에 유럽과 미국의 전문가들은 이미 최신 mRNA 백신 기술 분야로 도약했음"을 지적했다.

린청지엔이 선호하는 구조적 개혁 유형 대신에 중국은 계속해서 다른 국가의 성공적 연구를 중국 시스템에 접목하려고 노력하고 있으며, 천인계획은 그러한 노력의 일환으로 여전히 선호된다. 그러나 미 트럼프 행정부는 계획적으로 어두운 요소인, 특히 지적재산권(IP) 도난 가능성에 대해 점점 더 우려하게 되었다. 일례로 거의 10년 동안 농화학 회사인 몬산토(Monsanto)에서 근무한 천인계획(Thousand Talents Plan) 대상자가 온라인 농업 소프트웨어 플랫폼에 대한 회사에 소유권이 있는 알고리즘 사본을 휴대하고 중국으로 돌아가는 길에 공항 이민국은 출국을 금지했다.[105] 또 다른 사례에서는 미국 연구실에서 근무하는 중국 과학자가 연구실 IP를 사용하여 '중국 회사 이름'으로 미국 특허를 출원한 건을 들 수 있다. 다른 일부 사례를 보면, 의학·생명과학 분야 중국 학자들이 미국 내 연구실 연구를 중국 기업과 대학으로 가져가는 계획에 관여한 것들도 있다.[106]

과학자들이 지적재산권(IP) 도용에 관여하지 않았더라도, '천인계획' 기금을 받은 많은 과학자들은 중국이나 외국에서 각기 다른 직위를 갖고 있음에도 이러한 이중 작업 상태를 중국 밖 다른 고용주에게는 보고하지 않았다. 미국 국립보건원(National Institutes of Health)의 조사에 따르면, 133명의 연구자가 미공개 해외 연구비를 받았고 102명이 미공개 인재상(Talent Award)을 받은 것으로 나타났는데, 이 중 54명이 사임하거나 직위 해제되었다. 대부분(93%)은 중국 자금 지원과 관련이 있었다.[107] 에모리 대학의 리샤오지안(Li Xiaojian) 교수는 이 대학의 의과대 인간 유전학과와 중국 과학원 유전학 및 발육 생물학 연

구소에서 동시에 직책을 맡으며 양쪽 연구실에서 동일한 연구를 수행했다.[108]

2018년 미국 법무부는 경제 스파이를 포함하여 사이버 공격 등 중국 국가 안보 위협에 대응하기 위해 '중국 이니셔티브(China Initiative)'를 출범시켰다. 그러나 대부분의 사례는 학자들이 중국 직장 소속을 신고하지 않거나 기술을 이전하기 보다는 소득에 대한 세금을 납부하지 않은 경우에 발견됐다. 천인계획(Thousand Talents Plan) 참여하여 지원받은 사실을 보고하지 않아 2020년 1월 하버드 대학의 찰스 리버(Charles Lieber) 교수가 체포되었다. 리버 교수는 우한 공과대학의 과학자로서 중국 정부 자금으로 100만 달러 이상을 가져간 것으로 알려졌다. 그곳에서 일한 대가로 리버 교수는 월급 5만 달러와 생활비를 추가로 받았다. 저명한 과학자로 나노 분야 세계적 리더인 리버 교수는 하버드 또는 미국 정부(국립 보건원과 국방부를 통해 1,500만 달러 이상의 보조금을 받았음)에 자신이 '천인계획' 소속임을 밝히지 않았다.[109] 2022년 2월 바이든 행정부는 인종 프로파일링에 대한 우려와 이란, 러시아 등 다른 국가가 제기하는 광범위한 위협을 본격적으로 다루기 위해 동 프로그램을 종료했다.[110]

'중국제조 2025'와 마찬가지로 '천인계획'에 대한 부정적인 국제적 홍보로 인해 중국 정부는 다양한 공문서에서 해당 용어와 참여 과학자의 이름을 삭제했다. 이 용어는 중국 소셜 미디어에서도 검열 대상이 되었다. 그러나 계획 자체는 '고급 외국인 전문가 채용 프로그램(High-End Foreign Expert Recruitment Program)'이라는 새 이름으로 지속되었다.

빌려오고, 사들이고, 훔쳐라

해외 기술 획득은 상대적으로 짧은 기간에 기업 경쟁력을 향상시키는 중요한 수단이 될 수 있다. 중국의 경우 이러한 과정은 국가적 최우선 과제다. 최근 몇 년 동안 중국 기업들은 세계에서 가장 정교한 기술을 보유한 기업들의 지분을 확보하고 인수하는 데 막대한 자금을 아낌없이 지출했다. 기업 인수 대부분이 '중국제조 2025' 우선 순위 확보 기술과 관련되어 있다. 예를 들어,

2015~2016년 동안 중국은 독일 기술 산업의 최고봉인 쿠카(Kuka)와 미데아(Midea)를 포함하여 유럽과 미국의 첨단 자동화 장비[111] 생산업체 10곳을 인수한데 대해, 자국의 경쟁력과 국가 안보를 우려한 정치인들이 경종을 울리며 중국의 제안된 기업 인수를 더욱 자세히 살펴보았다. 호주, 캐나다, 영국, 미국과 독일 등은 즉각 국가 안보를 이유로 대중국 기술 회사 판매를 차단했으며 이러한 추세는 2016년 중국의 기술 인수·합병이 정점을 찍는 데 기여했다.[112]

중국은 또한 다국적 기업이 원하는 기술 자국 이전을 설득하기 위해 중국 시장의 영향력을 레버리지로 활용한다. 많은 다국적 기업과 정부는 이를 '강압적인(Coerced)' 기술 이전으로 보는 반면에 중국 정부는 기업들이 기술 이전을 거부할 수 있다고 주장하면서 중국 국가발전개혁위원회(NDRC) 관계자는 다음과 같이 언급했다.

중국 시장에 진출하려는 외국 기업들은 합작 투자사를 설립하고 중국 내 파트너 기업과 기술을 공유해야 했다. 그러나 사실 미국이나 유럽 기업들은 강요하지 않았어도 자신들의 기술을 공유하는데 따른 잠재적 손해가 중국 소비자 시장에 접근하여 얻을 수 있는 기대 이익보다 훨씬 작을 것이라는 기대감이 중국에 투자하려는 동기로 작용했다는 것이다.[113]

그러나 기술 이전 거부의 의미는 파트너십과 그에 따른 중국 시장에의 접근이 진전되지 않을 것이라는 의미일 수도 있다.[114] 상하이 소재 미국 상공회의소의 2018년 보고서는 조사 대상 400개 이상의 기업 중 21%가 시장 접근을 위해 기술을 이전해야 한다는 압박감을 느낀다고 응답했으며,[115] EU 상공회의소도 거의 동일한 조사 결과를 보고하면서 조사 대상 585개 이상의 국가 중 20%가 기술 이전 강요를 느꼈다고 보고했다.[116] 한 사례를 보면 중국 정부는 자동차 합작 투자에 참여하는 모든 중국 회사가 공식 지정된 3대 핵심 신에너지 자동차 기술 중 하나를 숙달해야 한다고 규정했다.[117] 그러자 얼마 지나지 않아 유럽 자동차 회사들은 중국 합작 투자 파트너가 회사 고유 자산인 전기자동차 소프트웨어 코드와 같은 민감 기술을 넘겨달라고 압력을 가하고 있다고 보고했다.[118]

강요된 것과 유도된 것 사이에는 분명 미묘한 차이가 있어 논란의 여지가 있으나, 지적재산권(IP) 도난 문제에 대해서는 그러한 모호함이 존재하지 않는다. 필립스, IBM, 휴렛패커드, 아메리칸 에어라인, 알리안츠(Allianz SE)와 도

이치은행(Deutsche Bank) 등 같은 회사들은 이런 이중적 관계이 있는 회사들임에도 모두 중국행위자들에 의한 사이버 공격을 보고했다.[119] 아시아 정책연구소(NBR: National Bureau of Asian Research)가 설립한 고위급 '지적 재산권 위원회(Intellectual Property Commission)'에 따르면 IP 도난으로 미국 경제는 연간 2,250억~6,000억 달러의 손실을 입었으며, 손실 중 대부분은 중국 때문이었다.[120] 미 법무부 보고서에 따르면 2011~2018년간 국가가 배후인 경제 스파이 혐의의 90%가 중국과 연관되어 있었다.[121] 미국 정부에 더욱 문제가 되는 것은 미군을 겨냥한 빈번한 사이버 간첩 활동이다. 예를 들어, 중국은 초음속 대함 미사일 설계도를 포함하여 수중전 기술을 확보하기 위해 미 해군을 대상으로 대규모 공격을 감행했다.[122] 이에 오바마 행정부 기간 동안 미국 정부는 민간 부문에 대한 사이버 간첩 행위를 종식시키려는 협상을 시도했다. 2015년 합의에 따르면 "어떤 국가 정부도 기업이나 상업 부문에 경쟁 우위를 제공할 목적으로 거래 비밀이나 기타 기밀 비즈니스 정보를 포함한 지적 재산에 대한 사이버 기반 절취를 수행하거나 고의로 지원하지 않을 것"이라고 명시되어 있다.[123] 이 합의가 성사된 이후, 사이버 공격 횟수는 감소했다. 그러나 의회가 위임한 미·중 경제안보검토위원회(US-China Economic and Security Review Commission)의 보고서에서는 이러한 감소추세는 아마추어 수준으로의 공격 감소와 더불어 더 은밀하고 발견 가능성이 낮은, 보다 전문적인 국가 후원 공격의 증가를 의미할 가능성이 높다고 결론지었다.[124]

표준 설정

중국 정책 입안자들은 "3류 기업은 제품을 만들고, 2류 기업은 기술을 설계하고, 1류 기업들은 표준을 정한다."라는 말을 종종 언급한다. 일반적으로 기업은 국제 표준을 통해 제품을 국가 간에 호환 사용할 수 있게 하기 위해 민간 기업과 산업 협회가 함께 표준을 만든다. 그리고 표준으로 채택된 기술을 소유한 회사는 라이선스 비용을 받는다.[125] 일찍이 중국은 TD-SCMA(시분할 연동코드 분할 다중접속 방식의 3세대 이동통신 표준)와 WAPI(무선랜 보안 표준) 통신 기술과 같은 자체 표준을 채택하는 경우가 있었다. 그러나 이러한 표준은 국제적인 지지를 확보하지 못했다.

시진핑은 이런 실수를 반복하지 않기로 결심했다. 2018년 중국은 7개 우선 분야(집적회로, 가상 현실, 스마트 헬스와 실버 산업, 5G, 사물 인터넷, 정보 기술, 태양광 발전)를 포함하는 신흥 기술에 대한 글로벌 표준을 설정하기 위해 2개년 프로젝트인 '중국 표준 2035'를 시작했다. 중국은 디지털 실크로드(DSR)와 국제 표준 설정 기관의 일부로서 기술 보급을 통해 이러한 표준을 발전시킨다. 6장에서 논의하겠지만 중국은 또한 자국 공무원을 표준 설정 국제기구의 수장 진출을 적극 지원한다. 또한, 중국 관리들은 국제전기통신연합(ITU)과 국제표준화기구(ISO)에서 최고의 직책을 맡았다. 2020년 7월 화웨이 설립자인 런정페이는 '5G 글로벌 표준 협회' 회장에 선출되어 중국 정부와 런정페이 자신 모두에게 성공을 안겨줬다.

좋은 일이 너무 많아도 문제

중국을 글로벌 혁신 및 기술 강국으로 변모시키겠다는 중국 정부 각본의 성공은 양자 컴퓨팅과 폐 재생 치료와 같이 이질적인 분야에서 돌파구를 마련하는 등의 진전에서 드러난다. 그러나 훨씬 더 충격적인 점은 글로벌 리더십 지위를 달성하기 위해 중국 기술의 장기 개발과 보급을 촉진하는 방식에 있다. 화웨이의 부상은 중국 모델의 위력을 보여준다. 이 회사는 세계적인 브랜드이자 5G 기술과 보급에 있어 글로벌 리더이며 현재는 규칙을 제정하는 기업이다. 그러나 화웨이의 성공에 기여했던 국가와 기업 간의 공생 관계가 이제는 화웨이의 지속적인 성장을 위협하고 있다. 많은 중국 기술 기업과 마찬가지로 화웨이도 한쪽은 중국 그리고 또 다른 한쪽은 미국이라는 훨씬 더 큰 지정학적 싸움에 휘말려 왔다. 이는 가치 체계, 국가 안보, 글로벌 경제의 본질 등의 문제와 관련된 싸움이다.

중국 정부의 요구, 즉 특히 기술 분야 중국 기업들이 중국의 국익에 전적으로 부응해야 한다는 그런 요구는 화웨이의 글로벌 진출이 제약되기 시작했다. 전 국무부 직원인 크리스토퍼 포드(Christopher Ford)가 2019년 9월에 언급한 바와 같이, "다양한 중국법은… 모든 기업들이 국가안보를 보장하는 문제에 있어서 중국 공산당 공안기관에 무조건적으로 협력하도록 규정되어 있는데, 예를 들어, 국가정보법은 중국의 모든 조직이 정보 업무에 협력하도록 되어 있으며 이는 민간 기업과 국유기업 모두를 포괄한다."[126]라고 했다. 화웨이의 불투명한 소유 구조는 그 회사가 중국 공산당으로부터 독립적으로 행동할 수 있는지의 능력에 대해 추가적인 의문을 제기했다. 런정페이 화웨이 회장은 회사 지분 1%를 통제하고 나머지 99%는 '노동조합위원회'라는 기관이 보유하고 있는 것으로 알려졌다. 일부 미국 전문가들은 이 '노동조합위원회'가 조합원을 대표하는 것이 아니라 정부 기관이라고 주장했는데, 이는 곧 화웨이의 99%가 정부 소유임을 뜻한다.[127] 이 회사는 물론 일부 외부 전문가들도 격렬하게 논쟁을 벌이는 대상이기도 하다.[128] 또한, 트럼프 행정부는 중국의 군·민 융합 프로그램은 미국이 화웨이와 협력을 하게 되면 궁극적으로 중국의 군사적 목표를 더욱 발전시킬 것이라고 주장했다. 포드가 언급하였듯이, "중국의 군·민 융합은 또한 현재 중국에서 진행 중인 첨단 기술 개발 노력이 중국 군의 첨단 기술 역량 획득을 위해 해외 기업들이 지원하는 일과 연계하지 않고는 중국과 첨단분야 협력은 불가능하게 됨을 의미한다."[129]라는 것이다.

화웨이는 민감한 사용자 정보를 넘길 것이라는 주장에 최선을 다해 반박했다. 순환직으로 회장을 맡았던 량화(梁華, Liang Hua)는 "화웨이는 그런 요청을 받은 적이 없다면서… 그리고 향후 그러한 요청을 받더라도 이에 동의하지 않을 것이라며 합법적인 요청이 없으면 우리는 아무것도 하지 않을 것이다."라고 했다.[130] 2019년 5월 화웨이는 중국 최고의 지재권 변호사에게 보고서를 의뢰했는데, 그 변호사는 스파이 행위를 정부가 강요할 수 없다는 주장을 뒷받침했다.[131] 런정페이 본인도 세계 여러 나라에 화웨이는 스파이 행위를 하지 않을 것이며, '스파이 행위 금지' 협정도 제안하면서 부정적 여론을 안심시키려고 노력했다.[132] 그러나 화웨이가 중국 정부의 요청을 거부할 수 있다거나 거부할 것이라고 믿는 외국 관리는 거의 없다. 2019년 중국 정부는 런정페이 회장을 '중국 공산당의 지도력을 굳건히 수호' 하는 '우수 민간 기업가 100인' 중 한 명으로 선정했다.[133] 이러한 찬사는 화웨이의 5G 인프라를 금지하는 국가들에 대해 경제적으로 보복하겠다는 중국 관리들의 위협과 결합되어,[134] 화웨이와 중국 정부 사이에 물질적 분리가 필요하다는 다른 의구심을 남겼다. 캐나다 학자 맥쿠액 존스턴(Margaret McCuaig-Johnston)이 언급했듯이, "민간 기업들은 통상 자기네 국가 정부들이 그들을 대신하여 협박을 가하도록 하지는 않는다."라고 했다.[135]

세계 여러 나라가 화웨이 5G 기술 사용 여부를 논의할 때 중국 국가의 이익과 화웨이의 이익이 불가분이라는 점은 중요한 문제다. 세계 여론이라는 더 큰 법정에서 화웨이 논쟁은 중국의 팬데믹 관리 방식, 신장 지역의 위구르 무슬림에 대한 처우, 홍콩에서의 정치적 탄압 등에 대한 한층 더 광범위한 정치적 고려로 둘러싸여 있다. 화웨이를 금지하라는 미국으로부터의 압력은 정치적 열풍을 더욱 높였다. 2021년까지 호주, 일본, 미국, 인도, 싱가포르, 벨기에, 덴마크, 프랑스, 이탈리아, 스웨덴, 영국, 그리스, 독일, 체코가 5G 공급자로 화웨이 경쟁사인 노키아나 에릭슨을 선택했다(지도 5.1 참조).[136] 일부 국가에서는 화웨이를 전면적으로 금지했고 다른 국가에서는 화웨이를 효과적으로 금지하기 위해 기술 표준을 개발했고 여전히 다른 EU 회원국들은 더 광범위한 EU 지침에 따라 보호를 받았다.

그러나 다른 국가에서는 화웨이를 자국 네트워크에 지속적으로 환영하고 있는 실정이다. 2020년 11월 필자가 라틴 아메리카 정부 관리 및 학자들과 중국의 기술적 야망을 논의했는데, 필자는 유럽, 북미와 일부 아시아 국가에서 만연된 화웨이의 보안 문제에 대한 우려는 이들 국가에서는 동일한 방식으로 반향을 일으키지 않는다는 대체적으로 일치된 견해를 접했다. 그들은 화웨이의 통신 인프라가 특별히 위험하다는 견해를 갖고 있지 않았다.

지도 5.1 **화웨이 5G 보급**

출처: https://tech.newstatesman.com/security/where-every-country-stands-huawei

일각에서는 줌(Zoom)과 같은 중국 버전 앱이 대학에서 교사와 학생들에 대한 스파이 활동을 하는 데 사용될 수 있다며 우려를 표명했다. 그러나 이에 대해 라틴 아메리카에서는 전반적으로 중국과 중국 기술 기업들에 대한 관심을 긍정적으로 보았다. 그들은 보다 광범위하게 중국과 시진핑 주석이 라틴 아메리카 관리들의 의견에 귀 기울이고 진심으로 공동 혁신과 기술 개발에 참여하기를 원했다는 점을 높이 평가했다. 미국이 주도한 '국가 안보'적 필요성은 매력과 설득력 면에서 많이 떨어진다는 것이다. 필자는 2018년 여름 뉴질랜드에서 열린 고위급 비즈니스 리더들과의 회의에서 화웨이에 대한 개방적 태도를 접할 수 있었다. 모두가 중국에서 사업을 하고 있던 그룹은 화웨이가 네트워크를 사용하여 지적재산권(IP)에 액세스하는 능력에 대해 거의 불만을 표시하지 않았다. 한 참가자는 "우리를 감시하는 것이 미국이든 중국이든 우리에게는 별 차이가 없다."라고 말했다. 그러나 사업가들의 낙관적인 태도에도 불구하고 뉴질랜드 정부는 결국 화웨이 장비를 5G 인프라에 포함시키지 않기로 결정했다.

2019~2020년 동안 화웨이는 세계 기술 생태계가 둘로 쪼개질 가능성을 드러나게 했는데, 절반은 화웨이가 지배하고 다른 절반은 유럽 경쟁사인 노키아

와 에릭슨이 지배하는 상황이라는 것이다. 일부 국가들의 선택에는 중국이 제기하는 가치 기반과 (또는) 국가 안보 위협인, 즉 화웨이는 중국의 아바타라는 위협에 대한 결정이 구체적으로 반영되었다. 그러나 궁극적으로 글로벌 디커플링 댄스(흐름)는 높은 기술 수준의 화웨이와 화웨이의 5G 기술에만 집중된 것이 아니라 5G의 기반이 되는, 눈에는 덜 띄는 반도체 산업에 집중되었다는 것이다.

무에서 유를 창조하기

미국의 억만장자 사업가이자 시민 지도자로 오마바 정부 당시 상무장관인 페니 프리츠커(Penny Pritzker)는 다음과 같이 말을 곧이곧대로 했다. "명백하게 말씀드리자면, 이렇게 전례 없는 국가 주도의 간섭은 시장을 왜곡하고 혁신 생태계를 약화시킬 것이다… 미국 정부는 기회가 있을 때마다 중국 지도자들에게 반도체 산업용으로 책정된 1,500억 달러 규모의 산업 정책을 인정하지 않을 것임을 분명히 할 것이다."[137] 프리츠커는 워싱턴 DC의 군중과 외교 정책 전문가와 관료들 앞에서 연설하면서 미국 정부의 반대, 즉 중국 토착 반도체 산업*을 구축하기 위해 1,500억 달러를 투자하려는 중국의 계획에 반대한다는

* 중국의 반도체 제조 산업은 정부의 강력한 지원 아래 쯔광그룹(Uni Group, 1988년 설립)이 중국 최대 종합 반도체 기업으로 자리 잡았고, 창장메모리(YMTC, 2016년 설립)가 NAND 플래시 메모리 제조를 주도하며, 허페이창신(CXMT, 2016년 설립)이 10나노급 DRAM 생산으로 글로벌 경쟁력을 강화하고 있다. 푸젠진화(JHICC, 2016년 설립)가 DRAM 제조를 시도했으나 미·중 무역 분쟁으로 어려움을 겪으며 발전을 이루었다. 이는 중국이 국가 반도체 산업 투자 기금(Big Fund)을 통해 2014년부터 약 6,868억 위안을 조성하여 반도체 제조, 설계, 재료 개발에 집중 투자함으로써 이루어진 것으로, 이러한 발전은 3D NAND 플래시 및 DRAM 기술 혁신, '중국제조 2025' 정책에 따른 국산화율 증대, 글로벌 시장에서의 점유율 확대를 목표로 동시에 기술 격차 해소와 핵심 장비 의존 문제 해결이라는 과제에서 출발한 것이다. 현재 중국 반도체의 대표격인 SMIC(中芯國際, Semiconductor Manufacturing International Corporation)는 중국 최대의 반도체 파운드리 회사로 2000년에 설립되었는데, 본사는 상하이에 위치하며 중국 본토뿐만 아니라 미국, 일본, 유럽 등 여러 지역에 사무소와 제조 시설을 운영하고 있다. SMIC는 350nm에서 7nm 공정 기술까지 다양한 반도체 제조 서비스를 제공하며 2024년에는 5nm 공정 기술을 도입할 것으로 예상된다. 이 회사는 중국 정부와 민간 투자자들의 지원을 받아 성장했으며 주요 고객으로는 화웨이, 퀄컴, 브로드컴, 텍

입장을 밝혔다. 반도체 자급률을 2014년 9%에서 2020년까지 40%, 2025년까지 70%로 높이려는 중국의 의도는[138] 2014년 집적회로에 관한 국가 프로그램을 통해 알려졌고 '중국제조 2025' 계획의 일환으로 공식적으로 개시되었다. 이는 미국에 당시 걸려있는 이해관계(국제관계적 이익)보다 더 큰 것은 없다는 사실이다. 당시 중국은 세계적으로 가장 빠르게 성장하는 반도체 시장이었는데 약 1,700억 달러 규모로 전 세계 시장의 56.6%를 점유했다. 미국 기업은 전 세계 반도체 판매의 절반을 차지했는데,[139] 중국은 향후 10년 동안 그 기회의 상당 부분을 없앨 계획이라고 곧 발표했다.

화웨이를 둘러싼 싸움이 국제적인 헤드라인을 장식하고 있지만, 이는 중국이 자국 기업에 유리하도록 글로벌 기술과 자본 흐름을 재편하려는 과정에서 진행 중인 구조적 변화의 작은 부분일 뿐이다. 우리가 살펴보았듯이, 글로벌 기술 리더십을 위한 중국의 각본은 '일대일로(BRI)'와 표준 설정 국제기구 등을 통해 전 세계로 수출할 수 있는 중국 기업들, 공급망 그리고 표준을 통해 자급할 수 있는 토착 기술 생태계를 만들려는 노력을 반영하는 것이다. 여러 측면에서 중국의 자국의 기업, 기술 및 표준이 전 세계적으로 경쟁력을 갖추고 글로벌 시장 점유율을 확보할 수 있을만큼 중국 방식으로 재결합하기 전까지 국제 공동체의 기술 생태계 대부분과 디커플링되기를 원한다. 그러나 중국의 노력이 성공하려면 중국이 국내적 변혁을 추진하는 동안 여타 세계가 정책의 일관성을 유지할지 그 여부가 관건이다. 프리츠커의 연설은 미국과 여타 국가들이 다른 생각을 염두에 두고 있을 수도 있다는 첫 번째 징후 중 하나였다. 이후 4년 동안 트럼프 행정부는 중국이 반도체 산업을 발전시키는 데 필요한 부품을 차단해 중국의 각본을 엉망으로 만들었다. 그 결과 중국의 야심이 크게 무너졌는데, 반대로 중국의 의지는 두 배로 커졌다.

2018년 리커창 총리는 모든 '중국제조 2025' 산업 중에서 반도체를 최우선 과제로 지정했다.[140] 반도체는 데이터 분석, 사물 인터넷, 컴퓨터, 게임, 첨단 의료 기기, 자율 주행차, 스마트폰, 노트북, 군용 하드웨어, 로봇 공학, AI와 기계 학습, 감시 기술과 5G 등 기술 진보의 모든 측면에서 필수적이다.[141] 그

사스 인스트루먼트 등이 있는데, SMIC는 또한 중국의 반도체 자립을 목표로 하는 국가 전략의 핵심 기업으로, 미국의 제재에도 불구하고 기술 개발과 생산 능력을 확장하고 있다.

러나 중국은 반도체를 사용하는 여러 기술분야에서 선두 주자이지만, 차세대 기술 발전에 힘을 실어주는 반도체 설계 및 제조 능력에서는 뒤처져 있다. 이렇게 중요한 기술에 대한 외부 세계, 특히 미국과 동맹국, 파트너 국가들에 대한 지속적인 의존은 중국의 계획에 위협이 되기 시작했다.

마이크로칩이라고도 불리는 반도체는 절연체와 다른 물질 사이의 전기 전도성을 가능하게 하는 물질이다. 마이크로칩의 과학은 주로 이 칩의 크기에 달려 있는데 최첨단 마이크로칩은 7나노미터 이하의 크기로 만들 수 있다. (나노미터는 10억분의 1미터임) 다양한 유형의 반도체가 있지만 가장 일반적인 것은 트랜지스터 여러 개를 포함하는 집적 회로다. 전 미 무역 대표부(USTR) 투자 담당 국장인 존 버웨이(John VerWey)에 따르면, 반도체 제조는 "가장 복잡하고 지식 집약적인 제조 공정" 중 하나다.[142] 반도체 공장은 고도로 자동화되어 있으며 100억 달러 이상의 비용이 들어가며 1만 6,000개의 글로벌 공급업체와 협업을 필요로 한다.[143] 2020년 전 세계 반도체 매출은 4,390억 달러를 기록했다.[144]

중국은 세계 최대 반도체 소비국이며, 반도체 칩은 금전적 가치로 볼 때 중국의 최대 수입품목(심지어 원유 수입을 능가)임에도 중국은 아직까지 최첨단 칩을 생산할 수 있는 완전한 자체 역량을 개발하지 못하고 있는 상태다.[145] 생산에는 설계, 제조, 조립, 테스트와 포장 등 여러 단계가 있다. 아프리카를 제외한 모든 대륙에는 공급망 중 일부에 참여하는 국가들이 존재한다. 중국은 칩 공급망에 있어 저급한 형태의 조립, 테스트 그리고 패키징 부분에서 탁월하다. 그러나 설계 파트는 한·미·일과 유럽, 대만이 지배하고 있다. 전체적으로 미국은 세계 시장 점유율의 45%, 한국은 24%, EU와 일본은 둘 다 9%, 대만은 6%, 중국은 5%를 차지하고 있다.[146] 중국은 외국산 칩에 압도적으로 의존하고 있다. 중국에서 사용되는 모든 칩 중 16%만이 중국에서 만들어지고 그중 절반만이 중국 자체 회사에서 제조된다.[147] 2020년 7월 비공개 심포지엄에서 중국 관리들은 중국 반도체 제조 장비의 90%가 수입되었으며, 중국산 칩은 글로벌 리더의 칩보다 2세대 뒤처졌다고 했다.[148]

중국 토종 반도체 산업이 상대적으로 번창하지 못하는 것은 노력이 부족해서가 아니다. 중국은 2005년부터 세계 최대 반도체 시장을 대표하고 있지만, 2000년대 중반 이후 반도체 산업에 대한 막대한 투자에도 불구하고 세계적 수준의 칩을 개발하지는 못했다. 미국 반도체산업협회(SIA) 부회장 굿리치(Jimmy

Goodrich)는 10년 넘게 중국의 반도체 산업을 지켜 봐왔다. 2020년 8월 굿리치에게 업계 상황에 대해 물었을 때 그는 필자로 하여금 2014년을 말하면서 당시 중국은 최신 반도체 개발 계획을 처음 선보였다고 언급했다. 그는 중국이 자체 반도체 생산 역량을 보유하는 일이 국가안보에 아주 중요한 것으로 판단했다고 한다. 앞서 기술한 바와 같이, 베이징은 '중국제조 2025' 프로그램의 일환으로 중국 반도체 산업이 2020년까지 중국이 사용하는 전체 반도체의 40%, 2025년까지 70%를 자체 조달하겠다는 목표를 세웠다. 중국은 10년 동안 공공 기금과 국유 펀딩으로 1,500억 달러를 투입했다. (미국 기업들도 상당한 투자를 하고 있으며, 그 이상을 지출 중임)[149] 중국 정부는 당초 정상에 오르기 위해 관련 기업을 사들이는 작업에 착수했다. 페어차일드 반도체(Fairchild Semiconductor)와 메모리 칩 제조업체인 마이크론(Micron) 등 견실한 미국 기업 인수 입찰에 나섰다. 또한 디스크 드라이브 생산업체인 웨스턴 디지털(Western Digital Corp.) 지분을 인수하려고 시도했다. 중국 국가의 지원을 받는 칭화유니그룹(紫光集團, Tsinghua Unigroup)의 회장 겸 CEO인 자오웨이궈(趙偉國, Zhao Weiguo)도 대만의 세계 선두 칩 제조업체인 TSMC의 지분을 인수하려고 시도했으며, 대만이 중국 투자에 개방을 꺼리자 이는 '현명하지 못한' 행동으로 대만을 '막다른 골목'에 처하게끔 할 것이라는 메시지를 전달한 것으로 알려졌다.[150] 2015년에만 중국 기업들은 21개의 해외 반도체 칩 회사를 인수하려고 시도했지만 거의 성공하지 못했다.[151]

2017년까지 베이징은 해외 기업 인수를 바탕으로 반도체 산업을 구축할 수 없다고 판단했다. 대신 중국은 산업 자체를 구축하려는 계획을 가속화하기로 결정했다. 베이징의 2017년 차세대 인공지능 개발 계획은 중국이 "고성능 칩 자체 개발에 주요 성과를 거두지 못하고 있다…"면서 중국 산업이 '지능형 컴퓨팅 칩과 시스템', '높은 에너지 효율을 갖추고 재설정이 가능한 두뇌 기반 컴퓨팅 칩' 그리고 '새로운 모델의 인식 칩' 분야에서 돌파구를 마련할 것을 촉구했다.[152] 굿리치는 주장하기를 반도체 생산 체인을 자체적으로 갖추겠다는 것은 "글로벌 가치사슬을 구성하는 DNA에 어긋난다."면서 '성능이 떨어지고, 비효율적이며, 비용이 더 많이 들어간' 제품을 생산하게 될 것이라고 했다.[153]

중국 정부의 노력 중에는 기술 이전 유도도 포함되었다. 2017년 집적 회로 설계와 제조 산업에 대한 조사에서 미 상무부는 25개의 미국 기업이 시장 접근을 유지하기 위해서는 중국 기업과 합작 투자를 하거나 중국 기업에 지적재산(IP)을 이전해야 한다는 사실을 발견했다.[154] 예를 들어, 칩 설계 분야의 세계적 리더인 퀄컴(Qualcomm)은 중국 정부와의 대규모 독점 금지 소송을 막 해결한 바 있는데, 이는 고급 제조 부문을 상당량 중국 파트너에게 이전하고 중국 국가의 기술 역량을 업그레이드했기 때문이다. 미국 AMD와 IBM은 중국 기업들과 협력 하에 자사 칩과 경쟁할 서버 칩을 개발했다.[155] 그럼에도 불구하고 굿리치는 반도체 칩 제조업체가 요령(장난)을 부림으로써 중국은 최고급 칩과 기술을 수중에 넣지 못했다고 주장한다.

중국이 특히 대만 출신의 일류 해외 인재들에게 비용을 지불할 수 있는 능력은 기술적 역량을 신속하게 확장하려는 중국의 노력에 큰 도움이 되었다. TSMC의 최고 칩 엔지니어들은 지금 중국 기업을 지원하고 있다. 실제로 칩 세계에서 이미 명성을 얻은 전 TSMC 임원들은 지난 지역의 지난 취안신(濟南泉芯, QXIC)과 현재는 없어진 우한홍신반도체(武漢弘芯, HSMC)라는 두 가지 중국 정부 지원 반도체 칩 프로젝트를 이끌기 위해 중국으로 이주했다. 굿리치는 중국이 엔지니어들에게 대만에서 버는 것보다 8~10배 많은 돈을 지불하고 주말 집으로 돌아가는 항공료도 지불하겠다고 하였음을 밝혔다. 대만은 흐름을 막는 데 상대적으로 무력했는데 수천 명의 대만 칩 엔지니어가 현재 본토 회사에서 일하고 있다.[156]

이러한 관계는 불법적 수단을 통해 외국 지적재산권(IP)에 접근하려는 중국 정부의 노력이 한몫했다. 2015년 칭화유니그룹은 컴퓨터 제작 때 사용할 수 있는 반도체 메모리 옵션 중 하나인 DRAM[157] 제작의 글로벌 리더인 아이다호 소재 마이크론 테크놀로지(Micron Technology) 인수에 관심을 표명했다.[158] 마이크론은 230억 달러의 비공식 입찰을 거부했는데, 이는 국가안보와 관련하여 잠재적 외국인 투자를 검토하는 정부 위원회인 '미국 외국인 투자 위원회(US Committee on Foreign Investment)'의 승인 가능성이 거의 없음을 나타낸다. 입찰 실패로 인해 중국에서는 DRAM과 NAND(USB 플래시 드라이브와 기타 저장 장치에 사용되는 두 번째 유형의 메모리)를 개발할 수 있는 직접적인 경로가 없어졌다. 기타 유일한 글로벌 플레이어는 한국의 삼성과 SK 하이닉스였으며, 둘 다 기업 인수 가능성은 없었다.

이듬해 푸젠성 정부는 중국 정부로부터 4억 3,100만 달러 투자를 받아 푸젠 진화반도체(晉華集成電路, Jinhua Integrated Circuit, JHICC)를 설립하여 단기적으로는 월 6만 개의 칩을 생산하고 장기적으로는 월 24만 개의 칩을 생산하겠다는 목표를 세웠다.[159] 같은 해 푸젠진화는 대만의 UMC(United Micro electronics Corporation)와 첨단 DRAM 기술을 대가로 3억 달러 R&D 투자 계약을 체결했다. 푸젠진화가 56억 5,000만 달러 규모의 새로운 제조 공장 건설을 시작하자 UMC 엔지니어는 마이크론의 대만 지사 근무 두 명의 엔지니어를 리쿠르트(채용)하여 푸젠진화 벤처를 위해 마이크론의 DRAM 지적재산권(IP)을 훔쳐 달라고 했다.[160]

2년 후인 2018년 11월, 미국 연방 대배심은 푸젠진화와 UMC를 마이크론사 IP 절취 시도 혐의로 기소했다. 또한, 미국은 푸젠진화를 제재 대상 기업 리스트에 등재함으로써 회사의 장기적인 생존 가능성을 위협했다. 그해 초 푸젠진화는 특허 침해 혐의로 마이크론을 푸젠 법원에 제소했다. 이 소송에서 푸젠진화가 승리했고 마이크론은 중국에서 반도체 판매가 금지되었다. (마이크론은 법정에서 주장을 발표할 기회도 없었음)[161]

최선의 노력에도 불구하고 중국 정부는 시진핑이 원하는 반도체 설계와 제조 분야의 전략적 자율성을 아직 구현하지 못했다. 중국 반도체 국내 챔피언인 SMIC(中芯國際, Semiconductor Manufacturing International Corporation)는 외국 경쟁업체에 비해 2~3세대 뒤처진 칩을 개발하고 있는 반면에 화웨이의 자체 칩 설계 회사인 하이실리콘(HiSilicon)은 어느 정도 성공을 거두었지만 설계한 칩을 제조할 능력은 부족하다.[162] 화웨이에 대한 미국의 제재로 인해 많은 엔지니어가 다른 회사로 이직하게 되었고, 트럼프 행정부는 화웨이가 전자 설계 자동화(EDA: Electronic Design Automation) 도구로 알려진 칩 설계 소프트웨어에 액세스하지 못하도록 했다. 현재 3대 주요 EDA(Electronic Design Automation의 약자로 전자 설계 자동화를 뜻함) 기업 중 2개인 시놉시스(Synopsys)와 케이던스 디자인 시스템(Cadence Design Systems)은 미국 기업이고 독일의 지멘스(Siemens)가 세 번째이나 그 기술 역시 미국의 것이다.[163]

그러나 베이징은 자신의 목표를 실현하기 위해 계속해서 재정적, 인적 자본을 끌어 모으기 위해 노력 중이다. 중국은 시놉시스와 케이던스의 임원을 고용한 스타트업에 자금을 지원하기 시작했다. 시놉시스는 자체적으로 지정학적 긴장으로부터 자신을 보호할 목적으로 중국에 1억 달러 규모의 전략적 투자 펀드를 설립했을 뿐만 아니라 난징(南京)에 중국 반도체 허브를 설립했다.[164] 그리고 2019년 10월 중국 정부는 반도체 산업을 지원하기 위해 290억 달러 규모의 펀드를 조성했으며,[165] 지방 정부가 푸젠진화와 같은 자체 대표적 기업을 개발해내기 위해 경쟁하고 있고 중국 벤처 자본가들이 반도체 칩에 관심을 기울여 2017~2020년간 이 분야에 대한 투자를 352억 달러로 두 배로 늘렸다. 시진핑 주석은 또한 알리바바, 바이두, 화웨이와 같은 기업들에게 반도체에 투자할 것을 촉구했다. 2020년 말까지 중국은 세계 어느 나라보다 더 많은 새로운 제조 시설을 건설 중이었고, 이들 세 회사 모두 칩을 개발하거나 심지어 출시할 계획을 발표했다. 이미 STAR Market에 상장된 회사 중 가치 기준으로 볼 때 1/3은 반도체 회사다.[166]

그러나 토착적이고 세계적으로 경쟁력 있는 반도체 산업에 대한 시진핑의 요구를 충족시키기 위해 서두르는 과정에서 비효율성과 낭비의 조짐도 있다. 파이낸셜타임즈(Financial Times)의 보도에 따르면 2020년 첫 9개월 동안 1만 3,000개 이상의 기업이 반도체 칩 회사로 등록했다. 그러나 많은 기업들이 반도체 산업 경험이 없었다. 예를 들어, 일부는 해산물 사업이나 자동차 부품 제조회사와 같은 분야에서도 나왔다.[167] 칩 제조업체인 HSMC는 5만 개의 일자리를 제공하고 미화 92억 달러의 제품을 생산할 것이며 칩 업계의 리더 격인 SMIC와 경쟁할 것이라고 주장했다. 그러나 세 명의 창업자는 반도체 경험도 없고 대학 교육도 받지 않았다. 한 사람은 이전에 한약(TCM: Traditional Chinese Medicine)을 판매한 적이 있었다. 이들이 고용한 계약자는 반도체 공장을 건설한 적이 없었다.[168] 그러나 중국 반도체 칩 제조 챔피언을 만들어내기 위해 경쟁하는 가운데 우한(武漢) 지방 정부는 이 회사에 20억 달러 이상을 투자했다. 2년 반 후인 2020년 6월, TSMC에서 영입된 CEO는 이 경험을 '악몽'이라며 도주했다. 다음 달 중국 금융계 언론 매체인 차이신(Caixin, 財信傳媒)은 그 회사가 160억 달러의 현금 부족에 직면해 있다고 보도했다.[169] HSMC는 2020년 11월에 파산을 선언했다. 칩은 생산되지 않았고 창립자는 사라졌다. 타코마 난징 반도체 테크놀로지(Tacoma Nanjing Semiconductor Technology)가 건설 중인 30억 달러 규모의 반도체 공장도 파산했고, 청두시 정부와 협력하여 개발한 미국 지원 제조 공장도 거의 2년 동안 유휴 상태를 유지하다가 운영을 중단했다.[170] 미국 반도체 전문가들은 수십 여 개의 신규 반도체 제조 공장이

산업 표준을 충족하는데 실패함으로써 퇴출될 것이라는 점에 동의했다.[171]

중국은 이미 2020년까지 자급률 40% 목표를 달성하지 못했고 2025년 목표인 70%에도 미치지 못할 가능성이 높다. 2023년 초까지 약 20%를 달성했다.[172] 2020년 11월, 2015년 이래 중국 정부로부터 32억 달러 이상의 지원을 받아온 거대 기업 칭화유니그룹(Tsinghua Unigroup)이 어려움에 직면했다. 칭화유니그룹은 대만 최고의 칩 혁신가이자 중역 중 한 사람인 찰스 카우(Charles Kau, 2020년 10월 회사를 떠났음)를 포함하여 중요한 글로벌 인재를 사들이는 데 막대한 지출을 했으며 1억 9,800만 달러의 채무를 불이행했다. 베이징 당국이 중국 국내 챔피언 반도체 회사라고 선정한 이래 급격히 쇠퇴했다. 2017년 이 회사의 회장은 2020년까지 자기네 그룹이 퀄컴(Qualcomm)에 근접할 것이라고 언급했으나[173] 회사는 신기술 개발에 실패하고 시장 점유율을 확대하지 못했다. 궁극적으로 일부 관측통들은 중국의 칩 산업이 상당한 돈을 지출하면서도 구식 기술로 제품을 생산했다는 점에서 상업용 항공기 산업에 진출하는 사례와 유사할 것이라는 위험성을 지적했다.

디커플링 댄스

중국 문제의 대부분은 중국 국내에서 발생한 것이나, 미국의 정책은 중대한 신규 장애물이 되었다. 워싱턴은 미국 기업이 중국에 반도체 기술과 제조 장비를 판매하는 것만 아니라 미국 기술과 장비에 의존하는 다른 나라 기업들이 특정 중국 기업에 제품을 판매하는 능력도 제한하는 법안을 통과시켰다. 그리고 어떤 경우에는 다른 나라의 기술에 미국산 부품이 전혀 포함되지 않은 경우에도 트럼프 행정부는 해당 기술의 대중국 판매를 금지하기 위해 노력했다. 미국 반도체산업협회(SIA)의 글로벌 정책 담당 부회장 지미 굿리치(Jimmy Goodrich)는 트럼프 행정부가 네덜란드 기업 ASML을 설득하여 세계 유일의 1억 2,000만 달러 노광장비를 중국에 판매하지 않도록 했다고 지적했다. 이 기술은 3나노미터 이하의 최첨단 칩을 제작하는데 필요하다. ASML 기술이 없으면 SMIC

는 몇 년이 소요될 자체 기술을 개발하지 않으면 더 이상 발전할 수가 없다.[174]

미국 최고의 기술 기업 중 한 곳의 글로벌 공급망 책임자는 필자에게 세 가지 요인으로 미·중 간 디커플링이 촉진되었다면서 이는 중국의 노동비용 증가, 미·중 간 무역 분쟁 그리고 중국의 기술적 부상을 무력화하려는 다양한 미국 정부 정책이라고 설명했다. 그는 미·중 간 점점 더 예측할 수 없는 역동적 변화로부터 자신의 사업을 보호할 목적으로 향후 몇 년 동안 사업의 1/3을 중국 밖으로 이전할 것을 고려하면서도 중국 시장이 "무시하기에는 너무 크다"는 점을 지적했다. 퀄컴과 같은 미국 기업의 경우 미국 정부의 제한 조치는 난제다. 이들 기업은 5G와 같은 민감한 기술 애플리케이션에 제공되는 칩에 대한 미국 정부의 제한을 이해하고 있으면서도 스마트폰과 시계와 같은 일반 디바이스용으로 지정된 칩은 판매를 원한다.[175] 2018년 화웨이는 퀄컴, 인텔, 마이크론 등 미국 기업에 110억 달러를 지불했다. 퀄컴 매출의 무려 60%가 중국으로부터 나왔고, 마이크론은 50% 이상, 브로드컴은 45%를 차지했다. 베테랑 중국 기술 전문가인 스콧 케네디(Scott Kennedy)는 미국의 디커플링 노력을 우려하고 있다. 2019년 미국 반도체 매출 중 중국은 705억 달러로 미국 전체 매출의 1/3 이상을 차지했다. 그리고 케네디가 지적했듯이 관련 업계는 미국내 18개 주에서 24만 명 이상의 미국인을 고용하고 있다.[176] 케네디의 우려가 잘 들어맞는 실례는 실리콘 밸리 내 가장 혁신적인 칩 설계 회사 중 하나인 자일링스(Xilinx)가 화웨이 판매 불가로 인해 100명이 넘는 직원을 해고해야 했다는 것이다.[177]

그러나 미국 정부 내 기술적 디커플링에 대한 인식은 미국 기업에 대한 영향보다는 미국 국가안보에 대한 영향에 대한 함의가 훨씬 더 크다. 필자는 25년간 미국 정부에서 근무했고, 2018~2019년 공직 마지막 몇 년 동안 NSC(국가안전보장회의) 중국 담당 국장이자 상무장관 중국 문제 담당 수석 고문으로 근무했던 털핀(Matt Turpin)에게 미국이 화웨이를, 더 광범위하게는 반도체 산업을 표적으로 삼은 이유에 대해 물었다. 필자는 '중국제조 2025', 화웨이의 미국의 대이란 제재 위반, 지적재산권(IP) 탈취 등에 대한 소식을 들을 것으로 예상했다. 그러나 필자는 이 대신에 미국 국가 안보의 중요성에 관해 광범위하고 유익한 교육을 받았다.

털핀은 미국의 이니셔티브가 '제3차 상쇄(Third Offset)'에 관한 것이라고 설명했는데, 이 전략은 미국이 군사 관련 기술과 기술 플랫폼에 있어 혁신의 우위를 유지할 수 있도록 하기 위해 2014년부터 전 국방부 부장관(차관)인 워크(Robert Work)와 함께 국방부에서 작업한 전략이라고 했다. 털핀은 중국이 미국과의 경쟁을 관리해 가기 위해 자체 군사기술 상쇄 전략을 얼마나 빨리 개발했는지 미국 관리들이 깨닫고 충격을 받았다고 설명했다. 미국은 억제력을 유지하기 위해 경쟁에서 한 세대나 두 세대 앞서가야 한다고 털핀은 설명했다. 그러한 우위를 잃게 되면 억제력도 없다는 것이다. 그러나 현재 중국이 전자기기 제조의 글로벌 허브가 된 세계에서 털핀은 중국인들이 "사실상 미국과 함께 시스템 내부에 효과적으로 존재하고 있고, 미국이 혁신면에서 중국을 앞지르는 일이 더 이상 가능하지 않은 데다가 미국이 혁신의 과실로써 중국을 억제하는 일도 불가능하다."라고 주장했다. 이러한 유형의 국가적 과제를 해결하는 것은 국방부의 문제가 아니라 글로벌 공급망의 문제였고, 이 때문에 미국 정책은 상무부와 재무부와 협력해야 했던 것이다. 털핀은 화웨이가 특히 문제가 되는 것이 하드웨어, 무선 액세스 네트워크, 라우터, 해저 케이블 등 모든 부문을 망라하고 있어 다른 어떤 회사도 화웨이와 같은 유형의 자체 생산·공급 범위를 보유하지 못했기 때문이라고 지적했다. 그 결과 미국은 5G 네트워킹 장비를 구축하는 데 필요한 내부 프로그래밍 가능 게이트 어레이, 프로그래밍 가능 칩과 같은 화웨이의 핵심 부품(비디오 장비부터 전자전, 비밀 통신, 레이더와 같은 군사 애플리케이션에 이르기까지 적용 가능)을 거부했던 것이다.

털핀은 더 넓게는 국가 안보 커뮤니티에 있어 중국의 위협은 실존적이라고 했다. 털핀은 중국의 악의적인 의도와 활동에 대한 입증 책임은 미국 정부의 많은 사람들에게 너무 어려운 문제이고, 이로 인해 미국이 최근까지 조직적이고 효과적인 방식으로 이에 대응하는 일을 할 수 없었다고 우려했다. 털핀은 향후 중국의 의도와 행동에 대한 공개 토론이 필요하다고 제안하면서, 여기서 나온 평가를 바탕으로 미국의 이익에 부정적인 영향을 미치는 중국의 제반 정책에 대한 정치적, 경제적 지원이나 지지를 철회해야만 한다고 했다. 그는 미국이 중국의 행동을 바꿀 수는 없지만, 중국은 자신의 행동을 바꿀 수 있다고 결론지었다.

결론

중국이 글로벌 표준을 세울 수 있는 세계적 수준의 기술 강국으로 부상하는 것은 시진핑을 비롯한 중국 지도부의 최우선 과제이다. 이들은 목표를 진전시키기 위해 R&D를 위한 수요 중심 모델, 개별 기업, 대학, 스타트업에 대해 상당한 재정적 지원을 했고, '중국제조 2025'와 같은 프로그램을 통해 외국기업과의 경쟁으로부터 중국 기업을 보호하고, 합법·비합적 수단을 통한 외국 인재와 기술을 획득하며, 중국 정부의 우선 순위와 중국 기업의 우선순위를 조정하는 등 '일대일로(BRI)'와 국제 표준 설정 기구 등을 통한 중국 표준 밀어 넣기 등 일련의 정책을 마련했다는 것이다.

이러한 고도로 중앙 집중화 통제식 접근 방식은 '중국제조 2025'와 같은 전략 계획에서 나타난 핵심 기술 우선 순위에 따라 자금 지원 계획, 인재 확보와 국제 표준 설정 노력과 연계되는 능력면에서 상당한 이점이 있다. 이로써 화웨이 등 중국 기업이 기술 발전을 주도해 세계 선두 주자로 인정받는 5G 등의 분야에서 일정 성과를 거뒀다. 중국 정부 정책은 자금을 제공하고 중국 시장을 외국 경쟁으로부터 보호하면서, 기술적 진전은 기술 노하우를 획득하여 혁신하는 한편 시장에 대한 직관적인 이해가 있는 주체(기업)로부터 나왔다.

동시에, 중국의 각본은 세계적 확장을 추구하는 중국 기업들에 문제를 야기했는데, 특히 선진 민주주의 시장경제 국가들은 국가 안보와 중국 정부의 자국 정보 접근에 대한 우려가 확대되었기 때문이다. 화웨이와 같은 명목상의 민간 기업에 대한 중국 공산당의 통제를 강화하려는 시진핑의 노력은 중국 기업이 일부 시장에서 배제되게 만들었다. 더욱이 신장과 홍콩에 대한 중국의 정치적 탄압은 중국의 기술 기업이 민주 규범에 대해 보다 광범위한 중국의 도전의 일부라고 이해되는 맥락을 만들었다. 중국 기술 기업이 감시와 검열 기술을 제공함으로써 이러한 정치적 억압을 뒷받침하는 만큼, 또한 이들은 중국 국가로부터 분리되어 글로벌 시장 점유율을 확대하는 데 있어 장애요소도 갖게 된다.

또한, '중국제조 2025'와 '쌍순환(Dual Circulation)'과 같은 중국의 전략적 기술 계획은 중국 기술 혁신과 제조를 국제 경제에서 분리하여 궁극적으로 재결합하기 전에 고유의 중국 기술 생태계를 개발하고 보호하려고 한다. 그러나 이 과정에서 중요한 것은 해외 인재와 외국 기술에 대한 접근과 같은 중국만의 방식에 대한 외국 행위자들의 계속되는 '묵인'이다. 미국이 '천인계획'에 따른 지적재산 도용이나 기타 남용을 조사하고 화웨이와 같은 기업을 제재 대상 목록에 올림으로써 기존 패턴을 타파하기로 한 결정은 중국의 전략에 예상치 못한 도전적 혼란을 가져왔다. 양국 기업이 상대방 시장에 접근하기를 원하더라도 정치적 우려와 경제·안보 경쟁의 제반 요구 사항을 고려할 때 현재 진행 중인 기술 디커플링을 저지하기는 어려울 것이다.

더욱이 다음 장에서 살펴보겠지만, 중국은 정치적·이념적 디커플링의 훨씬 더 광범위한 과정을 진전시키고 있다. 중국은 글로벌 거버넌스 시스템을 변모시키기 위한 작업을 진행 중인데, 특히 인권, 인터넷 거버넌스, 경제 발전에 관한 규범과 가치에 중국적 가치와 우선 순위를 반영시키고자 한다. 그러한 중국의 비전은 중국의 국가 중심적인 정치·경제 발전 모델을 보호하고 선포하는 것이다.

06

게임의 규칙을 다시 쓰다

06
게임의 규칙을 다시 쓰다

명예로운 직위로부터의 급격한 추락이었다. 멍훙웨이(Meng Hongwei, 孟宏偉)는 40년 경력 대부분을 중국의 형사 사법 시스템 안에서 보냈다. 멍은 공안국(중국의 국내 치안 담당)에서 승진을 거듭하여 결국 2004년 부국장 자리에 올랐다. 중국 외부적으로 거의 알려지지는 않았지만, 멍훙웨이는 2016년 11월 파리 소재 국제 형사 기구(Interpol)의 총재로 선출되어 이 직책을 맡은 최초의 중국 관리로서 UN 내 국제기구 또는 전문 기관에서 수장을 맡은 중국인 클럽 중 일원이 되었다. [(중국 관리들은 이미 국제전기통신연합(ITU), 국제민간항공기구(ICAO), UN 산업 개발 기구(UNIDO) 그리고 아시아 인프라 투자은행(AIIB)의 수장 자리에 앉아있었음, 관련 내용은 표 6.1 참조)] 그러나 멍은 선출된 지 2년도 채 되지 않은 2018년 9월 베이징으로 소환되었다. 그러면서 아내 그레이스(Grace)에게 겨우 단 하나의 위챗 메시지를 보냈다. 그것은 "내 전화를 기다리라."라는 조언이었다. 문제를 삼을 만한 유일한 사인이 있다면 그것은 단문 메시지에 첨부된 칼 이모티콘이었는데, 이는 모든 법률과 법 집행 기관을 조정하는 중국 공산당(CCP)의 '중앙 정법위원회'를 완곡하게 표현한 것이었다.[1] 2주 후인 10월 4일 그의 아내는 실종 신고를 했고, 그로부터 3일 후 중국 정부는 인터폴에 멍을 부패와 '고의(Willfulness)' 혐의로 조사하고 있다고 알려왔다. 그 다음 해 공식 기소에서는 "사적 이익을 위해 자신의 지위와 권력을 남용했고", "당원으로서의 원칙을 무시했다."라는 내용이 포함되었다.[2]

멍은 거의 9개월 동안 대중 앞에 나타나지 않았다. 후에 그가 나타났을 때는 겨자색 점프 수트를 입고 톈진 제1인민법정에 섰으며, "다양한 지위를 이용하여", "기업과 사람들이 불법적 이익을 얻도록 도왔다."라고 자백했다. 그는 총 200만 달러가 넘는 뇌물을 받은 혐의에 유죄를 인정했다. 처벌로 그는 공산당으로부터 추방되었을 뿐 아니라 모든 직위가 박탈되었으며 29만 달러의 벌금과 13년 징역형*을 선고받았다.[3]

표 6.1 2020년 현재 중국이 수장을 맡은 국제기구

중국이 수장을 맡은 UN 기구		
국제기구명	재임기간	기능
식량농업기구 (FAO)	2019–23	농업 및 수자원 개발 등 회원국 정부 지원을 통한 기아 종식 노력 조정
국제전기통신연합 (ITU)	2015–22	글로벌 무선 스펙트럼 및 위성 궤도 할당, 정보 및 통신 기술(ICT) 기술 표준 개발, 개발도상국의 ICT 네트워크 개선
UN산업개발기구 (UNIDO)	2013–21	UN 지속 가능한 개발 목표에 따라 회원국의 경제 및 산업 개발 지원
국제민간항공기구 (ICAO)	2015–21	국제 항공 운송 정책의 개발 및 표준화 지시

* 중국 법정에서 행정 직책과 공산당 직책에서 모두 해임되는 것을 '쌍카이(雙開, 쌍 처벌)'라고 하며, 중국 공산당 당원에게 내리는 가장 높은 수준의 징계 처분을 의미한다. 이는 '당적'과 '공직' 두 가지를 동시에 박탈한다는 뜻으로, 이 처분은 주로 부패나 중대한 범죄를 저지른 당원에게 적용되며 공산당원으로서 모든 권리와 직위를 잃게 된다. 이 용어는 중국 공산당의 기율 검사 과정에서 사용되며 정치적 생명에 사실상 종지부를 찍는 처분으로 간주한다.

중국 창설 국제기구			
국제기구명	설립	회원국	기능
상하이 협력기구 (SCO)	2003	8개 회원국, 4개 옵서버국, 6개 대화 상대국	회원국 간 상호 신뢰와 우호 관계 강화, 정치 · 무역 · 경제 · 연구 · 기술 · 문화 · 교육 · 에너지 · 운송 · 관광 · 환경 보호 및 기타 분야에서 효과적인 협력 촉진, 역내 평화 · 안보 · 안정을 유지하고 보장하기 위한 공동 노력, 민주적이고 공정하며 합리적인 새로운 국제 정치 · 경제 질서 수립 추구
아시아 인프라 투자은행 (AIIB)	2016	83개 회원국, 20개 예비 회원국	아시아의 사회 · 경제적 성과 개선, 아시아와 그 외 지역의 지속 가능한 인프라 · 기타 생산적인 부문 투자, 인간과 서비스 및 시장 연계성 개선

출처: http://www.fao.org; https://www.itu.int; https://www.unido.org; https://www.icao.int; http://eng.sectsco.org; https://www.aiib.org

한 측면에서 멍의 체포는 시진핑 중국 국가주석이 공산당(CCP)과 정부 내 부패를 근절하려는 결의에 따른 단순한 이야기이다. 시진핑이 2012년 11월 집권한 이래 약 300만 명의 관리들이 부패 혐의로 처벌을 받았다.[4] 그러나 또 다른 측면에서 보면 멍의 부상과 몰락은 중국의 가치, 규범, 정책 선호도를 반영시키도록 국제 시스템을 재조정하려는 시진핑의 야망과 관련된 훨씬 더 커다란 스토리의 일부이기도 하다.

글로벌 거버넌스 책략

글로벌 거버넌스(국제 시스템을 형성하는 기관, 가치, 규범)는 중국에게 상당히 중요하다. 국제기구의 규칙과 규범은 예를 들어 정부가 자국민을 대하는 데 허용되는 행동을 정의하는 데 도움이 된다. 또한, '국제기구'란 북극이 녹으면서 새롭게 접근 가능한 자원에 대한 권리를 협상할 때 누가 협상 자리에 앉을지 또는 21세기 어떤 국가의 통신 기술이 지배할지 결정하는 기준을 결정할 수도 있다. 그리고 무역, 해상 권리, 사이버 전쟁에서와 같이 견해 차이가 있는 문제에 대한 국제적 관여 규칙을 수립할 수 있다. 인터폴은 국가들이 스스로를 통치하는 데 도움이 되도록 설립한 많은 글로벌 기관 및 협정 중 하나일 뿐이다. UN 안보리 상임이사국(미국, 프랑스, 영국, 러시아 등)이자 스스로를 개발도상 지역의 리더라고 선언한 중국은 글로벌 거버넌스 규범과 가치를 형성하는 데 특히 중요하고 독특한 역할을 했다. 역사적으로 중국은 부국으로부터 빈국으로 세계의 부를 재분배하고, 모든 국가가 자신의 정치·경제 경로를 결정하고 그리고 국제적 감시, 제재 및 군사 행동을 고려할 때 타국의 주권 또는 내정 불간섭의 우선권을 포함하는 일련의 원칙을 옹호해왔다.* 그러나 중국의 정치·경제적 우선 순위가 국내에서 변함에 따라 이러한 규범 간 상대적 중요성도 달라졌다. 예를 들어, 중국의 군사적 야망과 안보적 필요성이 확대되면서 중국은 1970년대 UN평화유지 활동에 대해 전면 반대했지만, 1980년대와 1990년대에는 제한적 참여로 입장을 바꾸었다가 현재는 안보리 상임이사국 중 가장 많은 평화유지군을 파견하는 국가로 변모했다. 이러한 변화의 배후에는 중국이 강대국으로 인식되기를 바라고, 개도권에서 건설적인 역할을 하고, 다른 나라로부

---

* 중국의 '평화공존 5원칙'은 1954년 6월 당시 저우언라이 총리가 인도의 자와할랄 네루 총리와 함께 발표한 공동성명에서 처음 제시되었는데, 이 원칙은 영토와 주권의 상호 존중, 상호 불가침, 상호 내정 불간섭, 호혜 평등, 평화공존을 포함하며, 이후 중국 외교 정책의 기본 방침으로 자리 잡았다. 그리고 2014년 6월 시진핑 주석은 기존 '평화공존 5원칙' 60주년을 기념하며 새롭게 확장된 '평화공존 6원칙'을 발표했다. 이 원칙은 기존의 5원칙에 주권 평등, 공동안전, 공동발전, 공동이익, 포용, 공평 정의를 추가하여 '신시대' 국제 관계에 중국의 입장을 천명한 것이다.

터 배우고,[5] 현재 전 세계 곳곳에서 거주하고 일하는 중국인들의 안전을 보장하려는 등 여러 가지 동기가 있다.

최근, 중국은 단순히 "규칙을 따르는 국가"가 아니라 "규칙을 만드는 국가"로 발전했다. 시진핑은 2017년 1월 다보스 개최 세계 엘리트 연례 모임에서 행한 연설에서 글로벌 거버넌스 개혁에 대한 사례를 다음과 같이 설명했다. "지난 수십 년간 세계 경제 환경은 근본적으로 바뀌었다. 그러나 글로벌 거버넌스 시스템은 이러한 새로운 변화를 수용하지 않았기 때문에 대표성과 포용성 측면에서 부적합하다."[6] 이러한 시스템의 단점을 파악하여 시진핑은 중국이 시스템 개혁을 주도할 준비가 되었다고 주장했다. 국제 시스템 개혁에 대한 시진핑의 요구는 또한 중국이 IMF와 같은 중요 국제 체제, 조약 또는 기구의 설립에 참여하지 않았기 때문에 현재 시스템에서 불리한 입장에 있다는 인식에서 비롯되었다. 대신 2차 대전 이후 중국은 UN과 기타 국제기구에서 국민당에 의해 대표되었는데, 당초에는 국민당이 본토의 집권당으로, 1949년 국민당이 공산당에 패배한 이후에는 대만의 집권당인 국민당으로 대표되었다. 1971년 UN이 중화인민공화국 정부를 중국의 유일 합법 정부로 인정한 후에 자리 바꿈이 이루어졌다. 오늘날 존재하는 많은 국제적 협정을 성안하는 데 중국 당국이 참여하지 않았다고 해서 중국이 현 시스템으로부터 혜택을 받지 못했다는 것을 의미하지는 않는다. 실제로 중국 관리들은 중국이 종종 국제 시스템으로부터 혜택을 받았기 때문에 이를 훼손하고 싶지 않다고 주장한다.[7] 그럼에도 불구하고 베이징은 이제 중국의 이익을 증진하기 위해 규범과 가치를 개혁하는 등 사실상 모든 정책 영역에 자신의 도장을 찍으려 하고 있다.

베이징 대학(PKU)의 학자 왕용(Wang Yong, 王勇)은 글로벌 금융 위기가 글로벌 거버넌스 개혁의 필요성에 대한 중화인민공화국의 사고에 중요한 전환점이 되었다고 주장했다. 중국은 미국이 국제 경제 기구에 필요한 개혁을 수행하거나 신흥국들과 권력을 공유하려 하지 않고 있다고 보았다. (또한 중국과 같은 비회원국에는 닫힌 미국의 동맹 체계에 반대했음)[8] 왕용과 같은 많은 중국 외교 정책 엘리트는 세계가 현재 중국의 변화 요구, 즉 글로벌 경제, 정보, 문화적 트렌드가 각국 간 권력을 균등화 함으로써 견해의 다양성과 다극적 세계 구현에 기여해야 한다고 보며, 중국은 그러한 변화 요구에 호의적으로 극적인 변화의 한 복판에 있다고 믿었다.

시진핑의 "세계가 공유하는 '인류 운명 공동체'를 구축하고, 공동의 협력적 안보를 증진하고, 개방적인 세계 경제를 유지하고, 국제 시스템을 유지하기 위해 협력적으로 일해야 한다."라는 제안[9]은 다극적 세계를 뒷받침하는 규범과 제도를 확립하고, 중국은 미국 주도 동맹 체계를 종식시키는 한편 다른 국가의 정치 체제와 동등하며 유효한 국제체제를 수용하는 등의 국제 추세를 견지하겠다는 것이다. 중국은 자국이 이러한 세계에서 '지도적 역할'을 하는 데 특유의 적합성이 있다고 주장했다.[10]

많은 국제정치 및 비즈니스 리더와 미디어는 시진핑이 세계 무대에서 나서서 리더십을 발휘하려는 의지를 칭찬했다. 특히, 이는 트럼프 행정부하에 미국이 전통적인 리더십 역할에서 후퇴하기 시작했기 때문이다.[11] 팬데믹,[12] 기후변화,[13] 국제 개발[14] 등에 있어 시진핑은 글로벌 리더십 지위를 차지했다. 중국은 시진핑이 이른바 '대국 외교'*라고 부르는 것을 추구했다. 이 용어는 중국이 외부 환경을 형성하려는 결의를 나타낸다.[15] 프랑스 학자 앨리스 에크만(Alice Ekman)이 설명했듯이, 시진핑은 국제 회의에서 메인 연설자로 자리 매김하고, 중국을 세계 평화의 건설자, 글로벌 경제 개발 기여자, 국제 질서의 지지자로 묘사하는 데 능숙했다.[16] 그러나 시진핑은 또한 중국 공산당이 법 위에 있는 '법치'와 같은 중국의 개념과 모든 사람과 정부 기관이 법 앞에서 평등한 '법치'라는 전통적 수용이 된 개념을 섞어 쓴다. 에크만은 이러한 주장은 시간이 지남에 따라 중국의 담론과 현재의 법 기반 질서에 구현된 규범 및 가치의 혼동으로 인해 다른 국제 사회는 중국과 자유 민주주의 국가가 실제로는 그렇지 않음에도 불구하고 글로벌 거버넌스에 대한 유사한 접근 방식을 공유한다고 믿게 되었다고 주장한다.[17]

시진핑의 대국 외교의 맥락에서, 멍훙웨이가 인터폴 총재로 선출된 것은 중국 관리를 국제기구 수장 자리에 배치하려는 중국의 광범위한 전략의 승리를 의미했다. 따라서 중국 당국이 멍을 체포하기로 한 결정은 가볍게 여길 수 없

---

* 시진핑 주석이 주장하는 '대국외교'는 중국이 국제 사회에서 책임 있는 대국으로서의 역할을 강조하는 외교 정책으로, 이는 중국이 단순히 경제적, 군사적 강대국으로서의 지위를 넘어 국제 문제 해결과 세계 평화 유지에 기여하는 책임을 다하겠다는 의지를 담고 있다. 특히, 중국 대국외교는 개발도상국과의 협력을 강화하고 다자주의를 지지하며 국제 관계에서 공정성과 정의를 실현하려는 중국의 외교적 목표를 말한다.

다. 중국 지도부가 권위 있는 국제기구에서 중국이 영향력을 행사할 수 있는 중요 통로를 없애 버린 것이기 때문이다.

멍이 인터폴 총재로 재임한 2년이라는 짧은 임기 동안 중국은 이 기구를 이용하여 국내 정치 및 보안상의 이익을 증진하는 데 상당한 진전을 이루었다. 베이징은 2017년 인터폴 총회를 주최했는데, 150개 국 이상에서 온 거의 1,000명의 경찰관들이 모인 자리에서 시진핑이 메인 연설자로 등장했다. 시진핑은 연설에서 중국이 인터폴 통신망 업그레이드를 지원하겠다는 의지를 표명했다.[18] 이를 통해 화웨이와 같은 중국 기술 기업들이 진출할 수 있는 확실한 경로를 마련하는 계기가 되었다. 그는 더불어 최대 5,000명의 법 집행 경찰관 교육도 제안했다.[19] 인터폴 사무총장 위르겐 스톡(Jürgen Stock)은 두 번째 BARF(일대일로 포럼)에 참석하여 중국 공안부 장관과 전략적 협력 선언에 서명하며 인터폴의 베이징의 '일대일로' 인프라 프로젝트 보호를 위한 협력을 확약했다.[20] 인권 단체에 따르면, 멍이 임명되기 전에도 중국은 '적색 통지(Red Notices)'를 발행하여 범죄자만 아니라 반체제 인사도 중국으로 송환함으로써 인터폴을 중국 자체적 목적으로 사용했었다.[21] 그리고 인터폴에서 수장 직책을 맡는 것만으로도 중국 정부는 국내에서 정통성을 확보했다. 베이징 청년일보의 한 기사는 "중국인이 인터폴 수장으로 선출되었다…"라고 주장했다. 이는 의심할 여지없이 인터폴과 국제 사회가 중국 자체의 법치주의에 주는 '인정'이란 의미를 내포한다."[22] 중국이 인터폴에 관여하는 것은 베이징이 글로벌 거버넌스와 자국의 이익을 증진하기 위해 전개하는 전략에 우선 순위를 두는 이유의 내막을 엿볼 수 있게 해준다. 시진핑은 다극화와 주권에 반영된 더 광범위한 글로벌 거버넌스 개혁에 전념하는 한편, 좁게는 국제 기관과 협정을 중국의 경제적, 정치적, 전략적 이익을 증진할 수 있는 기회의 집합으로 이해한다. 멍이 인터폴을 이끌면서 중국은 국내 확장 프로그램인 '일대일로'에 이 조직을 활용할 기회를 얻었다. 중국의 이익을 지원할 수 있는 방식으로 인터폴 경찰 훈련의 본질을 형성하고(예를 들어, 적색 수배령 발령 등을 중심으로), 중국 기술을 주요 국제 통신 인프라에 통합하고, 국내적으로 더 광범위한 중국 국민들에게 법치주의 개념의 정당성을 강화할 수 있었다. 중국의 정치적 야망, 국내적 정통성, 경제적 확장, 국가 안보와 같은 동기는 중국에게 광범위한 이슈 영역에 걸쳐 국제적 규범, 가치, 제도 개혁을 시도하도록 만들었다.

아래 연구된 글로벌 거버넌스의 4가지 영역(북극, 인권, 사이버 거버넌스 그리고 기술표준, 개발 금융)에 대한 베이징의 접근 방식은 중국의 해외 행동 패턴에 대한 또 다른 각본을 보여주는데, 국제제도를 바꾸고 그 제도 안에서 중국 이 일정 역할을 하도록 설계되었다. 전략적 목표를 달성하기 위해 베이징은 중국 공무원을 글로벌 거버넌스 기관 내의 수장 자리에 앉히고, 기관의 전문가 위원회에 대표를 파견하고, 모든 관련 공공 및 민간 행위자를 조정하여 중국의 이익을 증진하도록 조정하며 중국 자국 내 우선 순위 정책 실현에 목표를 둔 재정 기여를 제공하면서 국제기구 내 이니셔티브와 중국 내 정책 우선 순위 간의 긴밀한 통합을 확보하려고 했다. 이러한 접근 방식은 상당한 성공을 거두었으나 점점 더 많은 국제적 반대에 부딪히고 있는 실정이다.

나 좀 들어가게 해주세요… 바깥은 추워요

북극은 많은 사람의 상상 속에서 장엄한 빙하와 차가운 바닷물이 있는 광활하고 사람의 손길이 닿지 않은 얼음의 푸른 지형으로, 북극곰과 순록이 서식하는 곳이다. 실제로 북극은 막대한 천연자원과 경제적 기회가 있는 지역이다. 미국 지질조사국에 따르면 북극은 세계 미발견 석유의 13%, 미발견 천연가스 30%가 있는 곳이다.[23] 그리고 이 지역은 기후 변화와 같은 오늘날 가장 시급한 글로벌 거버넌스 과제에 바로 직면해 있다. 북극권에 가장 가까운 중국의 주요 도시 하얼빈은 900마일(약 1,448.41km) 이상 떨어져 있다. 그러나 이 거리와 중국이 북극 관련 국가가 아니라는 사실이 중국으로 하여금 북극에 대한 강국으로 자리 잡으며 역내 경제적, 전략적 이익을 실현하려는 것을 막지는 못했다.

북극 지역은 북극과 접한 일부 국가(러시아, 스웨덴, 노르웨이, 덴마크, 미국, 캐나다, 핀란드, 아이슬란드)와 이 지역의 원주민 대표가 북극 위원회를 통해 자원 관리를 감독한다.[24] 1996년에 설립된 북극 위원회는 대부분의 시간을 비교적 모호한 상태로 보냈다. 그러다가 지난 수십 년 동안 북극의 빙하가 녹으면서 북극 지형상 변화를 가져왔고, 그에 따라 위원회의 위상도 바뀌었다. 얼음이 녹으면서 에너지와 어족자원과 같이 이전에는 활용되지 않았던 자원이 이용 가능해졌기 때문이다. 그리고 2가지 루트의 새로운 운송 경로도 생겨나고 있다. 첫번째로 북극해 항로는 수에즈 운하와 말라카 해협을 경유하는 기존 아시아·유럽 항로에 비해 최대 2주 단축될 수 있다. 두 번째인 북극 항로는 극지점을 통과함으로써 운송 시간에 며칠을 더 줄여준다. 이러한 자원과 수송 경로에 대한 접근은 전 세계적인 관심사가 되었으며, 특히 세계에서 가장 큰 무역 강국이자 에너지와 어류자원 소비국인 중국에는 더욱 그렇다. 얼음이 녹으면서 중국은 유럽에 4,000해리 더 가까운 항로에 접근할 수 있게 된 것이다. 그리고 중국 대련(大蓮) 해사 대학 극지해양연구센터 소장이 말했듯이 "북극 항로를 장악하는 사람은 세계 경제와 국제 전략의 새로운 통로를 장악하게 될 것이다."[25]라는 사실 때문이다.

문간에 발 들여놓기

국민당 정부 통치 하의 중국은 스피츠베르겐 조약(1925년 당시에는 스발바르 조약으로 알려짐)*의 최초 서명국으로, 이 조약은 노르웨이의 군도에 대한 주권을 인정했을 뿐 아니라, 조약 당사국들의 모든 시민과 기업들이 거주하고 사업을 할 수 있는 권리를 보호했다.[26] 그러나 중국이 북극 문제에 처음 발을 들인 것은 1989년 상하이에 중국 극지연구소를 설립했을 때였다. 이 곳은 곧 이어 북극 연구센터로 자리 잡기 시작했다. 200명이 넘는 학계와 비학계 직원을 보유한 이 연구소는 전 세계의 기타 북극 연구센터들과 파트너십을 맺었다. 예를

---

* 스피츠베르겐 조약(또는 스발바르 조약)은 1920년 2월 9일에 체결된 국제 조약으로 노르웨이의 북극 지역인 스발바르 제도(스피츠베르겐)에 대한 주권을 노르웨이에 부여하면서도, 조약에 서명한 국가들에게 경제 활동과 과학 연구를 포함한 평등한 권리를 보장하는 내용을 담고 있다. 이 조약은 스발바르 제도를 비무장 지대로 규정하며, 노르웨이의 법률이 적용되지만 제한적으로만 시행된다. 현재 40개 이상의 국가가 이 조약에 서명했으며 한국도 2012년에 가입했다.

들어, 1992년 베이징은 두 개의 독일 대학과 함께 북극에서 5개년 과학 연구 프로그램을 추진했다. 극지연구소는 또한 2013년 상하이에 중국·북유럽 북극 연구 센터를 설립하여 9개의 북유럽 대학과 8개의 중국 연구 대학 및 연구소 간 협력 연구를 활성화했다. 이 센터의 더 광범위한 사명은 선언문에 드러나 있는데, "북유럽 북극의 지속 가능한 개발과 글로벌 맥락에서 중국의 일관된 개발을 위한 협력 촉진" 노력이 포함되어 있다.[27] 또한 중국은 스발바르에 연구 기지를 건설했고, 스웨덴 키루나, 노르웨이 키르케네스에 위성 수신 기지를 건설했으며, 아이슬란드에 두 번째 연구 센터를 건설하는 한편, 핀란드에 미개발 상태의 세 번째 연구 센터를 건설했다.[28] 중국은 1994년 우크라이나로부터 쇄빙선을 구매하여 북극에서 독립적인 연구를 수행할 수 있는 능력을 키웠다. '슈에롱(雪龍, 눈의 용)'이라는 이름의 이 쇄빙선은 중국이 북극과 남극에서의 연구를 추진할 수 있도록 해주었다. 중국은 국내 자체 제작한 쇄빙선인 슈에롱 2도 가동했다(그림 6.1). 이 쇄빙선은 핀란드 설계를 기반으로 했으며 극지 연구소에서 운영한다. 그 결과 중국은 북극 탐험에 있어서는 선두 주자로, 북극 9회와 남극 28회에 걸친 탐험을 수행했다. 2장에서 언급했듯이 전문가들은 중국이 강력한 핵추진 대형 쇄빙선을 건조 중에 있다고 믿고 있다. 현재 그러한 능력을 보유하고 있는 곳은 오직 러시아 한 국가다.[29]

그림 6.1 중국 쇄빙선 슈에롱(雪龍)2

출처: 신화사/알라미

더불어 중국은 북극 문제에 중점을 둔 국제 비정부 연구 기구에서 선도적인 역할을 했다. 중국은 1996년 '국제 북극 과학 위원회'에 가입했고 모든 워킹 그룹에 중국 관리나 학자를 포함시켰다. 그리고 2005년에 중국은 위원회의 '북극 과학 정상회담 주간'을 주최한 최초의 아시아 국가가 되었는데, 이는 북극 연구에 참여하는 모든 기관들에게 가장 중요한 모임으로 인정받았다.[30]

중국은 북극과의 지리적 거리로 인해 북극 위원회에 가입할 수 없지만 상임 옵서버 자리를 차지하고 있다. 이는 옵서버 국가로서 중국은 의사 결정에 직접 참여할 수 없지만 워킹 그룹에 참여하고 북극 국가를 통해 프로젝트를 제안할 수 있다는 것이다.[31] 중국은 2007년에 상임 옵서버가 되기 위한 신청서를 제출했고, 2013년 5월 북극 위원회는 중국을 이탈리아, 일본, 인도, 한국, 싱가포르와 함께 이사회의 새로운 옵서버로 환영했다.[32] 중국의 과학 전문가들은 중국이 기구의 업무에 점점 더 많이 참여하는 한 가지 근거를 제공했는데, 중국은 북극 위원회 옵서버로 선출된 이후 가장 적극적으로 참여하게 되었다. 중국은 기구에 연례 옵서버 국가로 검토 보고서를 제출하고, 워킹 그룹과 태스크포스에 참여하고, 수많은 회의를 주최하는가 하면, 25명 이상의 전문가를 관련 프로그램에 추천했는데 그중 8명이 받아들여졌다. 중국은 또한 북극 중심지역에서 상업적 어로작업을 금지한 국제 협정 '북극 5+5'에 서명한 5개 북극 위원회 감시국 중 하나였다.[33] 이로써 중국은 가능한 한 옵서버 국가로서의 지위를 활용하여 북극 위원회 회원국과 동등한 수준으로 자신의 목소리를 냈다.

문을 활짝 열어젖히다

중국의 북극에 대한 이해관계는 과학 관련 우려를 훨씬 넘어선다. 국제사회의 북극 지역에 대한 전략적 관심이 커지면서 2008년 세계 금융 위기 이후 중국의 더 광범위한 세계적 야망도 반영되었다. 2009년 중국 극지연구소는 이 지역의 지정학적 문제에 대해 지도부에게 정책적 지원을 하기 위해 북극 전략 연구부서를 설립했다.[34] 학자와 관리들은 곧 중국이 더 깊이 관여해야 하는 여러 이유를 설명하기 시작했다. 중국 내 가장 저명한 북극 정치 학자 중 한 명인 궈페이칭(Guo Peiqing)은 중국이 글로벌 강국으로 부상한 점을 강조했다. 그는 "북극과 거리가 멀다는 것이 우리가 주의를 기울이지 않는 이유가 되어서는 안된다. 중국은 지역적 강국에서 세계적 강국으로 가는 길에 있으며, 극지방에서 일어나는 일은 중국의 이익과 관련이 있는 것이다."[35]라고 했다. 다른 나라들은 북극의 관련된 사안의 본질에 초점을 맞추었는데, 당시 중국 외교부 후정웨(Hu Zhengyue) 부장조리는 "북극은 주로 지역적 문제이지만 기후 변화와 국제 수송으로 인해 지역 간 문제이기도 하다."라고 언급했다.[36] 2010년 류전민(Liu Zhenmin) 당시 중국 외교부 부부장(현 유엔 경제사회위원회United Nations Economic and Social Council, ECOSOC 담당 사무차장)은 "북극 이사회 회원국들의 문제는 이제 비북극(北極) 국가를 포함하여 관련 연구 활동과 논의에 초기부터 심도 있게 참여시키는 방안을 강구할 것이다."라고 말했다.[37] 중국이 북극에 대한 이익을 논의하면서 중국 해양 대학저널 편집자들은 "준비가 있으면 성공이 보장되고, 준비 부족은 실패를 의미한다. 미래지향적이고 심도 있는 연구가 개발되어야만 (중국이) 극지방과 관련된 미래의 국제 문제에 대해 목소리를 낼 권리가 있다."라고 썼다.[38]

궈페이칭은 나중에 북극 국가의 의사 결정 과정 통제에 대한 불만도 분명히 했다. 2011년 누크(Nuuk) 회담은 옵서버 기준에 대해 옵서버 국가들은 북극에 대한 북극권 국가들의 '주권', '주권적 권리' 및 관할권을 인정해야 한다고 했다. 궈는 동 선언에 대해 다음과 같이 말했다.

> '고위급 공식 보고서'는 북극판 먼로 독트린 등장을 의미한다. 북극권 국가들은 북극이 '북극권 국가들'의 북극임을 세계에 선언했다. 이들 국가는 북극이 전인류의 공동 유산이라는 개념에 반대하며, 먼로 독트린을 통해 그들의 영역 내의 제반 이익을 추구하지 못하도록 막고 영역 외 국가들의 참여 권리를 약화시키기를 바라고 있다.[39]

상하이 국제관계연구소 학자 천바오즈(Chen Baozhi)는 훨씬 더 강력한 입장을 보였다. 그는 "비북극 국가들이 의사 결정 과정에 참여하지 않으며 북극 운송 경로의 사용자이자 북극 에너지 소비자로 남는 것은 상상할 수 없고 북극권 국가의 북극 문제 독점을 종식시키는 것은 이제 절실한 과제이다."[40]라고 했다.

시진핑은 2014년 호주 호바트에서 행한 연설에서 북극에 대한 베이징의 전략적 야망을 알렸다. 그는 중국이 곧 '극지 열강 대열에 합류'할 것이며, 극지 문제는 '해양 개발 전략'과 '해양 대국'이 되려는 목표 모두에서 '특별한 역할'을 한다고 선언했다.[41] 2년 후 중국은 항해 차트가 포함된 북서항로 운송관련 안내서를 출판했다. 또한, 이 계획은 북극을 '일대일로'에 통합하고 북극 실크로드에 대한 비전을 제시하는 한편, 중국 기업들이 새로운 운송 경로를 위한 인프라 건설에 기여하고 상업적 시험 항해를 하는 것을 장려했다.[42]

뭐니 해도 돈이 최고

시진핑이 중국이 북극에서 경제적 발판을 마련하도록 촉구한 것은 상당한 투자로 이어졌다. 2012~2017년 사이에 베이징은 북극 개발에 최대 900억 달러를 투자하거나 빌려주었다.[43] 그린란드에서 중국 기업들은 여러 광산 프로젝트에 지분을 투자했다. 2012~2017년 사이에 중국 기업들이 투자한 금액은 그린란드 GDP의 약 12%에 해당한다고 한다.[44] 국유기업인 중국석유공사는 러시아의 270억 달러 규모의 야말반도(러시아 서부 시베리아에 위치한 반도로, 야말로네네츠 자치구에 속함) 액화천연가스 프로젝트와 사베타 소재 관련 항구에 20%의 지분을 보유중이다. 이 투자는 중국의 극지 실크로드의 일부로 간주되며, 실크로드 펀드는 이 플랜트 시설에 10%의 추가 지분을 보유하고 있다.[45] 그리고 아이슬란드는 화웨이 5G 기술의 시험대 역할을 했으며, 메탄가스 회사를 포함한 중국의 에너지 투자 지역이기도 하다.[46]

그러나 북유럽 국가들은 중국의 투자가 국가 안보에 미치는 영향을 놓고 불안을 표명했다. 스웨덴 라울 발렌버그 연구소의 중국 프로그램 책임자인 말린 아우드(Malin Oud)는 2017년 홍콩에 본사를 둔 선베이스 인터내셔널(Sunbase International)*이 인구가 1만 4,000명에 불과한 작은 마을 리세킬에 접근하여

* 선베이스 인터내셔널(Sunbase International)은 1991년에 설립된 홍콩 기반의 대규모 국제 투자 금

심해 항구를 건설하자고 제안했을 때 스웨덴에서는 처음으로 경각심이 고조되었다고 했다. 선베이스 CEO는 중국 정부와 긴밀한 관계를 맺고 있었고, 이 계획은 중국 통신·건설 공사의 지원을 받았다. 이 거래는 부정적인 홍보가 폭발적으로 증가하고 난 후인 2018년 초 무산되었다. 동시에 2018년 1월 스웨덴에서 개최한 국방·사회 회의(북유럽 국가 국방장관들의 연례 모임)에서 참석자들은 종래 러시아에 대해서만 반대 입장을 표명해 오는 입장에서 중국에 대해 주목하기 시작했다. 2019년 스웨덴 보안국은 베이징의 사이버전과 기업 인수를 스웨덴의 국가 안보에 대한 위협으로 언급했다.[47] 약 40여 개 중국 기업이 2002~2019년 사이에 레이저와 반도체 등과 같은 이중 용도 기술 보유 기업들을 포함한 65개의 스웨덴 기업에 투자했다.[48] 이에 대응하여 스웨덴은 2020년 직접투자(FDI) 규정을 강화할 계획을 발표했다.

중국 투자로 인한 잠재적 리스크를 재고한 것은 스웨덴만이 아니었다. 아이슬란드에서 중국 사업가 황누보(Huang Nubo, 黃怒波)는 골프 리조트를 명분으로 대규모 토지 매수를 시도했다. 제안된 토지 매수를 둘러싸고 지역 사회는 중국 자본의 유입 가능성에 열광했다. 지역사회는 스스로 토지를 매수한 다음 황누보와 장기 임대 계약을 맺는 것을 고려했다.[49] 궁극적으로 거래를 거부한 아이슬란드 내무부 장관 위그문드 조나슨(Ögmundur Jónasson)은 실제 의도가 중국이 통제하는 비행장이나 항구를 건설하는 것이 아닐까 우려했다는 것이다.[50] 이후 아이슬란드는 외국의 토지 매수 능력을 제한하는 새로운 법률을 채택함으로써 중국 기업이 관광 사업을 시작하려는 추가 노력도 방해했다.

덴마크도 중국의 3가지 주목할 만한 경제 이니셔티브에 반발했는데, 첫째는 중국 기업이 폐쇄된 그린란드 내 미군 기지를 인수하려 했을 때로 이 시기는 중국이 북극 내 정보 활동을 위한 중요 기지를 새로이 확보하려 할 때였으며,[51] 둘째는 중국 대사가 화웨이와 5G 계약 체결을 조건으로 덴마크 자치령인 페로 제도*와 무역 협정을 맺었을 때였다.[52] 셋째로는 베이징이 그린란드에 두

융 그룹이다. 이 회사는 에너지, 교통, 생명공학, 금융, 부동산, 미디어 등 다양한 산업에 투자하며 여러 자회사와 합작 회사를 운영하고 있는데, 특히 선베이스 인터내셔널은 부동산 관리 분야에서 두각을 나타내며 홍콩 내 주요 공공 및 민간 부동산을 관리하고 있다. 이 회사는 보안, 청소, 조경, 건물 유지보수, 에너지 절약 등 다양한 서비스를 제공하며, 전문적인 팀과 기술 인력을 통해 높은 평가를 받고 있다. 그러나 이 회사의 배후에는 중국이 있다고 보는 견해도 있다.

* 페로 제도(Faroe Islands)는 북대서양에 위치한 덴마크 왕국의 자치령으로 아이슬란드, 노르웨이, 스

개의 공항을 건설하려 했을 때였다. 덴마크 국방정보국은 2019년 리스크 평가에서 중국의 그린란드에 대한 대규모 자원 투자를 '전략적 자원에 대한 투자'와 '정치적 간섭과 압력'이 연계되는 위험 요인으로 보았다.[53] 더불어 국방정보국은 중국의 '북극 지식과 역량 구축' 시도를 군과 민간 행위자 간 조율된 노력으로 평가하였으며, 중국 정부의 북극 참여를 강대국이라는 야망에서 나온 해당 지역 관리에 대한 영향력 확보 계획으로 설명했다.[54]

핀란드 총리실이 의뢰한 2019년 보고서는 중국과의 경제적 파트너십을 심화하는데 따른 모든 위협 범위를 요약해 주고 있다. 위협 중에는 핀란드 경제에 대한 과도한 중국의 영향력, 자국 경제의 중국 경제에 대한 과도한 노출, 중국 기업의 열악한 환경 및 사회적 책임에 대한 기록, 중국의 지재권 도용 등으로 중국 기업이 종종 현지 핀란드 행위자의 상당한 지지를 얻은 후에는 결코 실현되지 않을 중요 프로젝트를 발표하는 경향이 있다는 내용도 포함되었다.[55]

북극 안보 딜레마

중국은 투자가 안보적 열망과 관련이 있다는 점을 부인한다. 그러나 2009년 발표문에서 대련 해사 대학 학자 리전푸(Li Zhenfu, 李振甫)는 북극이 '상당한 군사적 가치'가 있으며, 중국이 "북극 전략을 수립할 수 있는 기본 정보와 과학적 참고자료를 구비하지 못한 이유에는 중국의 권리를 주장할 수 있는 능력이 제한되었다."라고 언급했다.[56] 2016년 말, 중국은 원격 감지 위성 북극 기지국을 개소했다. 이는 최초의 해외 지상 위성 수신국이다. 이것은 완전히 중국 소유 기업으로 북극권에서 북방 약 125마일 떨어진 스웨덴에 있다. 2019년 1월 스웨덴 국방연구국은 이 기지가 중국과학원 후원 하에 개발되었다고 하지만, 중국 내 긴밀한 군·민 관계를 감안할 때 PLA가 모니터링 목적으로 이

코틀랜드 사이에 자리 잡고 있다. 이 제도는 18개의 섬으로 이루어져 있으며 총 면적은 약 1,400㎢로 제주도의 약 3/4 크기이며, 수도는 토르스하운(Tórshavn)으로 페로 제도에서 가장 큰 섬인 스트레이모이 섬(Streymoy)에 위치해 있다. 인구는 약 5만 명으로 대부분이 페로어와 덴마크어를 사용한다.

기지를 사용할 수 있음을 경고했다. 이를 통해 베이징은 지구상 어디에서나 이전보다 두 배 빠른 속도로 위성 데이터를 수집할 수 있으며,[57] 고정밀 위성 항법 및 미사일 위치 파악도 가능하게 되었다. 한 스웨덴 국방 분석가는 "스웨덴에서 반복되는 전반적인 내용은 우리가 순진했다는 것이다."[58]라고 지적했다.

중국의 '군·민 융합'에 대한 우려는 또한 화웨이에 대한 북유럽 지역의 대응에도 영향을 미쳤을 가능성이 크다. 러시아는 중국 회사를 전적으로 수용했지만, 아이슬란드의 3개 통신사 중 노바만이 5G 공급업체로 화웨이를 선택했다. (나머지 두 곳은 에릭슨을 선택함) 기타 북극 위원회 회원국들은 화웨이 5G 기술을 금지했다. 그리고 화웨이는 유럽과 아시아를 연결하는 8,500마일(약 13,679.2km)의 해저 광섬유 케이블인 북극 연결(Arctic Connect) 프로그램에서 제외되면서 또 타격을 입었다. 화웨이는 핀란드 계약을 확보할 채비를 갖추고 있는 것처럼 보였지만, 이 회사는 2019년 여름 핀란드 외무부 장관인 마티 안토넨(Matti Anttonen)에게 중국의 광섬유 케이블 프로젝트 참여 가능성을 문의했을 당시 그런 계획이 없다고 답변했다.[59] 유럽 전문가들은 중국이 해저 케이블 프로젝트를 통해 수중 감시 역량을 지원할 가능성에 대해 당혹감을 표명했다.[60] 그리고 마침내 수주 기업들이 발표되었을 때 화웨이는 배제되었다. 대신 동 프로젝트는 핀란드 기업 시니아(Cinia)와 러시아 모바일폰 제공업체인 메가폰(MegaFon) 그리고 기타 다양한 핀란드, 일본, 노르웨이 기업들이 주도할 것이다.[61]

미국의 군 당국자들도 북극에서의 중국의 의도에 대해 우려를 표명했다. 전 미국 해안 경비대 사령관인 칼 슐츠(Karl Schultz)는 남중국해에서 보여준 중국의 행태와 유엔해양법협약(UNCLOS)을 준수하려 하지 않는 태도야말로 여러 나라들이 중국의 북극지역 영향력 확대에 대해 우려해야 하는지 그 이유를 말해주는 중요한 지표라고 강조했다. 그는 또한 북극이 미래 강대국들 간 경쟁의 장이 될 가능성이 높을 것으로 믿는다는 점을 강조했다. 슐츠는 공개 석상에서 중국의 대규모 조선 노력에 대한 우려를 더욱 강조하며, 중국의 "존재는 곧 영향력과 같다."라고 주장했다. 현재 속도로라면 중국은 2025년까지 미국을 앞지르고 더 많은 역량과 성능을 보유하게 될 것임도 지적했다.[62]

북극 국가들이 효과적인 대응책을 개발하는 데 어려움을 겪고 있는 가운데, 베이징은 활동을 늦출 조짐을 보이지 않았다. 2018년 중국은 이 지역에서 중국의 권리와 이익에 대한 설득력 있는 논리 개발 노력의 일환으로 최초의 '북극 백서'를 발표했다. 백서는 중국을 '중요한 북극 이해 당사자'로 규정했는데, 이는 중국이 이전에 스스로를 '북극 인접 국가'로 선언했던 지위에서 벗어나 중국을 위대한 북극 강국으로 만들겠다는 '시진핑의 꿈'에 한 걸음 더 다가간 것을 의미한다.[63] 중국의 북극 지위를 둘러싼 용어 왜곡은 당시 미 국무장관이었던 마이클 폼페이오(Michael Pompeo)의 분노를 샀고, 그는 2019년 5월 북극 위원회 연설에서 "북극 국가와 비북극 국가만 있을 뿐이다. 세 번째 범주는 존재하지 않으며 그렇지 않다고 주장하는 것은 중국에 정확히 아무런 지위도 없다는 것이다."라고 단언했다.[64]

아마도 더 중요한 점은 백서에서 (중국이) 비북극 국가의 역할을 강화하고 중국의 신세계 질서 개념을 뒷받침하는 방식으로 북극 거버넌스 프레임을 재구성했다는 것이다.

백서에는 "북극의 미래는 북극 국가의 이익, 비북극 국가는 물론 인류 전체의 복지와 관련이 있다. 북극 거버넌스는 모든 이해 당사자의 참여와 기여를 필요로 한다. 중국은 책임있는 대국으로서 '존중, 협력, 윈/윈'하는 결과와 지속 가능성'의 원칙에 따라 모든 관계 당사국들과 협력하여 북극 개발의 역사적 기회를 포착하고, 이 지역의 변화가 가져온 제반 도전에 대처하며 북극 거버넌스를 공동으로 이해·보호·개발·참여하는 한편 '일대일로' 이니셔티브에 따라 북극 관련 협력을 발전시킴으로써 인류 미래를 위한 운명 공동체를 구축하고 북극의 평화·안정을 지키고 지속 가능한 발전에 기여할 준비가 되어 있다."[65] 라는 것이 포함되어 있다.

또한 백서는 북극 거버넌스의 영향이 북극을 넘어 자원 탐사와 개발, 운송 경로, 과학 연구와 환경을 포함하기 때문에 비북극 국가들이 이 지역에서 역할을 해야 한다고 주장했다. 그리고 이것은 "중국이 자국의 이익을 추구하는 동시에 다른 국가들의 이익을 적절히 고려할 것이다."라며 권리를 주장하는 가운데 새롭게 찾은 자신감에 대한 미묘하면서도 매우 중요한 출구전략을 제공했다. 궈페이칭(Guo Peiqing, 郭佩青)은 "중국이 중립적 입장을 취하는 대신 '북극에 커다란 전략적 이익'을 가지고 있으며 이 지역의 국제화를 추진해야 한다."[66]라고 주장했다. 한 중국 대학 교수가 선언했듯이, 중국은 이제 '북극 문제에 없어서는 안 될 세력'이 되었다.[67]

중국은 북극 위원회의 정회원이 아니라 옵서버라는 지위에도 불구하고 중국의 전략은 위원회 회원과 동등한 수준에서 이 지역의 정책에 영향을 미칠 수 있는 권리를 확보하기 위해 고안해낸 것으로 보인다. 중국 관리들은 중국을 '북극에 가까운 강대국'이라고 일컬으며 북극 거버넌스에 대한 언어를 재구성하여 의사 결정에서 더 큰 발언권을 모색하고자 했다. 베이징은 또한 전문가 위원회를 중국 과학자와 관리들로 채움으로써 자신들의 관점을 반영하려는 시도도 했다. 중국은 자국의 경제적 레버리지를 사용하여 과학적 탐사와 천연자원 조사에 있어 리더십을 발휘하고, 기타 국가들과 파트너십을 통해 군사·안보 관련 이익을 추구할 발판을 마련하기도 했다. 그리고 중국이 인터폴에 참여한 것과 마찬가지로 베이징은 또한 국제 체제와 북극 지역을 더 광범위하게 이용함으로써 '일대일로'를 공고히 하고 5G 기술의 보급을 진전시키려 했다. 이러한 각본은 중국이 시진핑의 글로벌 거버넌스 시스템 개혁을 주도하라는 요청을 실현하고자 함에 따라 중국의 상징이 되었다.

옳은 일을 하세요

중국의 신장 위구르 자치구는 중앙아와 서남아 6개 국, 그리고 몽골과 러시아와 접하고 있다. 2,100만 명의 인구 중 절반은 투르크계 무슬림이고 절반은 한족의 이전으로 이뤄졌다. 많은 한족들이 수십 년 동안 베이징 당국에 의해 위구르 다수를 차지하는 무슬림들을 희석하기 위해 보내졌다. 시간이 지남에 따라 신장 지역 한족의 비율은 7%에서 40%로 증가했다.[68] 2000년대 후반부터 2010년대 중반까지 위구르족과 한족 간 폭력 사태가 여러 차례 발생하였는데, 사상자가 발생한 2009년 폭동인 쿤밍 기차역에서 위구르족이 주도한 칼부림 사건을 시작으로 2014년 33명이 사망했고, 같은 해 우루무치에서 자동차 자폭 테러로 최소 31명이 사망했다.[69] 위구르 소수 민족은 분리주의 운동을 지지하면서 동투르키스탄 독립국가 수립을 요구했다.

중국 정부는 2014년 5월 이러한 사건에 대응하여 '폭력적 테러에 대한 강경 대응 캠페인'으로 대처했다. 신장 전문가 레이첼 해리스(Rachel Harris)가 설명했듯이, 이 캠페인은 극단주의가 되기 쉬운 위구르 무슬림 소수 민족만이 아니라 모든 종교적 표현을 타깃으로 삼기 위해 고안된 광범위한 활동이었다. 그 후 몇 년 동안 이 캠페인의 범위가 확대되었다. 베이징은 일상적인 기도, 수염을 기르는 것, 무슬림식 의복[히잡, 부르카(Burqa), 니캅(Niqab) 등] 등 종교활동을 범죄화 했고,[70] 위구르족 무슬림의 음주 금지 규율을 어기도록 강요했으며, 카메라, 생체 데이터, 개인 휴대폰에 관련 앱을 다운로드 받게 하여 지역 공안국에 직접 정보를 제공하게 했으며, 대대적으로 감시 장치도 구축했다. 또한, 전통적인 마오쩌둥 개입 방식인 '가족되기 정책'을 채택함으로써 한족이 위구르족 집에 내려가 그들의 관행을 관찰하여 보고하고, 그들에게 중국 공산당의 가치를 주입하려고 했다. 해외 여행이나 해외에 가족이 있는 것조차도 의심했다. 베이징 당국은 또한 백만 명이 넘는 위구르족을 수용하고 있는 것으로 알려진 '노동·재교육' 센터들의 네트워크를 구축했다.[71] 베이징은 이 시설이 위구르족에게 신기술을 전수하기 위해 설계된 교육·훈련 센터라고 주장하고 있으나, 비밀 납치 및 강제 구금의 패턴, 수용소 주변의 삼엄한 보안, 이 훈련 센터에 수용되었던 위구르족 및 기타 투르크계 소수민족에 대한 고문과 강제 불임 수술 스토리는 중국 당국의 주장과는 다르다는 점을 시사한다.[72] 호주 전략정책연구소에 따르면, 중국은 이 지역에 최대 380개의 구금 센터를 건설했으며, 그 중 가장 큰 곳은 거의 100개의 건물로 구성되어 있고,[73] 신장의 투르크계 및 후이족 소수민족 인구의 성인 중 최대 17.7%가 이러한 구금 센터 중 하나에 수용되어 있다는 것이다.[74]

신장에서 일어나는 일에 대해 한족은 대중적 항의를 거의 또는 전혀 하지 않고 있다. 대중적인 묘사에서 위구르족은 종종 신뢰할 수 없고, 범죄를 저지르며, 심지어 테러를 가하는 존재로 묘사된다. 그러나 사적으로는 이러한 표현에 약간의 불편한 기색이 표현되기도 한다.[75] 수용소에 대한 소식이 처음 유출되기 시작했을 때 미국에서 근무 중이었던 한 중국 관리는 필자에게 "이 문제에 대한 지침이 없어 무엇을 말해야 할지 모르겠다."라고 한 바 있다. 그리고 2019년 가을 필자가 대담을 나눈 저명한 중국 학자는 그의 아들이 신장의 위구르족과 결혼하여 여전히 그곳에 살고 있으나, 억압적인 정치 환경에서 손녀를 '구출'하여 자신이 살고 있는 해안 지방으로 공부시키려 데려왔다고 했다. 게다가 신장 거주 한족들은 어려운 여건 때문에 떠나고 있다는 보도도 있다.[76]

일부 관리들조차도 수용소의 존재에 대해 갈등을 겪는 듯하다. 신장의 한 지역 관리는 수용소에서 수천 명의 수감자를 석방시킨 후 자신이 투옥되기도 하였다.[77] 신장 정책을 담당하는 정치국 상무위원회 위원인 왕양(Wang Yang)은 "이 지역 관리들의 '불만'에 대한 우려를 암시하며 '전통 민족 문화'는 보호되어야 하며 신자들의 정상적인 종교 관습도 보장되어야 한다"라고 했다.[78]

중국은 또한 신장의 인권 상황으로 인해 국제 사회로부터 비난을 받고 있다. 2019년 10월 29일 발표된 UN 총회 성명에서, 23개국의 지지를 받는 주UN 영국 대사는 "대량 구금, 문화와 종교 관행 제한 조치 및 위구르족을 불균형적으로 표적삼은 대량 감시 그리고 동 지역에서 벌어진 기타 인권 침해와 학대 행위에 대한 믿을 만한 보고"를 인용하며 신장에서의 인권 침해와 관련하여 중국을 비난했다.[79] 그러나 중국과 중국을 지지하는 국가들은 이에 대해 준비를 해놓고 있었다. 벨라루스의 UN 상임대표인 발렌틴 리바코프(Valentin Rybakov)는 54개 국을 대표하여 신장지역 내 중국의 '테러 방지' 노력, '직업 교육 및 훈련 센터' 설립과 '신장에 안전과 치안 회복'을 포함한 행위들을 칭송했다. 리바코프는 "모든 인종 집단의 개인에게 기본적 인권이 보호되고 있다."라고 주장했다.[80] 2020년 UN주재 독일 대사가 '정치적 재교육 캠프'에 대한 우려를 제기하는 유사한 서한을 UN에 제출했는데, 이것은 39개 국의 지지를 받았는데, 이 수치는 전년보다 상당히 증가한 것이었다.[81] 그리고 45개 국이 신장 내 중국의 행동을 '테러리즘과 급진세력화 방지에 맞서기 위해' 필요한 조치라고 지지했지만,[82] 2019년 중국을 지지했던 중앙아시아 국가 수는 현저하게 줄었다.

국제기구 내 중국 지지 세력의 대부분은 소위 '같은 사고방식을 가진 개도국들 그룹'으로 50개 국 이상으로 구성된 느슨한 연합에서 나왔는데, 중국은 러시아, 이집트와 여러 차례에 걸쳐 관련 리더십 책임을 공유했다(표 6.2 참조). 2015년에만 이 그룹은 15개 사안에 대한 성명 관련 입장을 조율했다.[83] 그러나 많은 사람들에게 놀라운 점은 무슬림 인구 대국인 일부 국가들(파키스탄, 시리아, UAE, 사우디아라비아)이 신장에서 중국을 지지했으며 인니와 말레이시아와 같은 회교 국가는 문제에 대한 무지(無知)를 주장하거나 해결해야 할 다른 더 중요한 과제가 있다고 말하며 방관하고 있었다는 사실이다.[84] 이러한 국가들의 경우 중국과의 경제적·정치적 관계가 증대되고 인권 침해에 대한 비판으로부터 스스로를 보호하려는 욕구가 종종 '베이징의 지지 결정'에 기여했다고 볼 수 있다.[85]

표 6.2 중국의 신장, 홍콩, 남중국해 정책 지지 국가

중국의 신장 정책 관련 국제사회의 지지		
앙골라	에리트레아^	파키스탄^
바레인^~	가봉^	팔레스타인^~
벨라루스^	그레나다	러시아
부룬디^	기니비사우^	사우디 아라비아^~
캄보디아^	이란^	남수단^
카메룬^	이라크^~	스리랑카^
중앙아프리카공화국^	키리바시	수단^~
코모로^~	라오스^	시리아^~
콩고^	마다가스카르	탄자니아
쿠바^	모로코^~	토고^~ 우간다
콩고민주공화국	모잠비크^	아랍에미리트^~
도미니카^	미얀마^	베네수엘라^
이집트^~	네팔^	예멘^~
적도 기니^	니카라과^	짐바브웨^
	북한^	
범례: ^ = 2020년 중국의 대홍콩 정책 지지, ~ = 2016년 중국의 남중국해 정책 지지		

출처: https://jamestown.org/program/the-22-vs-50-diplomatic-split-between-the-west-and-china-over-xinjiang-and-human-rights/; https://thediplomat.com/2020/07/which-countries-support-the-new-hong-kong-national-security-law/; https://amti.csis.org/arbitration-support-tracker/

중국은 UN 내에서 위구르족에 대한 처우 문제가 지속적으로 거론되는 것을 막기 위해 노력해 왔다. 어떤 경우에는 중국이 다른 국가들을 위협하기도 했다. 일례로 2018년 3월 중국은 제네바 주재 UN 대사들에게 '양자 관계와 지속적인 다자간 협력의 이익을 위해' 미국, 캐나다, 독일, 네덜란드, 영국이 후원하는 신장 인권 침해 월간 패널 행사에 "공동 후원, 참여 또는 참석을 해서는 안 된다."라고 경고했다.[86] 또 다른 경우, 중국 관리들은 UN 기구 내 수장

자리를 맡는 경우 그 지위를 이용하여 '신장 문제 논의 방지'를 시도했다. 2020년 9월 필자가 대표적인 위구르 활동가 중 한 명으로 '세계 위구르 의회'의 돌쿤 이사(Dolkun Isa) 회장과 이야기를 나눈 바 있다. 돌쿤 이사는 2015~2016년은 위구르족에 대한 중국 공산당의 처우에 전환점이 되었다고 주장했다. "중국은 이중 언어 교육을 포기하고, 모든 모스크를 폐쇄했으며, 종교상 단식과 수염 기르는 것을 금지하고, 검문소도 설치하여 한 도시에서 다른 도시로 여행하기 위해서는 특별 허가가 필요했는데, 한마디로 인종 청소였다."라고 했다. 1980년대 후반 신장의 학생 운동가였던 이사는 1994년 중국에서 유럽으로 도피한 후 터키와 독일에서 공부했으며, 2006년에 독일 시민이 되었다. 20년 이상 중국은 인터폴의 적색 통지 시스템을 활용하여 이사를 테러리스트로 지정했으며 다른 국가들에 이사를 중국으로 송환해야 할 것임을 경고했다. 2009년에 이사는 한국에서 구금되었고 거의 베이징으로 송환될 뻔했다. 그러나 독일과 미국 관리들이 개입하여 이사는 독일로 추방되었다. 이사는 중국이 인터폴에 재정적으로 기여한 것이 인터폴에 지나친 영향력을 행사하게 만들었다고 의심한다. 2018년, 국제 형사 사법 감시 기구인 공정재판(Fair Trials)이 수년간 작업한 후 인터폴의 독립 전문가 위원회는 이사의 이름을 리스트에서 삭제했다.

중국 정부는 또한 이사의 UN 연설을 거듭해서 막으려 시도했다. 2017년 돌쿤 이사는 독일 NGO '위협받는 사람들을 위한 모임'의 인증을 받았고 'UN 토착민 문제에 대한 상설 포럼'에서 연설할 예정이었다. 그러나 이사가 설명했듯이 세 사람이 그의 참여를 물리적으로 막았고, 배지(신분 소속의 표시)를 제거하는 한편 어떤 소란도 내지 말라고 했다. '위협받는 사람들을 위한 모임'이 UN에 연락했을 때는 아무런 응답도 없었다. 2018년 이사는 같은 포럼에서 연설하기 위해 지원했고, 당초에는 인증을 받았지만 회의 이틀 전 취소되었다. 그가 UN 배지 담당 사무실에 갔을 때, 배지 지급을 거부당했고 다시 오지 말라는 말을 들었다. UN 경제사회국(UN DESA)의 수장인 류전민(Liu Zhenmin, 劉振民)은 이사가 참가하려는 NGO에 대한 입장을 거부함으로써 이사를 저지하려 했다. 그는 이사가 분리주의와 테러리즘을 후원했다고 비난했다.[87] 그래도 이사는 계속해서 노력했고, 독일과 미국의 UN 대표부, 휴먼라이츠워치가 그를 대신해 나섰다. 미국 대사는 이사와 함께 배지를 받기 위해 갔지만, 그는 여전히 거부당했다. 이들이 UN 사무총장에게 직접 호소했을 때에만 이사는 입장이 허용되었다. 돌쿤 이사는 중국이 UN에서 두 번째로 큰 기여국이라는 지위를 이용해 UN 인권 이사회(UNHRC)에 압력을 가해 위구르족, 티베트족, 대만인을 포함한 인권 옹호자들의 발언을 막으려 했음을 시사했다. 이사는 프로토콜과는 달리 UN 인권 이사회 직원들이 증언자 리스트상의 이름을 중국 대표부와 공유함으로써 중국 관리들이 이들을 저지할 시간을 벌게 했다고 필자에게 언급했다. 이사의 주장은 류전민의 전임 UN DESA 사무차장이었던 우홍보(Wu Hongbo, 吳洪波)의 공개 성명에서도 입증된다. CCTV 방영 해설에서 우홍보는 2017년 책임지고 이사의 출연을 차단했음을 주장하면서 이사를 포럼에서 추방할 것을 요구함으로써 중국의 국익을 대변했다고 언급했다.[88] 우홍보는 "중국 외교관으로 중국의 국익과 안전 보호를 소홀히 해서는 안 된다고 생각하며, 우리는 조국의 이익을 강력히 수호해야 한다."라고 언급했다.[89]

그러나 베이징이 최선의 노력을 기울였음에도 불구하고, 인권과 신장 정책에 대한 국제적 비판을 진정시키는 데는 실패했다. 중국은 신장에서 저지른 일에 대해 UN의 직접적인 비난은 모면했으나, 2020년 3월 여러 국제 NGO가 신장 상황에 대해 UN 주재 중국 대사인 장쥔(Zhang Jun, 張軍)에게 질문하고 UN 인권 고등판무관 미셸 바첼레트(Michelle Bachelet)가 신장 지역에 대한 제한 없는 접근을 허용해 달라고 요청했다. 장쥔 대사는 단지 광범위한 인권 침해와 대규모 감시에 대한 보고가 '거짓말과 소문'에 근거하고 있다는 공식 논평을 반복했을 뿐이다.[90] 그리고 중국 외교부장 왕이(Wang Yi, 王毅)가 8월 말과 9월 초 팬데믹 동안 중국 외교로 손상된 관계 회복을 위해 유럽 5개 국 순방을 시작했을 때, 왕이는 '교육 및 훈련 프로그램'의 모든 연수생이 '졸업'했고 '취업'을 했다고 발표했는데, 이는 믿을 수 없는 것으로 널리 알려졌다.[91] 사실, 중국이 신장에서 집단 학살을 저지르고 있다는 관념(이사는 이러한 이해를 지지)은 서방 국가에서 점점 더 지지를 얻고 있으며, 특히 베이징이 UN에서 공식적으로 인정한 집단 학살 내용으로 강제 불임 수술을 추진하고 있다는 보고가 나온 이후 상황은 더욱 그러했다.[92] 결과적으로 2021년 2월까지 180개 이상의 인권 단체가 각국에 2022년 중국 동계 올림픽에 대한 외교적 보이콧 약속을 촉구했다.[93]

내 것도 필요하면 네 것이 될 수 있다

인권을 둘러싼 글로벌 거버넌스에 대한 중국의 참여는 연관성이 있기는 하나 서로 다른 두 가지 야망을 반영한다. 첫째, 신장의 경우와 마찬가지로 중국은 다른 국가가 중국의 인권 관행을 비판하는 것을 막고자 한다. 이를 위해 중국은 현존하는 인권 관련 조약 및 국제기구에 깊이 관여하고 있다. 중국은 여성 차별, 인종 차별, 고문, 아동 권리, 경제·사회·문화적 권리, 장애인 권리를 포함 대부분(9개 중 6개)의 UN 국제 인권관련 조약에 가입해 있다. 중국은 또한 '시민적·정치적 권리에 관한 국제규약(ICCPR)'에 서명했지만 조약을 비준하지는 않았다. (가입국은 선의에 입각하여 행동하고 ICCPR의 목적을 저버리지 않을 의무가 있음)[94] 중요한 점은 중국이 2006년 유엔난민기구(UNHRC)가 설립된 이래로 의석을 보유하고 있으며, 2021년부터 시작되는 3년 임기의 이사회에 재선출되었다는 사실이다.

UNHRC 내 중국의 지위는 이사회의 의제와 토론을 형성할 수 있게 한다. 예를 들어, 2019년 7월, NGO인 'UN 워치와 인권 재단'은 인기 홍콩 가수이자 민주주의 운동가인 데니스 호(Denise Ho, 何韻詩)를 UNHRC 제41차 회의에 초대하여 연설하게 했다. 중국 본토 대표들은 데니스 호의 2분간에 걸친 발언 동안 진행 과정에 두 가지 포인트를 들어 청중의 주의를 그녀의 발언으로부터 돌리고자 시도했다.[95] 2017년 휴먼라이츠워치 보고서는 중국 정부가 UN에서 활동가들 사진과 영상을 촬영하고, 중국 활동가들의 제네바 개최 UNHRC 회의 참석 요청을 거부했으며, 경제사회이사회 NGO 위원회에서의 지위를 이용해 대중국 비판 NGO의 자격 부여를 방해한 사례에 대해 자세히 설명하고 있다.[96] 보고서에서 상세 거론되고 있는 특히 악명 높은 사례 중 하나는, 중국이 UN 주최 인권 교육 세션에 참석하기 위해 제네바로 가려던 활동가 차오순리(Cao Shunli, 曹順利)를 구금했고, 구금 중 사망하자 UNHRC 회의 시 그녀에게 바치는 묵념 시간을 요청한 NGO의 요청을 차단한 것을 들 수 있다.[97]

또한, 중국은 인권을 구성하는 것의 정의를 완전히 바꾸는 훨씬 더 큰 프로젝트에도 참여하고 있다. 즉, 인권은 개인이 양도 불가하고 천부적 권리와 반대되는 국가가 결정한 권리라는 중국의 개념을 정당화하는 것이며, 시민적, 정치적 권리에 반대되는 경제적, 사회적 권리라는 것이다… 카네기재단의 테드 피코네(Ted Piccone) 연구원의 리서치에 따르면 중국은 '중국적 특성을 지닌 인권'을 언급하고 "국가 주권을 강조하는가 하면, 조사와 국제적 행동 촉구보다는 조용한 대화와 협력을 촉구하는 한편 국가가 주도하는 중국식 개발 모델을 옹호함으로써 인권에 대한 담론을 바꾸려 들고 있다."[98]라고 했다. 테드 피코네는 "중국은 이렇게 표현으로 인권을 감시하는 국제적 메커니즘의 정당성을 훼손하고 이름을 거명해 망신을 주는 전술 구사 능력을 추진하는데, 전반적으로 중국은 인권 옹호자와 독립 미디어에 대한 보호를 약화시키고 있다."[99]라고 했다.

지난 몇 년간 중국은 많은 승리를 거두었다. 예를 들어, 중국은 의견과 표현의 자유에 관한 UN 특별 보고관 후보자를 심사하는 임무를 맡은 UNHRC(유엔 인권 이사회) 패널의 의장을 맡았을 때, 중국의 경제 개발 권리를 인권과 동일시하려는 노력을 지지하고 '일대일로'가 "국제 사회의 법치 강화에 기여할 수 있다."라고 주장한 아이린 칸(Irene Khan)의 후보 지명을 심사했다.[100] 2017년 6월 중국은 또한 UN 행위자들에게 "경제개발이 모든 인권을 만인이 누리는 데 어떻게 기여하는지"에 대한 사례 제출을 촉구하는 결의안을 UNHRC 내에서 성공적으로 추진했다.[101] 제네바 UN 주재 중국 상임대표인 마자오쉬(Ma Zhaoxu, 馬朝旭)는 이 결의안이야말로 "인권과 그와 관련된 여러 이슈에 대한 서구의 담론 독점을 깨는 이정표"라고 불렀다.[102] 그리고 중국과 러시아는 함께 예산 절감 방안을 제대로 활용하여 평화 유지 활동에 인권 감시를 도입한 2014년 UN 인권 이니셔티브에 도전하는 한편에 UN 전체 인권 고려 사항이 확실히 포함되도록 설계한 UN 사무총장실내 고위 직책도 제거했다.[103]

그래도 베이징의 인권 이니셔티브가 항상 성공적인 것은 아니다. 2016~2018년 사이에 중국은 7개 이니셔티브 중 5개의 실패를 경험했다. 여기에는 인권 옹호자들을 '인권 증진 및 보호에 참여하는 개인, 단체 및 사회 기관'이라고 부르며 정당성을 훼손하려는 노력, UNHRC와 협력해야 하는 국가의 의무를 약화시키려는 노력, 외부 소스로부터 지원을 받을 수 있는 자유를 제한함으로써 NGO들에 대한 통제력을 강화하려는 노력, 영유권 존중을 밀어붙이려는 노력, 시민 사회와 국가간 협력을 감소시키려는 노력 등이 포함된다.[104] 그럼에도 불구하고 중국은 인권 레짐의 핵심적 요소들을 깎아내리는 노력을 지속하고 있다. 그리고 중국은 가상 공간에서도 싸움을 벌이고 있는데, 인터넷에 대한 국가 통제 정도를 정의하는 규범과 그러한 통제를 가능하게 하는 표준을 모두 수립하기 위해 두 가지 공격을 시작했다.

사이버 세계의 공간 주장

"사이버 보안 없이는 국가 안보도 없고, 경제와 사회도 안정적으로 운영되지 않을 것이며, 광범위한 대중의 이익을 보장하기 어려울 것이다." 시진핑은 2018년 4월 사이버 컨퍼런스에 참석한 중국 공산당 고위 간부들을 대상으로 이렇게 강의했다.[105] 시진핑의 우려는 새로운 것이 아니다. 중국의 군사·안보 분석가들은 인터넷 주권이 영공이나 해상 영역에 대한 주권과 마찬가지라고 오랫동안 주장해왔으며, 정치 분석가들은 중화인민공화국이 '아랍의 봄과 같은 인터넷 혁명'에 취약하다며 우려를 표명한 바 있다.[106] 중국 정부는 이러한 도전을 막기 위해 글로벌 무대에서 인터넷 주권을 국제적 원칙으로 발전시키고 온라인상의 자유, 프라이버시, 데이터 현지화에 대한 중국 내 정책을 수립하는 광범위한 전략을 추진했는데, 이는 자유민주주의와는 상충되는 내용이다.[107] 2015년 중국은 프리덤 하우스의 평가지표상 인터넷 자유를 가장 심하게 침해하는 국가로 이란을 제치기까지 하였다. 중국은 그 이후로 매년 이 위치가 유지되었다. 2019년 이후 프리덤 하우스는 중국 당국의 검열이 '전례 없을 정도로 극단'에 이르렀음을 지적했다.[108]

사이버 주권에 대한 규범을 발전시키려는 중국의 접근 방식은 다각화된 (전략)게임이다. 4장에서 논의한 바 있듯이 중국 당국은 '일대일로'를 사용하여 다른 여러 나라 정부 관리들에게 인터넷 관리 및 검열 방법에 대한 법안 작성 및 인터넷에 대한 국가의 강력한 통제를 반영하는 국내법 개발 방법과 관련 교육 세션에 힘을 더해왔다. 또한, 베이징은 다국적 기업들에 적용되는 중국 국내법, UN 총회에서 제정된 규범, 그리고 가장 최근에는 국제전기통신연합(ITU)에서 발전시킨 기술 표준 등 여러 가지 추가 수단을 통해 중국이 선호하는 인터넷 거버넌스를 시행하고 있다.

2014년 베이징은 첫 번째 세계 인터넷 회의를 개최했다. 이 행사는 '인터넷 주권'에 대한 아이디어를 발전시키기 위해 "전 세계 정부와 민간 산업 대표를 단합하는" 행사로 각국이 "인터넷 자체 개발 경로와 관리 모델을 선택할 수 있게" 해왔다.[109] 이 회의에서 중국이 제시한 원칙은 인터넷에 대한 중국의 '2010년 백서'와 유사한데, 백서는 언론의 자유 한계를 '국가, 사회 및 집단 이익 또는 다른 시민의 합법적인 자유와 권리를 침해하지 않는 것'이라 정의했다.[110] 대부분의 국제행위 주체들은 '언론의 자유'를 '제한된 국가적 제약'이 있는 고유한 개인의 권리로 이해하고 있으나, 중국 모델은 국가가 무엇을 허용할 수 있는가를 결정하는 것을 우선시한다.

중국은 자신이 세운 원칙에 대한 지지를 얻기 위해 열심히 노력했다. 2014년 회의에 참석한 미국 기업 임원은 베이징이 회의 참석자들에게 여러 국가는 "모든 국가의 인터넷 주권을 존중하고… 각국의 인터넷 개발, 사용 및 거버넌스에 대한 권리를 존중하라."라는 선언문 서명을 설득하려는 갖은 노력을 했는데, 이 회의 관계자는 드라마 같은 상황을 회상하며 저자에게 언급했다. 여러 국가 참석자들이 그러한 내용의 공동 성명은 환영을 받지 못할 것이라고 경고했음에도 불구하고, 회의 참석자들이 심야 회의를 마치고 자정 이후 각자 방으로 돌아왔을 때, 참석자들은 "오전 8:00까지 서명해 달라는 요청"과 함께 바로 그 선언문이 문 아래 틈으로 밀어져 들어와 있는 것을 발견했다. 당일 늦은 오전, 중국 사이버 위원회 위원장인 루웨이(Lu Wei, 魯煒: 나중에 부패 혐의로 투옥됨)와 함께 소규모 원탁 회의를 열었을 때 고위 학계 인사와 기업 임원을 포함한 다른 국가 회의 참석자들은 '사이버 차르(독재)' 중국에게 결코 합의는 이루어지지 않을 것임을 설명했다. 루웨이 자신은 분홍색 종이를 흔들며 "일부 인사들은 약간 화가 났다고 들었다. 당신들 모두가 너무 예민하다."라고 주장하며 그 문제를 웃어넘기려 했다. 5분 후, 루웨이는 다른 중국 관리들과 상의한 한 이후 기존 입장에서 물러서, "나 역시도 당신처럼 방에 돌아왔을 때 이 글이 어디서 나왔는지 몰랐었다."라고 했다. 그리고 나서 그는 회의장을 나갔다. 그 선언은 더 이상 이어지지 않았지만, 중국 정부가 인터넷의 자유를 중심으로 규범을 형성하려는 노력은 계속되었다. 이듬해 두 번째 우전 정상회의(烏鎮峰會, 절강성 도시에서 개최된 회의)에서 베이징은 공식 웹사이트에서 위키피디아 설립자 지미 웨일즈(Jimmy Wales)가 회의 회원들에게 행한 연설을 의도적으로 왜곡했다. 웨일즈는 "어떤 한 정부가 자국 영토 내에서 사람들이 알고 있는 정보의 흐름을 통제할 수 있다고 생각하는 것은 완전히 시대에 뒤떨어진 것으로 더 이상 가능하지도 않을 것이다."라고 주장했다. 그러나 중국 관리들은 웨일즈의 발언을 "아마도 기계 번역이 개선되면 사람들 간 소통이 크게 향상될 것이다. 또한, 정부는 다양한 관련 분야에서 사람들의 소통이 좋은 분석결과를 수행할 수 있을 것이다."라고 번역해 보고했다.[111]

국제적 지원이 분명 부족한데도 중국은 2017년 사이버 보안법을 통해 인터넷 주권 규범을 추진했다. 이 법률은 기업이 데이터를 중국 내에 저장하고 국제 서버로 전송되지 않도록 할 수 있게 규정했다. 또한, 다국적 기업들은 중국 공무원이 언제라도 기업 장비와 소프트웨어를 테스트할 수 있도록 허용해야 하며, 이 법률의 한 조항은 중국 당국이 기업의 암호화 키를 요구할 수 있도록 허용했는데, 이는 그렇게 하지 않으면 시그널(Signal)과 같은 앱(종단 간 암호화를 사용하여 메시지의 보안을 유지하는 앱)에서 발견되는 풀 수 없는 암호를 약화시킬 것이라는 것이다.[112] 다국적 기업들은 이 법률은 중국 정부에게 기업이 민감하다고 여기는 정보에 접근할 수 있게 함으로써 기업 리스크를 증대시키는 산업 스파이 활동과 정치적 이유로 개인을 추적할 수 있게 허용하라는 것을 의미한다고 했다. 다국적 기업은 중국 정부가 민감하다고 여기는 정보에 대한 '접근을 제한'하라는 지속적인 요구에 직면해 있다. 예를 들어, 2020년 7월 중국 정부는 홍콩 활동가들이 9월 의회 선거 후보를 선택하는 데 사용할 계획이었던 친민주주의 앱(App) 폽보트(PopVote)를 검열했다. 베이징은 애플사가 홍콩 신국가보안법을 위반했음을 경고했는데, 애플사는 이전에도 중국 시민들이 만리 방화벽을 우회하여 뉴욕타임스 앱을 사용하고 중국 본토와 홍콩, 마카오 사람들을 위한 iOS 기반으로 대만 국기 이모티콘을 드러낼 수 있게하는 가상 사설망 앱을 제거한 적이 있다.[113]

베이징은 또한 UN 내에서 사이버 주권 규범을 발전시키기 위해 상하이 협력기구(SCO)와 제휴하여 10년간의 전략을 추진해 왔다. 학자 사라 맥쿤(Sarah McKune)과 샤제다 아흐메드(Shazeda Ahmed)가 문서화했듯이, 상하이 협력기구 회원국들은 2009년 정보 보안에 대한 협력 협정을 최초로 채택했다. 2015년부터 SCO 회원국은 웹에서 테러 조직 선전물을 찾아내고 게시자들의 신원과 위치를 찾아내어 체포하도록 설계된 사이버 테러 방지 훈련을 실시했다.[114] SCO는 2011년과 2015년 인터넷 주권 규범에 대한 합의를 도출하기 위한 노력의 일환으로 UN 총회에 정보 보안 행동 강령에 관한 토론안을 제출했다. 그리고 2018년 러시아는 중국의 지원을 받아 UN 총회에서 사이버 범죄에 대한 여러 국가들의 견해를 수집하기 위한 결의안을 발의했다. 그 다음 해인 2019년 12월 UN 총회는 중국이 지지하는 러시아 결의안을 승인했는데, 이 결의안은 '범죄 목적을 위한 정보·통신 기술 사용에 대항하는 포괄적인 국제 협약' 초안 마련을 위해 국제 전문가 위원회를 설립하자는 내용이었다.[115] 궁극적인 목적은 사이버 범죄 해결을 앞세워 국가가 인터넷상에서의 활동과 발언에 대해 더 큰 통제력을 행사할 수 있도록 하는 새로운 조약 초안의 토대를 마련하는 것이었다.[116]

동시에 베이징은 기존 국제법을 사이버 공간에 적용하려는 모든 노력에 저항해 왔다. 코펜하겐대 법학 교수인 안데르스 헨릭센(Anders Henriksen)은 국제인도주의법이 잠재적 적대 세력의 행동을 제약하는 데 제한 사항을 부과하자고 주장했는데, 반대로 중국은 사이버 도구 사용에 제약을 받고 싶어하지 않았다. 더불어 중국 정부의 무력 사용 권리에 대한 UN법률 해석은 사이버 공격을 자위권 발동을 초래하는 '무력 공격'으로 간주하지 않을 것임을 시사했다. 중국은 국가가 사이버 공격으로부터 사전 무력화 조치를 취할 수 있도록 하는 선제적 자기 방어를 인정하지 않았다. 예를 들어, 중국 당국이 대만을 마비시키는 사이버 공격을 시작하거나 시작할 계획이라면 대만의 반격이 이와 관련이 있을 것이다. 중국은 자국의 이익을 보호하기 위해 사이버 세계에 대한 국제법 적용 가능성과 관련하여 보다 광범위한 해석을 채택하려는 국제사회의 노력을 거듭 반대했다. 그러나 중국은 사이버 주권에 대한 중국의 선호 사항을 진척시킬 목적으로 인터넷 거버넌스 기술 표준의 신생 분야를 적극 활용하고 있다.[117]

국제기구에서 정치적 가치를 발전시키는 데 있어 베이징이 사용하는 가장 강력한 도구는 궁극적으로 예상치 못한 출처에서 들어오는 기술적 능력에서 비롯될 수 있다. 지난 10년간 중국은 기술적 문제 관련 UN 표준 설정에 있어 주도 세력이 되었다. 부분적으로 중국의 노력은 기업 지원을 위해 고안되었으나, 이러한 표준 설정 기관에서 중국의 리더십은 가상 세계에서 국가와 개인의 권리 등 제반 이해에 대해 재정의를 가능케 할 수도 있다.[118]

기술적으로 살펴보면

2020년 3월 초, 2년간의 연구와 회의 끝에 중국 정부는 '중국 표준 2035(China Standards 2035)'라는 전략적 기본 매개변수를 발표했다. 중국과학원, 중국표준화국, 국가공정학원, 중국 기술 기업들 간의 협력을 바탕으로 이 전략은 5G, 가상현실, 클라우드와 같은 제품과 기술 관련 중국 내 표준을 설정하도록 설계되었으며, 베이징은 이를 국제화하여 중국 기술을 중추로 다른 세계에서도 상호 운용성을 보장할 수 있게 하려는 것이다. 중국 관리는 다음과 같이 노력의 근거를 설명했는데, "산업, 기술, 혁신이 빠르게 발전하고 있고, 글로벌 기술 표준이 여전히 성립되고 있다. 이를 통해 중국의 산업과 표준은 세계를 앞지를 수 있는 기회를 얻게 되었다."[119] 표준은 중요한 경제·정치·보안상 의미를 가지고 있는데, 전 세계적으로 채택되는 표준을 설정하면 중국 기업은 새로운 경제적 이익을 상당 부분 얻을 수 있다. 다른 국가가 중국 기술과 서비스의 시장이 되고, 중국이 해외 다국적 기업에 기술 라이선스 수수료를 지불하는 대신에 다른 국가가 중국 기술 라이선스 수수료를 지불하게 된다.[120] 에밀리 드 라브뤼예르(Emily de La Bruyère)와 나단 피카르시치(Nathan Picarsic)의 연구에 따르면, '중국 표준 2035' 프로그램은 '중국제조 2025'에 포함된 기술들 중 대부분을 목표로 한다. 여기에는 신에너지 및 자율주행차, 환경 기술, 의료 장비, 신소재, 고급 장비 및 제조 등이 포함되어 있는데, 중국의 야망은 이러한 기술 전체의 공급망으로 확장되어 있다. 예를 들어, 스마트 차량과 관련하여 중국 표준은 '자동차 정보 보안, 운영 체제, 통신, 무선 충전, 고전력 충전, 연료 전지 및 배터리 재활용 및 기타 관련 표준'에 적용된다. 이 전략은 또한 중국의 사회 신용 시스템, 전자 상거래, 금융, 물류와 같은 플랫폼을 중심으로 표준 확산을 촉진하고자 한다.[121] 게다가, '중국 표준 2035' 전략 개요는 중국이 기존 국제표준기구와 긴밀히 협력하고, 필요 시 새로운 기구를 만드는 한편, 표준 기구를 리드할 수 있는 국가 능력 개선을 요구하고 있다. 중국은 기술 표준 설정의 선두 주자가 되기 위한 전담 전략을 구체화해서 2015년 여러 가지 목표를 설정했다. 공인된 국제 표준 설정 기관에서 모든 표준 설정과정에 절반 이상 참여하고, 리더십 직책에 있는 중국 공무원 수를 늘리는 방법으로 2020년까지 중국을 국제 '표준 강국'으로 자리매김하겠다는 것이다. '미·중 비즈니스 협의회' 보고에 따르면, 2011년부터 2020년까지 '국제표준화기구(ISO)'에서 기술 위원회 또는 소위원회 사무국 직책을 맡은 중국인이 73%나 증가했다. 그리고 5G 표준 설정 책임이 있는 제3세대 파트너십 프로젝트에 참여하는 중국 기업 수는 110개로 두 배 이상 증가했는데, 이는 미국의 투표권 있는 회원 53의 두 배 이상이다.[122] 포괄적 표준 설정 기관 두 곳은 중국 관리가 이끌고 있다. '국제전기통신연합(ITU)'은 이전 사무부총장(2018년 4년 임기로 재선됨)이자 중국 우편통신부 관리였던 자오후린(Zhao Houlin, 趙厚麟)이 이끌고 있다. 발전 및 송전, 가전제품, 반도체, 광섬유, 배터리, 나노기술 및 기타 기술에 대한 표준을 설정하는 '국제전기기술위원회(IEC)'는 중국 국유 에너지 및 전력망 회사인 중국 화능(China Huaneng)의 회장인 슈인비아오(Shu Yinbiao, 舒印彪)가 이끌고 있다. 자오후린은 자신의 지위를 이용해 '일대일로'를 옹호했고, 2017년 중국과 각국 통신망 강화 지원에 관한 양해각서에 서명했으며, 2019년에는 국제전기통신연합이 중국과 손잡을 것이라고 약속했다. 그는 "이것은 중국의 대외원조 계획에 대한 대대적인 지침이자 플랫폼으로, 한번 올라타면 중국과 힘을 합쳐 함께 발전할 수 있는 급행열차"라고 언급했다. 또한 그는 중국수출입은행과 더 많은 ICT 프로젝트 실행을 용이하게 하기 위한 협정을 체결할 계획임도 발표했다.[123]

기타 국가의 다국적 기업들은 중국 관리들이 중국 주도 제안을 홍보하는 데 자기네 지위를 이용할 수 있으며, 중국 기업들이 중국 정부의 목표를 지지하는 집단 투표의 압력을 받을 수 있다고 지적하면서, 표준 설정 기관 내 중국 지배력이 커지는 상황에 우려를 표명했다.[124] 널리 알려진 사례로 중국 기업 레노버는 미국 기업 퀄컴이 제안한 정보 인코딩과 데이터 전송 오류 수정 표준을 지지했는데, 이는 화웨이가 제안한 표준과 대조적이었다. 레노버는 '비애국적'이라는 비판을 많이 받았다. 그해 말 두 번째 투표가 실시되었을 당시, 레노버는 "우리 모두는 중국 기업이 단결해야 하며 외부 세력으로 인해 서로가 반목해서는 안 된다는 데 동의한다."며 화웨이를 지지했다.[125] 자오후린도 화웨이를 공개 지지하며 "화웨이 장비에 대한 우려는 지금까지 어떤 증거도 없다… 우리는 아무것도 가지고 있지 않은 상황에서 화웨이를 블랙리스트에 올리는 것은 불공

평하다고 생각한다."라고 했다.[126]

북극의 경우와 마찬가지로 베이징(중국 정부)은 전문가 위원회에도 상당한 중요성을 부여하고 있다. 중국의 각종 제안과 참여자가 전문가 위원회에 넘쳐났다. 예를 들어, 2019년 중국은 ITU에 유선 통신 사양과 관련된 830개의 기술문서를 제출했는데, 이는 차순위 3대 제출국인 한국, 미국, 일본을 합친 숫자보다 많은 수치였다.[127] 감시 기술 분야에서 2016~2019년간 중국 텔레콤, ZTE(中興通訊, 중신통신), 화웨이, 하이크비전, 다후아 등 중국 기업들은 기술표준에 대한 모든 제출을 '국제전기통신연합(ITU)' 하나의 부서에 제출했고, 그 중 절반이 채택되었다. 대부분의 제안은 '얼굴 인식 카메라 영상과 오디오 감시 장치의 녹음·저장분석 방식'과 관련이 있었다.[128] 파이낸셜 타임스와의 인터뷰에서 ITU의 영국 국제상공회의소 대표인 닉 애쉬턴-하트(Nick Ashton-Hart)는 중국 참석자들이 도시 시민 감시와 관련하여 24개의 제안을 차례로 내놓았던 회의를 회상했다. 그는 "그들은 숫자 게임을 하는 데 매우 능숙하여 양에 기반한 기여도에 무게를 두기 때문에 회의에서 중국의 견해가 지배적인 견해로 반영되지 않기가 어렵다."라고 했다.[129] 그리고 한 참석자에 따르면 ISO(국제표준화기구, International Organization for Standardization)와 IEC(국제전기기술위원회, International Electrotechnical Commission)의 후원 하에 AI에 대한 표준을 정하는 하위 위원회의 창립 회의에서 중국과 러시아는 너무 많은 대표단을 데려왔기 때문에 다른 사람들이 그들의 이니셔티브를 밀어내기 어려웠다고 했다.[130]

중국이 인터넷 거버넌스 비전을 전 세계에 강제하기 위한 가장 대담한 움직임은 새로운 IP 이니셔티브이다. 화웨이는 중국의 산업정보화부, 차이나 유니콤, 차이나 텔레콤과 함께 2019년 ITU에서 ' 새로운 IP'에 대한 제안을 발표했다. '새로운 뉴IP'에는 인터넷 서비스 공급자를 통제하는 국가가 "네트워크에 연결된 모든 기기를 통제하고 감독하며 개별 액세스를 모니터링하고 차단할 수 있다."라는 가능성이 포함되어 있다.[131] 이는 중국의 디지털 권위주의 비전을 국제적으로 수용되게 하기 위한 정치적 노력의 기술적 발현이다. 이는 네트워크의 중앙 지점이 특정 주소와의 통신을 차단할 수 있는 '종료 명령(인터넷 연결을 끊거나 차단하는 방법)'을 지원한다. 이는 네트워크가 '단순히 소포상자를 옮겨주는 내용과 무관한 우편 배달부' 역할을 하는 현행 시스템과 상당한 변화를 나타낸다.[132] 또한, 화웨이는 ITU 내에서 미래 네트워크 기술을 다루는 그룹을 이끌고 있어, 조직 내에서 '새로운 IP'에 대한 비전을 발전시킬 수 있는 이상적인 위치에 있다. 한 영국 ITU 대표단 구성원이 이 이니셔티브를 설명했듯이, "이제 온라인에서 특정 유형의 콘텐츠에 대한 액세스를 제어하거나 온라인에서 해당 콘텐츠를 추적할 수 있을 뿐만 아니라 네트워크에 대한 장치의 액세스를 실제로 통제할 수 있다."[133]라는 것이다. 대부분의 민주 국가가 중국의 이니셔티브에 호의적으로 반응하지 않았지만, 기술 전문가들은 중국은 이미 강력한 통신 입지[134]와 정치적 영향력을 가진 국가에서 새로운 IP 프레임워크와 기술을 배치하는 것만으로도 더 큰 견인력을 얻을 수 있음을 시사했다. 이는 이미 포괄적인 중국의 디지털 실크로드(DSR) 제안에 이어 중요한 추가 사항이 될 것이다.

개발 격차 메우기

2019년 4월 제2차 '일대일로 포럼(BARF)'에서 연설한 안토니우 구테흐스(Antonio Guterres) UN 사무총장은 기후변화에서의 중국 리더십을 칭찬하며, '일대일로'가 극심한 빈곤 종식 등 UN의 17개 지속가능한 개발목표(SDG)를 달성하는 데 중요한 역할을 할 수 있다고 선언했고, SDG를 '일대일로' 와 긴밀히 연결할 것을 촉구했다.[135] 구테흐스가 BRI를 공개 지지한 것은 이번이 처음이 아니었다. 불과 몇 달 전에도 구테흐스는 UN 자체의 BRI(일대일로)에 대한 헌신을 확인하고 그 '엄청난 잠재력'에 열광했다.[136]

구테흐스의 발언은 중국 당국이 여러 해 동안 BRI를 UN의 구조 속에 짜 넣기 위해 기울인 노력이 성공했음을 반영해준다. 시진핑은 2016년 UN 사무총장에게 '일대일로'가 지속 가능한 개발을 위한 'UN 2030 의제' 지원에 사용되어야 한다고 직접적으로 주장했다.[137] 그리고 두 번째 일대일로 포럼(BARF)에서 시진핑은 BRI 참여 국가에 이익이 되는 프로젝트를 시행하기 위해 국제 기구에 10억 달러 추가 지원을 약속했다.[138] 2020년까지 다양한 UN 기구 대표와 BRI 참여 중국 관리들 간에 25개 이상의 연구, 협정, 양해각서와 의향서가 체결되었다.[139] 일부는 세계은행이 BRI 노력에 대한 자문 조력을 위해 800억 달러 이상의 재정 지원을 약속했다. 사람들은 말로 하는 지원 이상을 제공하지 않을 것처럼 생각했으나 '인류 운명 공동체' 이론과 같은 중국의 정치 언어를 전적으로 채택했다는 점에서 주목할 만한다.[140] 한 관측통이 지적했듯이 중국은 '일대일로'를 'UN화(UN-ising. 유엔의 일로 일치시킴)'시키고 있다.[141] 중국에 있어 유엔은 이 '일대일로' 이니셔티브에 대한 정당성을 인정해주는 스탬프(긍정 평가), '일대일로' 프로젝트를 진전시킬 수 있는 인상적이고 조직적인 인프라, '일대일로' 메시지를 증폭시킬 수 있는 메커니즘을 제공한다.

중국이 BRI 사명과 프로젝트를 광범위한 UN 기구 및 업무에 통합하는 데 성공한 것은 수년간에 걸쳐 다양한 UN 기구를 관리한 결과다. 베이징은 오랫동안 서방 국가들이 대체로 무시해 온 기구인 UN 경제사회국(DESA)과 UN 산업개발기구(UNIDO)에서 주도적인 역할을 해왔다.[142] 중국 관리가 2007년부터 UN DESA를 이끌었고 현재 책임자인 류전민(Liu Zhenmin)은 2017년에 사무차장을 맡았다. 한 유럽 외교관이 말했듯이, "UN 경제사회국은 중국 기업이다… 모두가 그 사실을 알고 있고 모두가 받아들이고 있다."[143]라고 했다. 2016년 중국 정부는 UN DESA에 '일대일로'가 지속 가능한 개발을 위한 UN의 2030 어젠다와 어떻게 일치시킬 수 있는지에 대한 연구를 조직해 달라고 요청했다. UN DESA 내 중국인 직원인 홍핑판(Hong Pingfan)이 연구 작업을 수행했고 BRI가 UN의 2030 어젠다에 '큰 기여'를 할 수 있다고 결론을 내렸다.[144] UN DESA는 현재 중국이 자금을 지원하는 프로그램인 "지속 가능한 발전(SDG)을 향한 '일대일로' 공동 건설"을 시작했는데, 이 프로그램의 목적은 "SDG 가속화를 위해 BRI를 홍보하고 활용하는" BRI 참여 국가들의 정책을 지원하는 것이다.

유엔 산업 개발 기구(UNIDO) 사무총장인 리용(Li Yong)도 전직 중국 정부 관리로, 2013년부터 현재까지 그 직책을 맡아 '일대일로'와 UNIDO가 긴밀하게 협력하도록 조정하는 역할을 했다. 2차례에 걸친 BRI 포럼에서 UNIDO는 중국 정부와 협력을 강화하기 위한 협정에 서명했으며, UNIDO가 "참여 국가 및 지역에서 BRI를 구현하는 데 있어 호환성을 보장하는 조정 전략과 정책을 이행할 것"을 촉구했다.[145] UNIDO와 개별 중국 기관 간의 협력은 중국의 이익을 증진시킨다. 예를 들어, UNIDO는 중국 수자원부 및 중국 표준화 관리국과 "소규모 수력 발전소 분야에서 일련의 지침을 개발하기 위해 협력"하기로 협정에 서명했다.[146] UN이 주창하는 개발 프로세스에 중국의 기술이 표준으로 통합될 때 중국 기업들은 개발도상국 전역의 주요 산업에 있어 영구적인 발판을 마련하게 될 것이다.

'일대일로'는 중국의 UN 관련 개발 이니셔티브의 다른 측면에서도 발생한다. 2016년 베이징은 2030 지속 가능한 개발 의제 및 평화와 안보를 위한 다른 이니셔티브를 지원하기 위해 10년 동안 2억 달러를 'UN 평화 및 개발 신탁기금'으로 설립하기로 약속했다. 5명으로 구성된 운영위원회 중 4명의 임원이 중국인이었고,[147] BRI 참여국들과 명확히 관련된 프로젝트가 2019년까지 분배된 3,400만 달러의 1/3 이상을 차지했다. 다른 정치적 동기도 역할을 했을 수도 있는데, 200만 달러의 보조금이 2019~2022년간 개최된 주요 스포츠 행사에서 대테러 보안을 강화하기 위해 제공되었으며 동 기간 중에는 베이징 동계올림픽도 포함되어 있었다.[148]

중국 지적하기

최근 수년 동안 국제 개발 기구에서 결정적인 역할을 하려는 중국의 노력은 상당한 저항에 직면했다. 특히, 개발 기구의 정치화는 비판을 초래했다. 2020년 3월 필자는 2017~2018년간 UN 경제사회이사회 미국 대표로 근무했던 켈리 커리(Kelly Currie)를 만났다. 그녀는 중국이 투표권을 거래하고 기타 의심스러운 방법으로 다른 국가들의 결정에 영향력 행사를 시도하는 것으로 알려져 있음을 시사했다. 그녀만이 그러한 우려를 제기한 것은 아니다. 예를 들어, 2019년에 추동위(Qu Dongyu, 屈冬玉)는 UN 식량농업기구(FAO) 최초의 중국인 사무총장으로 선출되었다. 당시 그는 BRI의 농업 정책을 담당하다가 퇴임하는 중국 농업부 차관이었다. 과학 저널 네이처는 FAO 선거 관련 사설에서 선거의 정치화를 비판하면서 중국이 "대규모 BRI 이니셔티브에 대한 영향력과 투자를 뻔뻔스럽게 레버리지로 활용하여 중국 후보 득표 활동을 전개한 점"을 지적한 바 있다.[149] 특히 일부 관측통들에 의하면 중국은 카메룬 후보가 중국 정부가 부채 7,840만 달러를 탕감해주자 경쟁에서 빠진 사실을 언급하기도 했다.[150] 프랑스 르몽드지는 이에 중국이 추동위에게 투표하지 않으면 "브라질과 우루과이의 농산물 수출을 차단하겠다."라고 위협했다고 보도했다.[151]

세계은행의 민간 부문 대출 부서인 국제금융공사(IFC)의 CEO를 지낸 차이진용(Cai Jinyong, 蔡金勇)도 IFC 대출에 있어 중국 기업을 우선시했다는 이유로 주주들로부터 비판을 받았다. 차이진용과 거래한 중국 우편저축은행에 대한 3억 달러 투자는 특히 우려를 불러일으켰고, 미국, 일본, 영국, 독일, 프랑스를 포함한 IFC 투표권의 50% 이상을 차지하는 국가들은 투표에서 기권했다. 이에 대한 비판에 따르면 IFC 자금은 일반적으로 민간 지원을 받을 수 없는 중요 개발 프로젝트에 지정되는데, 중국 우편저축은행은 이 기준을 충족하지 못했다는 것이다. 이를 두고 파이낸셜 타임즈는 카이진용의 리더십에 대한 '대단한 질책'이라고 보도했다. 표결이 진행되었는데, 중국의 국유 농업회사인 중량그룹(COFCO)에 대한 1억 4,000만 달러 투자 제안을 놓고 이뤄졌다. 그러한 투자에 대한 비판과 관련하여 차이진용은 "(대중국) 투자로 우리는 많은 돈을 벌 것이다. 정말 운이 좋다. 중국인들이 우리에게 이 기회를 준 데 대해 감사한다."라고 응답했다. 차이진용이 직위에서 물러난 것은 그 표결 직후였다.[152]

중국이 UN을 자국의 편협한 이익을 위해 이용하려는 노력은 2019~2020년 상당한 반발에 부딪히기 시작했다. 2019년 9월 UN 안보리는 러시아의 지원을 받아 UN 아프가니스탄 임무 재승인 법안에 중국의 BRI를 지지하는 언급을 포함시키려는 중국의 시도를 거부했다. 이러한 언급은 2016년, 2017년, 2018년 이전 승인에도 포함되어 왔다. 그러나 2019년 3월 미국은 그러한 제안이 포함되는 것에 대해 반발했다. UN 주재 미국 대사 대리 조나단 코헨(Jonathan Cohen)은 중국이 "아프가니스탄 국민이 아닌 중국의 국가 및 정치적 우선순위를 앞세워" UN 협상을 인질로 잡고 "아프가니스탄의 불안정한 관계와 부패, 부채 위기, 환경 피해, 투명성 부족과 같은 문제"에도 불구하고 '일대일로'를 포함시키려 하고 있다고 밝혔다.[153] 유엔 안보리는 6개월 연장에 동의했고, 9월 중국의 거부권 위협을 극복하고 결의안을 통과시켰다.

중국이 국제 개발기구에 참여하는 상당 부분이 자국의 이익과 입지를 제고하는 데 목적이 있으나, 중국 정부는 기존 규범을 수용하는 방법으로 개발 자금 조달에서 리더십을 발휘하기도 했다.

나는 인사이더

진리췬(Jin Liqun, 金立群)에게는 아이디어가 있었다. 세계은행과 아시아 개발은행(ADB)의 전임 임원이었던 진리췬은 중국 개발은행(CDB), 아시아 개발은행, 일본이 지원하는 공동 인프라 은행을 설립하고자 했다. 이 개념은 전혀 새로운 것이 아니었다. 중국 국제경제교류센터의 수석 부회장인 정신리(Zheng Xinli, 鄭新立)는 2009년 초 아시아 국가를 위한 전문 인프라 투자은행을 제안했다. 정신리는 은행을 중국의 초과 자본을 투자할 대체 장소로 제안했다. 환율 위험이 있는 미국 국채를 매수하느니 아시아에 투자하는 것이 더 나을 것이라고 그는 주장했는데, 아시아에서 "확실히 미국 국채보다 수익성이 높을 것이다."라고 말했다. 인프라 은행에 대한 그의 야망은 컸다. "아시아 국가들이 투자하는 합자 시스템을 갖춘 아시아 인프라 투자은행은 아시아가 외국 자본을 유치하고 경제적 도약을 이룰 수 있는 조건을 만들어낼 것이다."[154]라고 그는 주장했다.

하지만, 진리췬은 다른 비전도 추구했다. 그는 자신의 이전 고용주들의 기준을 충족하고 심지어 뛰어넘는 다자 은행에 초점을 맞췄다. 2009~2010년 동안 그 은행 계획이 시작되면서 중국 재무부, 중국 개발은행, 스미토모 트러스트, 일본 국제 협력 기구는 모두 열광했다. ADB와 미국 투자 기금인 아폴로(Apollo)도 은행의 자본화를 돕겠다고 약속했다. 진리췬은 친구이자 전 ADB 동료인 폴 스펠츠(Paul Speltz)와 상의했다. 비즈니스와 정부에서 오랜 뛰어난 경력을 쌓았으며 ADB의 미국 대사이자 전무로 일한 스펠츠는 진리췬이 중국, 미국, 일본(그리고 나중에는 인도)이 이끄는 은행에 대해 이야기했던 것을 회상했다. 그러나 일본에는 시기가 맞지 않았다. 2011년 도호쿠 지진과 쓰나미 이후 일본은 국내적으로 엄청난 인프라 투자가 필요한 상황에서 다른 국가에 대한 인프라 투자는 정당화할 수 없었다. 하지만 진리췬은 고집했다. 스펠츠는 그를 NSC(국가안보실) 위원들을 포함한 오바마 행정부의 고위 관리들에게 소개했고, 여러 방면에서 은행이라는 아이디어에 대한 열의와 함께 상당히 조심스러운 문제들이 발견되었다. 그러나 미국은 최종 가입하지 않기로 결정했고, 일본, 한국, 싱가포르, 호주를 포함하는 여러 동맹국들에게 기권하라고 압력을 가했다.

워싱턴(미국 정부)은 두 가지 잠재적 문제점으로 부패와 은행에 대한 중국 정부의 지배력을 꼽았다.[155] 그러나 궁극적으로 미국의 주장이 설득력 있다고 본 나라는 거의 없었고, 원래 가입하도록 초대받은 주요 경제권 중에서 일본과 미국만이 가입하지 않았다.

아시아 인프라 투자은행(AIIB)은 중국이 진정한 다자 기구를 만들고자 하는 첫 번째 시도였다. 대부분의 설명에 따르면 AIIB는 성공적이었다. 은행에 대한 진리췬의 주문(Mantra)은 '깨끗하고, 날씬하고, 환경친화적'이었다. 그리고 관측통들은 그가 은행을 투명하고 부패 없이 유지하려고 노력하고 있다는 데 동의한다. 2016년 설립된 이 은행은 규모가 작았지만, 은행 대출 조건의 투명성, 프로젝트 전체 목록, 불만 해결, 평가 및 무결성 부서와 같은 공식적인 제도 메커니즘은 은행이 국제 표준에 따라 운영되도록 보장하는 데 도움이 되었다. 아시아 개발은행(ADB)과 세계은행이 부패를 이유로 프로젝트에서 철수했을 때, 진리췬은 그 빈자리를 메우기 위해 개입하기를 거부했다.[156] '일대일로'를 녹색화(친환경적) 하라는 중국에 대한 압력이 커지면서, 그는 중국 정부보다 1년 앞선 2020년 신규 석탄 화력 발전소를 건설하지 않겠다고 약속했다. (또한 발전소로 이어지는 도로 건설도 피하겠다고 약속함) AIIB(아시아 인프라 투자은행) 국제 자문위원회의 한 위원이 필자에게 설명했듯이, 진리췬은 모든 대출이 AIIB 표준을 준수해야 하며 많은 BRI 프로젝트가 그렇지 않다는 점을 매우 분명히 밝혔다. 이 은행은 또한 높은 수준의 투명성을 가지고 운영되었다. 2021년 1/4분기까지 118개 프로젝트를 승인했으며, 각 프로젝트마다 진행 상황 업데이트와 해당 문서 제공 웹페이지가 각각 있었으나, 2016년 여름 첫 프로젝트가 승인된 이후 5년 동안 완료된 프로젝트는 없었다. 초기 프로젝트는 대부분 다른 다자 은행과 공동으로 자금을 조달했지만, AIIB는 최근 더 독립적인 프로젝트를 수행하여 자체 자금 조달 프로젝트의 총 비율을 40%로 늘렸다.

그럼에도 불구하고, 관측통들은 진리췬의 AIIB 녹색화에 대한 구두 약속이 은행의 헌장에 기록된 규정과 일치해야 한다고 경고했다.[157] 한 전직 ADB 관리에 따르면 ADB는 스리랑카 공항에서 북쪽으로 30분 거리에 있는 항구 확장 계획을 거부했다. 왜냐하면 상당한 지역의 침수와 대규모 인구이동이 요구되었기 때문이다. 그러나 중국은 AIIB 도움으로 그런 걱정이 없었다. 중국은 항구 개발을 진행했고 지금은 운송 및 수리 기지를 확보했다. 일부 국제 옵서버들은

AIIB가 중국 정부에 매우 매력적이지 않은 이유는 투명성으로 인해 BRI(일대일로) 프로젝트에 대한 베이징의 협상력이 상당 부분 감소하기 때문이라고 말한다.[158] 이것이 BRI 자금 조달에서 중국이 여전히 작은 역할만을 수행하는 이유일 수 있다. 미 아메리칸 대학의 타말 거트너(Tamar Gutner) 교수도 중국의 개발은행 맥락에서 AIIB에 대한 보다 체계적인 비판을 내놓았다. "AIIB 외부에서 중국의 행동과 은행의 정책 및 목표 사이에 명확하거나 증가하는 모순은 여전히 AIIB를 국제기구의 포템킨 마을(겉만 번지르한 모습)로 만들 위험이 있고, 이는 더 큰 위선의 바다에서 선의를 보여주는 쇼케이스다."[159]라고 말이다.

그래도 AIIB는 중국이 규범과 가치를 기존 국제 시스템의 규범과 가치에 맞게 조정하는 데 있어 중국의 능력과 관심을 보여주는 중요한 사례로 남아 있다. 진리췬은 중국 개발은행(CDB)과 중국 수출입은행(The Export-Import Bank of China)과 달리 AIIB가 모든 사업에 높은 수준의 국제적 참여를 하도록 확실히 했다. 이 은행이 2019년 처음으로 글로벌 채권을 출시했을 때 골드막 삭스, 바클레이, TD 증권(Toronto-Dominion Bank, TD Bank), 크레디 아그리콜 등을 포함하여 여러 외국 은행이 중국인민은행과 함께 이를 취급했다. 한 유럽 회사는 AIIB의 새로운 본사를 설계하는 입찰에서 승리했다. 그리고 미국도 중요한 역할을 했다. 세계은행의 전 총괄 법률 고문인 나탈리 리히텐슈타인(Natalie Lichtenstein)과 일본에 거주하는 변호사 아서 미첼(Arthur Mitchell)이라는 두 미국인이 AIIB의 제반 규정상의 가이드라인을 개발하는 데 도움을 주었다. 또한 AIIB 대부는 다국적 기업에 개방되어 있는 반면에 중국 개발은행과 중국 수출입은행 자금의 대부분과 실크로드 자금(에너지 인프라 프로젝트를 대상으로 함)은 중국 기업에 묶여 있었다.

결론

시진핑의 중국이 글로벌 거버넌스 시스템 개혁을 주도하려는 야망은 여러 정책 분야에 반영되어 있다. 중국은 국가 간 상호 작용을 관리하는 국제기구와 제반 관리 시스템을 형성함으로써 자국 내 정치·경제·안보상 이익을 증대하고, 인권 문제 등 중국 내 정책에 대한 국제적 비판으로부터 스스로를 보호하는 한편, 대만의 국제기구의 회원 자격을 통해 독립적·국제적 공간 확장을 방지할 수 있는 큰 기회를 확보하고자 한다.

중국의 글로벌 거버넌스 각본은 교묘한 외교력과 무차별적인 강한 힘이 결합되어 있다. 시진핑은 주요 글로벌 거버넌스 모임에 등장하여 자주 기조연설을 함으로써 중국의 글로벌 리더 이미지를 높이고 있다. 중국은 또한 이익 증진을 위해 상당한 자원을 동원하기도 한다. 중국은 공무원을 UN 시스템과 기타 국제기구 내 리더십 위치에 배치하고, 이러한 기구들 내 기술 기관에 많은 중국 전문가들이 중국 표준과 규범을 증진하도록 한다. 이러한 중국 참여자의 수와 그들이 제시하는 제안들은 상당한 논쟁을 불러일으킨다. 또한 중국은 자국의 이익 증진을 위해 재정적 수단을 사용한다. 예를 들어, 북극의 과학 연구 및 연구소에 투자하거나 유엔경제사회국과 같은 조직에 지원을 제공한다. 더불어 중국은 (투표) 표를 거래하는가 하면 다른 국가에 재정적 인센티브를 제공하거나 어떤 경우에는 경제적으로 위협함으로써 자국에 대한 지지를 확보하려 한다.

중국의 국제기구 개혁 참여와 여러 노력은 종종 자국의 편협한 이익을 염두에 두고 고안되었다. 베이징 당국은 중국 관리들과 국제기구 내 중국 행위자들로 하여금 서비스 제공 기관이 위임한 사항을 이행하는 대신 중국의 우선 순위 사항을 지원하도록 요구한다. 예를 들어, 우훙보(Wu Hongbo)는 위구르 세계 대회 의장인 돌쿤 이사(Dolkun Isa)가 UN에서 증언하는 것을 막았다. 레노버는 ITU에서 화웨이가 제시한 표준을 지원하도록 압력을 받았다. 그리고 차이진용(Cai Jinyong)은 일반적으로 IFC 대출 포트폴리오에 포함되지 않는 중국 기업에 대출해주는 것을 선호했다. 중국은 또한 '일대일로'를 20개가 넘는 국제 기구에 통합시켰다. 미국과 다른 국가들이 UN 아프간 임무 재인가 법안에 '일대일로'를 포함시키는 것을 차단했을 때, 중국은 UN 아프간 임무에 거부권을 행사하겠다고 위협했다.

중국은 글로벌 기구 내 자기들의 입지를 강화하고 해당 기구의 규범과 가치를 자국과 더욱 긴밀하게 일치시키는 방식으로 개혁하는 면에서 상당한 진전을 이루었다. 그러나 중국은 북극 내 경제적 지분을 늘리고, 유엔에서의 '일대일로' 발전, 중국 관리들을 국제기구 내 수장 자리에 배치하려는 노력을 기울일

수록 점점 더 많은 반발에 직면하고 있다. 중국이 글로벌 거버넌스 시스템을 이용하여 국내에서 선호하는 정책을 해외에서 발전시키는 데 성공할수록, 다른 국제사회 행위자들의 이에 대한 저항이 커짐에 따라 미래로의 발전은 더 어려워지고 있다.

07

중국 리셋 하기

07
중국 리셋 하기

2020년 12월 'UN 기후 야망에 대한 정상회의'에 앞서 시진핑은 또 다른 인상적인 공약을 발표했다. 그는 중국이 2030년까지 탄소집약도(GDP 단위당 이산화탄소 배출량)를 65% 이상 낮추고, 에너지 소비에서 비화석연료 비중을 약 25%까지 늘리겠다고 약속했다. 이번 새로운 선언은 중국이 2060년까지 탄소중립을 달성하겠다는 2020년 9월 당초 약속에 뒤이은 것이다. 시 주석은 다시 한 번 수사(언어 표현)학적 우위를 점하면서 자신과 중국이 또 한 차례 국제적 찬사를 받는 것처럼 보였다. 그러나 이번 국제사회의 반응은 훨씬 더 조용했다. 국제 전문가들과 언론은 중국의 현재 에너지 소비 관행은 중국을 구원자라기보다는 기후 범죄인으로 만들었다는 점을 지적했다. 중국은 온실가스인 이산화탄소 전 세계 배출량의 28%를 차지하고 있으며, 이는 그 다음 3개 배출국(미국, 인도, 러시아)을 합친 것보다 많다. 청정 에너지 부문에서 중국은 여전히 최대 투자국임에도 신규 풍력 및 태양광 발전 용량의 증가세는 둔화되고,[1] 석탄 화력 발전 용량의 증가는 가속화되었다. 2020년 1~6월간 중국은 2018년과 2019년을 합친 것보다 더 많은 신규 석탄 화력발전을 허가해줬으며,[2] 2020년 석탄 소비량은 코로나로 인한 산업 및 운송과 관련된 배출량 감소에도 불구하고 2019년에 비해 3% 증가했다.[3] 중국은 또한 전 세계적으로 240개 석탄 프로젝트에 약 500억 달러를 투자할 예정이다. 평소에도 중국에 동정적인 구테헤스 UN 사무총장도 2020년 7월 연설에서 "깨끗한 석탄 같은 것은 없으며 석탄은 합리적인 복구 플랜에 포함되어서는 안 된다."라고 언급하면서 은연중 중국을 비판했다. 또한, "재생 에너지가 3배 더 많은 일자리를 제공하며 현재 대부분 국가에서 석탄보다 저렴함에도 불구하고 신규 석탄 발전소가 여전히 계획되고 자금이 조달되고 있는 점은 깊이 우려된다."[4]라고 했다.

2020년 12월 석탄은 중국과 관련된 또 다른 기사의 헤드라인으로도 등장했다. 12개 이상의 중국 도시들이 10년 만에 최악의 정전 사태를 겪었고, 겨울이 찾아오자마자 전력 사용에 제한을 가할 수밖에 없었다. 해법은 아주 가까운 곳에 있을 것이다. 570만 톤의 호주 석탄을 실은 60척 이상의 선박이 중국 항구에서 화물을 하역하기 위해 대기 중이었다. 어떤 선박은 반년 넘게 그곳에 있었다. 그러나 중국은 석탄을 포함하여 호주 수출품에 대한 광범위한 금지 조치 해제를 거부했다. 중국은 이에 따라 중국 기업이 대가를 치르게 하고 중국 소프트 파워가 타격을 입는 쪽을 선호했다. 당연히 중국에 대해 부정적인 견해를 갖고 있는 호주인의 비율은 2019년 57%에서 2020년 81%로 급증했다.[5]

기후 리더십과 재생 에너지 분야 인상적 투자에 대한 중국의 주장은 전 세계 석탄 소비의 극적인 확장에 기여하고 있는 상황과 본질적으로 모순된 것처럼 보인다. 호주의 정치적 행위를 처벌한다면서 중국 당국이 자국 기업에 경제적 고통을 안기기로 한 결정도 비논리적으로 보인다. 그러나 우리가 살펴본 바와 같이 중국의 외교 전략은 중국 특유의 접근 방식과 우선 순위를 같이한다. 예를 들어, 편협한 국내 정치·경제적 이익을 취하기 위해 글로벌 리더십의 외교적 소프트 파워적 승리는 기꺼이 희생한다는 것이다. 또한, 중국은 주권과 사회 안정을 우선시할 뿐만 아니라 심지어 경제적 이익을 포함한 핵심 문제를 둘러싼 말도 통제한다. 이러한 중국 지도부의 정책적 우선 순위를 이해하고 중국이 외교 정책 목표를 추구하는 과정에서 어떻게 국내 거버넌스 모델을 적용하는 지를 깨닫는 것이야 말로 미국과 동맹국 그리고 파트너 국가들이 효과적인 대중국 정책을 개발하는 데 필수적인 것이다.

위대성 추구

중국 지도자들은 '중화민족의 위대한 부흥', '운명 공동체', '신형 대국관계', '중국모델' 등과 같은 개념에 뿌리를 둔 세계질서의 새로운 비전을 제시하고 있다. 이러한 비전은 일단 수사학적 수식을 제거하면 근본적으로 변화된 중국의 국제 시스템으로 해석할 수 있다. 미국은 더 이상 현재의 규칙 기반 질서의 상당 부분을 채우는 강력한 동맹 네트워크를 갖춘 글로벌 패권국이 아니라는 입장이다. 대신에 통일되고 부상하는 중국은 미국과 동등하거나 그보다 훨씬 더 강력하다는 것이다. 중국의 기술, 무역, 투자 그리고 제반 가치는 '일대일로(BRI)'를 따라 흐르며 국제 제도를 정의하고, 다시 꾸준하게 통합된 국제 시스템을 뒷받침한다는 것이다. 중국은 아시아에서 독보적 강국이며, 미국은 중국이 주도하는 무역·안보 체제의 맥락 안에서 활동하고 있다는 것이다. 중국은 글로벌 공유지를 관리하고 글로벌 공공재를 제공하는 책임을 단일 패권국이 과도하게 떠맡는 것에는 반대하며 중국과 기타 책임 있는 강대국이 광범위하게 나눠 맡아야 한다는 입장이다.

중국 지도자들은 비전을 추구하는 과정에서 국내 거버넌스 모델을 반영한 독특한 각본에 따라 활동하는데, 고도로 중앙집권화 된 공산당 중심의 국가로서 공공·민간 섹터로부터 자원을 동원하여 그 자원을 다중 영역에 배치하는 한편, 정보의 내용과 흐름을 통제하고 전 세계 국가들의 사회와 경제에 침투하며 중국의 방대한 시장과 군사력을 레버리지로 삼는 능력을 보유하고 있다.

현재까지 베이징은 재정렬된 국제 시스템이라는 중국의 비전을 달성하는 데 절반의 성공을 경험했다. 홍콩에 국가보안법 부과, 남중국해 군사력 배치와 확대 등을 통해 중국은 주권을 실현하는 면에서 진전을 이뤄냈다. 또한, 신장에서 인권 침해에 따른 국제사회의 맹비난을 견뎌내며 이에 타깃을 정해 경제 제재도 가했다. 중국의 무역 이니셔티브인 '지역포괄적경제동반자협정(RCEP)'은 아태지역에서 미국의 역할을 약화시키고 중국의 역할을 제고할 수 있는 잠재력을 갖고 있다. 그런데 미국은 RCEP도 그렇고 일본이 주도한 '포괄적·점진적 환태평양경제동반자협정(CPTPP)'의 당사국도 아니다. '일대일로'로 중국은 중국 기술력으로 세계의 차세대 텔레커뮤니케이션, 금융 및 보건 인프라의 서비스 상당 부분을 제공할 수 있는 기반을 마련했다. UN 기술 표준 설정 기관에 대한 중국의 지배력과 인터넷 거버넌스에 대한 역량 구축은 중국 기술과 중국 기술이 가능케 만든 한층 더 억압적인 규범과 가치에 대한 수용을 강제하는데 도움이 되었다.

그러나 중국의 비전은 중요한 측면에서 아직 실현되지 않은 상태다. 중국의 주권 주장, 인권과 인터넷 거버넌스 규범을 발전시키려는 노력 그리고 국제 행위자들의 정치·경제적 선택지들을 제시하려는 은밀하고도 강압적인 노력은 중국이 더 큰 전략적 목표로 위협하는 것에 대해 반발을 초래했다. 중국의 여러 행위는 아·태 지역이나 미국 주도 동맹 시스템 내에서 역으로 미국의 역할을 약화시키기보다는 미국의 입지를 강화하라는 요구를 많이 불러일으켰다. 중국의 군사적 침공에 직면한 인도의 나렌드라 모디 총리는 미국과의 긴밀한 군사관계를 지지하는 것과 관련하여 그간 뿌리 깊었던 거부감을 극복해냈다. 그리고 EU는 아·태 지역내 정치·안보 분야에 대한 관여 노력을 강화해왔다. 이에 신장과 홍콩에 대한 중국의 정책에 대한 항의, 코로나의 발원에 대한 조사 촉구, 화웨이 5G 기술에 대한 금지 또는 제한, 중국의 대러시아 지원 비난을 목적으로 선진 민주주의 국가들 간에 상당한 연대가 이뤄졌다. 그리고 이들 민주국가들은 다양한 국제기구들을 떠받치고 있는 민주주의 원칙을 뒤집으려는 중국의 행동들을 더 면밀히 조사하고 이에 대한 방어책 강구에 나섰다.

미국에 있어 중국의 비전은 미국이 자기 비전을 주장할 의지가 어느 정도인지, 중국이 선호하는 바를 수용할 의지가 어느 정도인지, 타협을 모색할 의지가 어느 정도인지 또는 격렬한 방어태세를 갖출지에 대한 중요하면서도 어려운 선택을 제시하고 있다. 미국의 오랜 대중국 '포용' 정책이나 최근 트럼프 행정부의 경쟁적이고도 봉쇄 지향적인 접근 방식은 확실하게 공유된 가치와 공통의 목적에 기초한 긍정적이고 탄탄한 미·중 관계를 생성하지는 못했다. 그러나 대중정책은 어느 쪽이든 미국의 정책 추진에 있어 중요한 교훈이 되고 있다.

역사로부터의 교훈

중국 포용 문제는 1979년 수교 이전으로 거슬러 올라가는 미·중 관계의 일관된 테마였다. 1950년대 미국의 덜레스(John Foster Dulles) 국무장관은 일련의 연설을 통해 미국은 공산주의 국가들 내 야당 세력, 문화 전복, 정보 전쟁을 지원함으로써 이들 국가가 평화롭게 민주주의로 발전하도록 도울 것을 제안했다.[6] 미·중 양국 관계 개방 이후 닉슨으로부터 오바마까지 미국의 역대 대통령들은 미국이 중국을 직접 전복시킬 것이 아니라, 규칙 기반 질서로 중국을 포용함으로써 중국의 정치·경제적 궤적에 영향을 미칠 수 있다는 아이디어를 소중히 여겼다. 개념은 간단한데 미국은 중국이 자유주의 국제 질서에 통합되도록 격려하겠다는 것으로 중국은 그러한 질서의 기둥이 될 것이며 시간이 지나면 중국 내 중산층의 증가와 함께 이러한 통합 프로세스는 중국 내 정치·경제적 자유화를 가속화할 것이라는 판단이었다.[7] 미국의 최선의 희망이 실현되지 않자, 미국은 아·태 지역에서 동맹 시스템을 가동하고 미군 주둔을 확고히 함으로써 위험을 회피하고자 했다.

미국 대통령 중 어느 누구도 정책 전개의 결과로 중국이 하루 아침에 변화할 것이라고 기대하지는 않았다. 클린턴 대통령은 중국의 세계무역기구(WTO) 가입 지원 중요성을 논하는 자리에서 다음과 같이 언급했다.

> 물론, 중국이 미래로 향해 가는 길은 중국의 선택이다. 우리가 그러한 선택을 통제할 수 없으나 영향을 미칠 수는 있다. 그러나 우리는 우리가 하는 일을 완전히 컨트롤할 수 있다는 점을 인식해야 한다. 우리가 중국을 올바른 방향으로 이끌기 위해 노력할 수도 있고, 우리가 등을 돌려 중국을 잘못된 방향으로 밀어낼 수도 있다. WTO 협정은 중국을 올바른 방향으로 가게 할 것이다. 이는 미국이 중국을 위해 노력해온 제반 목표를 진전시킬 것이다.[8]

대부분의 역대 미 행정부는 시간이 지남에 따라 중국이 국제 규칙 기반 질서의 이해 당사자가 될 것이며, 국내적으로는 시장경제·민주주의 국가에 더욱 근접해 갈 것이라는 믿음을 유지했었다. 그러나 2005년 미·중 관계 국가위원회 기조연설에서 부시 행정부의 졸릭(Robert Zoellick) 국무부 부장관(차관)은 중국의 부상으로 인해 제기된 일련의 도전 과제를 설명하면서, 국제 무대에서 나쁜 행위자들을 지지하는 등 투명성 부족, 지적재산권(IP) 보호 실패, 증가하는 미국의 대중 무역 적자, 그리고 아시아에서 중국의 '패권 장악'을 향한 욕망 등을 열거했다. 졸릭은 이러한 문제를 해결하려면 중국이 세계 무대에서 행동을 바꾸고 중국 국내 정치 시스템도 바꿔야 한다고 주장하면서 "우리의 목표는… 다른 사람들이 자신의 목소리를 내며 자유를 찾고, 자신들의 길을 개척하도록 돕는 일이다. 폐쇄 정치는 중국 사회의 항구적인 특징이 될 수 없다. 단순히 말해 지속 가능하지 않다. 중국은 정부가 국민에 대해 책임을 질 수 있도록 평화로운 정치적 전환이 필요하다."라고 언급했다.[9]

중국 내에서 이러한 포용 정책에 대한 지지와 비판이 공존했으나, 2008년 글로벌 금융 위기 이후 중국 관리들은 미국 모델에 대해 확신하지 못하는 것처럼 보였다. 중국은 '신형대국관계'라는 개념을 제시했다. 또한, 국제 무대에서 중국의 리더십에 대해 보다 전략적으로 사고하기 시작했으며 중국 경제학자들은 '일대일로(BRI)'를 위한 무대를 세팅했고, 학자들은 중국이 북극에서 영향력을 확대한다는 비전을 제시했으며, 인민해방군(PLA) 해군은 남중국해에 대한 영유권 주장을 하는 데서 더 나아가 이를 실현하는 방향으로 움직였다. 2012~2013년간 시진핑이 국가 지도자로 선출되면서 더욱 야심차고 확장된 글로벌 전망을 강화해 나갔다.

오바마 행정부의 2011년 아시아로의 회귀(Pivot) 또는 재균형(Rebalance) 정책은 부분적으로 중국 외교 정책에서 진행 중인 변화를 인식한 것이었다. 미국은 전략의 회귀 요소를 강화했는데, 이는 아시아 동맹국과 파트너 국가들에 대한 외교·안보적 지원을 강화하며 남중국해에서 중국과 영토분쟁과 관련하여 법적 중재를 모색하는 필리핀의 결정을 지지하는 한편, 중국을 제외한 지역의 무역 협정, 즉 '환태평양경제동반자협정(Trans-Pacific Partnership, TPP)' 협상을 촉진했다. 군사전략으로는 역내 입지 강화를 위해 중동으로부터 아·태 지역으로 미군을 재배치했다. 그럼에도 오바마 백악관은 대중국 포용의 기본 원칙을 견지하며 공중 보건, 사이버 그리고 기후 문제에 대한 여러 합의를 확보하기 위해 계속 노력했다.

그러나 2016년 트럼프(Donald Trump)의 미국 대통령 당선은 '포용과 견제(Engage but hege)' 개념에 종지부를 찍는 계기가 되었다. 트럼프 대통령은 '미국 우선주의' 기치 아래 선거전을 전개하면서 미국이 다른 나라를 지원하기 위해 미국의 이익을 희생했다고 주장했는데, 그는 세계 안보 부담을 불공평하게 미국이 떠맡았고 미국에 불리한 불평등 무역 협정의 희생양이 되었다고 했다.[10] 그는 또한 동맹관계와 다자주의의 가치를 무시하면서 그로 인해 미국의 이익과 파워에 대한 제약을 받았다는 견해를 갖고 있었다.[11] 트럼프는 즉각적으로 6개 국제기구 협정으로부터 미국을 탈퇴시키는 한편, 미국은 더 이상 타국의 국내적 정치 선택에 영향력 행사를 모색하지 않을 것이라는 점을 시사하는 등의 외교 정책상 '주권 행사'를 우선시할 것이라는 점을 밝혔다. 그러한 맥락에서 포용에 따른 두 가지 근거, 즉 현 법치 기반 질서를 뒷받침하고 정치·경제 개혁을 촉진한다는 것은 무의미해졌다.

미국 행정부의 고위 관리들은 미 의회 내 강력한 초당적 합의 아래 포용정책에 대한 근본적인 이해와 지지에 도전하는 정책을 추진했다. 2017년 미 국가안보 전략서(National Security Strategy)는 "수십 년간 미국의 대중정책은 중국의 부상을 전후하여 세계가 중국을 국제 질서로의 통합을 지지하게 되면 중국이 자유화될 것이라는 믿음에 뿌리를 두고 있었다." 그런데 "중국은 인도·태평양 지역에서 미국을 대체하고, 국가 주도 경제 모델의 범위를 확대하는 가운데, 그 지역을 자신에게 유리한 질서로 재구축하려 한다." 이에 국가안보 전략서는 미국 행정부가 미국 일반 대중에게 영향력을 행사하려는 중국의 노력이 일으키는 제반 위협에 대해 '정부 전체, 사회 전체'의 대응을 촉구한 바 있다.[12]

2021년 1월 임기 종료 시 때까지 트럼프 행정부는 '일대일로'가 제기한 거버넌스 문제와 화웨이가 야기한 보안상의 문제와 관련된 경각심을 전 세계에 알리는 데 일조했다. 여러 UN 포럼에서 자국의 이익을 증진하려는 중국의 노력을 방해했으며, 미국은 인도·호주·일본과 협력 하에 쿼드(Quad)를 활성화하고, '자유롭고 개방적인 인도·태평양(FOIP: Free and Open Indo-Pacific)' 개념을 지지했다. 트럼프 행정부는 또한 미국 내 중국의 영향력 공작을 본격적으로 다루기 위해 대대적인 캠페인을 벌였는데, 우선 비자 문제와 관련하여 중국과 미국 학자와, 언론인, 외교관 간에 비자 발급에 있어 기울어진 운동장을 바로잡는 것과 중국의 지적재산권(IP) 도용 문제의 정식 제기, 국가 안보 우려와 인권 위반에 연루된 중국 기업에 미국 기업의 판매 금지 등이 캠페인의 골자였다.

그럼에도 불구하고, 미 행정부의 조치는 신장이나 홍콩의 정치 상황 개선 또는 남중국해나 대만의 상황을 안정시키는 데 실패했다. 중국과의 무역전쟁은 중국 경제보다 미국 경제에 더 큰 비용을 초래했다. 게다가 양국의 외교적 프레임워크가 위축되면서 관계가 급격히 악화됐다. 트럼프 행정부 말년에 중국 국무위원인 왕이는 미·중 관계가 '신냉전'의 리스크에 처해 있다고 주장한 반면, 학자인 니얼 퍼거슨(Niall Ferguson)[13]과 티모시 가튼 애쉬(Timothy Garton Ash)[14] 등은 미·중 양국이 이미 그러한 상태에 있다고 주장했다.

출발점

'포용과 견제(Engage but hedge)' 시대와 '경쟁, 반격 및 봉쇄(Compete, counter, and contain)' 시대는 동전의 양면을 반영한다. '포용과 견제'는 미국의 정치·경제적 모델에 자신감을 갖고, 현재의 규칙 기반 질서를 적극적으로 지지하며, 동맹국들에게 미국의 영향력을 증폭시키는 실체가 되게 하며 단기 이익을 기꺼이 희생하면서 장기적으로 중국과 협력 이익을 추구했다. 반대로, '경쟁, 반격 및 봉쇄'는 미국의 모델이 위협을 받고 있다고 믿고, 중국 행위자들이 공산당에 혜택을 주기 위해 미국의 인적 자본 또는 금융 자본에 접근하려는 것을 방지하려는 미국을 나타낸다. 현재 미국은 국제 체제를 변화시키려는 중국의 노력을 밀어내려 하나 그렇다고 현 규칙 기반 질서를 지원하기 위한 리더 역할에 앞장서지도 않는 편이다. 또한, 미국은 중국과 협력할 수 있는 분야를 파악하는 노력에 있어서는 그 가치가 제한적이라고 본다. 트럼프 행정부하에서 동맹국들에 대한 미국의 접근 방식은 분열된 상태로서 대통령은 동맹국들을 '무임 승차자'로 규정한 반면 관리들은 협력을 모색했다.

2021년 1월 집권한 바이든 행정부는 트럼프 행정부의 경쟁적·대립적 정책을 상당 부분 유지하면서도 동맹, 다자체제에서 리더십 발휘 등 미국 외교정책의 전통적인 강점도 수용했다. 또한, 미국은 자유주의 국제 질서나 규칙 기반 질서의 중요성과 미국 외교 정책에서 그 질서를 뒷받침하는 제반 가치를 강화했다. 이러한 가치에 대해 새로워진 포커스는 중국이 미국에 가하는 도전을 다시 개념화하는 데 유용한 출발점이 되었다.

도전에 대한 프레임 재설정

미국과 중국은 명실공히 세계의 번영과 평화 그리고 글로벌 차원의 도전 과제를 해결할 수 있는 미래를 추구한다. 그러나 권력이 어떻게 분배되어야 하는지에 대해 그리고 미래 세계를 뒷받침할 각종 규범과 가치에 대한 개념은 상이하다.

중국과 마찬가지로 미국도 실제적으로나 열망 측면에서 미국의 가치를 반영하는 국제 질서를 추구한다. 이는 미국의 자체적 포용과 평등, 자유 무역과 경제적 기회, 혁신과 지속 가능성, 개방성, 인간의 존엄성, 법치 등에 대한 확신 강화를 의미하며, 이에 따라 글로벌 무대에서 이러한 가치를 구현할 제도와 장치를 개발하고자 한다는 것이다. 이러한 가치 중 상당수는 이미 설치되었으나 현재의 규칙 기반 질서에는 완전히 실현되지 않은 상태다.

이러한 프레임은 중국이 제기하는 중심적 과제가 가치와 규범에 기반한 것으로, 중국이 종종 주장하듯 신흥 세력과 기존 세력으로 정의되는 문제가 아닌 것이며, 자주 주장하는 것처럼 신흥 세력 대 기존 세력으로 정의되는 문제가 아니라는 점을 분명히 한다. 앞에서 언급한 바와 같이, 경쟁을 미국과 중국의 양자적 맥락에서 프레임화 하면 중국은 중요한 이점을 누리게 된다. 모든 문제가 상대적인 힘과 영향력을 말해주는 것으로 이런 분위기가 고조되면 신흥 세력으로 중국의 상대적 이득 모두가 승리로 되어버린다. 미국에 비해 중국의 연구 자금 조달이 더 늘어나게 될 경우, 미국이 지속적으로 R&D 부문에서 세계를 선도하고 있음에도 불구하고 중국의 혁신적 리더십이 불가피하다는 점을 보여주는 사례로 홍보 될 수 있다. 또한, 화웨이의 5G 보급 또는 '일대일로'의 거버넌스 실태 등의 문제에 있어서도 미·중 양자 간 경쟁 프레임을 적용하게 되면, 중국은 미국의 여러 행위가 데이터 프라이버시에 대한 규범적인 우려 혹은 중국의 차관 및 투자 관행 문제가 아니라 미국이 중국에 우위를 상실하지 않으려는 욕구로 인해 동기가 부여되었다고 주장할 수 있다.

가치와 규범을 포함하는 프레임워크는 미국의 동맹국들과 파트너 국가들에 관심도를 한층 더 높여줄 것이다. 남중국해 분쟁은 아·태 지역에서 미국과 중국 간의 군사적 패권 경쟁이 아니라 항행의 자유와 국제법에 대한 중국의 규범적 도전이 된다. 이는 미국만 아니라 이미 유엔해양법협약(UNCLOS) 168개 당사국들에게도 적용되는 도전일 것이다.

중국에 대한 미국의 정책 프레임을 "중국에 관한 것이 아니라" 오히려 규칙기반 질서의 폭넓은 맥락에 관한 것으로 구성하면 미국에 유리하다. 이는 중국의 비전에 대한 명확한 대안을 제공하며, 중국이 현재 규범을 어떤 곳에서 기꺼이 지지하고 어떤 분야에서 이를 변화시키려 하는지를 명확히 드러내면서, 미국의 정책 이니셔티브에 우선 순위를 정할 수 있는 기회를 제공할 수 있다. 또한, 동일 규범 강화를 지원하는 기타 국가들을 포함시킬 수 있게 된다.

미국 국내 속의 미국과 해외에서의 미국

미국이 미래의 국제 시스템을 형성하는 데 중요한 역할을 하려면 먼저 자국의 거버넌스 시스템이 미국의 명시적 가치와 정책적 우선 순위를 반영한 것인지를 확인할 필요가 있다. 특히, 팬데믹과 관련된 양극화된 미국 정치와 미국 정부의 혼란스러운 대응은 미국의 이미지를 훼손시켰고, 미국이 상대적으로 쇠퇴했다는 인상을 주는 데 일조했다.[15] 바이든 행정부는 초기에 사회·기술·물적 인프라 분야에 투자하는 것을 정책적 우선 순위로 확립했다. 바이든 행정부 국가안보회의(NSC)의 커트 캠벨(Kurt Campbell)과 러시 도시(Rushi Doshi)는 취임 전 미국이 불평등과 지속적 성장 문제를 본격적으로 다루고 대중국 경쟁력을 확보하기 위해서는 국가와 시장 간의 관계를 재정립하고 재고할 필요가 있다고 주장했다. 이를 위해서 부분적으로는 '민주주의를 작동시키는 연대감과 시민 정체성'을 재건해야 한다.[16] 바이든 대통령은 미국 의회와 함께 '반도체 과학법', '초당적 인프라법', '인플레이션 감축법' 등의 법안을 채택함으로써 미국의 경쟁력 기반을 강화해 나갔다.

이민에 대한 새로운 공약은 개방성과 기회라는 미국의 가치를 확인해주고 있다는 점에서 중요하다. 더욱이, 학업과 일에 있어서 최상의 총명한 인재들을 미국으로 지속 유치하는 것이 미국 경쟁력에 필수적이다. 연간 백만 명이 넘는 해외 유학생들이 미국 대학에 다니고 있다. 인공지능(AI) 분야 최고 연구자들을 대상으로 한 2020년 폴슨 연구소(Paulson Institute)의 조사에 따르면 미국은 전 세계 최고 AI 연구원 중 60%를 확보하고 있는 반면에 중국과 유럽은 각각 약 10%를 보유하고 있는 것으로 나타났다. 그러나 미국 연구원의 2/3는 학사 학위를 미국이 아닌 다른 나라에서 받았다는 사실이다.[17] 세계적 과학 인재를 끌어들이는 미국의 능력은 기술 분야 경쟁력을 유지하는 데 매우 중요하다. 그러나 외국인 학생 환영의 중요성은 기술 회사 수용 능력을 훨씬 상회하는 것이다. 2020년에는 세계 지도자 중 62명이 미국에서 교육을 받았는데 이는 세계 어느 다른 국가보다 많은 수치다.[18]

미국의 리더십 재확인

트럼프 행정부가 여러 국제협정과 국제기구에서 탈퇴하면서 국제 규범과 가치를 형성하는 능력은 제약을 받아 미국의 글로벌 리더십에 공백이 생겼었다. 국제 사회의 많은 기대에도 불구하고 중국은 미국의 공백을 메우지 못했다. 중국은 수많은 글로벌 과제에 대한 리더십을 주장하기 위해 나섰지만, 편협한 기회주의에 얽매여 더 넓은 글로벌 합의 형성을 할 수 없었다. 더욱이 중국 투자와 중국 시장의 유혹에도 불구하고, 국제 조사에 따르면 시진핑에 대한 불신은 높고 중국의 글로벌 리더십에 대한 관심도 거의 없는 것으로 나타났다.

바이든 행정부는 국제기구에서 미국의 리더십을 재확립하는 것을 정책적 우선순위로 삼았다. 2021년 3월 3일 연설에서 블링컨(Antony Blinken) 미 국무장관은 미·중 관계가 경쟁적이면서 협력적이며 또 적대적이라고 설명하면서 "공통분모는 강력한 위치에서 중국을 포용하는 것이다."라고 언급한 바 있다. 블링컨 국무장관은 '강력함'에 대해 정의하면서 국제기구에 대한 미국의 참여와 동맹국과의 파트너십의 중요성을 강조했다.[19] 바이든 행정부는 글로벌 거버넌스 기구에 대한 미국의 공약을 재확립하기 위해 신속하게 움직였다. 유엔 인권 이사회(United Nations Human Rights Council, UNHRC), 파리 기후협정, 세계보건기구(WHO)에 재가입하고 신 전략무기 감축조약(New Strategic Arms Reduction Treaty)을 연장했다. 바이든 대통령은 또한 세계 최대 온실가스 배출국들의 보다 야심찬 공약 제출을 고무할 목적으로 2021년 4월 글로벌 기후 정상회담을 소집한 바 있다. 이러한 조치는 미국이 인권, 법치, 지속 가능성에 대한 개념을 발전시키는 한편, 시진핑이 '글로벌 거버넌스 시스템 개혁을 주도'하려는 목표를 달성하는 것을 저지하는 데 필수적이다. 미국은 또한 유엔해양법협약(United Nations Convention on the Law of the Sea, 이하 UNCLOS) 의회 비준을 위한 국내 지지 기반을 구축해야 한다. 아·태 지역에서 중국의 군사 활동이 지속적으로 증가함에 따라 미국의 UNCLOS 회원 자격은 ASEAN과 다른 아·태 지역 국가들과 제반 정책 조정을 위한 중요 플랫폼이 될 것이기 때문이다.

그러나 미국의 리더십은 미래에는 다르게 보일 것이다. 2030년 또는 그 이전이라도 중국의 경제 규모가 미국을 능가할 가능성이 있다. 중국의 인구 규모는 이미 미국 인구의 4배 이상이며, 이는 과학·기술 혁신을 진전시키거나 글로벌 정치적 지원 활동을 전개하는 데 있어 인적 자원면에서 뚜렷한 이점이다. 그리고 아·태 지역에서 중국은 단순히 지리적 이점만으로도 명백한 군사적 우위를 점하고 있다. 블링컨이 인정했듯이, 미국은 점점 더 동맹국들과 파트너 국가들에 의존하면서 공동의 규범과 이익을 증진시키기 위해 함께 행동해야 할 것이다. 동시에 미국은 중국의 대외정책 접근 방식에 대해 강력한 방어력을 갖춰야 할 것이다.

동맹국들, 파트너 국가들을 비롯한 다국적 연합체제 구축

바이든 행정부는 동맹국 및 파트너 국가들과 협력이 미국의 대중 전략 핵심이라고 밝혔다. 그러한 협력의 특히 중요한 분야 중 하나가 기술이다. 중국과의 기술 경쟁에는 경제적으로 또는 국가안보 측면에서 가치에 기반한 제반 이해관계가 걸려 있다. 중국을 염두에 두고 미 의회와 바이든 행정부는 반도체와 같은 기반 기술에 막대한 투자를 해왔고, 중요 공급망을 재점검하고, 국가 안보에 적용되는 여러 기술에 대한 중국의 접근을 제한하기로 약정했다. 그러나 중국과의 기술 디커플링이 필요한 곳과 통합이 이득이 되는 곳을 결정하는 문제는 도전이 되겠지만, 더 넓은 의미에서 가치와 규범에 기반한 경쟁이라는 점이 핵심 문제다. 미국과 또 마음이 맞는 국가들은 어떤 기술을 보호해야 하는지, 마음이 맞는 국가들 그룹 내에서 경쟁적인 자유 시장 접근 방식을 유지하는 것보다 리쇼어링하는 편이 더 바람직한지, 어떤 중국 기술들이 개방 사회에 사용 가능하게끔 바꿀 수 있는지를 스스로 판단할 필요가 있다. 이를 위해 미국과 유럽연합(EU)은 '미·EU 무역·기술 위원회(U.S.-EU Trade and Technology Council)'와 '쿼드(Quad) 핵심·신흥 기술 워킹그룹(Quad critical and emerging technologies working group)'을 설립했다. 이러한 기구는 표준, 공급망, 수출 통제 등의 제반 문제를 조정할 수 있다. 또한, 이 기구는 중국의 디지털 화폐/전자 결제 시스템과 같은 혁신의 의미를 평가하는 데 있어 중요한 역할도 할 수 있다.

중국 모델의 다차원적 요소를 본격적으로 다루기 위해서는 미국과 동맹국들이 UN 및 기타 국제기구에서 정책을 조정하기 위한 메커니즘을 구축함으로써 표준을 설정하고, 기구 수장 직위에 합의된 후보를 발굴해 내고, 국제전기통신연합(ITU, International Telecommunication Union)과 같은 기관에서 민주주의 국가들이 강력하게 대표직을 맡을 수 있도록 해야 한다. 바이든 행정부는 2021년 4월 미국 후보를 ITU의 차기 의장 후보로 제안함으로써 그러한 방향으로 갈 수 있도록 초기 조치를 취한 상태다.

시진핑 각본의 가장 도전적인 요소 중 하나는 중국 시장을 활용하여 기타 국가들의 정치·전략적 선택을 하도록 만드는 능력이다. 중국의 강압적인 경제 외교에 대해 다른 국가들의 입장이 조율된 대응책을 마련해야 할 필요성이 있다. 중국이 호주, 필리핀, 한국 등에 대해 정치적 이유로 해당 국가 제품을 보이콧할 경우에는 나토(NATO)나 쿼드(Quad)와 같이 경제동맹이 제재를 가하거나 심지어는 보이콧을 하는 등 공동 대응을 해야만 한다. 마찬가지로, 중국이 개별 다국적 기업들이나 혹은 시장 접근성 상실 등을 겪는 전체 산업에 대해 위협을 가할 때 대상이 되는 국가들은 동종 섹터에 종사하는 중국 기업들이 유사한 결과에 직면할 수 있다는 점을 지적하는 등으로 이와 유사한 대응책을 구사해야 한다. 상호주의는 중국 측에 대상국가들이 수사에 그치는 비난 성명 그 이상으로 대처할 준비가 되어 있고 향후 협상 등에 있어서도 운동장을 평평하게 만드는데 도움이 될 것이라는 시그널을 주게 된다.

더 큰 텐트

21세기의 가치, 규범 그리고 제도를 정의하기 위해 중국과 경쟁할 때 전통적 동맹국들과 협력만으로는 불충분하다. 미국과 다른 선진 시장경제 민주주의 국가들은 더 넓은 범위의 파트너 국가들 및 잠재 동맹국들을 포함시킬 수 있도록 텐트를 확장해야 한다. 중국의 '일대일로'와 국제기구의 규범과 가치를 변화시키려는 노력은 글로벌 대응을 필요로 하는 국제적 과제임을 나타낸다. 개발도상국, 특히 아프리카와 중동 지역 후진국들에 대한 중국의 폭넓고 깊이 있는 포용정책은 중국의 가치와 기술을 제공하고 중국 정책이 선호하는 비옥한 토양을 제공하며 그리고 신장, 홍콩 문제 등과 관련해서도 중국에 대한 정책적 지지를 일관되게 확보할 수 있는 토대가 된다. 현실은 중국이 일부 개발도상국 엘리트층의 지지를 확보했다고 할 수는 있으나, 여론조사에 따르면 많은 개발도상국 시민 대다수는 중국보다 일본, EU 또는 미국의 리더십을 선호하는 것으로 나타났다.

신흥국들에 대한 포용정책은 새로운 경제 기회에 뿌리를 둬야 한다. 미국은 독일·프랑스·영국·일본·호주 등 기타 시장 경제 민주주의 대국들과 협력 하에 25~30개 개도국들의 도시화, 인프라, 지속 가능한 개발 및 혁신에 관한 중요한 이니셔티브를 새로이 고려할 필요가 있다. 미국이 중국의 '일대일로'와 매치하려는 시도를 할 수도 없고 해서도 안 된다. 대신에 미국은 법치주의, 투명성, 지속 가능성에 뿌리를 둔 성장을 지원하는 데 있어 민주주의 동맹국들과 함께 미국의 강점을 레버리지로 삼아야 한다. 미 의회의 2021년 '전략적 경쟁법(Strategic Competition Act)'은 해외 인프라, 정치적 역량 구축, 지역 미디어에 대한 미국의 자금 지원을 대폭 확대하는 이니셔티브의 기초가 될 수 있다. 미국 주도의 클린 네트워크(Clean Network: 미국 시민의 개인 정보와 기업의 민감 정보를 보호하기 위한 트럼프 행정부의 포괄적 접근법)나 회복력을 갖춘 공급망 구축을 위한 쿼드(Quad)를 기반으로 하는 제반 노력 등 현재 진행되는 이니셔티브들도 그러한 노력을 지원할 수 있다. 다국적 기업들이 지역 내 제조 시설과 유통 센터를 개발하기 위해 공급망 중 일부를 중국 이외 지역으로 다양화함에 따라 생기는 새로운 투자 기회도 더 큰 이니셔티브의 일부가 되어야 한다. 또한, 세계 경제는 이들 국가들의 더 큰 통합을 글로벌 혁신 네트워크와 기술 공급망에 반영시켜야 하는데, 그 방식은 각국의 경제발전에 기여하고 개방적인 규범과 법치주의 그리고 지속 가능성에 대한 공약을 더욱 강화하는 것이어야 한다. 특히, 화웨이가 아직 깔리지 않은 곳에서는 바이든 행정부가 투명성과 데이터 보안을 중시하는 기술이 갖는 미래를 채택하는 데 따른 이점을 이들 국가에 설득하려면 5G와 광 케이블 등에 대한 여러 대안을 지원하는 트럼프 행정부 당시의 정책을 이어갈 필요가 있다.

미국은 계속 잔류할 것

아·태 지역에서 중국은 영토분규 지역에 대한 주권을 주장하고 역내 리더십을 공고히 하는 제도와 규범을 구축하기 위한 행보를 이어가고 있다. 바이든 대통령은 인도·호주·일본·미국이 포함된 쿼드(Quad)를 지지하기 위해 단호하게 움직였다. 중국 관리들은 쿼드가 보다 공식적인 동맹 형태의 협정으로 굳어질 가능성에 대해 점점 더 우려하고 있는 가운데, 2020년 10월 뤄자오후이(Luo Zhaohui, 羅照輝) 중국 외교부 부부장은 이를 두고 '반중 전선', '미니-NATO'로 일컬었다.[20] 우리가 알고 있듯이 인도는 오랫동안 비동맹 입장을 고수해왔기 때문에 중국의 우려는 잘못된 것일 수도 있으나, 중·인도 국경지역에서 중국의 군사적 공격 행위는 모디 총리의 쿼드 체제에 대한 새로운 열정을 촉발시켰다. 인도의 지원으로 쿼드는 인도·태평양 지역에서 중국의 공세적 군사 활동을 억제하는 데 중요한 역할을 할 수 있게 되었다.

또한, 바이든 대통령은 2022년 5월 '인도·태평양 경제 프레임워크(IPEF)'를 중심으로 한 협상에 나섰다. 지역 내 14개 국이 포함된 IPEF는 공급망, 노동, 과세, 디지털 무역 및 환경 친화적 경제와 관련된 높은 수준의 협정을 대표한다.

미국의 아시아 및 유럽 동맹국들과 파트너 국가들 간 보다 공식적인 파트너십을 구축할 수 있는 중요한 기회도 있었다. 유럽, 북미, 아시아 등 19개 국 100명의 의원들은 이미 중국에 대한 전략을 조율하기 위한 목적으로 '중국 관련 의회 간 동맹'을 설립했다. 옌스 스톨텐베르그(Jens Stoltenberg) NATO 사무총장은 또한 NATO가 호주, 일본, 뉴질랜드, 한국과 협력하여 중국이 불안을 조장하는 행태에 대립해서 우주와 사이버 공간에서의 규칙을 지키고 규범과 표준을 설정하는 등 아·태 지역에서 더 큰 역할을 수행할 것을 촉구했다.[21] 독일, 프랑스, 네덜란드, 영국은 명백하게 항행의 자유를 지원할 목적으로 남중국해에 해군 자산을 배치했다. 프랑스와 독일은 모두 인도·태평양 지역에 대한 전략을 발표했으며, 이는 2021년 4월 EU의 동 지역에 대한 자체 '협력 전략'에 이은 조치다. 스톨텐베르그의 언급에 따라 독일 국방장관 안네그레트 크람프-카렌바우어(Annegret Kramp-Karrenbauer)는 베를린 당국이 '규칙에 기반한 세계 질서'를 훼손하는 중국에 맞서 "마음 맞는 동맹국들과 팀을 구성함으로써 인도·태평양 지역에서의 입지를 강화하기를 원한다."[22]라는 입장을 밝혔다. 전통적 안보 문제가 이러한 파트너십의 최우선 과제일 수 있으나 쿼드는 이미 공급망 회복 탄력성, 팬데믹, 허위 정보 퇴치 캠페인 등과 관련된 대화를 진행하고 있다. 이러한 문제에 대한 의견은 아시아, 유럽, 영국, 미국 간에 훨씬 더 광범위한 협력으로 발전되어 나갈 잠재적 가능성이 있다.[23]

동일한 행위자들 사이에 정치 안보상 관여를 심화하는 것도 대만의 안보를 증진하는데 중요한 역할을 할 수 있다. 시진핑의 주권과 통일, 그리고 남중국해에 대한 중국의 영유권 주장을 진전시키고 홍콩에서의 '일국양제'를 전복시키는(변화시키는) 데 성공한 시 주석의 정책적 우선 순위는 대만을 점점 더 위태로운 위치에 놓이게 했다. 시 주석은 대만과의 통일이 '조만간' 이루어져야 한다면서 '무력 사용 포기'를 거부했다. 아시아뿐 아니라 유럽 동맹국들의 지원을 받는 '자유롭고 개방적인 인도·태평양(FOIP: Free and Open Indo Pacific)'의 경제 및 안보 아키텍처에 대만을 더욱 완전하게 통합함으로써 미국은 중국의 군사 행동에 대한 효과적인 억제 가능성을 높이게 되었다. 그러나 동시에 미국은 대만이 독립 행위자로 주목을 끌게 되는 대만 여행법과 같은 법안 채택으로 중국을 불필요하게 자극하는 것은 피해야 한다. 미국은 대만이 중국의 공격, 봉쇄 또는 검역을 억제하는 능력을 증진시키고 대만이 국제기구와 여러 시스템에 깊숙이 포함될 수 있도록 용의주도하면서도 효과적인 조치를 취하는데 포커스를 둬야 한다.

미국은 역내의 지배적인 안전 보장 국가로서 강력한 위치를 유지하고 있으나, '인도·태평양 경제 프레임워크(IPEF)'뿐만 아니라 궁극적으로 '포괄적·점진적 '환태평양경제동반자협정(CPTPP)'에 가입함으로써 경제적 지역 관여의 기둥을 다시 세워야 한다. 2020년 중국이 주도한 '지역(역내)포괄적경제동반자협정(RCEP)'으로 중국 이론가와 관료들은 미국이 더 이상 신뢰할 수 있는 아·태 지역 내 강국이 아니라고 대담하게 주장하게 되었다. 아·태 지역 양대 주요 무역협정 중 어느 하나에도 소속되지 않을 경우, 미국은 세계에서 가장 빠르게 성장하는 지역의 경제적 역동성으로부터 혜택을 받지 못할 것이며, 미국의 영향력도 줄어들 것이다. 다국적 기업들은 협정 회원국에 제공되는 저율의 관세를 활용하기 위해 공급망을 전환할 것이다. 미국은 중국에 비해 상대적으로 무역 적자를 보고 있는데, 이는 아·태 지역 대부분의 국가들이 또 세계가 "미국은 안보에 필수적이나 중국은 경제적 번영에 불가결하다.'라고 믿고 있기 때문이다.

상충되는 미·중 간 현안 해결

2021년 4월, '2022 베이징 동계올림픽' 기업 스폰서 계약을 맺은 어떤 미국 기업으로부터 자문해줄 것을 요청 받았다. 신장 자치구의 인권 상황으로 인해 미국을 포함한 여러 나라 정부가 올림픽 개최지 재선정을 추진할지, 전면적 혹은 선별적 보이콧을 단행할지, 아니면 단순히 외교 대표단을 보내지 않을지에 대해 논란이 있었다. 이 기업의 중국 시장은 거대하여 신장에서 제품을 공급받지는 않지만, 베이징(중국)과 워싱턴(미국) 양쪽 모두에서 기업의 행동을 현미경 들여다보듯 주시할 것이라는 점을 알고 있었다.

필자는 그 기업으로 하여금 기타 스폰서 기업들과 함께 다음 사항들의 조합을 포함할 수 있도록 공동 플랫폼 마련을 제시했는데, 먼저 위구르 노동 재교육 캠프로부터 무슬림 석방 개시를 막후에서 조율하면서 중국을 푸시할 것, 국제 올림픽위원회(IOC)의 개최지 선정 절차 개혁 이니셔티브를 취할 것, 신장 지역 상황에 대한 우려를 표명하는 공개 성명을 발표할 것, 올림픽에서 어떠한 기업의 대표 자격을 보이콧할 것 등이 그 내용이다.

미·중 관계의 제반 문제는 종종 경제적 이익과 민주적 가치 또는 국가 안보 이익 사이의 균형을 요구한다. 중국 공산당이 민주 국가의 교육·문화 기관, 비즈니스 커뮤니티, 언론에 침투하는 것은 문제를 더욱 악화시킬 뿐이다. 예를 들어, 첨단 기술을 다루는 연구실에서 중국 출신 학생과 연구원들을 관리하는 방법에 대한 열띤 논쟁이 있었고, 국가 안보와 미국 개방의 가치 사이의 적절한 균형은 무엇일가에 대한 논쟁도 있었다. 소수 중국 학생들의 악의적인 행동으로 인해 대다수 중국 학생들의 기회를 어떠한 방식으로 보호할 수 있을까? '공자학원(CI)'에 대한 각종 논쟁을 보면, 중국 정부 재정 지원으로 실시되는 중국어 언어 트레이닝 기회와 미국 대학의 거버넌스 원칙 및 공자학원(CI)은 달라이 라마의 미 대학 캠퍼스 연설 초청과 같은 문제를 놓고 학생들의 견해나 대학의 정책적 영향력 행사 가능성을 서로 상충하게 한다.

이러한 문제에 대한 간단한 답은 없지만, 종종 격화되는 논쟁의 온도를 낮추는 것이 모든 정책적 옵션을 충분히 검토하는 데는 필수적이다. 예를 들어,

많은 대학들이 정치적으로 제기되는 의회 논쟁과 강경한 조치에 직면하여 공자학원(CI)을 폐쇄했다. 그러나 이렇게 과열된 분위기만 아니었더라면 중국 정부의 공자학원(CI)에 대한 자금 지원은 허용하되 교사나 커리큘럼을 선정하지 못하도록 하는 등의 다른 선택지도 모색할 수 있었을 것이다. 시간이 지나면서 이러한 문제가 어떻게 해결되는지에 따라 미국의 대중 정책 성격과 미·중 관계는 물론 국제무대에서 추구하는 미국의 주요 전략적 이니셔티브의 성격도 규정될 것이다.

분열된 세계? 아니면 단합된 세계?

세계 대부분의 국가들은 미국과 중국 간 관계가 긴장되어 신냉전으로 굳어지는 상황을 허용할 뜻이 거의 없다. 국가들은 세계 최대 경제력과 군사력을 보유한 두 강대국 중 하나를 선택해야 하는 상황을 원하지 않는다. 더욱이 급격한 분열과 제로섬 사고방식으로 특징지어지는 세계에서, 기후 변화, 팬데믹, 난민, 금융 위기 등 글로벌 도전 과제를 해결할 가능성도 모두 줄어들게 되었다.

중국 학자들로서는 미·중 간 정치적 갈등이 불가피하다고 보는 숫자가 압도적이다. 이들은 기존 강대국과 부상하는 세력, 이념적 차이, 리더십과 특권, 경제 및 기술과 관련된 구조적 이유들을 가장 중요한 쟁점의 원천으로 꼽고 있다.[24] 이들은 미·중 간 협력의 기회는 거의 없으며, 또한 그렇게 하더라도 이들의 생각은 인프라 관련 부채 문제에 관한 국제 규칙 개발과 같이 전반적인 경쟁 구조 내에서의 편협한 정책 분야에 포커스를 두고 있을 뿐이라는 것이다.[25] 2020년 12월 필자는 미·중 양국이 공통점을 찾을 수 있는 분야 및 관련 중국 외교 정책 분야 전문 원로 학자들에게 자문을 구했다. 여기서 가장 빈번하게 언급되는 잠재적 협력 분야는 기후 변화, 이란 핵 협상, 팬데믹 등이었다. 몇 가지 특이한 아이디어도 있었다. 푸단 대학의 우신보(Wu Xinbo) 교수는 미·중 양국이 미디어 접근에 대한 제약을 완화할 수 있을 것이라고 제안했고, 베이징 대학(PKU)의 자다오지옹(Zha Daojiong)은 미·중 양국의 시민사회가 각각 보다 협력적인 관계를 구축할 수 있는 잠재력을 제시하면서도 미·중 양국 정부가 부정적이고 결정론적이며 위협 기반의 프레임에 갇혀 있음을 한탄했다.

중국 학자들의 평가는 같은 분야의 미국 학자들과 넓은 의미에서 공통점이 있다. 작금의 정치·경제적 현실을 고려할 때 대부분의 양국 전문가들은 미·중 협력의 범위가 여전히 제한적이라는 데 동의한다. 기후변화, 공중보건, 마약거래, 위기관리 등 글로벌 거버넌스의 큰 이슈에 대한 기술적 협력 수준에서는 관여가 이뤄질 가능성이 높다. 미국은 이러한 분야에서 중국과 협력하여 양국 관계의 가드레일을 구축하는 데 관심이 있음을 분명히 해왔다. 미국과 중국은 이미 'G20 지속 가능한 금융연구그룹' 공동 의장을 맡고 있으며, 2022년 2월에는 메탄 배출 감축 등과 같은 분야에서 협력하기로 공동 선언문을 채택하기도 했다. 또한, 양국이 개발도상국들의 청정 에너지 프로젝트에 공동으로 금융을 지원하고 배기 가스 감축 목표를 달성하기 위한 계획을 제시하는 등 일련의 벤치마크들을 설정할 수 있는 기회도 많이 존재한다. 또한, 미·중 양국은 탄소거래 플랫폼을 강화하고 확장하는 분야에서도 협력할 수도 있다.

그러한 협력은 국제 안보에 크게 기여할 것이며, 미·중 관계의 하락 추세를 저지하는 데 큰 도움이 될 것이다. 그러나 이는 미·중 간의 서로 상이한 가치관과 세계관 사이에서 진행 중인 경쟁의 근본을 바꾸지는 못할 것이다. 미국은 중국의 인권에 관한 규범 개혁, 남중국해와 대만에 대한 주권 실현, 국가 중심의 인터넷 거버넌스 체제 촉진, '일대일로' 발전, 아시아 지역 내 미국의 역할 축소, 북극에서 중국의 영향력 증대, 글로벌 무대에서 중국 기술 프로모션 등 중국의 외교정책 최우선 사안과 관련된 정책을 중국이 현재 법치 기반 질서의 규범을 뒤엎으려는 것으로 이해하고 있다. 더욱이, 미국은 중국 외교정책의 성격과 행위, 즉 다른 행위자의 정책적 선택과 결정에 대해 영향력을 행사하려는 중국의 제반 노력의 강압적인 성격에 대해 우려하고 있다. 중국은 미국을 일종의 스포일러로 간주하여 각국의 행태를 지배하는 규칙을 형성하려는 중국의 권리를 차단하고 미국의 군사 동맹 시스템과 기반 기술을 지속적으로 독점함으로써 중국의 부상을 억제하려 한다고 보고 있다.

따라서 미·중 간 서로 다른 가치에 기반을 둔 기술, 심지어 경제·군사 분야 생태계가 각기 다르게 출현할 가능성이 점점 더 높아지고 있다. 중국 외교정책의 내용과 성격을 보면, 중국에 의한 세계, 즉 정치·경제뿐 아니라 지리적 구성 면에서 중국의 중심성을 기리는 세계는 미국과 동맹국들에게 이들이 지지하는 제반 가치에 대한 여지를 거의 남기지 않고 있다. 미국과 동맹국들 그리고 파트너 국가들이 직면한 그들이 지지하는 가치와 규범의 핵심은 미국과 동맹국, 파트너 국가들의 과제로, 세계가 어떻게 조직되어야 하고 세계에 알릴 가치와 규범이 어떠해야 하는지 보다 설득력 있는 비전을 개발하고 실천하는 것이다.

미주

1장

1. "Speech by President Xi Jinping at opening of 73rd World Health Assembly", *Global Times*, May 18, 2020.
2. "He talks: from disorder to a new world order", Video, China-US Focus, December 14, 2018.
3. William Zheng, "China's officials play up 'rise of the East, decline of the West'", *South China Morning Post*, March 9, 2021.
4. Kayla Wong, "China trumpets popular narrative that 'the East is rising & the West is declining'", Mothership, March 11, 2021.
5. Yan Xuetong, "The rise of China in Chinese eyes", *Journal of Contemporary China*, Vol. 10, No. 26 (2001), 33.
6. "中美经济对话格局生变 攻守更平衡 [A changing posture for Sino－US economic dialogue: toward a better offense-defense balance]", CCTV, June 19, 2008.
7. "Speech delivered by President Xi at the NPC closing meeting", *China Daily*, March 22, 2018.
8. Xi Jinping, *The Governance of China: Volume One* (Beijing: Foreign Languages Press, 2014), 261.
9. 같은 글, 273.
10. Xi Jinping, *The Governance of China: Volume Three* (Beijing: Foreign Language Press, 2020), 540-7.
11. 같은 글.
12. Xi, *The Governance of China: Volume One*, 390.
13. Wang Jisi, "A community with a shared future starts from the Asia Pacific",

China-US Focus, December 15, 2019.

14. Wei Pan, "Western system versus Chinese system", China Policy Institute, July 2010.
15. Frank Ching, "China's economy not a model for emulation", *Japan Times*, August 31, 2011.
16. "关于坚持和发展中国特色社会主义的几个问题 [Several issues on upholding and developing socialism with Chinese characteristics]", *Qiushi*, April 1, 2019.
17. "Full text of Xi Jinping's report at 19th CPC National Congress", *China Daily*, October 18, 2017.
18. Yan Xuetong, "China model not for other countries", *Global Times*, July 23, 2019.
19. "Xi urges breaking new ground in major country diplomacy with Chinese characteristics", Xinhua, June 24, 2018.
20. "The Central Conference on Work Relating to Foreign Affairs was held in Beijing", Ministry of Foreign Affairs of the People's Republic of China, November 29, 2011.
21. Huang Jing, "The shield of multilateralism", China-US Focus, August 7, 2020.
22. Xi Jinping, *The Governance of China: Volume Two* (Beijing: Foreign Languages Press, 2017), 488.
23. Ying Fu, "Discussing changes in the international order", China-US Focus, July 31, 2018.
24. "Full text: Fu Ying's speech at Chatham House in London", *China Daily*, July, 8, 2016.
25. Liza Tobin, "Xi's vision for transforming global governance: a strategic challenge for Washington and its allies", *Texas National Security Review*, Vol. 2, No. 11 (November 2018).
26. Wang Jisi, "Wang Jisi: China-US ties today worse than Soviet-US relations during Cold War", Caixin, June 18, 2020.
27. Shen Dingli, "Why China is the new pillar of the world", *Global Times,* June 20, 2019.
28. Hillary Leung, "'An eternal hero.' Whistleblower doctor who sounded alarm on coronavirus dies in China", *Time*, February 7, 2020.

29. Laurie Chen, "Mourners pay tribute to Chinese doctor Li Wenliang who blew whistle on coronavirus that killed him", *South China Morning Post*, February 7, 2020.

30. Lily Kuo, "Coronavirus: Wuhan doctor speaks out against authorities", *The Guardian*, March 11, 2020.

31. Reese Oxner, "US and EU condemn jailing of lawyer who reported on coronavirus in Wuhan", NPR December 29, 2020.

32. Guo Rui, "Chinese citizen journalist detained after live-streaming on coronavirus from Wuhan", *South China Morning Post*, May 18, 2020.

33. Sheridan Prasso, "China's epic dash for PPE left the world short on masks", Bloomberg, September 17, 2020.

34. Michael R. Pompeo, "The United States announces assistance to combat the novel coronavirus", US Department of State, February 7, 2020.

35. Prasso, "China's epic dash for PPE."

36. Dian Septiari, "'Don't overreact': Chinese envoys responds to Indonesia's travel ban amid virus fears", *Jakarta Post*, February 4, 2020.

37. Alicia Chen and Vanessa Molter, "Mask diplomacy: Chinese narratives in the COVID era", Freeman Spogli Institute for International Studies, June 16, 2020.

38. Chad P. Brown, "China should export more medical gear to battle COVID-19", Peterson Institute for International Economics, May 5, 2020.

39. "China's response to COVID-19", filmed March 12, 2020, in Beijing, China.

40. Shu Chen et al., "Chinese medical teams in Africa: a flagship program facing formidable challenges", *Journal of Global Health*, Vol. 9, No. 1 (June 2019).

41. "Facing forwards along the Health Silk Road", *The Lancet Global Health*, Vol. 5, No. 10 (October 2017).

42. Kirk Lancaster, Michael Rubin, and Mira Rapp-Hooper, "Mapping China's Health Silk Road", Council on Foreign Relations, April 10, 2020.

43. Alberto Tagliapietra, "The European Union won't be fooled by China's Health Silk Road", German Marshall Fund of the United States, September 2, 2020.

44. Jacopo Barigazzi, "Italy's foreign minister hails Chinese coronavirus aid", *Politico*, March 13, 2020.

45. Tagliapietra, "The European Union won't be fooled by China's Health Silk Road."

46. "How Xi Jinping promoted traditional Chinese medicine to the world", *People's Daily*, October 12, 2020.

47. "Mao called it snake oil - how China uses the corona crisis to promote tradi- tional medicine in Africa", MERICS, May 19, 2020.

48. David Cyranoski, "Why Chinese medicine is heading for clinics around the world", *Nature*, September 26, 2018.

49. "The World Health Organization's decision about traditional Chinese medi-cine could backfire", *Nature*, June 5, 2019.

50. Nectar Gan and Yong Xiong, "Beijing is promoting traditional medicine as a 'Chinese solution' to coronavirus. Not everyone is on board", CNN, March 16, 2020.

51. "Written statement submitted by World Federation of Acupuncture-Moxibustion Societies, a non-governmental organization in special consultative status", UN Human Rights Council, A/HRC/46/NGO/117, February 17, 2021.

52. Ben Westcott and Steven Jiang, "China is embracing a new brand of foreign policy. Here's what wolf warrior diplomacy means", CNN, May 29, 2020.

53. Stuart Lau, "Coronavirus: Germany's Angela Merkel plays down China's pro-viding medical supplies to hard-hit European countries", *South China Morning Post*, March 18, 2020.

54. Jamie Smyth and Thomas Hale, "China targets Australian wine with anti-dumping investigation", *Financial Times*, August 17, 2020.

55. Daniel Hurst, "How much is China's trade war really costing Australia?" The Guardian, October 27, 2020.

56. Ben Westcott and Steven Jiang, "Chinese diplomat promotes conspiracy theory that US military brought coronavirus to Wuhan", CNN, March 13, 2020.

57. Anna Mulrine Grobe, "Wary Europe welcomes China's help - but not its disinformation", *Christian Science Monitor*, May 11, 2020.

58. "State Councilor and Foreign Minister Wang Yi meets the press", Ministry of Foreign Affairs of the People's Republic of China, May 24, 2020.

59. Alice Su, "Faulty masks. Flawed tests. China's quality control problem in lead- ing global COVID-19 fight", *Los Angeles Times*, April 10, 2020.
60. Stephanie Nebehay, "WHO chief says widespread travel bans not needed to beat China virus", Reuters February 3, 2021.
61. "WHO, China leaders discuss next steps in battle against coronavirus out-break", World Health Organization, January 28, 2020.
62. "WHO names disease caused by new coronavirus: COVID-19", Global Bio Defense, February 11, 2020.
63. Martin Enserik, "Update: 'A bit chaotic.' Christening of new coronavirus and its disease name create confusion", *Science*, February 12, 2020.
64. "What influence does China have over the WHO?" Deutsche Welle, April 17, 2020.
65. "Towards a Health Silk Road", World Health Organization, August 18, 2017.
66. Primrose Riordan and Sue-Lin Wong, "WHO expert says China too slow to report coronavirus cases", *Financial Times*, February 4, 2020.
67. "China delayed releasing coronavirus info, frustrating WHO", Associated Press, June 3, 2020.
68. Laura Silver, Kat Devlin, and Christine Huang, "Unfavorable views of China reach historic highs in many countries", Pew Research Center, October 6, 2020.
69. "中国加入'新冠肺炎疫苗实施计划' [China joins 'Novel Coronavirus Vaccine Implementation Plan']", Chinese Academy of Sciences, October 10, 2020.
70. Smriti Mallapaty, "China's COVID vaccines are going global - but questions remain", *Nature*, May 4, 2021.
71. "Chinese official says local vaccines 'don't have high protection rates'", BBC, April, 12, 2021.
72. Vincent Ni, "Shanghai's lockdown protests reveal tensions over zero-Covid", The Guardian, April 17, 2022.
73. Mark Moore, "Xi Jinping calls US 'biggest threat' to China's security", *New York Post*, March 3, 2021.
74. "How it happened: transcript of the US-China opening remarks in Alaska", Nikkei Asia March 19, 2021.

2장

1. "Rockets' Tilman Fertitta distances team from Daryl Morey's tweet", ESPN, October 5, 2019.
2. Yaron Steinbuch, "Nets owner Joe Tsai weighs in on Rockets GM Daryl Morey's tweet backing Hong Kong protesters", *New York Post*, October 7, 2019.
3. Anthony Tao, "Everyone is jumping on Houston Rockets GM Daryl Morey's Hong Kong tweet", SupChina, October 7, 2019.
4. "Daryl Morey backtracks after Hong Kong tweet causes Chinese backlash", BBC, October 7, 2019.
5. Tania Ganguli and Alice Su, "Lakers arrive in Shanghai without much fanfare in wake of NBA-China dispute", *Los Angeles Times*, October 8, 2019.
6. Andrew Powel, "The Rockets lose $7 million in Chinese revenue, $20 million total", The Sports Geek, November 14, 2019.
7. Natsuko Fukue, "'We love China': NBA star James Harden apologizes for manager's tweet supporting Hong Kong protests", HKFP, October 7, 2019.
8. "NBA statement", NBA Communications, October 6, 2019, *https://pr.nba.com/nba-statement/.*
9. "Adam Silver's statement on the NBA and China," NBA Communications, October 8, 2019, *https://pr.nba.com/adam-silvers-statement-on-the-nba-and- china/.*
10. Sopan Deb, "NBA Commissioner: China asked us to fire Daryl Morey", *New York Times*, October 17, 2019.
11. Brian K. Patterson, "Houston Rockets: Silver's remarks further solidifies Daryl Morey's job", House of Houston, February 16, 2020.
12. Charles Clover and Michael Peel, "Philippines' Rodrigo Duterte announces 'separation' from US", *Financial Times*, October 20, 2016.
13. Anna Leah E. Gonzales, "China set to lift ban on PH banana exports", *Manila Standard*, October 6, 2016.
14. Andrew S. Erickson and Kevin Bond, "Archaeology and the South China Sea",

The Diplomat, July 20, 2015.

15. Heekyong Yang and Hyunjoo Jin, “As missile row drags on, South Korea's Lotte still stymied in China”, Reuters, June 16, 2017.

16. Andrew Salmon, “Korea still taking Chinese economic hits over US missile”,*Asia Times*, October 6, 2019.

17. Jung Suk-yee, “Number of Chinese tourists visiting South Korea drops after China's travel ban”, BusinessKorea, November 12, 2019.

18. Huileng Tan, “Descendants of the Sun smash hit prompts Beijing to warn on South Korean dramas”, CNBC, March 16, 2016.

19. Jung H. Pak, “Trying to loosen the linchpin: China's approach to South Korea”, Brookings Institution, July 2020.

20. Dean Takashi, “China is approving more foreign games, but not so many American ones”, Venture Beat, February 18, 2020.

21. Chung Min Lee, “South Korea is caught between China and the United States”, Carnegie Endowment for International Peace, October 21, 2020.

22. Laura Silver, Kat Delvin, and Christine Huang, “Unfavorable views of China reach historic highs in many countries”, Pew Research Center, October 6, 2020.

23. Sui-Lee Wee, “Giving in to China, US airlines drop Taiwan (in name, at least)”, *New York Times*, July 25, 2018.

24. Alexander Ma, “United Airlines made a tiny concession to recognize Taiwan and China is furious”, *Business Insider*, August 30, 2018.

25. “NBA为何能恢复转播?中央广播电视总台发言人答记者问 [Why can the NBA return to broadcasting? CCTV answers reporters' questions]”, CCTV, October 10, 2020.

26. “Rockets' Morey paid price for HK post, CCTV gloats”, *Taipei Times*, October 17, 2020.

27. Stephen Wade and Tim Reynolds, “With China rift ongoing, NBA says free speech remains vital”, AP News, October 8, 2019.

28. Christopher Walker and Jessica Ludwig, “The meaning of sharp power”, *Foreign Affairs*, November 16, 2017.

29. Chris Fenton, *Feeding the Dragon: Inside the Trillion Dollar Dilemma Facing*

Hollywood, the NBA, & American Business (New York: Simon & Schuster, 2020), 14-15.

30. "Strong revenue growth continues in China's cinema market", Pricewaterhouse Cooper, June 17, 2019.

31. "Aynne Kokas on Hollywood and China", National Committee on US-China Relations, February 27, 2017.

32. "Made in Hollywood, Censored in Beijing", PEN America, 2020.

33. "Christopher Robin: Winnie the Pooh film denied release in China", BBC, August 6, 2018.

34. Xi Jinping, *The Governance of China: Volume One* (Beijing: Foreign Languages Press, 2014), 64.

35. Mao Tse—Tung, *Selected Works of Mao Zedong: Volume II* (Beijing: Foreign Languages Press, 1967), 295.

36. Alex Joske, "The Party speaks for you: foreign interference and the Chinese Communist Party's United Front system", Australian Strategic Policy Institute, June 9, 2020.

37. Gerry Groot, "The expansion of the United Front under Xi Jinping" in Gloria Davies, Jeremy Goldkorn, and Luigi Tomba, eds., *China Story Yearbook 2015: Pollution* (Australia National University Press, 2016), 169.

38. Alexander Bowe, "China's overseas United Front work: background and implications for the United States", US-China Economic and Security Review Commission, August 24, 2018.

39. Anne—Marie Brady, "On the correct use of terms", Jamestown Foundation, May 9, 2019.

40. Stephanie Saul, "On campuses far from China, still under Beijing's watchful eye", *New York Times*, May 4, 2017.

41. Wang Dan, "Beijing hinders free speech in America", *New York Times*, November 26, 2017.

42. Rob Taylor, "China influence fears cost a rising political star his job", *Wall Street Journal*, December 12, 2017.

43. "ASIO identified political candidates with links to China", SBS News,

September 12, 2017.

44. Tim Gosling, "As China eyes up Czech media, CME purchase renews con-cern", Rajawali Siber, November 26, 2020.

45. Kathrin Hille and James Shotter, "Czech university mired in Chinese influ-ence scandal", *Financial Times*, November 10, 2019.

46. Ido Vock, "When Chinese influence fails", *New Statesman*, September 29, 2020.

47. Stuart Lau, "The Czech Republic's relationship with China? It's complicated", *South China Morning Post*, November 3, 2020.

48. Martin Hála, "United Front work by other means: China's 'economic diplo-macy' in Central and Eastern Europe", *China Brief*, Vol. 19, No. 9 (May 9, 2019).

49. Martin Hála, "Making foreign companies serve China: outsourcing propa-ganda to local entities in the Czech Republic", *China Brief*, Vol. 20, No. 1 (January 17, 2020).

50. Alžběta Bajerová, "The Czech-Chinese centre of influence: how Chinese embassy in Prague secretly funded activities at the top Czech university", China Observers, November 7, 2019.

51. Daniela Lazarová, "Czech-Chinese centre at Charles University to be closed down", Czech Radio, November 13, 2019.

52. Keegan Elmer, "Czech prime minister Andrej BabiŠ hits back at Chinese dip-lomats' Huawei and ZTE claims", *South China Morning Post*, December 28, 2018.

53. 같은 글.

54. Raphael Satter and Nick Carey, "China threatened to harm Czech companies over Taiwan visit: letter", Reuters, February 19, 2020.

55. "Czech prime minister says China's ambassador should be replaced", Reuters, March 9, 2020.

56. Security Information Service, "Annual Report of the Security Information Service for 2019", Publikovano, November 30, 2020.

57. "China hits out after Prague council cancels sister-city deal", *South China*

Morning Post, October 9, 2019.

58. Gautam Chikermane, "Czech Republic's CETIN does what the govern– ment couldn't: reject Huawei", Observer Research Foundation, October 21, 2020.

59. Raymond Johnston, "Chinese state firm gets a majority stake in Czech media advertising agency", Expats CZ, April 22, 2020.

60. Sinophone Borderlands Project Palacky University Olomouc, "European public opinion on China in the age of COVID–19: differences and common ground across the continent", November 16, 2020.

61. "TikTok is No.1! Beats Facebook, Instagram to become most downloaded app in US", *Business Today*, February 27, 2020.

62. Taylor Nicole Rogers, "Meet Zhang Yiming, the secretive, 35–year–old Chinese billionaire behind TikTok who made over $12 billion in 2018", Business Insider, November 10, 2019.

63. Maria Abi–Habib, "India bans nearly 60 Chinese apps, including TikTok and WeChat", *New York Times*, June 29, 2020.

64. "Open apology from CEO of Toutiao following the ban of Neihan Duanzi", Pandaily, April 16, 2018.

65. Matthew Miller, "China's Xi strikes conciliatory note, broadens diplomatic focus", Reuters, November 30, 2014.

66. Joseph S. Nye, Jr., *Soft Power: The Means to Success in World Politics* (New York: PublicAffairs, 2004), 5, 11.

67. Lucy Handley, "The US is the world's top 'soft' power - but Trump has dam– aged its reputation, survey says", CNBC, February 25, 2020.

68. Xi Jinping, The Governance of China: Volume One (Beijing: Foreign Languages Press, 2014), 178-80.

69. "China is spending billions to make the world love it", *The Economist*, March 23, 2017.

70. Joseph S. Nye, Jr., "Squandering the US 'soft power' edge", *International Educator*, January/February 2007.

71. "Hu Jintao calls for enhancing 'soft power' of Chinese culture", *Beijing Review*, October 15, 2007.

72 Christopher Bodeen, "Communist Party will regulate China's media, film industry", Associated Press, March 22, 2018.

73. "The growing influence of Chinese media", *China Daily*, June 25, 2017.

74. Merriden Varrall, "Behind the news: inside China Global Television Network", Lowy Institute, January 16, 2020.

75. Lu Sun, "Developments and new approaches of internationalizing China's media: a case study of China Global Television Network (CGTN) in witness perspective", Global Media Journal, July 28, 2018.

76. "Live: Why Western media twist the reality of Xinjiang [新疆扶持就业政策, 却被西方媒体误读为强制劳动]", YouTube, January 2, 2020, *https://www.youtube.com/watch?v=LE9aZXqw1r4.*

77. "The Point with Liu Xin", YouTube, *https://www.youtube.com/playlist?list=PLt-M8o1W_GdSNhViAVk4Fq8IItW8PHBVf.*

78. Varrall, "Behind the news."

79. "The China story: reshaping the world's media", International Federation of Journalists, June 23, 2020.

80. Nathan Vanderklippe, "In Cambodia, independent media close as Chinese content moves in", *Globe and Mail*, December 29, 2017.

81. "The China story."

82. Ethan Epstein, "How China infiltrated US classrooms", *Politico*, January 16, 2018.

83. *China's Digital Authoritarianism: Surveillance, Influence, and Political Control Before the Permanent Select Committee on Intelligence*, 116th Cong. (2019) (testimony of Christopher Walker, Vice President, Studies and Analysis, National Endowment for Democracy).

84. Marshall Sahlins, "China U.", The Nation, October 30, 2013.

85. "On partnerships with foreign governments: the case of Confucius Institutes", American Association of University Professors, June 2014.

86. US Congress, House, *National Defense Authorization Act for Fiscal Year 2018*, HR 2810, 115th Congress, 1st sess., introduced in House, June 7, 2017.

87. Racqueal Legerwood, "As US universities close Confucius Institutes, what's

next?" Human Rights Watch, January 27, 2020.

88. "How many Confucius Institutes are in the United States?" National Association of Scholars, September 8, 2020.

89. "Confucius Institutes around the world - 2020", Dig Mandarin, February 15, 2020.

90. Gary Sands, "Are Confucius Institutes in the US really necessary?" The Diplomat, February 20, 2021.

91. "About CIEF", Chinese International Education Foundation, *https://cief.org.cn/jj.*

92. Jack Farchy, "Kazakh language schools shift from English to Chinese",*Financial Times*, May 9, 2016.

93. Edem Selormey, "Africans' perceptions about China: a sneak peek from 18 countries", Afrobarometer, September 3, 2020.

94. Kathy Gilsinan, "How the US could lose a war with China", *The Atlantic*, July 25, 2019.

95. David Lague and Benjamin Kang Lim, "Special Report: How China is replac– ing America as Asia's military titan", Reuters, April 23, 2019.

96. "Providing for the Common Defense", Commission on the National Defense Strategy for the United States, November 13, 2018.

97. Damian Cave and Jamie Tarabay, "Suddenly, the Chinese threat to Australia seems very real", *New York Times*, November 28, 2019.

98. Diego Lopes da Silva, Nan Tian, and Alexandra Marksteiner, "Trends in world military expenditure, 2020", Stockholm International Peace Research Institute, April 2021.

99. "Secure a decisive victory in building a moderately prosperous society in all respects and strive for the great success of socialism with Chinese characteris– tics for a new era", *China Daily*, October 18, 2017.

100. Joel Wunthnow and Phillip C. Saunders, "Introduction: Chairman Xi remakes the PLA", in Phillip C. Saunders et al., eds., *Chairman Xi Remakes the PLA* (Washington, DC: National Defense University Press, 2019), 1.

101. 같은 글, 1-42.

102. "Charting China's 'great purge' under Xi", BBC, October 23, 2017.

103. Minnie Chan, "China's military demotes over 70 senior officers 'for bribing Fang Fenghui,'" *South China Morning Post*, June 25, 2019.

104. "How are China's land−based conventional missile forces evolving?", China Power, September 21, 2020.

105. 같은 글

106. "Military and security developments involving the People's Republic of China 2020", US Department of Defense, September 1, 2020.

107. Michael R. Gordon and Nancy A. Youssef, "Pentagon says China could double nuclear weapons in Decade", *Wall Street Journal*, September 1, 2020.

108. "China's military strategy", The State Council of the People's Republic of China, May 27, 2015.

109. Derek Grossman and Logan Ma, "A short history of China's fishing militia and what it may tell us", RAND Corporation, April 6, 2020.

110. "China's 1st nuclear−powered icebreaker in the pipeline", *China Daily*, June 25, 2018.

111. Angela Poh and Weichong Ong, "PLA reform, a new normative contest, and the challenge for ASEAN", *Asia Policy*, Vol. 14, No. 4 (October 2019).

112. Christopher A. Ford, "Technology and power in China's geopolitical ambi−tions", US-China Economic and Security Review Commission, June 20, 2019.

113. Poh and Ong, "PLA Reform."

114. "Joint training and exercises", Ministry of National Defense of the People's Republic of China, *http://eng.mod.gov.cn/news/node_48741.htm.*

115. "Press communiqué issued after SCO Qingdao Summit", *Xinhua*, June 10, 2018.

116. Zhou Bo, "Unlike Nato, the SCO needs no enemy to justify its existence", *South China Morning Post*, June 21, 2017.

117. Nurlan Aliyev, "Military cooperation between Russia and China: the military alliance without an agreement", International Centre for Defence and Security, July 1, 2020.

118. Transcript of the "Meeting of the Valdai Discussion Club", October 22, 2020,

http://en.kremlin.ru/events/president/news/64261.

119. Aliyev, "Military cooperation between Russia and China."

120. Zhang Xiaoming, "Locus of Chinese regional diplomacy: the Shanghai Co-operation Organization", Global Asia, Vol. 13, No. 4 (December 2018).

121. Sutirtho Patranobis, "India refused to endorses Chinas Belt and Road Initiative in SCO summit statement", *Hindustan Times*, June 10, 2018.

122. Sam LaGrone, "China sent uninvited spy ship to Russian Vostok 2018 exercise alongside troops, tanks", USNI News, September 17, 2018.

123. James M. Dorsey, "Now Russia accuses China of technology theft", The Globalist, January 2, 2020.

124. Grace Shao, "China, the world's second largest defense spender, becomes a major arms exporter", CNBC, September 26, 2019.

125. Paul Stronski and Nicole Ng, "Cooperation and competition: Russia and China in Central Asia, the Russian Far East, and the Arctic", Carnegie Endowment for International Peace, February 28, 2018.

126. Shen Dingli, "Don't shun the idea of setting up overseas military bases", China.org.cn, January 28, 2010.

127. "Secure a decisive victory."

128. "Full text: China's national defense in the new era", Xinhua, July 24, 2019.

129. Andrew S. Erickson, "China's blueprint for sea power", *China Brief*, Vol. 16, No. 11 (July 6, 2016).

130. "中华人民共和国国民经济和社会发展第十三个五年规划纲要 [Outline of the 13th Five-Year Plan for the Economic and Social Development of the People's Republic of China]", Central People's Government of the People's Republic of China, March 17, 2016.

131. "Yemen Crisis: China evacuates citizens and foreigners from Aden", BBC, April 3, 2015.

132. Matthieu Duchâtel, "China trends #2 - Naval bases: from Djibouti to a global network?" Institut Montaigne, June 26, 2019.

133. Wang Tianze, Qi Wenzhe, and Hai Jun, "海外军事基地运输投送保障探讨" [An exploration into logistical support of transportation and projection for military

bases abroad], Defense Transportation Engineering and Techniques, No. 1, 2018, 32-6.

134. Ralph Jennings, "Experts: China renewing effort to squelch US influence in Southeast Asia", Voice of America News, September 16, 2020.

135. Dialogue, senior Chinese official, Beijing, January 2019.

136. Fu Mengzi, "大变局下的中国周边外交 [China's peripheral diplomacy under changing conditions]", Wuhan University Institute of Boundary and Ocean Studies, 2019.

137. "China's ambitious bid for Southeast Asia hegemony", Deutsche Welle, December 24, 2019.

138. Emil Avdaliani, "China's effect: a global NATO", Begin-Sadat Center for Strategic Studies, August 10, 2020.

139. "NATO's Jens Stoltenberg sounds warning on China's rise", Deutsche Welle, June 13, 2020.

140. "Remarks by NATO Secretary General Jens Stoltenberg on launching #NATO2030 - strengthening the Alliance in an increasingly competitive world", NATO, June 8, 2020.

141. "Annual Report to Congress: Military and security developments involving the People's Republic of China 2019", Office of the Secretary of Defense, May 2, 2019.

142. Jonathan McClory, "The Soft Power 30", Portland Communications, October 2019.

143. Silver et al., "Unfavorable views of China."

144. Pippa Morgan, "Can China's economic statecraft win soft power in Africa? Unpacking trade, investment and aid", *Journal of Chinese Political Science*, Vol. 22, No. 3 (2019).

145. Richard Q. Turcsányi et al., "European public opinion on China in the age of COVID－19", Central European Institute for Asian Studies, 2020.

146. Laura Silver, Kat Devlin, and Christine Huang, "Attitudes toward China", Pew Research Center, December 5, 2019.

147. Tang Siew Mun et al., "The state of Southeast Asia: 2020 Survey Report", ASEAN Studies Centre at ISEAS-Yusof Ishak Institute, January 16, 2020.

148. Richard Wike, Janell Fetterolf, and Christine Huang, "British, French and German publics give Biden high after US election", Pew Research Center, January 19, 2021.

149. Charissa Yong, "Singaporeans should be aware of China's 'influence operations' to manipulate them, says retired diplomat Bilahari", *Straits Times*, June 27, 2018.

150. Qi Wang, "Over 70% respondents believe China's global image has improved, wolf warrior diplomacy a necessary gesture: GT poll", *Global Times*, December 25, 2020.

151. Stephen McDonnell, "Xi Jinping calls for more 'loveable' image for China in bid to make new friends", BBC, June 2, 2021.

3장

1. Under the proposed bill, Hong Kong would be able to detain people and extradite them to countries without a formal extradition treaty. This includes Taiwan and mainland China. See Mike Ives, "What is Hong Kong's extradition bill?" *New York Times*, June 10, 2019.

2. Michael Forsythe, "Billionaire is reported seized from Hong Kong hotel and taken into China", *New York Times*, January 31, 2017.

3. Alex W. Palmer, "The Case of Hong Kong's missing booksellers", *New York Times*, April 3, 2018.

4. Tsui-kai Wong, "Hong Kong protests: What are the 'five demands'? What do protestors want?" *South China Morning Post*, August 20, 2019.

5. "Full text of the Constitution and the Basic Law", Basic Law Promotion Steering Committee, last modified July 17, 2020.

6. "The practice of the 'one country, two systems' policy in the Hong Kong Special Administrative Region", State Council Information Office of the People's Republic of China, June 2014.

7. "China says Sino-British Joint Declaration on Hong Kong no longer has meaning", Reuters, June 30, 2017.

8. "Full text of Xi Jinping's speech on 'one country, two systems' and how China rules Hong Kong", *South China Morning Post*, July 1, 2017.
9. Megan K. Stack, "Joshua Wong's long campaign for the future of Hong Kong", *New Yorker*, October 23, 2019.
10. Alexander Chipman Koty, "The US position on Hong Kong's special status", China Briefing, June 10, 2020.
11. John Ruwitch, "What to know about Hong Kong's special status and what happens if the US removes it", NPR, May 28, 2020.
12. Jessie Pang and Twinnie Siu, "Landslide democratic win puts pressure on leader of Chinese—ruled Hong Kong", Reuters, November 24, 2019.
13. 같은 글.
14. Robert Delaney and Owen Churchill, "Donald Trump signs Hong Kong Human Rights and Democracy Act into law, brushing off China's warnings", *South China Morning Post*, November 28, 2019.
15. "Chinese media blames 'foreign forces' for interfering in Hong Kong; brushes aside pro—democracy wins", *South China Morning Post*, November 25, 2019.
16. Anna Fifield, "China's ominous warning to Hong Kong: less tolerance, more patriotic education", *Washington Post*, November 1, 2019.
17. Jiangtao Shi, "Xia Baolong - from toppling church crosses to overseeing Hong Kong affairs", *South China Morning Post*, February 13, 2020.
18. "HK needs new national security laws: liaison chief", RTHK, April 15, 2020.
19. Elaine Yu and Austin Ramzy, "Amid pandemic, Hong Kong arrests major prodemocracy figures", *New York Times*, April 18, 2020.
20. "Protest violence in Hong Kong is a 'political virus,' says Beijing", Hong Kong Free Press, May 6, 2020.
21. 같은 글.
22. Javier C. Hernandéz, "Harsh penalties, vaguely defined crimes: Hong Kong's security law explained", *New York Times*, June 30, 2020.
23. "Lam says national security law will not undermine HK autonomy", Reuters, June 30, 2020.
24. Dan Strumpf, "Hong Kong libraries pull books for review under China's

Security Law", *Wall Street Journal*, July 5, 2020.

25. Scott Neuman, "Hong Kong activist Nathan Law says he has fled abroad amid Beijing-backed crackdown", NPR, July 2, 2020.

26. "The end of one country, two systems? Implications of Beijing's National Security Law in Hong Kong", US House of Representatives Committee on Foreign Affairs, July 1, 2020.

27. Helen Davidson, "Concern as Hong Kong postpones elections for a year, citing Covid-19", *The Guardian*, July 31, 2020.

28. "Foreign Ministry spokesperson Hua Chunying's Regular Press Conference on June 12, 2020", Foreign Ministry of the People's Republic of China.

29. "Joshua Wong and fellow activists plead guilty in Hong Kong protests trial", BBC, November 23, 2020.

30. "Joint Statement on the Human Rights Situation in Xinjiang and the Recent Developments in Hong Kong, delivered by Germany on behalf of 39 countries", United States Mission to the United Nations, October 6, 2020.

31. Anwar Iqbal, "Pakistan leads 55-nation group supporting China on Hong Kong", *Dawn*, October 8, 2020.

32. "Joint Statement on Xinjiang at Third Committee made by Belarus on behalf of 54 Countries", Permanent Mission of the People's Republic of China to the UN, October 29, 2019.

33. "Xi Focus: China celebrates 40th anniversary of Shenzhen SEZ, embarking on new journey toward socialist modernization", Xinhua, October 14, 2019.

34. Ken Chu, "Hong Kong still has a place in Beijing's grand reforms after Shenzhen", *South China Morning Post*, October 17, 2020.

35. Xi Jinping, "Secure a decisive victory in building a moderately prosperous society in all respects and strive for the great success of socialism with Chinese characteristics for a new era", *China Daily*, October 18, 2017.

36. 같은 글.

37. Xi Jinping, "Vice President Xi Jinping policy speech, February 15, 2012", filmed at the National Committee on US-China Relations, New York.

38. Robert G. Sutter and Chin-Hao Haung, "China's growing resolve in the South

China Sea", *Comparative Connections*, Vol. 15, No. 1 (January-April 2013).
39. "Actions and tricks to split China doomed to fail: Xi", Xinhua, March 20, 2018.
40. "China's Xi says political solution for Taiwan can't wait forever", Reuters, November 6, 2013.
41. "Highlights of Xi's speech at Taiwan message anniversary event", State Council Information Office of the People's Republic of China, January 2, 2019.
42. "Xinhua Headlines: Xi says 'China must be, will be reunified' as key anniversary marked", Xinhua, January 2, 2019.
43. "It's not just India, China has border disputes with 18 countries", India TV, June 26, 2020.
44. Jesse Johnson, "China's 100-day push near Senkaku Islands comes at unsettling time for Sino-Japanese ties", *Japan Times*, July 27, 2020.
45. Dai Lun, "北京学者：习近平传承毛泽东 国安立法终结香港'无政府'状态[Beijing scholar: Xi Jinping inherits Mao Zedong's national security legislation and ends Hong Kong's 'anarchist' state]", Deutsche Welle, July 9, 2020.
46. Nick Aspinwall, "Taiwan is exporting its coronavirus successes to the world", *Foreign Policy*, April 9, 2020.
47. "Full text of Xi Jinping's report at the 19th CPC National Congress", *China Daily*, November 4, 2017.
48. Yuwen Deng, "Why China will wait until 2030 to take back Taiwan - unless the island forces Xi Jinping's hand", *South China Morning Post*, November 26, 2018.
49. "Struggle to restore China's lawful seat in the United Nations", Ministry of Foreign Affairs of the People's Republic of China.
50. "A policy of 'one country, two systems' on Taiwan", Ministry of Foreign Affairs of the People's Republic of China.
51. Zhao Xinying, "More Taiwan students studying in mainland universities", *China Daily*, November 6, 2015.
52. Sindy Leng and Liu Zhen, "'We are brothers': Xi hails closer ties with Taiwan as closed-door talks with Ma wrap up at historic Singapore summit", *South China Morning Post*, November 7, 2015.

53. Xi Jinping, *The Governance of China: Volume One* (Beijing: Foreign Language Press, 2014), 254.
54. 같은 글, 258.
55. "What was the CSSTA?" Daybreak, July 20, 2017.
56. "What was the movement attempting to address?" Daybreak, July 22, 2017.
57. "President Ma Ying−jeou's National Day Address", Taipei Economic and Cultural Office in Thailand, October 17, 2014.
58. Javier C. Hernández and Vanessa Piao, "Tsai Ing−wen, Taiwan's first female leader, is assailed in China for being 'emotional'", *New York Times*, May 25, 2016.
59. Ching−chi Ko, "Taiwan's 2016 presidential election", Carnegie Endowment for International Peace, September 9, 2015.
60. Aurelio Insisa, "Taiwan 2012-2016: from consolidation to the collapse of cross−strait rapprochement", *Asia Maior*, Vol. 27 (2016).
61. Lawrence Chung, "Beijing cuts Ma−era cross−strait communication channel with Taiwan", *South China Morning Post*, June 26, 2016.
62. Chun−hung Lee et al., "Evaluating international tourists' perceptions on cul−tural distance and recreation demand", Sustainability, Vol. 10, No. 12 (2018).
63. Lawrence Chung, "Beijing cuts number of students allowed in Taiwan", *South China Morning Post*, May 30, 2017.
64. Joyce Lau, "Post−pandemic, will China use its students as bargaining chips?" *Inside Higher Ed*, June 26, 2020.
65. Cheng Jiawen, "林中斌：中共對台政策是'窮台' [Lin Chong−pin: China's policy toward Taiwan is to 'impoverish Taiwan']", *United Daily News*, July 22, 2016.
66. "MUJI 無印良品", MUJI, *https://www.muji.com/tw/*.
67. Elliot Waldman, "Chinese interference casts a dark cloud over local elections in Taiwan", *World Politics Review*, November 29, 2018.
68. Tom O'Connor, "Which countries still recognize Taiwan? Two more nations switch to China in less than a week", *Newsweek*, September 20, 2019.
69. John Dotson, "Military activity and political signaling in the Taiwan Strait in early 2020", Jamestown Foundation, April 1, 2020.

70. "China says Taiwan military drills are over after Pelosi visit", BBC, August 10, 2022.
71. Minnie Chan, "China tries to calm 'nationalist fever' as calls for invasion of Taiwan grow", *South China Morning Post*, May 10, 2020.
72. H.I. Sutton, "If China invades Taiwan, this is what the fleet could look like", *Forbes*, June 7, 2020.
73. Chan, "China tries to calm 'nationalist fever'."
74. Minnie Chan, "'Too costly': Chinese military strategist warns now is not the time to take back Taiwan by force", *South China Morning Post*, May 4, 2020.
75. "Taiwan Relations Act", American Institute in Taiwan, *https://www.ait.org.tw/our-relationship/policy-history/key-u-s-foreign-policy-documents-region/taiwan-relations-act/.*
76. "H.R.535 - Taiwan Travel Act", Congress.gov, last updated March 16, 2018, *https://www.congress.gov/bill/115th-congress/house-bill/535.*
77. "S.1678 - Taiwan Allies International Protection and Enhancement Initiative", Congress.gov, last updated March 26, 2020, *https://www.congress.gov/bill/116th-congress/senate-bill/1678/text.*
78. John Ruwitch, Biden, again, says U.S. would help Taiwan if China attacks", NPR, September 19, 2022.
79. "Taiwanese foreign trade in figures", Santander, September 2020, *https://santandertrade.com/en/portal/analyse-markets/taiwan/foreign-trade-in-figures*
.
80. Isabella Steger, "China tried to threaten Taiwan by weaponizing tourism, but it didn't work", Quartz, January 7, 2020.
81. Charlotte Gifford, "Going it alone - what the New Southbound Policy means for Taiwanese independence", World Finance, May 1, 2020.
82. "Taiwanese companies returning to the island because of growing aggressiveness from Beijing", MercoPress, September 16, 2020.
83. John Sudworth, "China needs to show Taiwan respect, says president", BBC, January 14, 2020.
84. "Joint multidimensional landing drill conducted in sea areas of East and South

China Seas", YouTube, October 11, 2020, *https://www.youtube.com/watch?v=DPp_Guk3GEc&feature=youtu.be.*

85. "China threatens to take over Taiwan by conducting live-fire military drill of 'soldiers seizing an island' as political tensions spike to new high", *Daily Mail*, October 12, 2020.

86. David Alexander, Michael Martina, and Dean Yates, "China's land reclamation in South China Sea grows: Pentagon report", Reuters, August 21, 2015.

87. Ankit Panda, "It's official: Xi Jinping breaks his non-militarization pledge in the Spratlys", The Diplomat, December 16, 2016.

88. Rachael Bale, "One of the world's biggest fisheries is on the verge of collapse", *National Geographic*, August 29, 2016.

89. Quoted in Robert Kaplan, *Asia's Cauldron: The South China Sea and the End of a Stable Pacific* (New York: Random House, 2014), 41.

90. "Declaration on the Conduct of Parties in the South China Sea", Association of Southeast Asian Nations, November 4, 2002.

91. South China Sea Expert Working Group, "A blueprint for a South China Sea Code of Conduct", Asia Maritime Transparency Initiative, October 11, 2018.

92. Mingjiang Li, "Reconciling assertiveness and cooperation? China's changing approach to the South China Sea dispute", *Security Challenges* Vol. 6, No. 2 (Winter 2010).

93. "Historical evidence to support China's sovereignty over Nansha Islands", Ministry of Foreign Affairs of the People's Republic of China, November 17, 2000.

94. Natalie Thomas and Michael Martina, "China tightens rules on maps amid territorial disputes", Reuters, December 16, 2015.

95. Andew S. Erickson and Kevin Bond, "Archaeology and the South China Sea", *The Diplomat*, July 20, 2015.

96. Mike Ives, "A defiant map-hunter stakes Vietnam's claims in the South China Sea", *New York Times*, November 25, 2017.

97. "Maps question China's claims over Vietnamese islands", *Tuoi Tre News*, May 30, 2016.

98. Raul Pedrozo, "China versus Vietnam: an analysis of competing claims in the South China Sea", CNA, August 2014.
99. Andrew Chubb, "Xi Jinping and China's maritime policy", Brookings Institution, January 22, 2019.
100. "Annual Report to Congress: Military and security developments involving the People's Republic of China 2018", Office of the Secretary of Defense, May 16, 2018.
101. Lynn Kuok, "Countering China's actions in the South China Sea", *LawFare*, August 1, 2018.
102. 같은 글.
103. AMTI Leadership, "Arbitration Support Tracker", Center for Strategic and International Studies, June 16, 2016.
104. Douglas Guilfoyle, "A new twist in the South China Sea Arbitration: the Chinese Society of International Law's critical study", *EJIL: Talk! Blog of the European Journal of International Law*, May 25, 2018.
105. Kristin Huang, "'Prepare for war', Xi Jinping tells military region that monitors South China Sea, Taiwan", *South China Morning Post*, October 26, 2018.
106. Shinji Yamaguchi, "Strategies of China's maritime actors in the South China Sea: a coordinated plan under the leadership of Xi Jinping", *China Perspectives* 3 (September 2016).
107. Megha Rajagopalan, "China trains 'fishing militia' to sail into disputed waters", Reuters, April 30, 2016.
108. China Power Team, "Are maritime law enforcement forces destabilizing Asia?" China Power, August 18, 2016, updated August 26, 2020.
109. Ralph Jennings, "After show of military might, China offers to restart S. China Sea talks", Voice of America, July 8, 2020.
110. Kristin Huang, "Beijing marks out claims in South China Sea by naming geographical features", *South China Morning Post*, April 20, 2020.
111. Alan Robles, "'Any suggestion?' Philippine president Duterte asks after Xi Jinping reaffirms South China Sea claims", *South China Morning Post*, September 5, 2019.

112. Laura Zhou, "Asean members up the ante on South China Sea amid code of conduct talks", *South China Morning Post*, December 29, 2019.
113. Brad Lendon, "Philippines says it won't end US military access agreement amid South China Sea Tensions", CNN, June 3, 2020.
114. Jim Gomez, "Philippines calls for Beijing to follow ruling on South China Sea dispute", *Global News*, July 12, 2020.
115. Phuong Nguyen and Neil Jerome Morales, "Vietnam, Philippines denounce China military drills in disputed waters", *US News*, July 2, 2020.
116. Felix K. Chang, "Uncertain prospects: South China Sea Code of Conduct negotiations", Foreign Policy Research Institute, October 6, 2020.
117. "Bilahari Kausikan's speech on ASEAN & US-China Competition in Southeast Asia", *Today*, March 31, 2016.
118. Laura Zhou, "Asean members up the ante on South China Sea."
119. Dzirhan Mahadzir, "China pushes back against US statement on South China Sea claim, ASEAN stays silent", USNI News, July 14, 2019.
120. Jason Loh, "South China Sea: time to display firm resolve", *The ASEAN Post*, July 25, 2020.
121. Tony Walker, "Naval exercises in South China Sea add to growing fractious-ness between US and China", *The Conversation*, July 8, 2020.
122. Michael R. Pompeo, "US position on maritime claims in the South China Sea", US Department of State, July 13, 2020.
123. Philip Davidson and Nicholas Burns, "Military competition with China: maintaining America's edge", filmed July 18, 2019, at Aspen Strategy Group, Aspen, CO, video, 21: 19.
124. 같은 글, 21: 42.
125. "China condemns US for South China Sea freedom of navigation operation", Reuters, October 1, 2018.
126. Ben Werner, "Maritime standoff between China and Malaysia winding down", USNI News, May 13, 2020.
127. Pompeo, "US position on maritime claims in the South China Sea."
128. "Foreign Ministry spokesperson Zhao Lijian's Regular Press Conference on July

14, 2020", Ministry of Foreign Affairs of the People's Republic of China, July 14, 2020.

129. Chunhao Lou, "为何美日澳总是搅局南海问题? [Why do the United States, Japan, and Australia always disrupt the South China Sea Issue?]" opinion. china.com.cn, 2017.

4장

1. "Port of Piraeus", World Port Source, *http://www.worldportsource.com/ports/review/GRC_Port_of_Piraeus_1041.php.*
2. "China's Cosco makes Piraeus 2nd largest port in Mediterranean", *The National Herald*, October 21, 2019.
3. Angeliki Koutantou, "COSCO sees Greece's Piraeus among world's top 30 ports by 2018", Reuters, September 22, 2016.
4. Yanis Varoufakis, *Adults in the Room* (New York: Farrar, Straus, and Giroux, 2017), 315.
5. 같은 글, 316.
6. 같은 글, 138.
7. 같은 글, 321.
8. "Cosco (Hong Kong) Group Limited 51% shareholder of PPA", Hellenic Republic Asset Development Fund, August 10, 2016.
9. "China is making substantial investment in ports and pipelines worldwide", *The Economist*, February 6, 2020.
10. Theresa Fallon, "The EU, the South China Sea, and China's successful wedge strategy", Asia Maritime Transparency Initiative, October 13, 2016.
11. Robin Emmott and Angeliki Koutantou, "Greece blocks EU statement on China human rights at the UN", Reuters, June 18, 2017.
12. 같은 글.
13. Angus Berwick and Renee Maltezou, "EU suspects tax fraud at China's new gateway to Europe", Reuters, April 20, 2018.
14. Stuart Lau, "Greece's ancient civilisation was once a lure for China's lead- ers.

Now it could prove their nemesis", *South China Morning Post*, April 7, 2019.

15. "Meeting Asia's infrastructure needs", Asian Development Bank, February 2017.
16. Shai Oster, "China: new dam builder for the world", *Wall Street Journal*, December 28, 2007.
17. Jin Ling, "The 'New Silk Road' Initiative: China's Marshall Plan?" China Institute of International Studies, June 11, 2015.
18. Zhou Jiayi, He Kaile, and Han Weiyi, "一带一路'恐带来的风险 [The risks posed by the Belt and Road Initiative]",中外对话 [China Dialogue], July 7, 2015.
19. Min Ye, "Domestic politics of China's Belt and Road Initiative", The Asan Forum, June 17, 2019.
20. Feng Pan, "中国与21世纪亚洲基础设施互联互通进程 [China's infrastructure interconnection process towards Asia in the 21st century]", 国际研究参考 [*International Research Reference*], No. 8 (2015).
21. Liu Yazhou, "大国策 [Great power policy]", Aisixiang, April 15, 2004.
22. Jiang Zhida, "一带一路: 以'空间'换'时间'的发展战略 [One Belt One Road: a development strategy trades 'space' with 'time']", 和平与发展 [*Peace and Development*], No. 4 (2015).
23. Zheng Yongnian and Hang Chi, "一带一路与中国大外交 [One Belt, One Road and China's big diplomacy]", 当代世界 [*Contemporary World*], February 2016.
24. Andrea Ghiselli, "The domestic drive behind China's Belt and Road Initiative", The Asia Dialogue, June 7, 2017.
25. Wang Jisi, "China's search for a grand strategy", Foreign Affairs, March/April 2011.
26. Xinyi Wang and David A. Parker, "Buckling down: how Beijing is implement- ing its 'One Belt, One Road' vision", CogitAsia, May 7, 2015.
27. Ghiselli, "The domestic drive behind China's Belt and Road Initiative."
28. Ye, "Domestic politics of China's Belt and Road Initiative."
29. François Godement et al., "'One Belt, One Road': China's Great Leap Forward", European Council on Foreign Relations, June 2015, 10.
30. Jinghan Zeng, "Narrating China's Belt and Road Initiative", Global Policy, Vol. 10, No. 4 (March 2019), 2.

31. Ye, "Domestic politics of China's Belt and Road Initiative."
32. Li Xiaojun and Zeng Ka, "To join or not to join? State ownership, commercial interests, and China's Belt and Road Initiative", *Pacific Affairs*, Vol. 92, No. 1 (2019).
33. World Bank Group, *Belt and Road Economics: Opportunities and Risks of Transport Corridors* (Washington, DC: World Bank Publications, 2019).
34. "BRI Connect: an initiative in numbers", Refinitv, *https://www.refinitiv.com/content/dam/marketing/en_us/documents/reports/belt-and-road-initiative-in- numbers-issue-2.pdf.*
35. "BRI Projects", Belt and Road Initiative, *https://www.beltroad-initiative.com/projects/.*
36. Leonie Kijewski, "Sihanoukville, Cambodian magnet for Chinese casinos, loses its pull, leaving thousands owed money and unable to move on", *South China Morning Post*, February 20, 2020.
37. "BRI Projects."
38. China Power Team, "How will the Belt and Road Initiative advance China's interests?" China Power, updated October 18, 2019.
39. James Kynge and Sun Yu, "China faces wave of calls for debt relief on 'Belt and Road' projects", *Financial Times*, April 30, 2020.
40. "China's investment in Belt & Road Initiative countries averaging US$12.76 billion a month", Silk Road Briefing, January 14, 2020.
41. "China's investment in Belt and Road Initiative cools", Radio Free Asia, January 17, 2020.
42. China Power Team, "Does China dominate global investment?" China Power, updated January 27, 2020.
43. Adva Saldinger, "China's Belt & Road Initiative out-lends MDBs, sees itself as a 'global public good'", Devex, October 23, 2019.
44. Jamie P. Horsley, "Working Paper: Challenging China to make good project governance a centerpiece of the Belt and Road Initiative", Paul Tsai China Center, Yale Law School, December 2018.
45. Tom Mitchell and Alice Woodhouse, "Malaysia renegotiated China-backed rail

project to avoid $5bn fee", *Financial Times*, April 15, 2019.

46. Stephen Chin, "Is the BRI a corruption magnet?" The Asean Post, October 10, 2018.

47. Dipanjan Roy Chaudhury, "Tanzania president terms China's BRI port project exploitative", *The Economic Times*, July 6, 2019.

48. Jonathan E. Hillman, "China's Belt and Road Initiative: five years later", Center for Strategic and International Studies, January 25, 2018.

49. "Success of China's Belt & Road Initiative depends on deep policy reforms, study finds", World Bank, June 18, 2019.

50. "The road less travelled: European involvement in China's Belt and Road Initiative", European Chamber of Commerce in China, January 16, 2020.

51. Sebastian Horn, Carmen M. Reinhart, and Christopher Trebesch, "How much money does the world owe China?" *Harvard Business Review*, February 26, 2020.

52. Sebastian Horn, Carmen Reinhart, and Christoph Trebesch, "China's overseas lending", Kiel Institute for the World Economy, June 2019.

53. Tan Weizhen, "About half of China's loans to developing countries are 'hidden,' study finds", CNBC, July 12, 2019.

54. Horn et al., "How much money does the world owe China?"

55. World Bank Group, *Belt and Road Economics*.

56. Kliman, et al., "Grading China's Belt and Road", Center for a New American Security, April 8, 2019.

57. World Bank Group, *Belt and Road Economics*.

58. Ben Bartenstein, "Ecuador eyes new financing after world's first virtual debt deal", Bloomberg, August 5, 2020.

59. Elliot Smith, "Zambia's spiraling debt offers glimpse into future of Chinese loan financing in Africa", CNBC, January 14, 2020.

60. Joseph Cotterill, Jonathan Wheatley, and Tommy Stubbington, "Zambia resists Chinese pressure on arrears", *Financial Times*, October 12, 2020.

61. Sebastian Horn, Carmen M. Reinhart, and Christoph Tresbesch, "China's overseas lending: a response to our critics", Center for Global Development,

May 7, 2020.

62. Agatha Kratz, Matthew Mingey, and Dew D'Alelio, "Seeking relief: China's overseas debt after COVID-19", Rhodium Group, October 8, 2020.

63. "Interactive database of Chinese loan commitments to African governments (2000-2018)", Johns Hopkins School of Advanced International Studies, China Africa Research Initiative.

64. Discussion with Brazilian experts and officials via Zoom, November 4-5, 2020.

65. "2017 Report on the Sustainable Development of Chinese Enterprises Overseas", United Nations Development Program, May 2017.

66. Global Policy Development Center, "China's global energy finance", Boston University, 2020.

67. Hans Nicholas Jong, "Survey: Less coal, more solar, say citizens of Belt & Road countries", Mongabay, April 25, 2019.

68. George Obulutsa, "Power from Kenya's planned Lamu plant could cost 10 times more than estimated: study", Reuters, June 11, 2019.

69. "Kenya halts Lamu coal power project at World Heritage Site", BBC, June 26, 2019.

70. Obulutsa, "Power from Kenya's planned Lamu plant could cost 10 times more than estimated: study."

71. James Ellsmoor, "US ambassador pushes coal plant on African World Heritage Site, Kenya fights back", *Forbes*, June 27, 2019.

72. Lewis Nyaundi, "Lamu coal plant: China ready to leave", *The Star*, June 29, 2019.

73. Christian Shepherd, "China pours money into green Belt and Road projects", *Financial Times*, January 26, 2021.

74. Han Chen and Wei Shen, "China's no new coal power overseas pledge, one year on" China Dialogue, September 22, 2022.

75. Zafar Bhutta, "Chinese offer to finance whole $2B LNG project", *The Express Tribune*, May 13, 2016.

76. Vishnu Prakash, "Pakistan's 'China Dilemma': is the CPEC a Boon or a burden?" *The Quint*, August 20, 2020.

77. Tom Hussain, "Where does Imran Khan's government stand on China's Belt and Road?" *South China Morning Post*, August 12, 2018.
78. Nadia Naviwala, "Pakistan's $100B deal with China: what does it amount to?" Devex, August 24, 2017.
79. David Lipton, "IMF Executive Board approves US$6 billion 39-Month EFF arrangements for Pakistan", International Monetary Fund, July 3, 2019.
80. Adnan Amir, "Why is Pakistan cutting funding from Belt and Road projects?" China-US Focus, July 15, 2019.
81. Stephanie Findlay and Farhan Bokhari, "Pakistan revives Belt-and-Road projects under Chinese pressure", *Financial Times*, December 10, 2019.
82. Adnan Amir, "Pakistan and CPEC are drawn into the US-China rivalry", *China Brief*, Vol. 20, No. 1 (January 17, 2020).
83. Masayuki Masuda, "China as regional actor", in *China Goes to Eurasia*, National Institute for Defense Studies, Japan, November 2019, 19.
84. Kaswar Klasra, "China's Huawei protests after Pakistan authorities tear down security barriers at its Islamabad office", *South China Morning Post*, May 17, 2019.
85. "Rising attacks by Baloch separatists increase risks, costs of BRI projects in Pakistan: Report", *The Economic Times*, July 20, 2020.
86. Adnan Aamir, "China moves for more control over Belt and Road in Pakistan", Nikkei Asia, February 16, 2021.
87. "Pakistan's Gwadar port leased to Chinese company for 40 years", *Economic Times*, April 20, 2017.
88. "Commentary: China's Djibouti base not for military expansion", Xinhua, July 13, 2017.
89. Masuda, "China as regional actor", 19.
90. Liu Zhen, "Pakistan port on China's radar for naval base, Pentagon report says", *South China Morning Post*, June 7, 2017.
91. James Kynge et al. "How China rules the waves", *Financial Times*, January 12, 2017.
92. Mohan Malik, "Countering China's maritime ambitions", Indo-Pacific Defense

Forum, March 23, 2020.

93. Mohan Malik, "Dimensions, detours, fissures, and fault lines", The American Interest, February 19, 2018.

94. Guifang (Julia) Xue, "The potential dual use of support facilities in the Belt and Road Initiative", in Nadège Rolland, ed., *Securing the Belt and Road Initiative*, NBR Special Report #80 (September 2019), 53.

95. Qingsi Li and Chunyu Chen, "试析中国的海外港链基地战略 [Analysis of Chinese overseas port bases strategy]", CNKI 知网空间 [*CNKI Online Knowledge Space*], No. 2 (2019).

96. Tianze Wang, Wenzhe Qi, and Jun Hai, "海外军事基地运输投送保障探讨 [Discussion of transportation and delivery guarantees for military bases]", 国防交通工程与技术 [*National Defense Transportation, Engineering, and Technology*], No. 1 (2018).

97. Mathieu Duchâtel, "China Trends #2 - Naval bases: from Djibouti to a global network?" Institut Montaigne, June 26, 2019.

98. Cassandra Garrison, "China's military-run space station in Argentina is a 'black box'", Reuters, January 31, 2019.

99. Jeremy Page, Gordon Lubold, and Rob Taylor, "Deal for naval outpost in Cambodia furthers China's quest for military network", *Wall Street Journal*, July 22, 2019.

100. Shaun Turton and Bopha Phorn, "US questions Cambodia over possible Chinese military presence", *Nikkei Asian Review*, July 1, 2019.

101. "The latest: China refutes report of Cambodia naval base", AP News, July 24, 2019.

102. Prak Chan Thul, "Cambodia says to increase arms purchases from China", Reuters, July 29, 2019.

103. Ankit Panda, "Cambodia's Hun Sen denies Chinese naval base again - but what's really happening?" The Diplomat, June 2, 2020.

104. Guifang Xue and Hao Zheng, "中国21世纪海外基地建设的现实需求与风险应对 [The realistic demand and risk response of China's overseas base construction in the 21st century]", 国际展望 [*International Outlook*], No. 4 (2017).

105. "Xi urges major risk prevention to ensure healthy economy, social stability", Xinhua, January 22, 2019.

106. Bradley Jardine and Edward Lemon, "Tajikistan's security ties with China a Faustian bargain", Eurasia.net, March 2, 2020.

107. Charles Clover, "Chinese private security companies go global", *Financial Times*, February 26, 2017.

108. "Xi's statements on the Belt and Road Initiative", *China Daily*, April 15, 2017.

109. Clayton Cheney, "China's Digital Silk Road could decide the US-China com-petition", The Diplomat, July 17, 2019.

110. Shen Hong, "Beijing takes stakes in private firms to keep them afloat", *Wall Street Journal*, September 30, 2019.

111. Simon Denyer, "Command and control: China's Communist Party extends reach into foreign companies", *Washington Post*, January 28, 2018.

112. Zhang Lin, "The three dangers of China's mixed-ownership reform", *South China Morning Post*, August 7, 2018.

113. Kieran Green, "Securing the Digital Silk Road", Center for Advanced China Research, February 11, 2019.

114. Johannes Ledel and Sam Kingsley, "Can Nokia, Ericsson compete with Huawei?" *Asia Times*, February 3, 2020.

115. "China Safe Cities Technologies and Market Report 2020: rising impressive business opportunities analysis forecast by 2022", MarketWatch, August 19, 2020.

116. "Huawei announces safe city compact solution to protect citizens in small and medium cities", Huawei, October 15, 2018.

117. Jonathan E. Hillman and Maesea McCalpin, "Watching Huawei's 'safe cities'", Center for Strategic and International Studies, November 4, 2019.

118. Klasra, "China's Huawei protests after Pakistan authorities tear down security barriers at its Islamabad office."

119. Daniel Newman, "Opinion: These 7 tech companies are today's 5G winners", MarketWatch, March 9, 2019.

120. Jonathan Kaiman, "'China has conquered Kenya': Inside Beijing's new strategy to win African hearts and minds", *Los Angeles Times*, August 7, 2013.

121. 같은 글.

122. "Chinese TV series gaining popularity in Africa", Balancing Act, April 4, 2013.

123. Fu Ying, "Telling China's story", China-US Focus, April 19, 2020.

124. "Chinese TV series gaining popularity in Africa."

125. Jenni Marsh, "How China is slowly expanding its power in Africa, one TV set at a time", CNN Business, July 24, 2019.

126. Edem Selormey, "Africans' perceptions about China: a sneak peek from 18 countries", Afrobarometer, September 3, 2020.

127. Marsh, "How China is slowly expanding its power in Africa."

128. Asterius Banzi, "Tanzania seeks Chinese help in social media", *The East African*, August 1, 2017.

129. Shayera Dark, "Strict new internet laws in Tanzania are driving bloggers and content creators offline", The Verge, July 6, 2018.

130. Samuel Woodhams, "Huawei, Africa and the global reach of surveillance technology", Deutsche Welle, December 9, 2019.

131. "Uganda's Bobi Wine: pop star MP charged with treason", BBC, August 23, 2018.

132. Joe Parkinson, Nicholas Bariyo, and Josh Chin, "Huawei technicians helped African governments spy on political opponent", *Wall Street Journal*, August 15, 2019.

133. Dark, "Strict new internet laws in Tanzania."

134. "Freedom of the Net 2019: Uganda", Freedom House, 2019, *https://freedomhouse.org/country/uganda/freedom-net/2019.*

135. Parkinson et al., "Huawei technicians helped African governments spy on political opponent."

136. "Latvia: trade statistics", Global Edge, *https://globaledge.msu.edu/countries/latvia/tradestats.*

137. "2019 Annual Report", Constitution Protection Bureau of the Republic of Latvia, April 24, 2019.

138. Siew Mun Tang et al., "The state of Southeast Asia: 2020", ISEAS-Yusof Ishak Institute, January 16, 2020.

139. "Thousands protest against Myanmar mega-dam", The Asean Post, April 23, 2019.
140. "Experts warn of 'debt-trap' for Vietnam in Belt and Road Initiative as China bids for projects", Radio Free Asia, May 22, 2019.
141. Catherine Putz, "Kyrgyz-Chinese joint venture scrapped after protests", The Diplomat, February 20, 2020.
142. Laura Zhou, "Thailand nixed China's Mekong River blasting project. Will others push back?" *South China Morning Post*, February 22, 2020.
143. Thitinan Pongsudhirak, "China's Belt & Road needs to listen more", *Bangkok Post*, November 30, 2018.
144. Wenguang Sun, "孙文广：致习总之8：出访不要大撒币 [Sun Wenguang: To Xi in brief: don't throw away money when visiting abroad]", Canyuwang, July 20, 2018.
145. "Chinese police remove professor during broadcast of VOA program", Voice of America News, August 1, 2018.
146. Zhangrun Xu, "我們當下的恐懼與期待 [Our current fears and expectations]", Initium, July 24, 2018.
147. Chris Buckley, "A Chinese law professor criticized Xi. Now he's been sus-pended", *New York Times*, March 26, 2019.
148. Yongniang Zheng, "贸易战与特朗普的国际新秩序 [The trade war and Trump's new international order]", Cfisnet, July 6, 2018.
149. Ankur Shah and Vivek Pisharody, "BRI draws skepticism in China's north-east", Reconnecting Asia, November 8, 2019.
150. World Bank Group, *Belt and Road Economics*.
151. Edward Wong, "Competing against Chinese loans, US companies face long odds in Africa", *New York Times*, January 13, 2019.
152. "President Donald J. Trump signs H.R. 302 into Law", White House Press Office, October 5, 2018.
153. Asia Reassurance Initiative Act of 2018, Pub. L. No. 114-409, 132 Stat. 5387 (2018).
154. "EU steps up its strategy for connecting Europe and Asia", European Commission, September 19, 2018.

155. "Text adopted by Parliament, single reading", European Parliament, December 9, 2018.

156. Michelle Jamrisko, "China no match for Japan in Southeast Asia infrastructure race", Bloomberg, June 22, 2019.

157. Peter McCawley, "Connecting the dots on the Blue Dot Network", The Interpreter, November 12, 2019.

158. "'一带一路'：和平发展的经济纽带 ['The Belt and Road': the economiclink for peaceful development]", Development Research Center of the State Council, January 28, 2015.

159. "Xi's statements on the Belt and Road Initiative", *China Daily*, April 15, 2017.

160. Wentao Zhou, "'一带一路'：报道中这些雷区千万不要碰 ['The Belt and Road': don't touch the minefields in this report]", Tea Party Media, April 17, 2017.

161. Jizhong Zhang et al., "The Belt and Road Initiative 2020 Survey - a more sustainable road to growth?" Central Banking, April 16, 2020.

162. Mark Plant and Scott Morris, "China's new debt sustainability framework is largely borrowed from the World Bank and IMF. Here's why that could be a problem", Center for Global Development, July 19, 2019.

163. Adva Saldinger, "China's Belt & Road Initiative out-lends MDBs, sees itself as a 'global public good'", Devex, October 23, 2019.

164. Shahar Hameiri and Lee Jones, "The misunderstood AIIB", Lowy Institute, May 17, 2018.

165. "China's coal projects outside its borders", Belt & Road News, July 5, 2020.

166. Tan Hui Yee, "Many not sold on Beijing's new stance on Belt and Road Initiative: survey", *Straits Times*, January 16, 2020.

167. Ivana Karásková et al., "Empty shell no more: China's growing footprint in Central and Eastern Europe", CHOICE, April 7, 2020.

168. John Psaropoulos, "Greece and China hail Strategic Partnership, as US and EU look on" Al Jazeera, November 11, 2019.

169. 같은 글.

170. Elias Bellos, "Τα ανοικτά μέτωπα του Δημοσίου με την Cosco [The open fronts between the state and Cosco]", *Kathimerini*, January 2, 2021.

171. Louis Charbonneau, "Countries blast China at UN over Xinjiang abuses", Human Rights Watch, October 31, 2019.

172. Bojan Stojkovski, "As US, China fight trade war, Greece opens up to Huawei's 5G ambitions", ZD Net, August 19, 2019.

173. "Cosmote picks Sweden's Ericsson for Greece's 5G Network", *The National Herald*, March 30, 2020.

174. Benjamin Weinthal, "Iran threatens retaliation against Greece for US use of military bases", *The Jerusalem Post*, January 15, 2020.

175. Stuart Lau, "US pushes Greece to stop acting as China's 'dragon's head' into Europe", *South China Morning Post*, November 3, 2020.

176. Michael R. Pompeo, "Announcing expansion of the Clean Network to safe-guard America's assets", US Department of State, August 5, 2020.

177. Lau, "US pushes Greece to stop acting as China's 'dragon's head' into Europe."

5장

1. "China has new US$1.4 trillion plan to seize the world's tech crown from the US", *South China Morning Post*, May 21, 2020.

2. Campbell Kwan, "WeChat Pay follows Alipay in allowing foreign visitors to make payments in China", ZDNet, November 8, 2019.

3. Yaqiu Wang, "WeChat is a trap for China's diaspora", Human Rights Watch, August 14, 2020.

4. Miles Kenyon "WeChat surveillance explained", Citizen Lab, May 7, 2020.

5. P.W. Singer and Taylor A. Lee, "China's version of GPS is almost complete. Here's what that means", *Popular Science*, March 31, 2020.

6. Rajesh Uppal, "China's Beidou navigation satellite system (BDS) to provide global coverage with millimeter level accuracy", I*nternational Defence, Security & Technology*, November 9, 2020.

7. Scott Tong, "China charges forward into 5G wireless future, despite pan-demic, weak economy", Market Place, October 8, 2020.

8. John Hendel and Michael Farrel, "Questions for Robert Blair, Trump's point man on 5G", Politico, February 25, 2020.
9. Jeremy Page, Kate O'Keefe, and Rob Taylor, "America's undersea battle with China for control of the global internet grid", *Wall Street Journal*, March 12, 2019.
10. Palan Balakrishnan, "China's digital route to dominance", *Hindu Business Line*, October 15, 2019.
11. "White Paper on China International Optical Cable Interconnection (2018)", China Academy of Informational and Communications Technology, August 2018.
12. Page et al., "America's undersea battle with China for control of the global internet grid."
13. World Bank Group and Development Research of the State Council, "Innovative China: new drivers of growth", World Bank Group, 2019.
14. "A coffee with Ren III: digital sovereignty, from words to action", Huawei, November 6, 2019.
15. Arjun Kharpal, "Huawei's growth slowed dramatically in 2020 as US sanctions take their toll", CNBC, March 31, 2021.
16. Chua Kong Ho, "Huawei founder Ren Zhengfei on why he joined China's Communist Party and the People's Liberation Army", *South China Morning Post*, January 16, 2019.
17. Li Yuan, "Huawei's communist culture limits its global ambitions", *New York Times*, May 1, 2019.
18. "Ren Zhengfei's interview with UK documentary producer", Huawei, *https://www.huawei.com/en/facts/voices-of-huawei/ren-zhengfeis-interview-with-uk-documentary-producer.*
19. Jeffrey Melnik, "China's 'national champions': Alibaba, Tencent, and Huawei", Association for Asian Studies, Fall 2019.
20. "Ren Zhengfei's interview with UK documentary producer."
21. "Ren Zhengfei's Interview with *South China Morning Post*", Huawei, March 24, 2020.

22. "Transcript: Huawei founder Ren Zhengfei's responses to media questions at a round table this week", *South China Morning Post*, January 16, 2019.
23. Keith Johnson and Elias Groll, "The improbable rise of Huawei", *Foreign Policy*, April 3, 2019.
24. Bruce Gilley, "Huawei's fixed line to Beijing", *Far Eastern Economic Review*, December 2000-January 2001.
25. Melnik, "China's 'national champions'."
26. Alberto F. De Toni, *International Operations Management: Lessons in Global Business* (New York: Routledge, 2016).
27. Matthew Dalton, "EU finds China gives aid to Huawei, ZTE", *Wall Street Journal,* February 3, 2011.
28. Chuin–Wei Yap, "State support helped fuel Huawei's global rise", *Wall Street Journal*, December 25, 2019.
29. Reilly Gregson, "Huawei aims to become a global force: vendor makes mobile–industry push", RCR Wireless, March 1, 2001.
30. "Ren Zhengfei's interview with UK documentary producer."
31. Alan Carlton, "How polar codes work", Computer World, September 28, 2017.
32. Steven Levy, "Huawei, 5G, and the man who conquered noise", Wired, November 16, 2020.
33. Christopher Rhoads, "Motorola claims Huawei plot", *Wall Street Journal*, July 22, 2010.
34. Chuin–Wei Yap et al., "Huawei's yearslong rise is littered with accusations of theft and dubious ethics", *Wall Street Journal*, May 25, 2019.
35. Erik Shatzker, "Huawei sting offers rare glimpse of the US targeting a Chinese giant", *Bloomberg Businessweek*, February 4, 2019.
36. Qasim Khan, "Ren Zhengfei: Huawei didn't, and will never steal intellectual property", Equal Ocean, June 18, 2020.
37. "Commerce addresses Huawei's efforts to undermine Entity List, restricts products designed and produced with US technologies", US Department of Commerce, May 15, 2020.
38. Alex Capri, "Semiconductors at the heart of the US-China tech war: how a

new era of techno−nationalism is shaking up semiconductor value chains", Hinrich Foundation, January 2020.

39. "Ren Zhengfei says he will never hate US, desire for survival makes Huawei work harder", CN Tech Post, August 20, 2020.

40. Xi Jinping, *The Governance of China: Volume One* (Beijing: Foreign Language Press, 2014), 124-35.

41. 같은 글, 48-65 and 124-35; "Keynote speech by Chinese President Xi Jinping at the APEC CEO Summit", *Global Times*, November 19, 2016; "习近平：在科学家座谈会上的讲话 [Xi Jinping: Speech at Scientists' Symposium]", Xinhua, September 11, 2020.

42. "[Xi Jinping: Speech at Scientists' Symposium]."

43. "习近平：在企业家座谈会上的讲话 [Xi Jinping: Speech at Forum for Entrepreneurs]", Xinhua, July 21, 2020.

44. "[Xi Jinping: Speech at Scientists' Symposium]."

45. CGTN, "Jack Ma does Michael Jackson dance for Alibaba's 18th birthday", September 14, 2017, video, *https://www.youtube.com/watch?v=Vja8nIqVUw0.*

46. Gong Shou Dao, "Gong Shou Dao - official film", February 13, 2018, video, 22:10, *https://www.youtube.com/watch?v=wfS9Uf5SKu8.*

47. Baidu Inc., "Robin Li's book recommendations", May 21, 2020, video, 2:25, *https://www.youtube.com/watch?v=XWxP9HVbrDs.*

48. "Meet Pony Ma, the billionaire tech CEO who is neck−and−neck with Jack Ma to be China's richest man", Business Insider India, July 14, 2019.

49. "Global 500", Fortune, 2020, *https://fortune.com/global500/2020/search/.*

50. Antonio Graceffo, "China's national champions: state support makes Chinese companies dominant", *Foreign Policy Journal*, May 15, 2017.

51. Sarah Dai, "China adds Huawei, Hikvision to expanded 'national team' spear−heading country's AI efforts", *South China Morning Post*, August 30, 2019.

52. Samm Sacks, "Data security and US-China tech entanglement", Lawfare, April 2, 2020.

53. Laura He, "China is sending government officials into companies like Alibaba and Geely", CNN Business, September 24, 2019.

54. Joseph Horwitz, "China's Communist Party is all in on the power of technology", Quartz, October 25, 2017.

55. Jiayang Fan, "Why China cracked down on the social–media giant ByteDance", *The New Yorker*, April 19, 2018.

56. Louise Lucas, "Tencent's losing game with Chinese regulators", Financial *Times*, June 18, 2019.

57. Pei Li and Brenda Goh, "'Homeland Dream': Chinese gaming giants unveil titles that play up patriotic values", Reuters, August 5, 2019.

58. Raymond Zhong and Paul Mozur, "Tech giants feel the squeeze as Xi Jinping tightens his grip", *New York Times*, May 2, 2018.

59. Yoko Kubota, "Alibaba's Jack Ma says government should stick to governing", *Wall Street Journal*, September 17, 2018.

60. Kevin Xu, "Bonus: Jack Ma's Bund Finance Summit speech", Interconnected, November 9, 2020.

61. Jacky Wong, "Chinese Fintech is hot. Regulators could still cool it down", *Wall Street Journal*, October 16, 2020.

62. Faith Brar, "TikTok is reportedly removing videos of people with 'abnormal body shapes'", Shape, March 19, 2020.

63. Sarah Perez, "TikTok explains its ban on political advertising", TechCrunch, October 3, 2019.

64. Lily Kuo, "TikTok sorry for blocking teenager who disguised Xinjiang video as make–up tutorial", The Guardian, November 28, 2019.

65. Yuan Yang and Xinning Liu, "Tencent denies storing WeChat conversations", *Financial Times*, January 2, 2018.

66. Jialing Xie, "'Don't download this app!' - a top 10 of harmful Chinese apps", What's on Weibo, September 18, 2019.

67. Michael Martina, "China's President Xi pledges more support for technology firms", Reuters, May 20, 2016.

68. Marco Di Capua, "Technology innovation in China", *The Bridge*, Vol. 28, No. 2 (Summer 1998).

69. Micah Springut, Stephen Schlaikjer, and David Chen, "China's Program for

Science and Technology Modernization: implications for American competi-tiveness", CENTRA Technology, January 2011.

70. "Testimony of Robert D. Atkinson, President, Information Technology and Innovation Foundation", Information Technology and Innovation Foundation, July 11, 2018.

71. Miyu Ono and Hannah Cabot, "The disappearance of Chinese capital in US biotechnology", Back Bay Life Science Advisors, September 5, 2019.

72. Ezekiel Emanuel, Amy Gadsden, and Scott Moore, "How the US surrendered to China on scientific research", *Wall Street Journal*, April 9, 2019; Dennis Normile, "Surging R&D spending in China narrows gap with United States", Science, October 10, 2018.

73. Meng Jing, "Tianjin city in China eyes US$16 billion fund for AI work, dwarfing EU's plan to spend US$1.78 billion", *South China Morning Post*, May 16, 2018.

74. Sintia Radu, "US looks to boost non-defense AI research", *US News*, September 26, 2019.

75. Thomas J. Colvin, "A brief examination of Chinese government expenditures on artificial intelligence R&D", Science and Technology Policy Institute, February 2020.

76. Christo Petrov, "Top R&D spenders: the biggest investors of 2020", Spend Me Not, August 3, 2020.

77. James A. Lewis, "Learning the superior techniques of the barbarians: China's pursuit of semiconductor independence", Center for Strategic & International Studies, January 2019.

78. C. Textor, "Share of GDP expenditure on research and development (R&D) in China from 2010 to 2017", Statista, November 29, 2019.

79. Kathleen McLaughlin, "Science is a major plank in China's new spending plan", Science, March 7, 2016; "China R&D spending rises 10% to record $38 billion in 2020", Bloomberg News, March 1, 2021.

80. Stephen Chen, "Two Sessions 2020: China cuts science budget by 9 per cent but national R&D still tipped to grow", *South China Morning Post*, May 22,

2020.

81. Jost Wübbeke et al., "Made in China 2025: the making of a high-tech super- power and consequences for industrial countries", Mercator Institute for China Studies, December 2016.

82. Karen M. Sutter, "'Made in China 2025' industrial policies: issues for Congress", Congressional Research Service, August 11, 2020.

83. "US-China Economic and Security Review Commission: Economics and Trade Bulletin", US-China Economic and Security Review Commission, January 11, 2019.

84. Max J. Zenglein and Anna Holzmann, "Evolving Made in China 2025: China's industrial policy in the quest for global tech leadership", Mercator Institute for China Studies, July 2019.

85. Maximilian Nadicksbernd, "Made in China 2025 - a halftime analysis", China Tech Blog, March 3, 2020.

86. Zenglein and Holzmann, "Evolving Made in China 2025."

87. "Market access challenges in China", The American Chamber of Commerce in Shanghai, 2017.

88. Zenglein and Holzmann, "Evolving Made in China 2025."

89. "China has a new US$1.4 trillion plan to seize the world's tech crown from the US", *South China Morning Post*, May 21, 2020.

90. Tom Hancock, "Multinationals lose ground in China's medical devices", *Financial Times*, May 27, 2018.

91. 같은 글.

92. Michael Collins, "Protected at home, China's medical device industry looks abroad", Asia Unbound, December 3, 2019.

93. "Unpacking Made in China 2025 for US healthcare cos", American Chamber of Commerce in China, January 15, 2016.

94. Frank Tang, "Chinese officials bemoan 'significant catch-up' needed with US on chipmaking, as industrial decoupling looms", *South China Morning Post*, July 10, 2020.

95. Issaku Harada, "China ousts reformist official who called Made in China 2025

'waste'", *Nikkei Asian Review*, April 5, 2019.

96. Arati Shroff, "'Made in China 2025' disappears in name only", Indo-Pacific Defense Forum, March 23, 2020.

97. Cao Cong, "China's approaches to attract and nurture young biomedical researchers", National Academies, 6-7.

98. "Hundreds Talents Program", School of Engineering Science, University of Science and Technology of China, 2011.

99. Ellen Barry and Gina Kolata, "China's lavish funds lured US scientists. What did it get in return?" *New York Times*, February 7, 2020.

100. Remco Zwetsloot, "China's approach to tech talent competition: policies, results, and the developing global response", Brookings, April 2020.

101. 같은 글.

102. Cong Cao et al., "Returning scientists and the emergence of China's science system", *Science and Public Policy*, Vol. 47, No. 2 (April 2020).

103. Launched on May 4, 1919, the May 4th movement ushered in an era of revolutionary political and social action across China and was a central part of the country's New Culture Movement.

104. Jiayun Feng, "'Modern Chinese intellectuals are spineless': Peking University vice dean reportedly resigns after provocative essay", SupChina, March 27, 2018.

105. "Chinese national who worked at Monsanto indicted on economic espionage charge", US Department of Justice, November 21, 2019.

106. Rebecca Trager, "Theft of universities' secrets fuels US crackdown on Chinese talent programs", Chemistry World, January 27, 2020.

107. Andrew Silver, "Scientists in China say US government crackdown is harming collaborations", *Nature*, July 8, 2020.

108. Christopher Burgess, "China's 1000 Talents Program continues to harvest US knowledge", Clearance Jobs, May 13, 2020.

109. "Harvard University professor indicted on false statement charges", US Department of Justice, June 9, 2020.

110. Ryan Lucas, "The Justice Department is ending its controversial China Initiative",NPR, February 23, 2022.

111. Anil Wadhwa, "Make in China 2025 - is it on track?" Institute of Chinese Studies Delhi, March 2019.
112. Alex Lykken, "China-driven M&A in North America is nearly MIA this year", Pitchbook, November 1, 2019.
113. Huang Yongfu, "Foreign firms eyeing Chinese market prove forced technology transfer claims don't hold up", *Global Times*, October 8, 2019.
114. Daniel Shane, "How China gets what it wants from American companies", CNN Business, April 5, 2018.
115. "2018 China Business Report", American Chamber of Commerce in Shanghai, July 12, 2018.
116. Julie Wernau, "Forced tech transfers are on the rise in China, European firms say", *Wall Street Journal*, May 20, 2019.
117. Dan Prud'homme, "Reform of China's 'forced' technology transfer policies", Oxford Business Law Blog, July 22, 2019.
118. Lee G. Brantetter, "China's forced technology transfer problem - and what to do about it", Peterson Institute for International Economics, June 2018.
119. Rob Barry and Dustin Volz, "Ghosts in the clouds: inside China's major corporate hack", *Wall Street Journal*, December 30, 2019; Christopher Bing, Jack Stubbs, and Joseph Menn, "Exclusive: China hacked HPE, IBM and then attacked clients", Reuters, December 20, 2018.
120. "Update to the IP Commission Report", The National Bureau of Asian Research, 2017.
121. John C. Demers, "Statement of John C. Demers, Assistant Attorney General, National Security Division, US Department of Justice, before the Committee on the Judiciary United States Senate", US Department of Justice, December 12, 2018.
122. Ellen Nakashima and Paul Sonne, "China hacked a Navy contractor and secured a trove of highly sensitive data on submarine warfare", Washington Post, June 8, 2018.
123. White House Office of the Press Secretary, "Fact Sheet: President Xi Jinping's State Visit to the United States", September 25, 2015.

124. "2016 Report to Congress of the US-China Economic and Security Review Commission", US-China Economic and Security Review Commission, November 2016.

125. Alexander Chipman Koty, "What is the China Standards 2035 Plan and how will it impact emerging industries?" China Briefing, July 2, 2020.

126. Christopher Ashley Ford, "Huawei and its siblings, the Chinese tech giants: national security and foreign policy implications", US Department of State, September 11, 2019.

127. Christopher Balding and Donald C. Clarke, "Who Owns Huawei?" Social Science Research Network, April 17, 2019.

128. Li Tao, "Who controls Huawei? Chinese telecom's leader's ownership structure explained in more detail", *South China Morning Post*, April 29, 2019.

129. Ford, "Huawei and its siblings, the Chinese tech giants."

130. Wesley Rahn, "Huawei boss Liang Hua: 'Our top priority is to ensure survival'", Deutsche Welle, December 18, 2019.

131. "Declaration of Jihong Chen and Jianwei Fang", The China Collection, May 27, 2018.

132. Paul Sandle, "Huawei willing to sign 'no-spy' pacts with governments: chairman", Reuters, May 14, 2019.

133. Rob Davies, "The giant that no one trusts: why Huawei's history haunts it", *The Guardian*, December 8, 2018.

134. Guy Fulconbridge and Martin Quinn Pollard, "China warns UK: 'dumping' Huawei will cost you", Reuters, July 15, 2020.

135. Margaret McCuaig-Johnston, "China's threats on behalf of Huawei are becoming desperate", *The Globe and Mail*, July 4, 2019.

136. Joe Panettieri, "Huawei: banned and permitted in which countries? List and FAQ", Channel e2e, December 15, 2020.

137. David Lawder, "US Commerce chief warns against China semiconductor investment binge", Reuters, December 3, 2016.

138. Christopher Thomas, "A new world under construction: China and semi-conductors", McKinsey & Company, November 1, 2015.

139. "US semiconductor manufacturing: industry trends, global competition, fed-eral policy", Congressional Research Service, June 27, 2016.

140. Cheng Ting-Fang, "China's semiconductor 'Big Fund' to focus on advanced chips", *Nikkei Asian Review*, March 16, 2018.

141. Capri, "Semiconductors at the heart of the US-China tech war."

142. John VerWey, "Chinese semiconductor industrial policy: past and present", *United States International Trade Commission Journal of International Commerce and Economics*, July 2019.

143. 같은 글.

144. "Global semiconductor sales increase 6.5% to $439 billion in 2020", Semiconductor Industry Association, February 1, 2021.

145. Capri, "Semiconductors at the heart of the US-China tech war."

146. "2019 Factbook", Semiconductor Industry Association, 2019.

147. Danny Manners, "China's IC efforts could be a waste of money", *Electronics Weekly*, August 27, 2019.

148. Frank Tang, "Chinese officials bemoan 'significant catch-up' needed with US on chipmaking, as industrial decoupling looms", *South China Morning Post*, July 10, 2020.

149. Executive Office of the President and the President's Advisors on Science and Technology, "Report to the President: Ensuring Long-Term US Leadership in Semiconductors", Obama White House, January 2017.

150. Sophia Yang, "Tycoon recalls Chinese chipmaker Tsinghua Unigroup's bid for Taiwan TSMC5 years ago", Taiwan News, November 16, 2020.

151. Keith Bradsher and Paul Mozur, "Political backlash grows in Washington to Chinese takeovers", *New York Times*, February 16, 2016.

152. Graham Webster et al., "Full translation: China's 'new generation artificial intelligence development plan' (2017)", Center for a New American Security, August 1, 2017.

153. Meng Jing, "Are China's investments in semiconductors all for naught? US expert says China is at a crossroads", *South China Morning Post*, August 26, 2019.

154. "Findings of the Investigation into China's Acts, Policies, and Practices Related to Technology Transfer, Intellectual Property, and Innovation under Section 301 of the Trade Act of 1974", Office of the United States Trade Representative, March 22, 2018, 23.

155. David Barboza, "How this US tech giant is backing China's tech ambitions", *New York Times*, August 4, 2017.

156. Cyrus Lee, "Thousands of Taiwanese chip experts moved to China for better pay", ZDNet, December 5, 2019.

157. "PRC state-owned company, Taiwan company, and three individuals charged with economic espionage", US Department of Justice, November 1, 2018.

158. Alexander Gillis, "DRAM (dynamic random access memory)", Search Storage, https://searchstorage.techtarget.com/definition/DRAM.

159. Sarah Dai, "Chinese memory chip maker Fujian Jinhua says there's been 'no stealing of technology' amid US export ban", *South China Morning Post*, November 5, 2018.

160. Anton Shilov, "US government indicts Chinese DRAM maker JHICC on industrial espionage; bans exports to firm", AnandTech, November 1, 2018.

161. Billy Huang, "Chinese chip maker Fujian Jinhua is accused of stealing US technology. This time, China is fully prepared to fight back", *South China Morning Post*, November 21, 2018.

162. Arjun Kharpal, "'Bleak but salvageable': Huawei has limited options as US sanctions cut off supply to smartphone chips", CNBC, August 11, 2020.

163. Michael Herh, "Engineers of Huawei's HiSilicon move to Tsinghua Unigroup's subsidiary", Business Korea, June 17, 2020.

164. Douglas Fuller, "Trump's sanctions won't put Huawei out of business", *Asia Nikkei*, June 12, 2020; Cheng-Ting Fang and Lauly Li, "China aims to shake US grip on chip design tools", Caixin, November 26, 2020.

165. Danny Vincent, "How China plans to lead the computer chip industry", BBC, November 19, 2019.

166. He Shujing and Mo Yelin, "In depth: China chip sector has the money, now it just needs the workers", Caixin, September 15, 2020.

167. Kathrin Hille and Sun Yu, "Chinese groups go from fish to chips in new 'Great Leap Forward'", *Financial Times*, October 12, 2020.

168. China Money AI, "How a con man with primary education defrauded billions out of a Wuhan chip project", China Money Network, January 9, 2021.

169. He and Mo, "In depth: China chip sector has the money."

170. Sidney Leng and Orange Wang, "China's semiconductor drive stalls in Wuhan, exposing gap in hi-tech production capabilities", *South China Morning Post*, August 28, 2020.

171. "China's pursuit of semiconductor independence", filmed February 28, 2019, at CSIS, Washington, DC, video, https://www.youtube.com/watch?v=ZHN2l-7dkoM.

172. Shuhei Yamada, "China's chip self-sufficiency drive in need of factory investment, *Nikkei Asia*, January 25, 2023.

173. "Tsinghua Unigroup fighting to become a top chipmaker", Global SMT & Packaging, *https://globalsmtseasia.com/technology_news/tsinghua-unigroup-fighting-to-become-a- top-chipmaker/.*

174. Sherisse Pham, "Taiwan could become the next flashpoint in the global tech war", CNN Business, July 31, 2020.

175. Stephen Nellis and Alexandra Alper, "US chipmakers quietly lobby to ease Huawei ban", Reuters, June 16, 2019.

176. Scott Kennedy, "Washington's China policy has lost its Wei", Center for Strategic and International Studies, July 27, 2020.

177. Shaun Nichols, "How the US-China trade war is felt stateside: Xilinx trims workforce after lucrative Huawei sales pipe blocked", The A Register, February 16, 2020.

6장

1. Choi Chi-yuk, "China's removal of Meng Hongwei completes reshaping of public security ministry", *South China Morning Post*, October 14, 2018.

2. William Zheng, "Former Chinese Interpol president Meng Hongwei facing

prosecution on bribery charge", *South China Morning Post*, April 24, 2019.

3. "Meng Hongwei: China sentences ex–Interpol chief to 13 years in jail", BBC, January 21, 2020.
4. Hu Yiwei, "In numbers: China's anti–graft campaign after achieving 'sweeping victory'", CGTN, January 16, 2020.
5. China Power Team, "Is China contributing to the United Nations' mission?" China Power Project, March 7, 2016, updated August 26, 2020.
6. "Full text of Xi Jinping keynote at the World Economic Forum", CGTN, January 17, 2017.
7. Yen Nee Lee, "China says it has no intention of 'becoming another United States'", CNBC, August 5, 2020.
8. Yong Wang, "China's new concept of global governance and action plan for international cooperation", Centre for International Governance Innovation, November 13, 2019.
9. 같은 글.
10. 같은 글.
11. Joseph Foundy, "How China's Xi Jinping is filling the 'global leadership vacuum' left by Trump", CNBC, April 12, 2018.
12. Beth Mole, "China joins global vaccine alliance, filling 'leadership vacuum' left by Trump", ArsTechnica, October 9, 2020.
13. Chloé Farand and Megan Darby, "Xi Jinping: China will aim for carbon neu–trality by 2060", Climate Home News, September 22, 2020.
14. Matt Ferchen, "How China is reshaping international development", Carnegie Endowment for International Peace, January 8, 2020.
15. Ting Shi and David Tweed, "Xi Jinping outlines 'big country diplomacy' for China", *Sydney Morning Herald*, December 2, 2014.
16. Alice Ekman, "China and the 'definition gap': shaping global governance in words", Asan Forum, November 4, 2017.
17. 같은 글.
18. Sam Boone, "CSR 2019: China's influence on Interpol - progress and push–back", *The SAIS China Studies Review*, October 30, 2019.

19. Yi Zhang, "Training begins in Beijing for UN police missions", *China Daily*, August 9, 2016.
20. "Interpol to help promote security along Belt & Road", Xinhua, May 14, 2019.
21. "Interpol: address China's 'Red Notice' abuses", Human Rights Watch, September 25, 2017.
22. Boone, "CSR 2019: China's Influence on Interpol."
23. Nicolas LePan, "The final frontier: how Arctic ice melting is opening up trade opportunities", World Economic Forum, February 13, 2020.
24. "About", The Arctic Council, *https://arctic-council.org/en/about/.*
25. Linda Jakobson, "China prepares for an ice-free Arctic", Stockholm International Peace Research Institute, March 2010.
26. Sissel Finstad, "The Svalbard Treaty", Svalbard Museum, *https://svalbardmuseum.no/en/kultur-og-historie/svalbardtraktaten.*
27. "The evolution of CNARC: 2013-2018", China-Nordic Arctic Research Center, December 2018.
28. "China", Arctic Institute, *https://www.thearcticinstitute.org/countries/china/.*
29. Laura Zhou, "China's new icebreaker Snow Dragon II ready for Antarctica voyage later this year", *South China Morning Post*, July 12, 2019.
30. "Past ASSWs", International Arctic Science Committee, *https://iasc.info/assw/past.*
31. "Observers", The Arctic Council, https://arctic-council.org/en/about/*observers/.*
32. Steven Lee Myers, "Arctic Council adds 6 nations as observer states, including China", *New York Times*, May 15, 2013.
33. Brandi Buchman, "US ratifies 'Arctic 5' deal to preserve and fish warming waters", Courthouse News Service, August 27, 2019.
34. Linda Jakobson and Jingchao Peng, "China's Arctic aspirations", Stockholm International Peace Research Institute, 2012.
35. Peiqing Guo, "New cold wars over Arctic wealth", *Global Times*, July 27, 2009.
36. Sanna Kopra, "China's Arctic interests", *Arctic Yearbook*, September 2013.
37. Liu Huirong, "中国可以在北极做什么 [What can China do in the Arctic?]", 经济参考报 [Economic Information], December 27, 2011.

38. David Curtis Wright, "The dragon eyes the top of the world", Naval War College China Maritime Institute, August 2011.
39. David Curtis Wright, "China's growing Interest in the Arctic", *Journal of Military and Strategic Studies*, Vol. 15, No. 2 (2013), 57.
40. Kopra, "China's Arctic interests."
41. "而论深入学习贯彻习近平主席重要讲话精神 [Study and implement the important speech of Chairman Xi Jinping]", 中国海洋日报 [*China Ocean Daily*], November 20, 2014.
42. "China unveils vision for 'Polar Silk Road' across Arctic", Reuters, January 26, 2018.
43. Michael R. Pompeo, "Looking north: sharpening America's Arctic focus", US Department of State, May 6, 2019.
44. David Auerswald, "China's multifaceted Arctic strategy", War on the Rocks, May 24, 2019.
45. Malte Humpert, "China acquires 20 percent stake in Novatek's latest Arctic LNG project", *High North News*, April 29, 2019.
46. Auerswald, "China's multifaceted Arctic strategy."
47. "Sweden designates China's, Russia's actions as main security threats - report", *Sputnik News*, March 14, 2019.
48. Simon Johnson, "Sweden to tighten foreign takeover rules amid security worries", Reuters, May 8, 2020.
49. Sveinn K. Einarsson, Ingjanur Hannibalsson, and Alyson Bailes, "Chinese investment and Icelandic National Security", University of Iceland, October 2014.
50. Yves Eudes, "Iceland: money from China", Pulitzer Center, August 7, 2013.
51. Auerswald, "China's multifaceted Arctic strategy."
52. "China denies threatening to pull plug on Faroe Islands' salmon trade deal over Huawei 5G contract", Salmon Business, December 11, 2019.
53. Danish Defence Intelligence Service, *Intelligence Risk Assessment 2020*, December 2020, 21.
54. 같은 글, 16.
55. Timo Koivurova et al., "China in the Arctic; and the opportunities and chal-

lenges for Chinese-Finnish Arctic co-operation", Valtioneuvoston Selvitys - Ja Tutkimustoiminta (Government Investigation and Research), December 2, 2019.

56. Linda Jakobson, "Preparing for an ice-free Arctic", China Dialogue, April 22, 2010.

57. Stephen Chen, "China launches its first fully owned overseas satellite ground station near North Pole", *South China Morning Post*, December 16, 2016.

58. Keegan Elmer, "Swedish defense agency warns satellite station could be serving Chinese military", *South China Morning Post*, January 14, 2019.

59. Aspen Institute, "Great powers clash in the Arctic: the struggle for the Northern Frontier", YouTube video, 59:41, July 18, 2019, *https://www.you-tube.com/watch?v=bxlj7-76Su8.*

60. Frank Jüris, "Handing over infrastructure for China's strategic objectives 'Arctic Connect' and the Digital Silk Road in the Arctic", Sinopsis, July 3, 2020.

61. Karen Marie Oseland, "The Arctic this week Take Five: week of September 28, 2020", Arctic Institute, October 2, 2020.

62. David Brennan, "Battle for the Arctic: US warns Russia 'is way ahead of us' in race to control new frontier", *Newsweek*, July 19, 2019.

63. "China's Arctic policy", State Council Information Office of the People's Republic of China, January 26, 2018.

64. Pompeo, "Looking north."

65. "China's Arctic Policy."

66. Nong Hong, *China's Interests in the Arctic: Opportunities and Challenges*, Institute for China-America Studies, March 2018, 3.

67. Trym Aleksandr Eiterjord, "China's busy year in the Arctic", The Diplomat, January 30, 2019.

68. Amy H. Liu and Kevin Peters, "The Hanification of Xinjiang, China: the economic effects of the Great Leap West", *Studies of Ethnicity and Nationalism*, Vol. 17, No. 2 (2017).

69. Murray Scot Tanner and James Bellacqua, "China's response to terrorism", CNA, June 2016.

70. Rachel Harris, "Securitization and mass detentions in Xinjiang: how Uyghurs

became quarantined from the outside world", Quartz, September 4, 2018.

71. "China: free Xinjiang 'political education' detainees", Human Rights Watch, September 10, 2017.

72. Austin Ramzy and Chris Buckley, "'Absolutely no mercy': leaked files expose how China organized mass detentions of Muslims", *New York Times*, November 16, 2019.

73. Emma Graham Harrison, "China has built 380 internment camps in Xinjiang, study finds", *The Guardian*, September 23, 2020.

74. Adrian Zenz, "'Wash brains, cleanse hearts': evidence from Chinese government documents about the nature and extent of Xinjiang's extrajudicial internment campaign", *Journal of Political Risk*, Vol. 7, No. 11 (November 2019).

75. Blaine Kaltman, *Under the Heel of the Dragon: Islam, Racism, Crime, and the Uighur in China* (Athens: Ohio University Press, 2007).

76. Yuan Yang, "Xinjiang security crackdown sparks Han Chinese exodus", *Financial Times*, December 21, 2019.

77. Ramzy and Buckley, "'Absolutely No Mercy'."

78. Mimi Lau, "Wanted: Chinese cadres to hold Beijing's line in Xinjiang as Han Chinese head for exits", *South China Morning Post*, December 4, 2019.

79. "Joint Statement, delivered by UK Rep to UN, on Xinjiang at the Third Committee Dialogue of the Committee for the Elimination of Racial Discrimination", United States Mission to the UN, October 29, 2019.

80. Hong Xiao, "Statement at UN supports China on Xinjiang", *China Daily*, October 20, 2019.

81. "Joint Statement on the human rights situation in Xinjiang and the recent developments in Hong Kong, delivered by Germany on behalf of 39 countries", United States Mission to the UN, October 6, 2020.

82. "Nearly 70 countries voice support for China human rights issues", CGTN, October 8, 2020.

83. Amr Essam, "The Like Minded Group: speaking truth to power", Universal Rights Group, May 10, 2016.

84. Nithin Coca, "Are Indonesia and Malaysia ready to stand up for China's Muslims?" The Diplomat, January 28, 2019.
85. Tamara Qiblawi, "Muslim nations are defending China as it cracks down on Muslims, shattering any myths of Islamic solidarity", CNN, July 17, 2019.
86. "UN: China responds to rights review with threats", Human Rights Watch, April 1, 2019.
87. "Dolkun Isa participates in UN Indigenous Forum despite growing Chinese influence", European Interest, May 12, 2019.
88. 같은 글.
89. World Uyghur Congress, "CCTV interview with Wu Hongbo", Facebook, April 25, 2019.
90. Louis Charbonneau, "China again in UN hotseat over Xinjiang abuses", Human Rights Watch, March 6, 2019.
91. "China's top diplomat Wang Yi dismisses European rights concerns over Xinjiang", Associated Press, August 31, 2020.
92. "Convention on the Prevention and Punishment of the Crime of Genocide", United Nations, December 9, 1948.
93. Helen Davidson, "Beijing 2022: 180 human rights groups call for Winter Olympics boycott", *The Guardian*, February 4, 2021.
94. "UN treaty bodies and China", Human Rights in China, 2014, *https://www.hrichina.org/en/un-treaty-bodies-and-china.*
95. Danny Mok, "Canto-pop singer Denise Ho calls on UN Human Rights Council to remove China over 'abuses' in Hong Kong", *South China Morning Post*, July 9, 2019.
96. *The Cost of International Advocacy: China's Interference in United Nations Human Rights Mechanisms*, Human Rights Watch, September 5, 2017.
97. 같은 글, 87-90.
98. Ted Piccone, "China's long game on human rights at the United Nations", Brookings Institution, September 2018.
99. 같은 글, 7.
100. Hillel C. Neuer, "Why China picked Amnesty International's ex-chief as UN

free speech monitor - opinion", *Newsweek*, July 17, 2019.

101. "Contribution of development to the enjoyment of all human rights", UN Human Rights Council, *https://www.ohchr.org/EN/HRBodies/HRC/AdvisoryCommittee/Pages/DevelopmentEnjoymentAllHR.aspx.*

102. Kata Insenring–Szabó, "China's views on the UNHRC", European Council on Foreign Relations, April 12, 2018.

103. Julian Borger, "China and Russia accused of waging 'war on human rights' at the UN", *The Guardian*, March 27, 2018.

104. Piccone, "China's Long Game on Human Rights."

105. "习近平：自主创新推进网络强国建设 [Xi Jinping: independent innovation to promote the construction of network power]", Xinhua, April 21, 2018.

106. Sarah McKune and Shazeda Ahmed, "The contestation and shaping of cyber norms through China's internet sovereignty agenda", *International Journal of Communication*, Vol. 12 (2018).

107. Samm Sacks, "Beijing wants to rewrite the rules of the internet", *The Atlantic*, June 18, 2018.

108. Sarah Cook, "China's long, hot summer of censorship", Freedom House, June 25, 2019.

109. Shastri Ramachandaran, "WIC in Wuzhen: cyber security is the challenge", China.org.cn, November 16, 2016.

110. "Full text: white paper on the internet in China", *China Daily*, June 8, 2010.

111. James T. Areddy, "Anti–Wikipedian translation at China's internet conference", *Wall Street Journal*, December 17, 2015.

112. Lorand Laksai and Adam Segal, "The encryption debate in China", Carnegie Endowment for International Peace, May 30, 2019.

113. Mary Hui, "Hong Kong's protest movement keeps getting stymied by Apple", Quartz, July 14, 2020.

114. McKune and Ahmed, "The contestation and shaping of cyber norms."

115. "Countering the use of information and communications technologies for criminal purposes", 74th Session of the UN General Assembly, November 25, 2019.

116. "Countering the use of information and communications technologies for criminal purposes", 73rd Session of the UN General Assembly, November 2, 2018.
117. Kubo Mačák, "This is cyber: 1 + 3 challenges for the application of interna-tional humanitarian law in cyberspace", Exeter Center for International Law, February 2019.
118. Julian Ku, "Forcing China to accept that international law restricts cyber warfare may not actually benefit the US", Lawfare, August 25, 2017.
119. "国家标准委：正制定 '中国标准2035' [National Standards Committee: Preparing 'China 2035 Standards']", Xinhua, January 5, 2018.
120. Jeffrey Ding, Paul Triolo, and Samm Sacks, "Chinese interests take a big seat at the AI governance table", New America, June 20, 2018.
121. Emily de La Bruyère and Nathan Picarsic, "China's next plan to dominate international tech standards", TechCrunch, April 11, 2020.
122. "China in international standards setting", US-China Business Council, February 2020.
123. Kong Wenzheng, "ITU vows to join hands with China", China Daily, April 24, 2019.
124. "China in international standards setting."
125. Lindsay Gorman, "The US needs to get in the standards game - with like-minded democracies", Lawfare, April 2, 2020.
126. Tom Miles, "Huawei evidence driven by politics not evidence: UN telecoms chief", Reuters, April 5, 2019.
127. Hideaki Ryugen and Hiroyuki Akiyama, "China leads the way on global standards for 5G and beyond", *Financial Times*, August 4, 2020.
128. Anna Gross and Madhumita Murgia, "China shows its dominance in surveil-lance technology", *Financial Times*, December 26, 2019.
129. 같은 글.
130. Peter Cihon, "AI & global governance: using international standards as an agile tool for governance", UN University Centre for Policy Research, July 8, 2019.
131. Madhumita Murgia and Anna Gross, "Inside China's controversial mission to

reinvent the internet", *Financial Times*, March 27, 2020.

132. Anna Gross and Madhumita Murgia, "China and Huawei propose reinven-tion of the internet", *Financial Times*, March 27, 2020.

133. Murgia and Gross, "Inside China's controversial mission to reinvent the internet."

134. Stephen Shankland, "China has big ideas for the internet. Too bad no one else likes them", Cnet, July 17, 2020.

135. "At China's Belt and Road Forum, Guterres calls for 'inclusive, sustainable and durable development'", UN News, April 26, 2019.

136. "Guterres affirms UN role in China-proposed Belt and Road Initiative", Xinhua, January 19, 2019.

137. Pingfan Hong, "Strengthening national policy capacity for jointly building the Belt and Road towards the Sustainable Development Goals", UN Department of Economic and Social Affairs, May 2017.

138. "Focus on agriculture is key to ensure that Belt and Road Initiative promotes sustainable development", UN Food and Agriculture Organization, May 15, 2017.

139. "UN agencies Belt and Road Initiative involvement", UN Environmental Programme, October 1, 2018.

140. William Lacy Swing, "Statement, Belt and Road Forum for International Cooperation", UN Migration, May 15, 2017.

141. Maaike Okano-Heijmans, Frans-Paul van der Putten, and Louise van Schaik, "Welcoming and resisting China's growing role in the UN", Clingendael, February 8, 2019.

142. 같은 글.

143. Colum Lynch, "China enlists UN to promote its Belt and Road project", *Foreign Policy*, May 10, 2018.

144. Hong, "Strengthening national policy capacity."

145. "UNIDO further engages with the Belt and Road Initiative", UN Industrial Development Organization, April 25, 2019.

146. 같은 글.

147. "Steering Committee", UN Peace and Development Trust Fund.

148. "2030 Agenda for Sustainable Development Sub-Fund", UN Peace and Development Trust Fund, *https://www.un.org/en/unpdf/2030asd.shtml.*

149. "Pick a leader with a vision for the Food and Agriculture Organization", *Nature,* June 19, 2019.

150. Hilary Clarke, "Why does new Chinese head of UN food agency feed suspi-cion?" *South China Morning Post,* July 8, 2019.

151. Gerardo Fortuna, "China's Qu Dongyu beats EU candidate for FAO leader-ship", Euractiv, June 24, 2019.

152. Shawn Donnan, "World Bank exit highlights China's fears", *Financial Times,* December 30, 2015.

153. "US at UN takes aim at China's Belt and Road Initiative", *Strait Times,* March 16, 2019.

154. "'会员通讯' 2009 第2期 ['Member Newsletter' 2009 Issue Two]", China Center for International Economic Exchanges, June 23, 2009.

155. Geoff Dyer and George Parker, "US attacks UK's 'constant accommodation' with China", *Financial Times,* March 12, 2015.

156. "Jin Liqun emphasizes 'cooperation and coordination' between AIIB and World Bank", Asia Society Policy Institute, April 13, 2016.

157. Petra Kjell, "Why is the world's newest development bank investing in coal despite its green promise?" Climate Home News, June 21, 2018.

158. James Lo, "Why isn't China's Belt and Road Initiative acting through the Asian Infrastructure Bank?" Medium, January 12, 2020.

159. Tamar Gutner, "AIIB: is the Chinese-led development bank a role model?" *The Internationalist,* June 25, 2018.

7장

1. Anders Hove, "Trends and contradictions in China's energy patterns", Columbia Center on Global Energy Policy, August 28, 2020.

2. Center for Research on Energy and Clean Air, "A new coal boom in China",

Global Energy Monitor, June 2020.

3. Cissy Zhou and Wang Zixu, "China suffers worst power blackouts in a decade, on post-coronavirus export boom, coal supply shortage", *South China Morning Post*, December 23, 2020.

4. Chloé Farrand, "Guterres confronts China over coal boom, urging a green recovery", Climate Home News, July 23, 2010.

5. Laura Silver, Kat Delvin, and Christine Huang, "Unfavorable views of China reach historic highs in many countries", Pew Research Center, October 6, 2020.

6. Russell Ong, *China's Security Interests in the Post-Cold War Era* (Richmond, Surrey: Curzon Press, 2002).

7. Leah Bitounis and Jonathon Price, eds., *The Struggle for Power: US-China Relations in the 21st Century* (Washington, DC: Aspen Institute, 2020).

8. "Full text of Clinton's speech on China Trade Bill", Institute for Agriculture & Trade Policy, March 9, 2000.

9. "Whither China? From membership to responsibility", National Committee on US-China Relations, September 21, 2005.

10. Ryan Teague Beckwith, "Read Donald Trump's 'America First' foreign policy speech", *Time*, April 2016.

11. Steven Erlanger and Jane Perlez, "America's allies fear that traditional ties no longer matter under Trump", *New York Times*, December 21, 2018.

12. "Bureaucracy and counterstrategy: meeting the China challenge", US Department of State, September 11, 2019.

13. Niall Ferguson, "Cold War II has America at a disadvantage as China courts Russia", *Boston Globe*, January 20, 2020.

14. Timothy Garton Ash, "The US and China are entering a new cold war. Where does that leave the rest of us?" *The Guardian*, June 20, 2020.

15. Richard Wike, "The Trump era has seen a decline in America's global reputa- tion", Pew Research Center, November 19, 2020.

16. Kurt Campbell and Rush Doshi, "The China challenge can help America avert decline", *Foreign Affairs*, December 3, 2020.

17. "The global AI talent tracker", MacroPolo, The Paulson Institute, June 2020.

18. Nick Hillman, "HEPI's Annual Soft–Power Ranking, 2020: The UK slips further behind the US", Higher Education Policy Institute, August 27, 2020.
19. Antony J. Blinken, "A foreign policy for the American people", Speech at US Department of State, March 3, 2021.
20. Daniel Hurst, "Australia to discuss critical supply chains with Japan, India and US as China relationship frays", *The Guardian*, October 2, 2020.
21. Sebastian Sprenger, "NATO chief seeks to forge deeper ties in China's neigh–borhood", *Defense News*, June 8, 2020.
22. Laura Tingle, "Germany looks to join Australian military in Indo–Pacific as it faces 'major challenge' in China", Australian Broadcast Corporation, November 6, 2020.
23. Garima Mohan, "Europe in the Indo–Pacific: a case for more coordination with Quad countries", German Marshall Fund of the United States, January 14, 2020.
24. Minghao Zhao, "Is a new Cold War inevitable? Chinese perspectives on US-China strategic competition", *The Chinese Journal of International Politics*, Vol. 12, No. 3 (Autumn 2019).
25. Yiwei Wang, "中美就一带一路开展合作是否可能? [Is China-US cooperation under the BRI possible?]" 学术前沿 [*Academic Frontiers*], No. 4 (2017).

색인

ㅇ

ㅈ

ㅊ

ㅋ

ㅌ

ㅍ

ㅎ

기타

A

C

S

T

U

추천사

"훌륭한 학술 논문"

미 시사 월간 The Atlantic

"이 놀라운(그리고 우리를 일깨우는) 저술에서 엘리자베스 이코노미는 중국의 대전략을 분석하며, 중국 중심의 세계 질서와 그에 상응하는 군사력과 힘의 투사를 전 영역에 걸쳐 다루었다. 서구는 진부한 말만으로 중국의 결의에 맞설 수 없다는 것이다."

샬린 바셰프스키, Parkside Global Advisors 회장,
전 미 무역 대표부(USTR) *대표*

"중국이 '중국 중심의 신세계 질서'를 구축하고 있는 상황을 다룬 최고의 책이다. 이 한 권으로 독자는 세계 모든 지역의 다양한 분야를 망라하여 철저하고 균형 잡힌 지식을 얻을 수 있다."

동아시아 지역 서평 전문지 Bookish Asia

"엘리자베스 이코노미의 중국 전문 지식을 오랫동안 높이 평가해 왔기 때문에 큰 기대를 했다. 이 책을 읽고 나서 그녀에 대한 나의 찬사는 더욱 증폭되었다. 철저한 조사를 바탕으로 한 이코노미의 시진핑과 중국의 세계관 분석은 흥미롭고 또 교육적이다. 필독서다!"

크리스 펜톤(Chris Fenton, Feeding the Dragon '용에게 먹이 주기'의 저자)

“이코노미의 책은 아주 훌륭하다. 잘 썼고 제대로 조사되었으며, 중국의 정책과 이러한 정책의 실효성을 드러내는 데 있어 균형 잡힌 시각이 있다.”

조슈이 휴민스키(Joshua Huminski)의 외교 전문지
The Diplomatic Courier 서평

“엘리자베스 이코노미는 그녀의 트레이드 마크인 철저함, 명확함, 통찰력을 발휘, 중국의 야망과 세계 질서 재편 움직임을 심층 분석했다. 비즈니스 업계 지도자들은 다국적 기업들을 유도하고 강압하는 것이 중국 성공의 불가결한 요소이기 때문에 이 책은 반드시 읽어야 한다.”

국제 컨설팅업체인 APCO Worldwide의 중국지사 회장
제임스 맥그리거(James McGregor)

“금세기 가장 중요한 경쟁을 이해하길 원한다면 이 책을 읽어보라. 엘리자베스 이코노미는 중국 공산당의 원대한 야망이 무엇인지 밝혀주는 한편, 만일 이것이 성공한다면 우리 세상은 덜 자유롭고 덜 번영하며 덜 안전해질 현실에 직면하게 될 것이라는 사실을 고증하며 보여주고 있다.”

맥매스터(H.R. McMaster, 트럼프 1기 행정부 NSC 보좌관, 직무 유기와 전장: 자유세계 방어를 위한 전쟁 Dereliction of Duty and Battlegrounds: The Fight to Defend the Free World의 저자)

“엘리자베스 이코노미는 현대 중국에 대한 세계에서 가장 명석한 분석가 중 한 명이다. 그녀는 이 책에서 시진핑 치하의 국내 및 국제정치를 조사하며 중국이 더욱더 공격적이고 강력해진 가운데 서방이 긴급하게 답해야 할 각종 의문을 중국이 제기하는 이유에 관해 설명하고 있다. 오늘날 중국을 이해할 필요가 있는 모든 이들은 꼭 읽어야 할 책이다.”

라나 미터(Rana Miter) 옥스포드 대학 교수(중국 현대 역사·정치)

"이 책은 정보와 통찰력으로 가득 차 있으면서도 읽기도 쉽고 균형 잡힌 책이다. 결과적으로 베이징 당국이 지금 세계를 어떻게 보는지 그리고 반대로 세계가 중국을 어떻게 보고 있는지 아는 것은 광범위하지만 절실히 필요한 과제이다."

Nikkei Asia(일본경제신문 발간 영문 주간지)

"권위 있는 책이다."

The Observer(매주 일요일 발간 영국 신문)

"정보가 풍부하고 논리가 명확하며, 세련된 구성, 지적인 각종 처방이 담겨 있다."

Sup China(뉴욕 소재 중국 전문 뉴스·정보 서비스 플랫폼)

"이 책은 현대 중국이 국제질서에 제기하는 제반 도전을 효과적으로 찾아내고 있다. 이 책이 알려주는 매력적이면서도 예리한 여러 행태 패턴은 세계 무대에서 중국의 현재와 미래 역할의 속성을 이해하는 통찰력을 제공한다."

로버트 서터(Robert Sutter), 조지 워싱턴대 교수(국제관계, 미·중 관계)

"이 책은 시진핑 치하의 중국이 어떻게 세계에 관여하는지 설명하고 있다. 훌륭한 연구와 함께 설득력 있게 쓰인 책이다. 이 책은 중국이 어떻게 모든 가용 수단과 관습·비관습적 수단을 사용하여 중국을 다시 위대하게 만들고 있는지에 관한 확실한 설명을 하고 있다."

스티브 챙(Steve Tsang), 런던 대학 SOAS 중국 연구소장

손대오(언론인, 전 선문대학교 부총장)

“엘리자베스 이코노미는 미국의 저명한 중국 전문가로서, CSIS와 바이든 정부에서 활동한 경험이 있습니다. 중국은 1978년 개혁·개방 정책을 시행했으나, 1989년 ‘톈안먼 사건’이라는 정치적 격변을 겪으며 진보와 보수 간의 어려운 대립을 경험했습니다. 그러나 ‘막후 정치’를 주도하던 덩샤오핑은 1992년 ‘남순강화’를 통해 다시 개혁·개방의 길로 나아갔습니다. 이 과정에서 미국은 중국의 경제 발전과 민주 사회로의 변화를 기대했습니다.

신자유주의 물결 속에서 중국은 미국의 도움으로 2001년 WTO에 가입하며 꾸준한 경제 성장을 이루었습니다. 중국 경제의 발전은 크게 세 가지 요소가 결합된 결과였습니다. 첫째, 중국 공산당의 계획경제적 요소가 포함된 정부 주도형 ‘중국 특유의 사회주의 시장경제’, 둘째, 중국인들의 ‘부자가 되겠다’는 열망, 셋째, 미국과 국제사회의 지원이었습니다.

이러한 환경 속에서 중국은 세계의 공장으로 성장했고, 수출을 통해 축적된 외화와 국내 인민폐, 그리고 국가 발전 계획은 부동산 시장을 포함하여 과학기술, 도시 및 사회 인프라, 시민들의 구매력 수준을 높이는 데 기여했습니다. 이로 인해 중국은 세계 시장으로 변모하며, 외국 기업의 중국 투자 및 무역 관계를 중국 내수시장이라는 볼모로 활용하여 국제적 영향력을 확대했습니다.

중국은 과잉 생산된 상품의 대외 수출과 잉여 자본의 해외 투자를 통해 세계와 연결되는 ‘일대일로’ 정책을 추진했습니다. 동시에 시진핑은 ‘중국몽(중화민족의 위대한 부흥)’이라는 민족주의 전략을 통해 해외에 중국 기지를 건설하고, 심지어 분쟁 지역 해역에 자국의 해상 암초를 매립해 기지를 조성하기도 했습니다. 한반도 근처에서도 해상 기지를 건설하며, 한국의 서해 공동수역에까지 천천히 손을 내미는 ‘회색지대 전략’을 펼치고 있습니다.

문화적으로는 ‘공자학원’을 비롯한 무역, 투자, 관광을 통해 중국의 영향력을 확대하고, ‘중국에 대한 우호감’을 높이고자 노력하고 있습니다. 그러나 중국은 여전히 종교의 자유가 없으며, 권위주의 정부가 공산당에 의해 운영되고 있어 국제사회에서 공정한 경쟁보다는 자국의 이익과 영향력 확대에 집중하고 있습니다.

이러한 상황은 중국이 주장하는 ‘내정 불간섭’과 ‘세계와 함께 평화롭게 발전하겠다'는 입장과는 달리, 국제사회에서 영향력 확대를 목적으로 하고 있음을 보여줍니다. 항공모함을 포함한 해군, 공군, 미사일 부대 등의 전략적 증강은 중국이 경제력, 군사력, 문화적 포용성을 동원해 세계 정치에 영향을 미치려는 야망을 드러냅니다.

미국이 기대했던 중국의 발전 방향과는 달리, 사회주의 중국의 발전 방향은 오바마, 트럼프, 바이든 시대를 거쳐 다시 트럼프 2기 집권에 이르러 미국의 대중 관여 및 봉쇄 전략이 강화되었습니다. 무역, 관세, 환율, 첨단기술 유입 중지 등의 조치가 동맹국 및 국제사회와의 협력을 통해 완전한 봉쇄 전략으로 발전하고 있습니다.

한반도는 공산주의 북한과 그 배후 세력과 경쟁하며, 민주주의와 시장경제를 유지하기 위해 안보, 경제, 민주정치에 힘써왔습니다. 국제 자유민주 진영과의 협력과 탈냉전 시기의 사회주의 국가와의 교류는 한국이 평화로운 한반도를 만들기 위한 꿈을 이루는 데 기여했습니다. 대부분의 한국민들은 그동안 중국과의 교역과 교류가 동북아 및 세계 평화에 기여하는 선린 관계로 이해해 왔지만, 최근 중국의 도발 행태와 이에 대한 미국의 대응을 보며 긴장하고 있습니다.

한국은 세계를 이해하기 위해 미국을 이해해야 하며, 동아시아를 이해하려면 중국을 이해해야 합니다. 동아시아 국제사회를 이해하기 위해서는 미국의 대중 정책과 중국의 대외 관계, 즉 양자 및 다자 관계를 정확히 파악하는 것이 매우 중요합니다.

자유, 민주주의, 평등, 인권, 종교의 자유는 한 사회가 안정적으로 발전할 수 있는 시민사회의 기초입니다. 이러한 환경 속에서 한국인은 미국의 대중 전략과 중국의 국제사회 도전을 면밀히 분석한 『중국에 따르는 세계(According to China)』를 읽고, 동아시아 정치와 국제사회의 강대국 관계를 이해할 필요가 있습니다. 또한, 한국 사회의 정치, 경제, 대외 관계에 필요한 요소들을 인식하는 데 도움이 되기를 바랍니다."

고충석(이어도연구회 이사장, 전 제주대학교 총장)

"시진핑 시대의 중국은 '중화민족의 위대한 부흥'이라는 국가 비전을 중심으로 정치·경제·군사·기술 분야에서 외연을 확장해 나가고 있습니다. 일대일로(一帶一路) 구상, 디지털 실크로드, 국제기구 내 영향력 강화, 그리고 문화적 서사를 확장하기 위한 공자학원 운영 등이 이러한 전략의 일환이라 할 수 있습니다.

엘리자베스 C. 이코노미의 『중국에 따르는 세계(According to China)』는 이러한 중국의 전략적 행보를 종합적으로 분석하고, 그 이면의 동기와 국제적 파장을 예리하게 파헤친 역작입니다. 저자는 시진핑 체제의 정치 철학이 외교·안보 전략에 어떻게 투영되는지를 체계적으로 추적하며, 중국이 구상하는 '중국 중심의 세계 질서'가 기존 국제 규범과 얼마나 다른 성격을 띠는지를 설득력 있게 설명합니다.

이 책의 가장 큰 강점은 감정적 비판이나 이념적 대립을 넘어서, 사실에 기초한 분석과 구조적 통찰을 통해 중국 전략의 본질을 명확하게 보여준다는 점입니다. 특히 '샤프 파워' 개념을 통해 중국의 영향력 확장 방식이 민주주의 국가의 제도와 담론 공간을 어떻게 잠식하는지를 조망하는 대목은 주목할 만합니다. 따라서 중국의 행보를 단순한 위협으로 간주하거나, 지나친 경제적 낙관론에 기대기보다 냉정하고 정교한 분석을 바탕으로 대응 전략을 마련해야 합니다. 그런 점에서 이 책은 '지피지기(知彼知己)'의 토대를 마련해주는 고급 전략서로써 대중국 정책 수립을 위한 나침반 역할을 할 수 있습니다.

'이어도연구회'는 그동안 동북아 해양 질서와 중국의 전략적 진출을 분석해 온 연구 공동체로서, 본서가 제공하는 통찰과 정보의 수준에 깊은 신뢰를 보냅니다. 특히 남중국해·동중국해의 해양 영유권 경쟁, 기술표준 전쟁, 대외문화 전략 등 한국과 직접 연관된 주요 의제들이 이 책에서 구체적인 사례로 다뤄지고 있어 실질적 정책 설계에도 중요한 시사점을 제공합니다.

대한민국은 지정·지경학적으로 중국과 밀접하게 연결되어 있으면서도, 자유민주주의와 시장경제라는 가치를 공유하는 국제사회와 연대해야 할 필요성이 큽니다. 중국과의 협력을 지속하되, 그 확장 전략이 우리 사회와 제도, 가치에 미치는 영향에 대해서는 면밀한 분석과 주체적 대응이 필요합니다.

중국의 부상을 단순한 두려움이나 기대감의 차원이 아닌, 구조적 이해를 바탕으로 접근해야 합니다. 국제사회에서 벌어지고 있는 권력 이동의 흐름을 면밀히 분석하는 데서 우리의 미래 전략이 시작되어야 합니다. 이 책은 그러한 분석을 위한 최고의 출발점이 될 것이며, 독자들에게도 깊은 통찰과 실천적 시야를 열어줄 것입니다."

오수열(한국동북아학회 이사장, 조선대학교 명예교수)

"엘리자베스 C. 이코노미의 『According to China』는 현대 중국을 복합적이고 다층적으로 이해하는 데 길잡이가 되는 역작입니다.

중국은 오랜 기간 세계 최강대국으로 군림해 온 나라입니다. 중국은 지대물박(地大物博; 땅은 넓고 물산이 풍부하며, 인구도 많음)한 강대국으로서 위상을 누려왔습니다. 그러나 서세동점기(西勢東漸期)인 1840년 아편전쟁에서 영국에 패배한 이후, 중국은 서양 제국주의의 침략으로 인해 반식민지 상태에서 신음해 왔습니다.

1911년 신해혁명과 1921년 중국 공산당 창당은 이러한 질곡에서 중국을 구하려는 중국인들의 노력에서 비롯되었습니다. 1949년 중국 공산당이 신 중국(新中國)을 건국한 이후, 모택동 시기의 이념 중심 정책을 거쳐 1978년 '11기 3중전회'를 계기로 덩샤오핑의 개혁·개방 시기에 접어들면서 경제적으로 비약적인 도약을 이루었습니다. 현재 중국은 G2 시대로 접어들었으며, 시진핑은 '강한성당(强漢盛唐)'의 재현을 통해 중국을 강대국으로 만들려는 꿈을 꾸고 있습니다.

그러나 이러한 중국의 강대국화에는 여러 난관이 존재합니다. 무엇보다도 미국의 견제라는 외부적 요인은 중국이 극복해야 할 가장 큰 도전 과제입니다. 이 책에서 다룬 홍콩 민주화 시위와 코로나 팬데믹을 둘러싼 미·중 갈등도 미국이 중국의 부상을 견제하려는 전략과 깊이 연결되어 있습니다.

특히, 2025년 출범한 트럼프 2기 행정부가 전개하는 관세 전쟁은 전 세계적인 범위에 영향을 미치고 있지만, 그 핵심은 중국의 공급망을 해체하여 미국이 국제 경제·무역 구조에서 우위를 유지하려는 전략에 있습니다.

시진핑은 군사력 증강을 통해 아시아·태평양 지역에서 미국의 영향력을 축소하고, 궁극적으로는 전 지구적 차원에서 미국의 역할을 대체하려 하고 있습니다. '도련선(島鏈線)' 개념과 '일대일로(一帶一路)' 정책은 바로 이 같은 미국의 포위망 극복을 위한 중국의 핵심 전략입니다.

또한, 시진핑은 중국 문화의 우수성을 세계에 알리기 위해 공자학원(孔子學院)을 운영하며, 틱톡(TikTok)과 소셜 네트워크 확장에 막대한 재원을 투입하고 있습니다. 문제는 중국의 이러한 전략이 과거 자신들이 주장했던 반패권주의에서 벗어나, 이제는 주변 약소국을 압박하는 방향으로 나타나고 있다는 것입니다.

도서 영유권을 둘러싼 필리핀·베트남·인도네시아와의 갈등, 서해 및 제주도 해역에서 한국에 대한 도발 등은 중국의 국력이 증대된 이후 더욱 두드러지고 있는 현상들입니다.

미국과 중국으로 상징되는 G2 시대에서 세계는 중국을 어떻게 바라봐야 하며, 이에 어떻게 대응해야 할 것인지가 중요한 문제로 등장했습니다. 한국 역시 이러한 국제 정세 속에서 신중한 전략을 수립해야 합니다.

이 책의 저자 엘리자베스 이코노미 박사는 미국외교협회(CFR)와 스탠퍼드 후버연구소에서 활동하는 저명한 중국 전문가이며, 본서 역시 그녀의 경험과 연구가 깊게 반영된 저작입니다.

이 책의 한국어판 번역자인 김진호 교수는 국내에서 가장 광범위한 중국 인적 네트워크를 가진 학자로, 현지 사정에 정통한 전문가입니다. 그의 번역서는 중국의 대외 정책을 깊이 이해하는 데 도움을 줄 것입니다. 한·중 관계 발전과 아태지역의 평화, 나아가 인류 공동체 형성에 기여할 수 있기를 기대하며, 일독을 권합니다."

김한권(국립외교원 교수)

"최근 국제 정세는 미·중 전략적 경쟁의 심화로 인해 다양한 영역에서 변화하고 있습니다. 특히, 2025년 1월 트럼프 2기 행정부 출범 이후 미·중 간의 전략적 경쟁이 한층 격화되었습니다. 국제사회는 미국의 공세와 중국의 대응을 주의 깊게 관찰하며, 각국은 미·중 주요 현안의 현황을 분석하고 그 결과를 전망하면서 자국의 입장을 설정하고 있습니다.

트럼프 2기 행정부 출범을 앞두고 중국의 학자와 전문가들은 국제사회가 더욱 불안정하고 예측하기 어려워질 것으로 전망했습니다. 실제로 트럼프 대통령은 중국에 대한 압박과 견제를 강화하고 있으며, 동맹 및 파트너 국가에도 관세 부과 및 방위비 분담금 협상을 개시하며 압박을 가하고 있습니다. 이러한 상황으로 인해 국제사회 전반에서 불안정성과 불확실성이 증가하고 있으며, 국제 정세에 대한 분석과 전망이 더욱 어려워지고 있습니다.

이러한 국제 환경 속에서 엘리자베스 이코노미(Elizabeth C. Economy)의 대표적인 저서 『The World According to China』가 한국어판 『중국에 따르는 세계』라는 이름으로 번역·출판된 것은 매우 의미 있는 일입니다. 저자는 구체적인 자료 분석과 자신의 경험을 바탕으로 중국의 통일 정책과 글로벌 전략을 평가했습니다.

서구 학자로서 가치와 정체성을 가진 저자가 중국 공산당 지도부와 중국 사회를 이해하기 위해 얼마나 많은 열정과 노력을 기울였는지 이 책 곳곳에서 확인할 수 있습니다. 이로 인해 이 책은 또한 중국에 대한 이해만 아니라 미국을 중심으로 한 서구 사회가 바라보는 중국의 시각까지 통합적으로 담아냈습니다.

이 책이 가지는 또 하나의 강점은 역자의 역량입니다. 번역을 맡은 김진호 교수는 오랜 기간 학계에서 검증된 연구자로서 중국 관련 폭넓은 지식과 뛰어난 중국어 능력을 갖춘 전문가로 알려져 있습니다. 특히 타이완과 홍콩 사회에 대한 깊은 이해를 바탕으로 이 책의 내용을 한국 독자들에게 자연스럽고 정확하게 전달하고 있습니다.

이 책이 한국 독자들에게 중국의 국제 전략과 미국의 대응을 보다 깊이 이해하는 데 도움이 되기를 기대하며, 한국의 정치·경제·대외 관계를 설정하는 데 유익한 지침이 될 수 있기를 바랍니다."

역자 후기

중국은 덩샤오핑 시기부터 세계 여러 국가와 우호관계를 맺으며, 개혁·개방 정책을 추진했습니다. 그리고 장쩌민, 후진타오 시대 중국 대외정책은 덩샤오핑 시대 연장으로 적극적 대외진출을 추진했습니다. 이런 정책의 배경은 미국이 구소련 해체 후 국제정치에 무역과 투자를 위주로 한 신자유주의시대 협력과 분업의 분위기를 유지했기 때문입니다. 이러한 상황에서 미국은 1989년 발생한 중국의 톈안먼 사건(중국은 톈안먼 민주화 운동이란 언어 사용을 금지하고 있음)의 뒷수습과 2001년 국제무역기구(WTO) 가입을 도와 중국 경제성장과 민주화가 지속되기를 바라는 듯 했습니다. 혹은, 미국 정·재계가 중국 정부와 시장을 통해 무언가 얻으려는 것이 있었을 수도 있습니다. 여하튼, 중국의 경제 발전은 미국이 주도하던 국제사회 신자유주의 흐름의 도움을 받았습니다.

중국의 제조와 수출을 통한 경제발전과 국제사회에서 영향력 증가에는 중국 공산당이 경제와 행정적으로 그 영향력을 확대할 수 있었기 때문입니다. 중국 공산당은 세계에서 회원수가 제일 많고 가장 많은 돈과 영향력이 있는 거대한 기업과 유사합니다. 그 배경에는 중국 공산당과 인민해방군의 총수를 모두 중국 국가주석이 겸임하고 있기 때문이며, 국가 수반은 당과 군을 통해 행정과 국가안보와 대외전략을 총괄하고 있기 때문입니다. 그러나 미국 국내외 환경의 변화와 중국의 대외전략 변경은 미국의 중국에 대한 인식을 변화시켰습니다. 2010년대 이후부터 마찰과 대립으로 변화하는 미·중 관계는 국제사회에 많은 변화를 가져왔는데, 미국은 동맹 및 국제사회에서의 영향력으로 중국을 제재하고 봉쇄하기 시작했습니다. 이러한 시기에 한국도 안보와 경제 그리고 동북아 지역과 국제사회에서 정치적 정체성과 경제적 유연함을 정확하게 리셋하는 시기가 되었다는 주장을 하는 전문가도 많습니다. 대한민국이 동북아 역내정치에서 북한의 도발에 대처하며 동시에 동맹구조에서 중국, 러시아를 경계해야 하는 상황에 처하게 되었기 때문입니다. 또한, 한국은 경제적으로는 국제사회에서 한국경제의 영향력을 확대할 수 있는 글로벌 공급망에서의 생존전략을 찾아야 하게 되었습니다. 지속적 경제성장이 없는 경우 안보와 꾸준한 국가발전도 어렵기 때문입니다.

중국은 2012년부터 시진핑 시대로 접어들어 '중화민족의 위대한 부흥'이라는 시진핑의 정치이상을 실현하기 위해 과거 방어적 태세에서 공격적 전략을 유지하며 회색지대 침투 방식 등으로 국제사회 레짐 변화를 시도하고 있습니다. 중화민족의 부흥에 대한 관심과 어린시절부터 어려운 환경을 극복하며 중화세계의 가치관과 공산당의 역할에 심취했던 시진핑이 펼치는 중화세계의 국제질서라고 할 수 있습니다. 시진핑이 주장하는 '신시대'는 세계의 공장에서 세계의 시장으로 변화한 중국이 외부와 연결하며 경제와 군사력을 기반으로 중국의 하드파워와 소프트파워 및 샤프파워를 통해 확장 전략을 펼치는 것을 의미합니다. 이러한 중국의 대외전략이 미국과 국제사회에 도전으로 나타나는 현상을 세세하고 구체적으로 잘 설명하고 있는 책이 엘리자베스 이코노미의 저서입니다. 이 책은 미국의 유명한 중국 전문가가 많은 조사를 통해 중국의 국제사회에 대한 도전인 '중국에 따르는 세계'를 논리적이고 학술적으로 설명한 책입니다.

중원문화와 역사 및 정치·경제·문화적으로 깊은 관계에 있는 한국과 한국인에 있어 중국은 특별한 이웃 국가입니다. 그러나 한국의 안보와 평화 및 경제발전은 우리가 스스로 지켜 나가야 합니다. 중국은 지정·지경학적 공동체이자 한국의 독립운동(중국의 항일전쟁)의 협력자였습니다. 그러나 우리는 6·25전쟁으로 중공(中共)과 적대적 관계를 유지했고, 중국을 북한의 동맹국가로 인식해왔습니다. 그런데 국제정치 환경의 변화인 신자유주의 시대 한국은 중국과 경제적으로 협력하게 되면서 한·중 양국은 냉전을 넘어 여러 영역에서 많은 교류를 해오며 건설적인 우호관계를 유지했습니다. 그러나 중요한 것은 한·미 동맹을 기초로 안보를 지키며 국가경제를 발전시키던 한국의 상황은 2010년대부터 미·중 관계가 악화되면서 안보와 산업 및 국가 정체성에서 각종 모순과 마찰이 늘어났습니다. 이 시기 중국의 대외전략이 한국에 협력보다 위협요소가 늘었기 때문입니다. 중국은 군사·자원·경제·산업·과학기술·시장·인구·이념·국가체제 등으로 한국에 중국의 영향력을 강화하고 있습니다. 또한, 변용된 중화문화인 중국 사회주의 가치관을 한국에 심으려 하고, 한국 국내 곳곳에 그 영향력을 강화하는 회색지대 전략으로 '소프트파워', '샤프파워'의 영향력을 펼치고 있습니다. 우리는 중국과 좋은 관계를 유지하기 원합니다. 이러한 이유에서 한국은 대북한 안보 외에 국제사회의 안보도 더욱 강화해야 하고 국제시민이 되는 노력과 동시에 한국인으로 긍지를 가질 수 있는 국가 정체성과 국민

가치관도 유지해야 합니다. 이는 직접적으로 북한과 대치하는 상황에서 국제사회와 연계하며 안보를 유지해야 하는 한국에 있어서 당연한 일로, 이에 '유비무환'이 필요하다는 사실입니다.

중국 인문학과 서구의 사회과학을 오래 공부하고 가르치던 역자는 중국 사람들과 동양 인문학 및 중국문화도 좋아하지만, 한국이 안정적이고 꾸준하게 경제발전하고 사회가 선진화되기를 바라는 마음에서 사회과학적으로 국제정치와 중국의 도전을 이해하는 것은 중요하다고 생각합니다. 사회과학적 중국 연구가 인문학적 중국 이해와 서로 상반된 점이 있기도 하기에 우리는 현재 사회주의 중국의 정치와 행정 및 대외관계가 과거 전통적 중국의 중화문화와 다르다는 것을 정확하게 알아야 합니다. 중국은 사회주의 국가라는 것입니다. 저는 독자들이 이 책을 통해 미국이 이끄는 세계정치와 중국이 바라는 국제정치를 어느 정도 잘 이해할 수 있게 되었으면 좋겠습니다. 중국을 멀리하자는 것이 아닙니다. 잘 이해하여 우리에게 도움이 되는 방법을 찾을 수 있어야 한다는 것입니다. 역시 '지피지기'해야 서로 윈-윈이 가능하다는 것입니다.

서구 국제정치적 관점으로 중국의 대외적 사고와 그 전략을 이해하는 것은 단순하게 미국과 중국의 대립상황만 이해하자는 것이 아니라, 우리도 국제사회의 흐름, 한·미 동맹 그리고 한·중 관계의 역사와 흐름 및 현실을 제대로 이해하고 동북아 국제관계와 더 넓은 세계를 보자는 것입니다. 더 자랑스러운 대한민국을 만들어 자손들에게 물려주기 위해 우리의 자주적 경쟁력을 확보하자는 것으로 우리의 일은 우리가 하며 우리의 미래를 만들어가야 한다는 것입니다.

중국인과 많은 인연이 있는 중국 연구자의 입장에서 중국을 논리적으로 비판하는 것은 친구의 마음을 상하게 할 것 같아 많은 생각과 담론은 가슴에 담아두고 살아갑니다. 중화인민공화국에도 그들 국민과 그들의 사회가치관과 문화가 있기 때문입니다. 중국인들도 나에게 그러할 것이라 추측됩니다. 그리고 미국이 주도하는 세계정치에서 중국의 민족주의와 대외도전이 국제사회에 어떤 반향을 일으키는지 중국인 자신도 잘 알고 있을 것이라 생각됩니다. 이 책은 서로 다른 체제나 사회에서 살고 있는 다양한 사람들도 읽어 볼만한 책입니다. 중국이 스스로 정당하다고 생각하는 대외활동을 미국이 어떻게 보고 있는지… 서로 같이 잘 살 수 있는 파라다이스(실낙원)가 정말 있는지… 세계경제, 많은 국가의 정치와 안보 그리고 국제정치가 여전히 미국이 이끄는 세계정치의 영향을 받아야 한다는 명제에서 이 책이 독자들에게 세계정치와 국제관계 그리고 우리에게 미국과 중국이 무엇인지 잘 이해할 수 있는 선택이 되었으면 좋겠습니다.

같이 연구하며 중국 문제를 토론하던 이동민 교수와 그의 제자 강익현 박사는 항상 중국 문제에 대해 새로운 혜안을 제시해 주었습니다. 강익현 박사는 이 책을 초벌 번역하며 그의 의견도 제시하여 내가 많은 것을 배울 수 있었습니다. 그리고 조용히 사숙하며 책 읽고 공부할 수 있는 환경을 제공한 모교인 단국대학교에 깊이 감사하며, 또한 교직에 있을 수 있도록 인생의 반 이상을 바꿔 주신 장충식 명예이사장님께 특별히 감사드립니다. 더불어 연구실 같은 층에 계시는 김학준 단국대학교 석좌교수(전 단국대학교 이사장)님은 학자가 공부하는 모습을 행동으로 보여주셨는데 이는 내가 연구에 집중할 수 있는 큰 동기가 되었습니다. 그리고 같이 있는 시간을 내가 혼자 연구실에서 있는 시간으로 배려해준 아내 장샹루와 도시락을 챙겨준 동생 김선하에게 특별히 감사한 마음을 전합니다. 그리고 제가 중국학을 공부할 수 있는 인연을 맺어준 숙부 김기동 박사에게도 감사의 뜻을 전합니다.

역자를 대표하여

김진호 씀

역자 소개

김진호

단국대학교 정치외교학과 교수
북경대학교 국제관계학원 박사
홍콩 주해대학 역사연구소 석사
단국대학교 중어중문학과 학사
대만 중앙연구원 정치연구소 방문학자
홍콩 아주주간 서울 특약기자(외신기자)

강익현

단국대학교 정치외교학과 박사
미국 컬럼비아 대학교 국제관계학 석사
한국외국어대학교 스페인어학과 학사
(전)주싱가포르 대한민국 대사관 공사참사관
(전)주짐바브웨 대한민국 대사관 1등 서기관
(전)주미국 대한민국 대사관 1등 서기관

해양전략연구소 총서 110
중국에 따르는 세계
The World according to China

초판발행 2026년 1월 5일

지은이 Elizabeth C. Economy
옮긴이 김진호 · 강익현
펴낸이 안종만 · 안상준

편 집 장유나
기획/마케팅 장규식
표지디자인 이수빈 · 최희주
제 작 고철민 · 김원표

펴낸곳 (주) 박영사
서울특별시 금천구 가산디지털2로 53, 210호(가산동, 한라시그마밸리)
등록 1959. 3. 11. 제300-1959-1호(倫)
전 화 02)733-6771
f a x 02)736-4818
e-mail pys@pybook.co.kr
homepage www.pybook.co.kr
ISBN 979-11-303-2256-8 93340

정 가 26,000원